Scrum in der Praxis

Robert Wiechmann unterstützt seit 2008 mit Herzblut Organisationen bei ihrer agilen Transition. Seine Motivation als selbstständiger Berater und Coach ist es seit jeher, die Menschen von einer wert-, menschen- und kundenzentrierten Zusammenarbeit zu begeistern. Wertschätzung und Vertrauen bilden die Basis seiner Arbeit. Neben seiner beratenden und coachenden Tätigkeit ist er u.a. als Trainer und Moderator tätig. Als Autor und Mitbegründer der agilen Community »Agile by Nature« leistet er zudem seinen Beitrag, die Idee eines neuen Miteinanders in der Arbeitswelt zu verbreiten.

Sven Röpstorff ist Gesellschafter der kommitment GmbH & Co. KG in Hamburg, wo er als Agile Coach, Trainer und Interim Manager tätig ist. Sein Ziel ist die nachhaltige Entwicklung von Organisationen, wobei für ihn immer der Mensch im Mittelpunkt steht. Sven ist stets auf der Suche nach Verbesserungen und neuen Wegen, um Agilität einem immer größer werdenden Publikum auf interessante und spielerische Weise nahezubringen. Seiner Meinung nach kann man agile Vorgehensweisen am besten dadurch veranschaulichen, dass man sie für die Menschen sichtbar, fühlbar und erlebbar macht. Seine Erfahrungen aus vielen Jahren in unterschiedlichen Rollen und Projekten teilt er als Autor, Konferenzsprecher und Blogger und ist Mitbegründer der »Agile by Nature«-Community.

Robert Wiechmann · Sven Röpstorff

Scrum in der Praxis

Erfahrungen, Problemfelder und Erfolgsfaktoren

Mit einem Geleitwort von Ralf Kruse

3., aktualisierte und überarbeitete Auflage

dpunkt.verlag

Robert Wiechmann
robert@scrum-in-der-praxis.de

Sven Röpstorff
sven@scrum-in-der-praxis.de

www.scrum-in-der-praxis.de

Lektorat: Christa Preisendanz
Lektoratsassistenz: Julia Griebel
Copy-Editing: Ursula Zimpfer, Herrenberg
Illustrationen, Coverbild: Christian Pursch, *www.teml-designs.de*
Layout & Satz: Birgit Bäuerlein
Herstellung: Stefanie Weidner
Umschlaggestaltung: Helmut Kraus, *www.exclam.de*
Druck und Bindung: mediaprint solutions GmbH, 33100 Paderborn

Bibliografische Information der Deutschen Nationalbibliothek
Die Deutsche Nationalbibliothek verzeichnet diese Publikation in der Deutschen Nationalbibliografie; detaillierte bibliografische Daten sind im Internet über *http://dnb.d-nb.de* abrufbar.

ISBN:
Print 978-3-86490-880-4
PDF 978-3-96910-800-0
ePub 978-3-96910-801-7
mobi 978-3-96910-802-4

3., aktualisierte und überarbeitete Auflage 2022

Wieblinger Weg 17
69123 Heidelberg

Hinweis:
Dieses Buch wurde auf PEFC-zertifiziertem Papier aus nachhaltiger Waldwirtschaft gedruckt. Der Umwelt zuliebe verzichten wir zusätzlich auf die Einschweißfolie.

PEFC zertifiziert
Das Papier für dieses Buch stammt aus nachhaltig bewirtschafteten Wäldern und kontrollierten Quellen.
PEFC/04-31-0810 www.pefc.de

Schreiben Sie uns:
Falls Sie Anregungen, Wünsche und Kommentare haben, lassen Sie es uns wissen: *hallo@dpunkt.de*.

5 4 3 2 1 0

Stimmen zum Buch

»Ich kann dieses Buch nur jedem empfehlen, der sich mit Scrum besonders in der Einführung näher beschäftigen möchte. Von Praktikern für Praktiker – großartig!«

Björn Jensen,
Agile Coach

»Sie sind Scrum Master? Dieser Titel suggeriert Erfahrung, gepaart mit Wissbegierde, umfangreichen Kenntnissen und handwerklichem Geschick. Der Weg zum meisterlichen Umgang mit Scrum führt über das eigene Handeln und das Lernen. ›Scrum in der Praxis‹ animiert zu beidem: zum Lernen aus den niedergeschriebenen Erfahrungen zweier Scrum-Meister und zum Experimentieren mit den vorgestellten Werkzeugen und Praktiken.«

Holger Koschek,
Agile Coach

»Es gibt am Markt zahlreiche Bücher über Scrum, die viel über die Theorie, aber oft wenig über die Praxis zu berichten wissen. Das Buch von Sven und Robert geht hier einen anderen und erfrischenden Weg und wird damit seinem Titel voll gerecht – ein Buch für alle, die Scrum in der Praxis umsetzen wollen. Mit diesem Buch zeigen die Autoren, dass sie mit Scrum nicht auf der Marketingwelle surfen, sondern dass sie es aus ihrem eigenen Alltag wie ihre Westentasche kennen und Agile zu leben verstehen.«

Michael Leber,
Agile Coach

»Dieses Buch ist ein professioneller Wegbereiter für alle, die mit Scrum unterwegs sind. Es ist spannend zu lesen, umfassend und es inspiriert selbst Erfahrene, Neues auszuprobieren. Es dient als erfrischendes Nachschlagewerk und bietet jede Menge praktischer Einblicke.«

Susanne Reppin,
Agile Coach

»Das Buch vermittelt fortgeschrittene Methoden für den Scrum-Alltag. Als Besonderheit flechten die Autoren in die Beschreibung von Scrum immer wieder erzählerische Episoden ein, die plastisch darlegen, wie Scrum in der Praxis aussehen kann.«

Stefan Roock,
Certified Scrum
Trainer

Ralf Wirdemann, Software-entwickler und Agile Coach

»Endlich liegt mit ›Scrum in der Praxis‹ eine konsequente Fortsetzung des Scrum-Buchs von Roman Pichler vor. Robert und Sven ergänzen die gängige Scrum-Literatur um 300 Seiten geballtes Praxiswissen. Absolut lesenswert, auch für erfahrene Scrum-Experten.«

Henning Wolf, Certified Scrum Trainer

»Dieses Buch ist anschaulich, gut verständlich und voller Praxistipps. Es stellt eine prima Grundlage dar für die weitere Beschäftigung mit Scrum in der eigenen Praxis.«

Geleitwort

Seit über 10 Jahren helfe ich Organisationen dabei, ihre verschiedenen Herausforderungen durch mehr Agilität zu meistern. Meiner Erfahrung nach liegen die Hürden nicht im Verständnis – denn im Grunde ist Scrum recht einfach zu verstehen. Die Krux liegt in der konkreten Anwendung im jeweiligen Kontext.

Viele erhoffen sich, durch die Einführung von Scrum signifikant bessere Ergebnisse zu erhalten. Dabei wird oft vergessen, dass wir, wenn wir eine Chance auf signifikant bessere Ergebnisse haben wollen, auch eine signifikant andere Arbeitsweise benötigen. Die bestehende Arbeitsweise nur in einem neuen, angesagten Jargon umzuformulieren, bringt uns unserem Ziel, effektiver zu agieren, kein Stück näher. In der Regel schafft das nur noch mehr Probleme, da sich die alte und die neue Welt nun vermengen.

Die eigene Arbeitsweise komplett zu ändern, ist jedoch leichter gesagt als getan. Deshalb wäre es eine überschätzte Erwartung, dass mit der Einführung von Scrum sofort alles besser wird. Um Scrum sinnvoll und effektiv für die eigenen Zwecke nutzen zu können, ist es meiner Meinung nach wichtig, sich die typischen Fallstricke bewusst zu machen und zentraler Enabler zu sein. Nur so können »agile Absurditäten« vermieden werden.

Es gibt zahlreiche Gründe, warum die Umsetzung von Scrum in Unternehmen scheitert. In der Praxis konnte ich folgende Problematiken besonders häufig beobachten:

- Alte Arbeitsweisen werden lediglich in Scrum umbenannt. Die Arbeit wird wie gewohnt, allerdings in einem unpassenden Rahmen, fortgesetzt.
- Agilität wird als Ziel ausgerufen und lässt Scrum damit zum Selbstzweck verkommen.
- Das direkte Umfeld wird als nicht agil »beschimpft«, anstatt sich mit Scrum richtig aufzustellen und zu versuchen, das Umfeld dafür zu gewinnen.
- Teams sind es nicht gewohnt, gemeinsam Verantwortung zu übernehmen. Product Owner, Lead-Entwickler und/oder Scrum Master übernehmen fälschlicherweise die Aufgabe, das eigentlich selbstmanagende Team zu

organisieren. Sie nehmen Scrum damit die Dynamik, die absolut notwendig ist, um zu besseren Ergebnissen zu kommen.

- Anstatt alle Kompetenzen im Sprint zu bündeln und ein gemeinsames Lernen zu ermöglichen, erinnert die Vor- und Nachbereitung eines Sprints an ein klassisches Wasserfallprojekt mit einem Kringel in der Mitte. Das Hervorbringen von effektiven Ergebnissen in übergreifender Zusammenarbeit wird dadurch unmöglich.
- Die Chance, im ersten Sprint zu lernen, wird oft nicht genutzt. Häufig fehlt der Mut, erste Ergebnisse ehrlich anzuerkennen. Mögliche Hindernisse werden ausgeblendet. Das Ergebnis ist das zu späte Erkennen von Problemen und ein Projektverlauf, der einen schmerzlich an den Bau des Berliner Flughafens erinnert.

Es beeindruckt mich immer wieder, wie sich die genannten Beispiele in der Praxis stets wiederholen. Dabei sind diese Herausforderungen häufig vermeidbar. Es wird leider nur allzu oft vergessen, dass Scrum in seinem Kern nicht ausschließlich dazu da ist, Ergebnisse zu liefern. Es gibt vielmehr den Rahmen, um aus Ergebnissen zu lernen – gemeinsam, als Team. Nicht umsonst sprechen wir in Scrum davon, im Scrum-Team alle notwendigen Kompetenzen zu bündeln, um aus leichtgewichtigen Ideen einsetzbare Lösungen zu entwickeln. Nur durch Reflexion können wir sukzessive unser Produkt und unsere Arbeitsweise ausgestalten. Scrum gibt uns dabei die Möglichkeit, transparent und schnell auf Veränderungen zu reagieren, indem wir unsere Arbeitsweise systematisch reflektieren und anpassen.

Worauf es in Scrum wirklich ankommt, lässt sich meiner Erfahrung nach an den folgenden Punkten festmachen:

- Seid euch bewusst, warum ihr eine neue Arbeitsweise braucht. Nutzt dies als Motivation, um Scrum als minimalen Rahmen passend zu euren Bedürfnissen auszugestalten.
- Helft allen Beteiligten durch Simulationen in einer sicheren Umgebung, ein Gefühl für das neue Arbeiten zu bekommen, und stellt heraus, worauf es im Kern bei Scrum ankommt.
- Positioniert Scrum aktiv als Lernrahmen, indem ihr bewusst zügig in den ersten Sprint startet. Auch wenn dieser wahrscheinlich imperfekt sein wird, werden dennoch alle Beteiligten den Bedarf erkennen, das Produkt und die Arbeitsweise zu reflektieren und zu optimieren.
- Gestaltet die Zusammenstellung des Scrum-Teams anhand des gewünschten Ergebnisses. Verschafft euch dafür eine Orientierung, welches Produkt ihr verwirklichen wollt.
- Richtet euer Handeln als Scrum Master darauf aus, eine effektive Umgebung zu schaffen, um Ergebnisse zu liefern und gemeinsam zu lernen.

Es braucht keine abgefahrenen Modelle und Konzepte, um Scrum sinnvoll zu etablieren. Alles, worauf es meiner Meinung nach ankommt, ist die Bereitschaft, gemeinsam aus Ergebnissen lernen zu wollen und sich als Team zusammenzuraufen, um etwas Großes zu schaffen.

In meinen Trainings sowie in meinem Podcast »Scrum meistern« ist es mein Anspruch, mich inhaltlich nicht nur auf Scrum-Grundwissen zu beschränken. Mindestens genauso wichtig erscheint es mir, Fallstricke und »Agile Absurditäten« zu reflektieren und die Zuhörenden zu »enablen«, Scrum effektiv einzusetzen. Nutzen Sie das Buch mit all seinen spannenden Beispielen aus der Praxis als Inspiration und Grundlage, Scrum für Ihre Zwecke zu gestalten.

Ralf Kruse
enablechange.de
Hamburg, Mai 2022

Vorwort

Wir freuen uns sehr, dass Sie dieses Buch in den Händen halten. Es handelt sich um einen praxisnahen Leitfaden, der Sie anhand von vielen praktischen Erfahrungen durch alle Stationen eines Scrum-Projekts führt. Sicherlich, es gibt eine Reihe guter Literatur zu Scrum, auf die wir in diesem Buch verweisen werden. Ursprünglich hat uns die steigende Anzahl von zertifizierten Scrum Mastern, Product Ownern und Entwicklern, die sich ihr Know-how mühsam in vielen Projekten erarbeiten müssen, zu diesem Buch bewegt.

Wir haben in diesem Buch unsere gemeinsame Erfahrung aus vielen Jahren als Scrum Master und Agile Coaches gesammelt. Wir möchten dieses Wissen mit Ihnen teilen und geben Ihnen für viele unterschiedliche Situationen in Scrum-Projekten praxisnahe Tipps und Methoden an die Hand.

Agilität oder genauer Scrum wird allzu oft als Allheilmittel und Garant für den Projekterfolg verstanden. Fast jeder Konferenzvortrag zu diesem Thema verweist auf die Vorteile, von denen am besten auch die eigene Firma profitieren sollte. Es wird aber häufig nicht das behandelt, was wirklich zählt, nämlich der Wandel, den man als Person und auch als Unternehmen vollziehen muss.

Ein Trugschluss, der sich hartnäckig hält, ist der, dass der Einsatz von agilen Methoden wie Scrum dazu führt, dass Produkte schneller entwickelt oder Projekte früher beendet werden. Das Ziel ist dabei aber gar nicht die schnellere Auslieferung, sondern der Wandel zum Wesentlichen – der ständige Prozess des Lernens, der kontinuierlichen Verbesserung, die Übergabe von Verantwortung und der laufende Austausch untereinander. Kürzere Entwicklungszeiten helfen dabei, Probleme frühzeitig aufzudecken. Das bessere Verständnis darüber, was im Wege steht und welche Dinge ein Scrum-Team erfolgreich machen, sind die Schlüsselkomponenten, die den Unterschied ausmachen. Dies kann jedoch nicht über Nacht erlangt werden, sondern ist mit schmerzlichen Erfahrungen und viel Herzblut aller Beteiligten verbunden.

Wer dieses Buch lesen sollte

Sie haben angefangen, erste Schritte mit Scrum zu machen und sind auf der Suche nach hilfreichen Tipps, mit denen Sie Ihre Herausforderungen gezielt angehen können? Auch Sie möchten vom Einsatz agiler Methoden wie Scrum profitieren und Ihre Organisation so aufstellen, dass sie für die Zukunft gewappnet ist? Sie haben sich bereits den Scrum Guide oder andere Fachliteratur zu Gemüte geführt, vermissen aber die Antworten auf Ihre praktischen Fragen? Gut, dann halten Sie mit diesem Buch Ihren zukünftigen treuen Wegbegleiter in der Hand. Dies ist keine Hochglanzbroschüre, die Scrum als Mittel beschreibt, um Ihre Wunden zu heilen. Mithilfe dieses Buches lernen Sie, Situationen frühzeitig einzuschätzen und gezielt darauf zu reagieren.

Als Scrum Master wird Ihnen das Buch ein guter Wegbegleiter für die Durchführung von Scrum-Projekten sein. Wenn Sie dieses Buch lesen, erhalten Sie wertvolle Einblicke in die Arbeitsweise mit Scrum.

In diesem Buch geht es um hilfreiche Tipps, Werkzeuge und Erfahrungswerte, die uns bei der Aufstellung schlagkräftiger Scrum-Teams geholfen haben. Diese Mittel sind in unsere tägliche Arbeit übergegangen.

Dieses Buch deckt nur einen kleinen Teil der Erfahrungen ab, die wir auf unserer Reise durch Unternehmen und Projekte gemacht haben. Wir hoffen jedoch, dass Sie damit einen ständigen Begleiter für Ihre Projekte gefunden haben und Ihnen die praktischen Tipps und unsere Erfahrungen helfen, Ihren eigenen Weg oder den Weg Ihrer Organisation aus agiler Sicht zu meistern.

Wem wir zu Dank verpflichtet sind

Ein Buch wie dieses entsteht nicht über Nacht und verlangt eine Reihe an Unterstützung, für die wir uns bei vielen Menschen ganz herzlich bedanken.

Unser spezieller Dank gilt dem dpunkt.verlag, der das Wagnis mit uns eingegangen und unseren Ideen und Vorstellungen gefolgt ist. Besonders danken wir Christa Preisendanz, die uns als Ansprechpartnerin und Lektorin immer für unsere Fragen mit Rat und Tat zur Seite stand.

Unserem Illustrator Christian Pursch sind wir sehr verbunden und dankbar für seine Mühe und Kreativität. Durch seine Hilfe hat diese Auflage einen neuen Anstrich erhalten. Alle Illustrationen wurden komplett überarbeitet und machen diese Neuauflage zu etwas ganz Besonderem.

Nicht weniger danken wir den vielen Menschen, die sich mit dem Manuskript kritisch auseinandergesetzt haben.

Zum Abschluss bedanken wir uns ganz herzlich bei unseren Familien für das Verständnis und die moralische Unterstützung während dieser erneut turbulenten Zeit.

Über Ihr Feedback, Ihre Anregungen oder praktischen Erfahrungen freuen wir uns via E-Mail an

info@scrum-in-der-praxis.de.

Besuchen Sie die Internetseite zum Buch mit allen wichtigen Informationen, Arbeitsmaterialien, Illustrationen und Blogbeiträgen unter

scrum-in-der-praxis.de.

Wir freuen uns, wenn dieses Buch Sie stetig begleitet, und wünschen Ihnen viel Erfolg auf Ihrer persönlichen agilen Reise.

Hinweise zur dritten Auflage

Seit Erscheinen der ersten Auflage sind zehn Jahre vergangen. Wir haben in dieser Zeit sehr viel positives Feedback zu unserem Buch erhalten. Besonders hat es uns gefreut, wenn Menschen unsere Praxistipps ausprobiert haben und wesentliche Verbesserungen herbeiführen konnten.

Im vergangenen Jahrzehnt hat sich Scrum noch weiter verbreitet und weiterentwickelt. Das, was wir in den ersten beiden Auflagen verfasst hatten, wurde im Laufe der Zeit durch viele andere wiederholt, abgewandelt oder ergänzt. Daher war es nun an der Zeit, die Inhalte des Buches erneut auf den Prüfstand zu stellen. Sind die Beschreibungen noch zeitgemäß? Benutzen wir die dargestellten Techniken selbst noch oder stehen wir noch dazu?

Auch wir haben weitere Erfahrungen gesammelt, sind vielleicht in dem einen oder anderen Punkt nicht mehr ganz so streng mit unseren Scrum-Teams oder haben gelernt, dass wir in bestimmten Situationen noch konsequenter im Umgang mit der Organisation sein sollten, um nachhaltig Veränderungen anzustoßen und Wert zu schaffen.

All diese Überlegungen sind in diese komplett überarbeitete und aktualisierte Auflage eingeflossen. Wir haben viele Abschnitte verfeinert, Kapitel umgestaltet und hinzugefügt sowie eine Vielzahl an Praxistipps ergänzt und die aktuellen Änderungen aus dem Scrum Guide vom November 2020 (*scrumguides.org*) übernommen. Zur Abrundung haben wir alle Illustrationen im Buch erneuert. Wir hoffen damit, dass dieses Buch noch mehr dazu beiträgt, Ihren agilen Alltag zu gestalten und Scrum-Teams zum Erfolg zu führen.

Wichtig ist uns, dass Sie sich angesprochen fühlen. Wir haben uns beim Schreiben Mühe gegeben, geschlechtergerechte Formulierungen zu verwenden. Gleichzeitig haben wir uns gegen eine Verwendung des Gender:Doppelpunkts entschieden. Wir versuchen zu umschreiben, die Geschlechter zu variieren und nutzen die englischen Begriffe des Scrum Guide für die Verantwortlichkeiten.

Robert Wiechmann, Sven Röpstorff
Hamburg, Mai 2022

Inhaltsübersicht

Inhaltsverzeichnis

1 Einleitung

Wie das Buch aufgebaut ist

Wir haben das Buch so konzipiert, dass Sie an jeder Stelle des Buches zielgerichtet nachschlagen und direkt ins Thema einsteigen können.

In Kapitel 2 reflektieren wir die agilen Werte und Prinzipien, die eine Basis für ein erfolgreiches Scrum-Projekt schaffen und die es zu verinnerlichen gilt.

In Kapitel 3 erläutern wir, wie wichtig jeder Mensch aus dem Scrum-Team für den Erfolg ist. Wir beschreiben die Verantwortlichkeiten des Entwicklers, des Scrum Masters und des Product Owners und geben wertvolle Hinweise, worauf Sie bei der Besetzung der Teammitglieder achten sollten.

In Kapitel 4 erfahren Sie, welche Aufgaben vor und während eines Scrum-Projekts anfallen. Beginnend mit dem Kick-off führen wir Sie über Schätzverfahren und der Pflege des Product Backlog bis hin zur Releaseplanung.

In Kapitel 5 starten wir einen Sprint-Zyklus und führen Sie durch einen Sprint. Wir beginnen mit dem Sprint Planning und enden mit der Sprint-Retrospektive. Auf dem Weg geben wir zahlreiche praktische Tipps und Hinweise für die Gestaltung der Scrum-Events und besonderer Situationen.

In Kapitel 6 widmen wir uns einem Schwerpunkt, der für viele Scrum-Teams mittlerweile zum Alltag gehört: die verteilte Arbeit über mehrere Standorte hinweg.

Wovon Sie profitieren

Wir haben uns bei der Gestaltung des Buches vor allem die Frage gestellt, wie wir übersichtlich und verständlich praktisches Wissen vermitteln und wertvolle Anregungen geben können. Ihnen stehen mit diesem Buch die folgenden Hilfsmittel zur Verfügung:

- **Scrum Guide**
  Wir orientieren uns inhaltlich am aktuellen Scrum Guide (*scrumguides.org)* und stellen explizit heraus, wenn wir davon abweichen.

- **Terminologie**
  Wir verwenden bewusst die bekannten englischsprachigen Scrum-Begriffe, um nicht neue Wortschöpfungen zu erschaffen und damit unnützerweise zu verwirren.
- **Praxistipps**
  Sie finden eine Vielzahl hilfreicher Tipps aus der Praxis im Buch, die wir durch Hinweisboxen hervorgehoben haben.
- **Glossar**
  Dieses Buch verfügt über ein umfangreiches Glossar mit allen wichtigen Erläuterungen zu den verwendeten Fachtermini, das auch über die Website zum Buch zugänglich ist. Wir weisen mit einem Pfeil-Symbol (→) auf Glossareinträge hin.
- **Verfügbarkeit**
  Ihnen stehen neben diesem Buch viele Checklisten, Empfehlungen, Referenzen, Illustrationen sowie das Glossar unter *scrum-in-der-praxis.de* in digitaler Form zur Verfügung.

Wer Sie begleitet

Ihre ständige Begleitung wird das Team der SidP GmbH sein. Wir möchten mit der Geschichte des SidP-Teams die einzelnen Projektphasen noch lebhafter gestalten. Die Beispiele ziehen sich wie ein roter Faden durch das Buch und veranschaulichen somit die wichtigen Stationen und typische Herausforderungen in Scrum-Projekten. Nachfolgend stellen wir Ihnen die Scrum in der Praxis (SidP) GmbH sowie unsere Akteure kurz vor.

Die SidP GmbH

Die SidP GmbH wurde 2001 als Spin-off der Universität Hamburg gegründet. Sie besteht heute aus rund 70 Mitarbeitenden, vorwiegend Softwareentwicklerinnen, Scrum Master, IT-Berater, Webdesignerinnen und Softwarearchitekten.

Das Angebotsspektrum der SidP GmbH ist groß und erstreckt sich neben der Gestaltung von Desktop-Anwendungen über die Pflege von Internetportalen bis hin zum Themenschwerpunkt, den Applikationen für eine Vielzahl von mobilen Endgeräten. Vom Anforderungsmanagement über die agile Abwicklung von Projekten bis hin zum Servicemanagement deckt die SidP GmbH den gesamten Lebenszyklus einer Software ab. Seit ihrer Entstehung arbeitet die SidP GmbH mit einem breiten nationalen und internationalen Partnernetzwerk zusammen, das bei der Realisierung der Kundenwünsche unterstützt.

Die SidP GmbH entwickelt Software agil mit Scrum. Die Kundschaft profitiert seit 2005 von einer individuellen Vertragsgestaltung und Auslieferung in kurzen Intervallen. Mit einer weiteren Niederlassung in Mailand ist die SidP GmbH seit 2020 auch international vertreten. Dies verschafft den italienischen Kunden der SidP GmbH zusätzliches Expertenwissen und die persönliche Nähe vor Ort.

Das Scrum-Projekt

Die SidP GmbH hat gerade einen neuen Auftrag erhalten, der bis Ende des Jahres fertiggestellt werden soll. In Hamburg findet im dritten Jahr in Folge eine große Konferenz zum Thema »Agil mit Scrum« statt. Da die Konferenz weltweit einen ausgezeichneten Ruf hat, werden ca. 600 Gäste aus aller Welt in der Hansestadt erwartet. Aufgrund des Feedbacks des letzten Jahres soll es diesmal eine Applikation für mobile Endgeräte geben, mit der die Gäste das Konferenzprogramm, Raumpläne, Informationen zu den Sprecherinnen und vieles mehr abrufen können.

Das Scrum-Team

Herr Hold ist der Geschäftsführer der SidP GmbH und Organisator der Konferenz. Er kümmert sich um alles, was mit dem Event zu tun hat. Für unser Scrum-Team ist er der *Auftraggeber* des Projekts. Da der Konferenztermin feststeht, benötigt er die Anwendung zu einem fixen Zeitpunkt.

Casper hat bereits ein paar Jahre als Produktmanager gearbeitet. Er kennt sich gut im Markt aus und bezeichnet sich selbst als Power User seines Mobiltelefons. Casper hat bereits kleinere Projekte als *Product Owner* begleitet und freut sich auf diese neue Herausforderung.

Finn hat eine Ausbildung als traditioneller Projektmanager. Vor vier Jahren hat er von Scrum gehört und seinen Chef von der Idee überzeugen können, sich als *Scrum Master* zertifizieren zu lassen. Seitdem ist er von Scrum überzeugt und setzt alles daran, Scrum in der Organisation zu etablieren.

Alva hat viele Jahre als Webentwicklerin gearbeitet und ist mit dem Markteintritt des ersten iPhones auf mobile Plattformen umgeschwenkt. Sie behält immer das System als Ganzes im Auge und kümmert sich im Team um die *Softwarearchitektur.*

Jordi ist der Junior im Team. Bereits während des Studiums hat er seine Praktika in der Firma absolviert und hat direkt nach seinem Abschluss bei der SidP GmbH als Softwareentwickler angefangen. Er interessiert sich besonders für die Schnittstellenentwicklung.

Sergio ist ein alter Hase in der *Softwareentwicklung*. Von der prozeduralen Entwicklung mit PASCAL über die objektorientierte mit C++, Java und Ruby ist er jetzt bei mobilen Anwendungen angekommen.

Mina hat einige Zeit als Softwareentwicklerin gearbeitet, bevor sie ihre Begeisterung für *Qualitätssicherung* entdeckte. Durch die gesammelten Erfahrungen fällt es ihr leicht, andere von der Notwendigkeit des Testens zu überzeugen. Im Team achtet sie vorrangig auf die Qualität der Software.

Lara ist der kreative Kopf. Sie kümmert sich sowohl um das *Design* als auch um die Benutzerfreundlichkeit der Applikation. Sie sorgt dafür, dass die Funktionalitäten gut aussehen und einfach benutzt werden können.

2 Werte und Prinzipien

Aller Anfang ist ein Anfang

Auch die SidP GmbH ist durch ein Tal der Tränen gegangen. Als Finn im Unternehmen als Scrum Master startete, hatte Herr Hold die Zügel in der Hand. Keiner kam am Geschäftsführer vorbei. Jede Entscheidung lief über seinen Tisch. Viele Gespräche, meist kontrovers zwischen Herrn Hold und Finn geführt, lösten anfänglich zu viel Spannungen aus. Finn war sich nicht sicher, ob er etwas erreichte, und Herr Hold war hin- und hergerissen zwischen dem Loslassen und alles entscheiden zu müssen.

Auf Basis dieser Gespräche erstellte Finn eine Liste von Dingen, die Herrn Hold, Finn und den Mitgliedern des Scrum-Teams wichtig waren. Mit dieser Liste hatte Finn etwas vor. Er brachte nämlich alle an einen Tisch und gemeinsam klärten sie, bei welchen Aspekten Herr Hold noch mitbestimmen wollte und bei welchen das Scrum-Team entscheiden durfte. Dieses Art und Weise über die Delegation von Aufgaben zu sprechen, war für alle Beteiligten sehr befreiend [URL:DelegationPoker]. Herrn Hold wurde bewusst, dass die Teammitglieder viel mehr entscheiden wollten, als er anfänglich glaubte. Den Teammitgliedern wurde deutlich, dass Herr Hold ihnen mehr Vertrauen schenkte, als sie annahmen.

Finn war zufrieden mit diesem Ergebnis, denn er wusste genau, dass die Ermächtigung des Teams ein Grundstein für den Erfolg des Projekts war. Und erfolgreich sein wollte er unbedingt, denn es war ja das erste Scrum-Projekt der Firma.

Heutzutage werden →agile Methoden in einer immer größer werdenden Anzahl von Projekten eingesetzt. In einer aktuellen Umfrage aus dem Jahr 2021 wird deutlich, dass sich neben der reinen Softwareentwicklung immer mehr Teile einer Organisation oder ganze Unternehmen, agiler Denkweisen oder Methoden zuwenden [URL:Digitalai].

Mit dieser wachsenden Anzahl erhöhen sich auch die Herausforderungen, die an die Beteiligten gestellt werden. Denn die Anwendung von agilen Methoden ist, verglichen mit der Verinnerlichung der zugrunde liegenden Wertesysteme und Grundprinzipien, einfach. Dies führt in vielen Unternehmen zu der Situation, dass ein leichtgewichtiges Rahmenwerk wie Scrum eingesetzt wird, aber die nötige Grundeinstellung nicht stimmt: »Wir arbeiten agil, denn wir nutzen Scrum« – eine weitverbreitete Fehleinschätzung. In vielen Fällen kann die Mechanik von Scrum für Verbesserung sorgen. Diese sind jedoch nicht von Nachhaltigkeit geprägt, da sie oftmals in ein System gepresst werden, das mit der Zeit wieder die Oberhand gewinnt und keine Verhaltensänderung notwendig macht.

> Wir haben uns in den letzten Jahren angewöhnt, nicht mehr das Wort »agil« zu verwenden, wenn es um die gemeinsame Zusammenarbeit geht. Für uns ist das Agile Manifest ein Selbstverständnis des gemeinsamen Miteinanders geworden, sodass wir eher über das Erleben den Begriff greifbar machen.

Der falsche Ansatz

Wenn wir uns heute, mehr als 20 Jahre nach Veröffentlichung des Agilen Manifests (*agilemanifesto.org*), in Unternehmen umsehen, dann erhalten wir ein durchwachsenes Bild. Die meisten Menschen haben zumindest von Scrum oder anderen agilen Methoden gehört.

Wenn wir uns genauer anschauen, wie der Erfolg von agilen Methoden zustande gekommen ist, dann sicherlich nicht durch radikale Veränderungen innerhalb von Organisationen. Vielmehr ist es häufig ein Versprechen gegenüber dem Management, schneller und vorhersehbarer zu entwickeln und mehr Wert bei weniger Entwicklungskosten und hohem Flexibilitätsgewinn zu liefern. Doch was hat sich in der gleichen Zeit auf Managementebene oder in den Organisationen getan? Nicht viel.

Es ist ein weitverbreitetes Missverständnis, dass sich Agilität vom Management verordnen lässt. Das Verwenden eines neuen Prozesses wird mit der Einführung von Agilität in Unternehmen gleichgesetzt, ohne die zugrunde liegenden agilen Werte auch nur ansatzweise zu betrachten. Die Frage nach der Anwendungspraxis agiler Werte ist immer auch eine Frage der Persönlichkeit, Seniorität und Unabhängigkeit des Scrum Masters bzw. →Agile Coaches (vgl. Abschnitt 3.2). Eine Aufgabe des Scrum Masters ist es u.a., die bestmöglichen Rahmenbedingungen für ein Projekt zu schaffen. Dies kann nur mit der Unterstützung leitender Führungspersonen oder des Managements funktionieren. Denn gerade vom Management sind ein klares Bekenntnis und uneingeschränkte Unterstützung gefragt. Erfolgt dies nicht, entstehen unterschiedlichste Konflikte und die Umsetzung bleibt inkonsequent und lückenhaft.

Führungspersonen können in ihrem Verantwortungsbereich bereits eine Menge erreichen, indem sie die agilen Werte in ihr Verhalten integrieren und damit vorleben. Wenn solche Bemühungen in den höheren Ebenen aber nicht flächendeckend unterstützt werden, kann das Unternehmen insgesamt nicht optimal von Agilität profitieren.

Suchen Sie sich Verbündete im Management, die Ihnen helfen, den agilen Gedanken zu verbreiten. Gehen Sie unkonventionelle Wege und machen Sie z.B. eine Roadshow durch das Unternehmen, auf der Sie über neue Führungsmethoden wie beispielsweise »Theorie U« [Scharmer 2011] sprechen und dies mit den Vorteilen von Scrum gleichsetzen. Organisieren Sie interne Meetups, zu denen Sie externe Speaker einladen, die zu einem Schwerpunktthema vortragen. Gründen Sie eine →Community of Practice zum Thema Agilität und vernetzen Sie die Personen, die sich bereits engagieren bzw. ein Interesse daran haben. Oder legen Sie Ihrer Vorgesetzten das Buch von Frédéric Laloux »Reinventing Organizations« [Laloux 2016] auf den Tisch und laden Sie zum gemeinsamen Diskurs ein.

Fast niemand macht wirklich Scrum

Es mag für Sie erst einmal überraschend sein, das zu lesen. Fakt ist aber, die Leichtgewichtigkeit von Scrum endet oftmals dort, wo Organisationen ihre Probleme unter den Tisch kehren und alte Muster und Verhaltensweisen Einzelner mehr Wichtigkeit beigemessen wird als der Wertschöpfung für Kunden. In den vielen Jahren, die wir Scrum-Teams begleiten, treffen wir selten auf funktionierende Scrum-Teams oder eine wertstiftende Anwendung von Scrum. Schon allein die Frage, ob jemand aus einem Scrum-Team den Scrum Guide (*scrumguides.org*) gelesen hat, führt in den meisten Fällen zu kollektivem Achselzucken.

Stellen Sie in einer Ihrer nächsten Retrospektiven doch einmal Scrum als Rahmenwerk in den Mittelpunkt. Sprechen Sie mit den Teammitgliedern darüber, wozu das Rahmenwerk existiert, und finden Sie kollektiv heraus, dass komplexe Produktentwicklung ein iteratives Vorgehen braucht, das durch die Fertigstellung von →Produktinkrementen überprüft, ob getroffene Annahmen richtig sind und somit an den richtigen Dingen gearbeitet wird, um für Kunden einen größtmöglichen Wert zu liefern.

Die mechanische Verwendung von Scrum bringt dann vorerst einige Verbesserungen, unterliegt dann aber oftmals dem System, also dem, was in einer Organisation vorherrschend gelebt und praktiziert wird. Für uns wird dies dann an folgenden wiederkehrenden Anzeichen sichtbar:

- **Fehlende Veränderung**
  Viele Organisationen messen der notwendigen kulturellen Veränderung nur einen geringen Stellenwert bei, sodass im laufenden hektischen beruflichen Alltag nachhaltige Veränderungen unter den Tisch fallen [URL:Wiechmann a]. In vielen Fällen ergibt sich dann ein Kreislauf, der daraus besteht, sich gegenseitig Vorhaltungen zu machen, wer jetzt nicht mitzieht oder was nicht getan wird oder wurde.

- **Dominante Stakeholder**
  Stakeholder dominieren oftmals das Geschehen, indem ein enormer Druck auf Scrum-Teams aufgebaut wird. Daraufhin entsteht in vielen Fällen ein Abarbeiten von Roadmaps anstelle eines Nachdenkens über das, was erreicht werden soll und für den Kunden Wertschöpfung liefert.
- **Funktionsgetrieben (Feature-Driven)**
  Scrum-Teams gelangen so in vielen Fällen schnell in einen Strudel, der sie nicht mehr Probleme für die Kunden lösen lässt, sondern nur den Blick auf die nächste Funktion (engl. →Feature) zulässt. In vielen Fällen sind Product Owner damit beschäftigt, Anforderungen aufzunehmen, anstatt Probleme der Kunden zu identifizieren und wertstiftend im Sinne des Produktziels zu agieren.
- **Ungeklärte Probleme**
  Scrum ist unermüdlich beim Aufspüren von →Dysfunktionen einer Organisation. Häufig wird über aufgedeckte Missstände jedoch hinweggegangen oder diese nicht in Angriff genommen. Manchmal fehlt die Zeit, weil wieder ein wichtiges Release vor der Tür steht, manchmal weil die Unterstützung einer leitenden Funktion fehlt oder ein Scrum-Team nicht die Verantwortung für die eigenen Verbesserungen übernimmt.
- **Fehlende Autonomie**
  Viele Scrum-Teams unterliegen den vorherrschenden Gesetzmäßigkeiten des Systems, in dem sie arbeiten – egal ob in einer Matrixorganisation unter vielen Hierarchieebenen eingebettet, abhängig von einem stark kontrollierenden Firmenchef oder in der Rolle des Dienstleisters anstatt Partners auf Augenhöhe, für einen externen Auftraggeber oder eine interne Abteilung.
- **Alles zur gleichen Zeit**
  Mit der Entscheidung, Scrum zu nutzen, beginnen viele gleichzeitig, Praktiken wie z.B. User Stories (Abschnitt 4.3.2), Story Mapping (Abschnitt 4.2.4) oder →Personas einzuführen. Oftmals wird es dann als Teil von Scrum verstanden, obwohl diese nichts mit Scrum zu tun haben. Die Menge dessen, was dann zur selben Zeit verändert wird, führt zu Überforderung oder Ablenkung vom Wesentlichen.
- **»Scrum, but …«**
  »Wir machen Scrum, aber …« ist ein häufig verwendeter Satzbeginn. Diesem folgen dann viele Gründe, die herausstellen sollen, warum Scrum »by the book« nicht funktioniert. Wir hören dann: »Wir nutzen Scrum, aber …

  … ein tägliches Daily Scrum ist zu viel Aufwand.
  … die Sprint-Retrospektive bringt uns keinen Mehrwert.
  … die laufende Pflege des Produkts sorgt dafür, dass wir die Sprints nicht fertigstellen.
  … die Scrum-Master-Verantwortlichkeit übernimmt unser Senior-Entwickler mit.
  … nur in einem Projekt zu arbeiten, funktioniert bei uns nicht.«

- **Fehlende Komplexität**
  »Wir arbeiten agil, denn wir nutzen Scrum.« Dieser Satz führt in einigen Organisationen dazu, dass Scrum genutzt wird, obwohl es nicht geeignet für die Aufgabe ist. Der Scrum Guide definiert: *»Scrum ist ein leichtgewichtiges Rahmenwerk, welches Menschen, Teams und Organisationen hilft, Wert durch adaptive Lösungen für komplexe Probleme zu generieren.«* Dies bedeutet, Scrum zu verwenden, führt zu einem Overhead, der dann wiederum dem Rahmenwerk angelastet wird.
- **Kontrolle**
  Es wird häufig versucht, die Komplexität von Scrum-Projekten genauso (be)greif-bar zu machen, wie es unter Anwendung von klassischen Projektmanagementmethoden versucht wird. Der Versuch scheitert dann oftmals kläglich, da die Planung von etwas Unbekanntem – wir wissen ja noch nicht, was als Ergebnis herauskommen wird – nicht möglich ist (→Projektparadoxie). Dies führt dann in stark kontrollierten Umfeldern zu noch mehr Planung, um den Schein von Vorhersagbarkeit und Sicherheit aufrecht zu erhalten.

> »Scrum by the book funktioniert bei uns nicht« ist ein nicht seltener Ausspruch, den wir zu hören bekommen. Wir haben dann oftmals den Reflex, nachzufragen, wann die 10 Seiten des Scrum Guide überhaupt einmal Anwendung gefunden haben, um zu diesem Schluss zu kommen. Wir fragen dies nicht, denn wir stellen in vielen Fällen fest, dass die agilen Prinzipien und die Werte von Scrum keine Rolle spielen. Ein Zeichen für uns, dass Scrum lediglich ein Vehikel dafür ist, den organisatorischen Status quo aufrechtzuerhalten, aber unter dem Vorwand, agil zu sein.
>
> Wir werden also hellhörig, wenn wir Menschen »by the book« sagen hören. Werden Sie dies auch und hinterfragen Sie sich selbst, wenn Sie die Person sind, die es sagt.

Wir könnten allein diesem Themenfeld ein ganzes Buch widmen und diese Liste noch weiter fortsetzen. Wir haben uns jedoch für diese Praxisbuch entschieden, das Ihnen Alternativen aufzeigt und Impulse gibt, mit denen Sie Ihre Organisation oder Ihre Scrum-Teams jeden Tag ein klein wenig »agiler« machen können.

Wenn Sie bei Ihrer Arbeit den Fokus auf folgende drei Aspekte in all Ihren Handlungen legen, dann stellen Sie die Weichen für ein erfolgreiches Scrum-Projekt:

- **Wertschöpfende Inkremente**
  »Das gesamte Scrum Team ist ergebnisverantwortlich (accountable), in jedem Sprint ein wertvolles, nützliches Inkrement zu schaffen« (*scrumguides.org*). Am Ende eines jeden Sprints sollte Wert geliefert werden. Diese →Produktinkremente entsprechen der Definition of Done (siehe Abschnitt 4.1.3) und sind potenziell auslieferbar (→Potentially Shippable).

- **Selbstmanagement**
  Scrum-Teams managen sich selbst und entscheiden, was notwendig ist, um die gemeinsame Zusammenarbeit zu verbessern und das Projekt zum Erfolg zu führen. Dafür ist die Bevollmächtigung (engl. →Empowerment) aller Beteiligten notwendig, damit das Scrum-Team im Sinne des Scrum Guide *»umsetzungsverantwortlich (responsible) für alle produktbezogenen Aktivitäten«* (*scrumguides.org*) agieren kann.
- **Inspect & Adapt**
  »Scrum basiert auf Empirie und Lean Thinking. Empirie bedeutet, dass Wissen aus Erfahrung gewonnen wird und Entscheidungen auf der Grundlage von Beobachtungen getroffen werden« (*scrumguides.org*). Der Kern von Scrum ist die Empirie und daher ein täglicher Begleiter, der nicht mal eben ausgesetzt werden kann. Das inkrementelle und iterative Vorgehen von Scrum dient der Vorhersagbarkeit und Risikokontrolle.

Wir geben Ihnen in Kapitel 3 mit dem Blick auf das Scrum-Team noch weitergehende Impulse an die Hand.

> Wir machen Scrum-Teams gerne bewusst, dass keines der Elemente von Scrum weggelassen werden kann. Dazu nutzen wir die Übung »Scrum ohne …«. Die Teilnehmenden werden in der Übung in Kleingruppen aufgeteilt. Jede Gruppe nimmt sich dann einen Bestandteil von Scrum vor und überlegt sich, was dies für Implikationen auf die Verwendung von Scrum hat. »Was wäre Scrum ohne Retrospektive?« steht dann z.B. für eine Kleingruppe im Fokus. Oder: »Was wäre Scrum ohne Product Owner?« Die Diskussionen und gewonnenen Erkenntnisse aus der Übung setzen viele »Aha«-Momente frei.
>
> Ein Scrum Master kann die Übung dazu nutzen, um zu informieren, aufzuklären und aktuelle Schwachstellen in den Fokus zu nehmen.

Agil sein beginnt im Kopf

Agilität ist eine Haltung. Diese Haltung wird durch das tägliche Lernen in der praktischen Arbeit mit anderen Menschen gebildet. Je mehr positive Aspekte und Assoziationen mit der täglichen Arbeit einhergehen, desto mehr wird Agilität zum Selbstverständnis.

Nachfolgend stellen wir agile Werte vor, deren bewusste Einforderung sich in der Praxis besonders bewährt hat.

Anstatt die Werte nur in einer Präsentation zu vermitteln, machen Sie diese, wann immer es geht, greifbar und erlebbar. Beziehen Sie dafür Situationen aus dem Arbeitsalltag mit ein, sodass nicht nur ein »Ihr müsst Mut beweisen« auf dem Papier steht, sondern auch gleichzeitig der Kontext deutlich wird.

Wann immer nach den Werten gehandelt wird, sollte dies vorgehoben und gelobt werden. Soweit alte Muster oder Verhaltensweisen auftreten, sollte darüber gemeinschaftlich reflektiert und die Frage gestellt werden: »*Was hätte auch bzw. besser funktioniert?*«

2.1 Agile Werte

Spielerisch wertvoll

Als Scrum Master möchte Finn alle in puncto agile Werte gerne auf einen gemeinsamen Nenner bringen. Dazu hatte er sich etwas überlegt und das gesamte Scrum-Team am Nachmittag auf einen Kaffee eingeladen. In der Einladung hatte er nur angedeutet, dass es lustig werden würde.

Finn hatte die Idee, die agilen Werte auf Basis des bekannten Memory-Spiels zu vermitteln. Dieses Spiel hat er statt der Bilderpärchen mit Bildern und Worten, die die agilen Werte umschreiben bzw. benennen, umgestaltet. Auf den Memory-Karten standen Wörter wie »Kommunikation«, »Mut«, »Feedback«, »Respekt«, »Offenheit« und weitere. Nachdem Finn die Regeln erklärt hatte und die skeptischen Blicke auf einigen Gesichtern verflogen waren, bat er alle, sich in drei Pärchen aufzuteilen. Den Siegern stellte er einen Gewinn in Aussicht.

Alle fingen sofort an zu spielen. Finn hatte Spaß, den drei Pärchen zuzusehen, die völlig in ihr Spiel vertieft waren. Dabei flogen ständig die agilen Werte im Raum herum, wenn jemand die Karten umdrehte und vielleicht daneben lag. Als auch die Letzten ihr Spiel beendet hatten, wurden feierlich die Sieger gekürt. Anschließend kam Finn zurück auf das Spiel und stellte die Frage in die Runde: »Sagt mal, was verbirgt sich für euch hinter den Begriffen auf den Karten?« Nachdem klar war, dass es agile Werte waren, die für die Zusammenarbeit im Team wertvoll und wichtig sind, fragte Finn nach Beispielen aus der Praxis und hielt das Gespräch am Laufen. Es kamen auch Gegenfragen, die Finn, wenn niemand aus dem Team eine passende Antwort hatte, beantwortete.

Sein Plan ging auf, denn er hatte einen spielerischen Weg gesucht, die Werte greifbar zu machen. Am Ende übergab er jedem aus dem Team eine Version des Spiels und eine Spielbeschreibung, auf der neben den agilen Werten auch das Agile Manifest und die agilen Prinzipien niedergeschrieben waren.

Den agilen Weg zu gehen, bedeutet auf der einen Seite, Auftraggeber, Kunden und Anwender in das Zentrum aller geplanten Bemühungen zu stellen. Auf der anderen Seite stellen die agilen Werte und Prinzipien, gepaart mit neuen Modellen der Führung, auch den Umgang mit allen in der Organisation in den Vordergrund. Genauso wie die Kundschaft, für die wir Lösungen entwickeln, im Fokus steht, so steht auch jeder Mensch in einem Unternehmen im Zentrum der Aufmerksamkeit.

> Dem Themenschwerpunkt haben sich Laura Paradiek und Robert Wiechmann in ihrem Buch »Agile Werte leben« gewidmet [WiechmannParadiek 2020]. Weitere Ideen für das Finden oder Erlebbarmachen von Werten finden Sie auf *wertehelden.de.*

Heutzutage stellen gute Wissensarbeiterinnen den entscheidenden Wettbewerbsvorteil gegenüber der Konkurrenz dar. Der Markt ist in einigen Segmenten spärlich gesät mit guten Fachkräften. Diese verfügen häufig über ein sehr genaues Bild darüber, was möglich und was nicht möglich ist, und wollen an Entscheidungen partizipieren und diese nicht einfach nur vorgesetzt bekommen. Das fängt bei der Auswahl guter Arbeitswerkzeuge an und reicht bis zu strategischen Entscheidungen des Managements.

Es gilt, Vertrauen und Wertschätzung zu zeigen sowie Mut und Kreativität bei den Menschen zu fördern. Dabei geht es in erster Linie darum, sich Bedürfnissen anzunehmen, mit Wünschen auseinanderzusetzen oder Menschen mit ihren Gefühlen und Emotionen ernst zu nehmen. Es geht um das Miteinander und nicht um die Befriedigung individueller Ziele oder Bedürfnisse auf Führungsetagen. Es sind individuelle Freiräume zu schaffen, um die Entwicklung aller zu fördern und sie nicht zu kontrollieren [Semler 1993]. Es geht für Manager um das Verstehen, um Vertrauen in die eigenen Fachkräfte und um das Setzen der richtigen Führungsimpulse im richtigen Augenblick.

> Es ist schwierig, das Verhalten von Menschen respektive Managern zu ändern. Daher gilt es eher, das Verständnis für die Werte und notwendigen Veränderungen zu entwickeln. Nach und nach werden sich diese Veränderungen im Denken der Personen durchsetzen und Früchte tragen. Scheuen Sie sich daher nicht, Führungspersonen Feedback zu geben. Auch wenn Sie dies im ersten Moment Überwindung kostet, werden Sie merken, dass die Person dankbar sein wird, dieses Feedback zu erhalten. Denn in den vielen Unternehmen hört das Feedback-Geben und -Nehmen in den leitenden Positionen auf.

Sprechen wir mit Führungspersonen über die Wichtigkeit der Werte, erhalten wir in der Regel sofortige Zustimmung, sind die Werte doch so trivial und selbstverständlich. Wir hören dann Sätze wie beispielsweise: »Natürlich kommunizieren wir ausreichend. Aber wir können die Mitarbeiterinnen ja nicht mit jeder Information verrückt machen.« Kratzt man etwas an der Oberfläche, stellt man aber schnell fest, dass nicht alles Gold ist, was glänzt, und dass die agilen Werte doch noch etwas nachhaltiger verankert werden sollten.

In unseren Workshops, die wir zu Beginn eines Projekts mit neuen Scrum-Teams durchführen, stellen die agilen Werte einen wichtigen Abschnitt dar. Jedes Scrum-Team hat seine eigene Interpretation der Werte, sodass wir das Team neben der Benennung allgemeiner Beispiele bitten, für sich selbst zu definieren, was es unter dem jeweiligen Wert versteht. Dieses Verständnis notieren wir und machen es im Nachgang für alle zugänglich.

Die verschiedenen →agilen Vorgehensweisen benennen zum Teil unterschiedliche Werte, die aber in ihrem Zusammenwirken sehr ähnlich sind – nicht zuletzt, weil sie untereinander ein stimmiges, sich selbst regulierendes System bilden.

Das Wertesystem von Scrum umfasst fünf Werte. Der Scrum Guide (*scrumguides.org*) definiert:

> *»Die erfolgreiche Anwendung von Scrum hängt davon ab, dass die Menschen immer besser in der Lage sind, fünf Werte zu leben: Commitment, Fokus, Offenheit, Respekt und Mut.«*

In Ergänzung heißt es dort:

> *»Wenn diese Werte durch das Scrum Team und die Menschen, mit denen es arbeitet, verkörpert werden, werden die empirischen Scrum-Säulen Transparenz, Überprüfung und Anpassung lebendig und bauen Vertrauen auf.«*

Um die Scrum-Werte greifbar zu machen, nutzen wir als Metapher das Scrum-Haus (siehe Abb. 2–1). Es macht deutlich, dass die Scrum-Werte tragende Säulen sind, um Vertrauen im Team aufzubauen. Die Stufen ins Haus führen über die Transparenz des Gesamtprozesses und der eingesetzten →Artefakte. Diese Transparenz macht das Überprüfen (*Inspect*) möglich und führt zu notwendigen Anpassungen (*Adapt*). Um diese Stufen hinaufgehen zu können, muss das Scrum-Team handlungsfähig (empowered) sein, damit Entscheidungen zur Veränderung auch durchgeführt werden können.

In unserer Arbeit mit unterschiedlichen Teams ergänzen wir die Scrum-Werte um zwei wichtige Aspekte: *Kommunikation* und *Feedback*. Wir haben in vielen Organisationen festgestellt, dass mit Einführung neuer Arbeitsweisen das Phänomen entsteht, dass nicht mehr offen kommuniziert und Feedback vermieden wird. Es wird zum Schein eine »Alles-in-bester-Ordnung«-Mentalität an den Tag gelegt, weil es eben zur neuen Arbeitsweise dazu gehört und somit vieles unausgesprochen bleibt. Diese Scheinrealität implodiert dann oftmals sehr schnell, sobald die Beteiligten unter Stress geraten, ein kritischer Fehler auftaucht oder jemandem sprichwörtlich der Kragen platzt. Daher sind eine offene Kommunikation und mutiges Feedback ein wichtiger Bestandteil unseres Wertesystems.

Abb. 2–1
Scrum-Haus

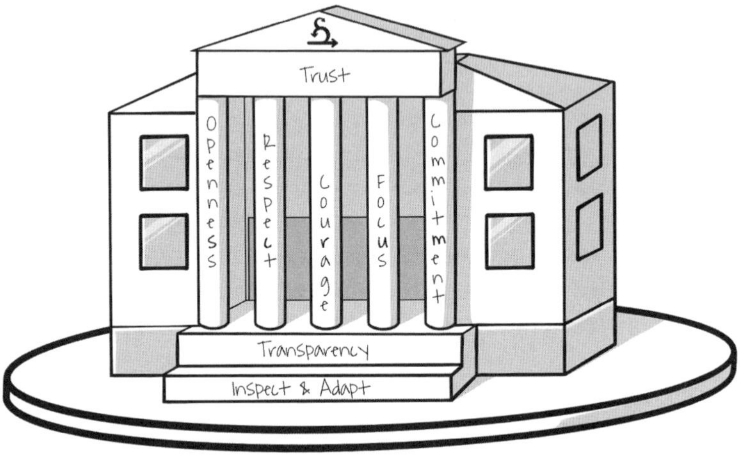

[WiechmannParadiek 2020] zeigen in ihrem Buch anschaulich auf, was das Leben der Werte im Arbeitsalltag eines Scrum-Teams bedeuten kann und welchen Einfluss diese auf Verhalten und Handlungen der Beteiligten haben.

Tab. 2–1
Agile Werte im Alltag eines Scrum-Teams

Wert	Beispiel Handlungen & Verhalten
»Das Scrum *Team* ***committet*** *sich, seine Ziele zu erreichen und sich gegenseitig zu unterstützen. Sein primärer* ***Fokus*** *liegt auf der Arbeit des Sprints, um den bestmöglichen Fortschritt in Richtung dieser Ziele zu bewirken. Das Scrum Team und dessen Stakeholder sind* ***offen*** *in Bezug auf die Arbeit und die Herausforderungen. Die Mitglieder des Scrum Teams* ***respektieren*** *sich gegenseitig als fähige, unabhängige Personen und werden als solche auch von den Menschen, mit denen sie zusammenarbeiten, respektiert. Die Mitglieder des Scrum Teams haben den* ***Mut****, das Richtige zu tun: an schwierigen Problemen zu arbeiten.« (scrumguides.org)*	
Mut (Courage)	▪ Wir teilen jede Information und halten diese nicht hinter dem Berg oder geben anderen die Schuld, auch bei negativen Ergebnissen. ▪ Wir sagen lieber »Nein«, als falsche Versprechungen zu machen. ▪ Wir ziehen die Möglichkeit des Scheiterns in Betracht und erkennen an, dass wir aus dem Scheitern für spätere Aufgaben lernen. ▪ Wir sagen offen, wenn wir Hilfe benötigen, und bitten darum.
Offenheit (Openness)	▪ Wir versuchen, die Wahrheit zu verstehen und zu akzeptieren. ▪ Wir bemühen uns um ein sicheres Umfeld, in dem alle offen die Wahrheit sagen. ▪ Wir sind ehrlich in unserer Kommunikation und in unserem Verhalten. ▪ Wir zeigen Transparenz in unserem Entscheidungsprozess. ▪ Wir liefern genaue Informationen in einer gut sichtbaren und zeitnahen Weise. ▪ Wir machen implizite oder explizite Zusagen und Versprechen in gutem Glauben.

→

Wert	Beispiel Handlungen & Verhalten
Selbst-verpflichtung (Commitment)	▪ Wir übernehmen Verantwortung für die Verpflichtungen, die wir eingehen. ▪ Wir treffen Entscheidungen und handeln im Interesse des Unternehmens, der öffentlichen Sicherheit und unserer Umwelt. ▪ Wir übernehmen die Verantwortung für Fehler und nehmen umgehend Korrekturen vor und kommunizieren diese an relevante Personen. ▪ Wir legen alle tatsächlichen oder potenziellen Interessenkonflikte den entsprechenden Parteien proaktiv und vollständig offen.
Fokus (Focus)	▪ Wir fokussieren uns auf das vereinbarte Ziel und lassen uns nicht davon abbringen. ▪ Wir kommunizieren frühzeitig, wenn wir nicht in der Lage sind, das Ziel zu erreichen. ▪ Wir erkennen an, dass wir unsere Aussagen mit bestem Wissen und Gewissen tätigen, es jedoch zu Veränderungen kommen kann. ▪ Wir nähern uns in kleinen Schritten dem Ziel, um Fehler frühzeitig zu erkennen und den Kunden schnellstmöglich zufriedenzustellen. ▪ Wir treffen Zielvereinbarungen immer vor dem Hintergrund, qualitativ hochwertige Arbeit an den Kunden auszuliefern.
Respekt (Respect)	▪ Wir respektieren die Rechte und Überzeugungen anderer. ▪ Wir wenden uns direkt an diejenigen Personen, mit denen wir einen Konflikt oder eine Meinungsverschiedenheit haben. ▪ Wir verhalten uns professionell, auch wenn es nicht erwidert wird. ▪ Wir diskriminieren andere nicht aufgrund von Geschlecht, Rasse, Alter, Religion, Behinderung, Nationalität oder sexueller Orientierung.
Vertrauen (Trust)	▪ Wir vertrauen uns gegenseitig und unterstützen uns auch in schwierigen Situationen. ▪ Wir vertrauen darauf, dass alle nach bestem Gewissen handeln. ▪ Wir üben nicht die Macht unseres Fachwissens oder unserer Position aus, die Entscheidungen oder Handlungen anderer unangemessen zu beeinflussen, um auf ihre Kosten persönlich davon zu profitieren. ▪ Wir schmücken uns nicht mit fremden Federn für die Leistungen anderer.
Kommuni-kation	▪ Wir kommunizieren offen und frühzeitig miteinander. ▪ Wir kommunizieren lösungsorientiert und wertschätzend miteinander. ▪ Wir schützen vertrauliche Informationen, die uns anvertraut wurden.
Feedback	▪ Wir geben uns regelmäßig Feedback, um Missverständnisse zu vermeiden. ▪ Wir sehen Feedback als Möglichkeit, zu wachsen und besser zu werden. ▪ Wir erkennen an, dass negatives Feedback eine Chance ist, um über eigenes oder fremdes Verhalten zu reflektieren. ▪ Wir erkennen die Regeln zum Feedback-Geben und Feedback-Nehmen an und legen Wert darauf, diese einzuhalten.

Die genannten Werte sind ein guter Startpunkt für die Arbeit mit Ihrem Scrum-Team. Gehen Sie jedoch noch einen Schritt weiter und erarbeiten Sie mit allen relevanten Personen für das Projekt ein gemeinsames Verständnis der Werte und halten Sie sich nicht zurück, weitere Werte wie z.B. Achtsamkeit, Spaß oder Zuverlässigkeit zu ergänzen.

Neben den genannten Werten möchten wir die Wichtigkeit der agilen Prinzipien für die richtige Umsetzung von Scrum noch einmal explizit hervorheben. Nachfolgend beleuchten wir die agilen Prinzipien und arbeiten die darin enthaltenen agilen Werte, Schlüsselbegriffe sowie Artefakte und Scrum-Events heraus. Entgegen dem Agilen Manifest verwenden wir eine leicht angepasste Version, die allgemeingültiger ist und nicht den Fokus auf Softwareentwicklung, sondern Produktentwicklung hat.

2.2 Agile Prinzipien

Das Agile Manifest (*agilemanifesto.org*) ist ein wesentlicher Grundstein der agilen Bewegung und die Grundlage des Handelns und Denkens vieler »Agilisten«. Genauso bilden die 4 Leitsätze und 12 Prinzipien des Manifests auch die Leitplanken für jeden unserer Schritte. Wir verstehen das Agile Manifest als den Ausgangspunkt, der durch gemeinsames Erleben und Ausgestalten zu einem jeweils für den Unternehmenskontext und die Unternehmenskultur individuellen Manifest entwickelt werden kann. Jeff Sutherland, Mitbegründer des Agilen Manifests, hat nach 20 Jahren des Bestehens noch einmal erläutert, wie es entstanden ist, und prognostiziert für die Zukunft: »*Der Einsatz von Agile und Scrum nimmt weiter zu, aber es kann noch mehr getan werden. Ich bin fest davon überzeugt, dass irgendwann alle Organisationen agil sein werden. Jeder muss agil sein, aber diejenigen, die am agilsten sind, werden am erfolgreichsten sein*« [URL:Sutherland a].

Abb. 2–2 *Das Agile Manifest als Grundlage der Zusammenarbeit*

Im Zentrum des Manifests steht der Mensch. Lassen Sie uns nachfolgend gemeinsam einen Blick darauf werfen, was in den knappen Handlungsanweisungen für wertvolle Informationen und Inspirationen stecken.

> Neben dem Agilen Manifest (auch bekannt als »Manifesto for Agile Software Development« oder →»Agile Manifesto«, *agilemanifesto.org)* haben sich über die Jahre weitere Strömungen entwickelt, die den Schwerpunkt nicht auf die Softwareentwicklung legen. Zur weiteren Auseinandersetzung empfehlen wir Ihnen die folgenden Quellen: *modernagile.org, agile2.net, next-level-working.com, betacodex.org* oder das »Manifest für menschliche Führung« von Marcus Raitner [Raitner 2019].

Kunden zufriedenstellen

> *Unsere höchste Priorität ist es, den Kunden durch frühe und kontinuierliche Auslieferung wertvoller Produkte zufriedenzustellen.*

Für die Entwicklung von wertvollen Produkten ist ein Scrum-Team zusammenzustellen, das alle erforderlichen Aufgaben eigenständig bewerkstelligen kann. Um der höchsten Priorität volle Aufmerksamkeit widmen zu können, ist für stabile Rahmenbedingungen zu sorgen und Störungen sind fernzuhalten. Frühe Auslieferung bedeutet, dass die Ergebnisse so schnell wie möglich dem Kunden präsentiert werden sollten, um zügig Feedback zu erhalten und neues Wissen in die Entwicklung einfließen zu lassen. Das iterative Vorgehen mit Scrum sorgt für die kontinuierliche Lieferung und Abstimmung von Resultaten in kurzen Zyklen, die nicht länger als vier Wochen sind. Was wertvolle Inkremente sind, wird durch den Product Owner (vgl. Abschnitt 3.3) definiert, der die Product Backlog Items nach ihrem Geschäftswert im Product Backlog (vgl. Abschnitt 4.2) sortiert.

In diesem prägnanten Satz sticht die Nutzung der iterativen Produktentwicklung heraus sowie der wichtige Aspekt, den Kunden in das Zentrum der Aufmerksamkeit zu rücken.

Wir stellen in unserer Praxis vielerorts fest, dass diejenigen, die das Produkt verwenden und dafür Geld zahlen, nur eine untergeordnete Rolle spielen und in den Hintergrund rücken. Der Produktverantwortliche weiß vermeintlich genau, was die Kunden wollen. Der Vertrieb macht unabgesprochene Zusagen für Funktionen, die »eigentlich schon längst da sein müssten«. Die Marketingabteilung grübelt darüber, wie die Preisgestaltung nach oben angepasst werden kann, ohne dass der Kunde einen spürbaren Mehrwert davon hat.

Sorgen Sie als Scrum Master dafür, dass der Product Owner als Vertreter oder Vertreterin der Kunden diese nicht aus den Augen verliert und zu einer Marionette interner Stakeholder mutiert.

Änderungen willkommen heißen

> *Wichtige Anforderungsänderungen, selbst spät in der Entwicklung, sind willkommen. Agile Prozesse nutzen Veränderungen zum Wettbewerbsvorteil des Kunden.*

Die positive Ausdrucksweise dieses Prinzips spiegelt den offenen Umgang mit möglichen Änderungen wider. Die Rahmenbedingungen für die Entwicklung eines Produkts sind vielfältig und einem laufenden Wechsel unterworfen. So wie sich der Markt ändern kann oder der Bedarf an einem Produkt, so agil sollte man auch mit diesen Änderungen umgehen, um nah am Marktgeschehen zu bleiben. Diese Änderungen sind für die Kundenzentrierung bedeutend, denn sie können von großem Vorteil für den Kunden sein.

Die Marketingabteilung fragt zum wiederholten Male, ob nicht »noch schnell eine kleine Änderung« mit aufgenommen werden kann, da bereits in wenigen Tagen eine Werbekampagne startet. Oder die Abteilungsleiterin trifft in einem Meeting die Entscheidung, dass etwas »ganz dringend umgesetzt« werden soll, und übt Druck auf das Scrum-Team aus, dies in den laufenden Sprint mit aufzunehmen. Es gibt viele Arten, die Planung eines Scrum-Teams zunichte zu machen und den geschützten Sprint sowie Arbeitsfluss zu stören. Dieses Prinzip bedeutet nicht, dass Änderungen willkürlich getroffen werden können, sondern vorrangig auf Basis von frühem Kundenfeedback oder wenn es strategisch sinnvoll ist.

Als Scrum Master ist es wichtig, hier offenzulegen, wann es sich um vermeidbare Änderungen und damit um die Störung des Ablaufs handelt.

Häufige Auslieferung

Liefern Sie funktionierende Produktlösungen regelmäßig, innerhalb weniger Wochen oder Monate aus und bevorzugen Sie dabei die kürzere Zeitspanne.

Am Ende eines jeden Sprints soll ein fertiges, potenziell auslieferbares Inkrement (→Potentially Shippable) vorliegen, das vollumfänglich einsetzbar und kein Prototyp oder eine theoretische Ausarbeitung ist. Die Frequenz, in der dies passiert, ist möglichst kurz zu halten, um zügiges Feedback von den Anwendern zu erhalten. Dieses Feedback wird dann wiederum in die Weiterentwicklung des Produkts einfließen. Je wichtiger oder riskanter die Produktentwicklung ist, desto kürzer sollten die Iterationen sein und desto enger die Zusammenarbeit mit Anwendern, Kunden oder Auftraggebern gestaltet werden.

Wir denken eher in Tagen oder Wochen als in langen 4-wöchigen Sprints. Scrum-Teams, die z.B. eine Webanwendung bauen, liefern teilweise mehrmals täglich, wenn ihre technischen und organisatorischen Rahmenbedingungen es erlauben.

Fachübergreifende Zusammenarbeit

Fachexperten und Produktentwickler müssen während des Projekts täglich zusammenarbeiten.

Die enge Zusammenarbeit der Menschen, die ein breites Wissen über die Zielgruppe oder den Zielmarkt haben, mit jenen, die das Produkt entwickeln, führt zu den besten und wertschöpfendsten Resultaten. Der Product Owner sortiert die Backlog Items entsprechend dem höchsten Geschäftswert und die Entwickler unterstützen ihn bei der Pflege des Product Backlog (vgl. Abschnitt 5.4). Das Prinzip drückt stark die notwendigen Komponenten Kommunikation und Kollaboration aus, die einen klaren Vorteil agiler Entwicklung repräsentieren.

Um schnelle Feedbackschleifen durch den direkten Austausch aller Personen zu gewährleisten, sollten sich die Beteiligten nur auf das Produktziel konzentrieren und über die gesamte Projektlaufzeit zusammenarbeiten dürfen.

Wir haben viele Organisationen kennengelernt, in der die IT oder die Entwicklung als Dienstleister gesehen oder behandelt wird. Anforderungen werden sprichwörtlich über den Zaun geworfen und erwartet, dass die Scrum-Teams sich darum kümmern werden. Oder Auftraggeber beauftragen einen Dienstleister, der sich um die Produktentwicklung kümmern soll und erwarten dementsprechend nur Ergebnisse, statt bei der Entwicklung zu partizipieren.

Es gibt zwei wichtige Aspekte, denen Sie als Scrum Master Beachtung schenken sollten. Die Mitglieder des Scrum-Teams benötigen das notwendige Know-how, um zur Lösungsfindung beizutragen. Zweitens sind Stakeholder, wie z.B. Auftraggeber, Projektsponsoren oder interne Abteilungen, eher als Partner zu verstehen und eng an das Scrum-Team zu binden, damit Expertenwissen und Expertise direkt genutzt werden kann.

Unterstützen und Vertrauen

Errichten Sie Projekte rund um motivierte Individuen. Geben Sie ihnen das Umfeld und die Unterstützung, die sie benötigen, und vertrauen Sie darauf, dass sie die Aufgabe erledigen.

Mit der Auswahl der richtigen Teammitglieder steht und fällt auch jedes agile Team. Individuen, die mit dem Herzen dabei sind und im Sinne des Scrum-Teams agieren, werden das Projekt voranbringen. Gibt man ihnen dazu die Freiheit, das zu tun, was getan werden muss, wird sich die Kreativität schnell entfalten. Das Setzen von Rahmenbedingungen, die eine freie Entfaltung ermöglichen, die Einrichtung einer störungsfreien Arbeitsatmosphäre und die Bereitstellung adäquater Arbeitswerkzeuge wird das in das Scrum-Team gesetzte Vertrauen nicht enttäuschen.

Wenn Sie als Scrum Master vor der Zusammenstellung eines neuen Scrum-Teams stehen oder ein neues Projekt umgesetzt werden soll, setzen Sie sich dafür ein, dass die Personen eigenständig die Entscheidung treffen können, ob sie in diesem Team oder an diesem Projekt arbeiten wollen. Sie erreichen damit, dass die Eigenmotivation bei den Beteiligten steigt, wenn diese ihrem Interesse nach an etwas arbeiten können, an das sie glauben bzw. was sie intrinsisch motiviert.

Direkte Kommunikation

> *Die effizienteste und effektivste Methode, Informationen an und innerhalb eines Teams zu übermitteln, ist ein Gespräch von Angesicht zu Angesicht.*

Transparenz ist eines der Schlüsselelemente des Rahmenwerks. Es reicht dabei jedoch nicht, Informationen sichtbar zu machen, sondern auch der direkte Austausch mit Menschen ist zu pflegen. Das direkte Gespräch ist dabei zu bevorzugen, anstatt den Umweg über indirekte Kommunikationsmittel zu wählen. Die Events von Scrum zielen vordergründig darauf ab, dass der Informationsfluss innerhalb des Scrum-Teams nicht abreißt.

> Das Agile Manifest oder auch Scrum sind ursprünglich davon ausgegangen, dass die Menschen zusammen an einem Standort arbeiten. Heutzutage ist das eher die Ausnahme und die verteilte Arbeit über mehrere Standorte die Regel. Ein häufig auftretendes Verhalten ist dann oft, weniger von Angesicht zu Angesicht zu kommunizieren und den Teamchat oder E-Mails zu nutzen. Als Scrum Master sind Sie hier frühzeitig gefragt, zu intervenieren. Wir gehen in Kapitel 6 vertiefend darauf ein.

Funktionierende Lösungen

> *Funktionierende Lösungen sind das wichtigste Fortschrittsmaß.*

Am Ende einer jeden Iteration zählt nur, ob die erstellte Lösung auch den Abnahmekriterien entspricht und vollumfänglich und fehlerfrei einsatzbereit ist. Andere Maßeinheiten spielen eine untergeordnete Rolle. Für ein Scrum-Team zählt in erster Linie auslieferbare Inkremente am Ende eines Sprints.

> Nicht selten haben wir Scrum-Teams erlebt, die im Sprint-Review darüber berichten, was alles während eines Sprints angefasst wurde. Es werden dann gelöste Fehler vorgestellt, über unfertige Arbeitsergebnisse berichtet oder sogar mit Verweis auf den nächsten Sprint gezeigt.
>
> Eines der schaurigsten Beispiele, die wir erlebt haben, ist, den Scrum-Prozess »wasserfallartig« anzulegen, sodass die Fertigstellung eines Inkrements über mehrere zweiwöchige Sprints erfolgte (→Wasserfallmethode). In einem ersten Sprint wird das Design erstellt. In einem folgenden Sprint wird von einem Teil des Scrum-Teams die Entwicklung vorgenommen, um diese Teilergebnisse dann von einem anderen Teil des Teams im nächsten Sprint zu testen. In diesem Fall war es so, dass sich die Fertigstellung von einem Sprint Backlog Item von zwei Wochen auf bis zu zehn Wochen dehnte und keine Transparenz darüber herrschte, wann ein Inkrement wirklich abgeschlossen war.

→

Legen Sie als Scrum Master den Fokus auf die Wertschöpfung des Scrum-Teams und sorgen Sie dafür, dass die kurzen Zyklen dazu führen, dass nicht nur Fortschritt im Sinne des Produktziels, sondern auch im Sinne des Lernens und der Weiterentwicklung der Beteiligten entsteht.

Nachhaltige Geschwindigkeit

Agile Prozesse fördern nachhaltige Entwicklung. Die Auftraggeber, Developer und Benutzer sollten ein gleichmäßiges Tempo auf unbegrenzte Zeit halten können.

Dieses Prinzip ist auf den ersten Blick schwer zu verstehen, da Sie sich eventuell fragen, was mit »nachhaltiger Entwicklung« gemeint ist. Es bedeutet, dass eine konstante und ausgeglichene Arbeitszeit besser ist als hohe Schwankungen durch Mehrarbeit. Diese können sich negativ auf die Produktivität des Scrum-Teams auswirken und damit unter Umständen auf den Projekterfolg. Aber auch Wartezeiten oder Langeweile können ein Ausdruck für eine schwankende Entwicklungsgeschwindigkeit sein. Mit einer guten Sprint-Planung können diese Schwankungen vermieden werden. Um zu einem →»Flow« zu gelangen, ist die Einbeziehung und ein Dialog aller Projektbeteiligten sowie ständiges Inspect & Adapt notwendig.

Kontinuität ist ein sehr wichtiges Element für Scrum-Teams. Keine funktionierenden Lösungen zu liefern, die letzten Tage des Sprints bis spät am Abend zu arbeiten, um Aufgaben zu erledigen, oder nicht die Werte und Prinzipien zu befolgen, werden zuverlässig zum Misserfolg führen.

Als Scrum Master sollten Sie auf die →»Sustainable Pace« achten und nicht zulassen, dass von außen Druck auf das Scrum-Team ausgeübt wird, der beispielsweise zu Demotivation, Qualitätseinbußen oder Fluktuation führt.

Streben nach Qualität

Ständiges Augenmerk auf Qualität und gutes Design fördert Agilität.

Ein ständiges Streben nach Qualität lässt keine Routine zu. Routine würde bedeuten, nicht zu lernen und sein Wissen nicht auszubauen. Die Sammlung und der Austausch von Wissen innerhalb des Scrum-Teams ist ein wesentlicher Erfolgsfaktor. Dieser Wissenstransfer sollte kultiviert werden. Produkte sind ganzheitlich zu betrachten und sollten aufgeräumt und sicher sein. Es reicht nicht, wenn der Anwender zufrieden ist, sondern unter der Motorhaube darf auch keine Zeitbombe ticken, die ggf. früher oder später zu einem bösen Erwachen führt. Wenn Teams diese ganzheitliche Sicht verstehen und dazu bereit sind, sich laufend weiterzuentwickeln, dann wird der agile Funke überspringen.

→Lean Thinking versteht unter Verschwendung jede Aktivität, die Ressourcen verbraucht, aber keinen Mehrwert für den Kunden bringt [PoppendieckPoppendieck 2003]. Fehler, die nachträglich gefunden werden, sorgen für Nacharbeit und im schlimmsten Fall wurde Ausschuss produziert oder Kunden verärgert.

Als Scrum Master sollten Sie die Fehlerrate des Scrum-Teams genau im Blick behalten und neben einem hohen Qualitätsbewusstsein bei allen Teammitgliedern auf eine hohe Testabdeckung und -automatisierung sowie technische Exzellenz achten.

Einfachheit ist essenziell

Einfachheit – die Kunst, die Menge nicht getaner Arbeit zu maximieren – ist essenziell.

Einfachheit zielt auf die Reduzierung auf das Wesentliche ab. Wenn wir weitere Funktionalität zum Produkt hinzufügen, inwieweit können wir dann bestehende Funktionalität überarbeiten oder sogar entfernen? Sind die Features notwendig und liefern sie ausreichend Geschäftswert? Müssen wir das Rad neu erfinden oder können wir uns an freien Bibliotheken, Open-Source-Projekten oder kommerziellen Produkten bedienen? Kent Beck fordert daher zur Einfachheit auf, indem er seine Teams fragt: »What is the simplest thing that could possibly work?« [Beck 2004]. Sollten sich später Ergänzungen ergeben, werden diese erst dann behandelt. Bei all diesen Überlegungen ist es wesentlich, dass der höchste Geschäftswert zur Zufriedenheit des Kunden erzielt wird, ohne dem Kunden oder den Auftraggebern falsche Tatsachen vorzutäuschen.

Erinnern Sie die Entwickler und den Product Owner daran, dass sie sich »Just-in-Time« mit den wichtigsten Anforderungen auseinandersetzen sollten. Dies kann ruhig in einer Vorausschau von 2–3 Sprints erfolgen. Sich jedoch schon an die Ausarbeitung von etwas zu begeben, was in drei Monaten relevant sein könnte, ist meistens ein Investment zum falschen Zeitpunkt.

Selbstorganisiert agieren

Die besten Ideen und Lösungen entstehen durch selbstorganisierte Teams.

Wenn das gesamte Scrum-Team kollaborativ Ergebnisse erarbeitet, sich gemeinschaftlich verantwortlich fühlt und über Vor- und Nachteile von Produktideen und -funktionalitäten spricht, führt dies zu einer produktiven Arbeitsatmosphäre und sicher auch guten Endresultaten. Dabei hilft →»Inspect & Adapt« dem Scrum-Team, sich ständig zu verbessern und gezielt gegenzusteuern, sollte eine Kursänderung notwendig sein.

Scrum-Teams sind umsetzungs- und ergebnisverantwortlich. Dies impliziert, dass nicht Einzelne für den Erfolg oder Misserfolg zuständig sind, sondern alle zusammen. Wir haben schon oft Scrum-Teams übernommen, bei denen Aufgaben zugewiesen und darüber hinaus unabhängig bearbeitet wurden. Scrum-Teams sind extra interdisziplinär aufgestellt, damit dieses Expertenwissen gemeinsam in die Weiterentwicklung des Produkts fließt und nicht unabhängig voneinander.

Als Scrum Master sollten Sie ein Augenmerk darauf legen, dass alle die Verantwortung übernehmen und eine Kultur von Vertrauen und ständigem Austausch herrscht.

Inspect & Adapt

In regelmäßigen Abständen reflektiert das Team, wie es effektiver werden kann, und passt sein Verhalten entsprechend an.

Die laufende Reflexion durch Inspect & Adapt führt in Scrum dazu, dass ein Scrum-Team seine Fähigkeiten und die Arbeitsprozesse immer weiter ausbauen und verfeinern kann. Die Ergebnisse aus der Reflexion (z. B. während einer Sprint-Retrospektive, siehe Abschnitt 5.4) werden dann umgehend in die Praxis übernommen, überprüft und vielleicht wieder angepasst.

Neben der bloßen Vorstellung des Agilen Manifests lassen wir in unseren Trainings die Teilnehmenden ihr eigenes Manifest erstellen. Die Basis dafür bildet das Agile Manifest. In Kleingruppen werden dabei die 12 Prinzipien inspiziert und so umformuliert, dass sie für den eigenen Kontext passend sind. Es entstehen dadurch zwei Effekte. Erstens wird das Agile Manifest nahbarer, da der Fokus auf die Softwareentwicklung gelegt wird und verstanden wird, dass die Prinzipien allgemeingültiger Natur sind. Zweitens wird durch die Auseinandersetzung der Diskurs darüber angeregt, was denn eigentlich hinter z.B. »Vertrauen« oder »Qualität« steckt und wie diese aktuell gelebt werden.

2.3 Häufige Herausforderungen

Scrum ist einfach. Diese Einfachheit hat es in sich, da so viele Details notwendig sind, um ein erfolgreiches Scrum-Team auf die Beine zu stellen. »Agilität kommt jedoch mit eigenen Werten und Prinzipien, die als DNA den ›*Lean‹-Gedanken in sich tragen. Organisationen stehen also nicht nur vor der Herausforderung, Scrum richtig anzuwenden, sondern zudem vor dem Anpassen der Unternehmens-DNA. Ein sehr langwieriger Weg, auf dem viele Scrum-Teams scheitern und ein ›Wir arbeiten jetzt agil‹ zu einem ›Agilität funktioniert bei uns nicht‹ wird.*« Dieser Auszug ist aus einem Artikel mit dem Titel »10 Scrum-Irrglauben, denen Sie keinen Glauben schenken sollten«, den wir Autoren 2017 verfasst haben [URL: WiechmannRöpstorff].

Nachfolgend möchten wir Ihnen für weitere Herausforderungen Hilfestellung in Form von praktischen Tipps geben.

Verbrannte Erde

Jeff Sutherland hat einmal gesagt: »Scrum is a formation in Rugby. Can Rugby fail? No, but teams can suck!« Scrum steht seit über 20 Jahren auf Platz 1 der meistgenutzten agilen Frameworks. Wie wir weiter oben festgestellt haben, wurde das Rahmenwerk häufig mit der Einführung von Agilität im Unternehmen gleichgesetzt. Darüber hinaus löste es vielerorts das Projektmanagement ab und wurde in ein Korsett gezwängt, sodass Scrum nicht die volle Entfaltung in der Organisation erleben konnte.

> *»Den Kern oder die Grundideen von Scrum zu verändern, Elemente wegzulassen oder den Regeln von Scrum nicht zu folgen, verdeckt Probleme, begrenzt den Nutzen und macht Scrum im Zweifel sogar nutzlos« lautet es im Scrum Guide (scrumguides.org).*

Es gibt weitaus mehr Gründe dafür, warum Scrum in vielen Organisationen ein Wort ist, bei dem sich alle wegducken, die Augen verdrehen oder damit abgeschlossen haben.

> Sollten Sie in einer Umgebung arbeiten, in der Scrum verbrannte Erde hinterlassen hat, Sie jedoch der Meinung sind, dass Scrum helfen könnte, versuchen Sie Verständnis zu zeigen und aufzubauen. Es wird nichts nützen, wenn Sie behaupten, dass vorher etwas »falsch« gemacht wurde, sodass Scrum nicht zur Entfaltung kam. Versuchen Sie zu verstehen, wo die Hebel für Verbesserungen sind, und gehen Sie dann ins Gespräch mit den Beteiligten ganz ohne Dogmatismus.

Taylor lässt grüßen

Wir möchten jetzt keine Abhandlung über die Prinzipien des Taylorismus erstellen. Fakt ist jedoch, dass die Glaubenssätze des über 100 Jahre alten Prinzips von Frederick Winslow Taylor sich auch noch heute in vielen Köpfen und Ebenen einer Organisation wiederfinden. Sie spüren die täglichen Auswirkungen beispielsweise, wenn:

... Menschen auf Anweisungen warten und bestimmte sich wiederholende Aufgaben abarbeiten,

... Wissen in den leitenden Positionen gebündelt wird,

... Führungspersonen die Arbeit kontrollieren,

... Arbeit möglichst vorhersehbar gemacht werden soll, auch wenn es sich um komplexe Projekte oder Innovationen handelt,

... Menschen Leistungsbeurteilungen von Führungspersonen erhalten, um die Performance zu verbessern,

... die Arbeit in Abteilungen (gerne auch Silos genannt) dazu führt, konträre Ziele zu verfolgen und nur diese im Blick zu haben.

Diese Prägung und die damit verbundenen starken Unterschiede der Arbeitsweisen machen den Prozess der Etablierung von agilen Werten und Prinzipien sowie die Verwendung von Scrum schwer. Viele Organisationen passen Scrum an ihre Aufbauorganisation an und achten möglichst darauf, dass alles wie bisher »gemanagt« werden kann. Projektmanager werden zu Scrum Mastern, sind aber weiterhin gefordert, Statusreports zu erstellen. Produktmanager werden zu Product Ownern und da wir ja eine disziplinarische Führung benötigen, erhalten die Scrum-Teams »Tech Leads«, »Team Leads« oder »Product Leads«. Die Veränderungskultur kommt somit oftmals zum Erliegen und die Ursache ist klar: Scrum funktioniert bei uns nicht.

> Diese Aufgabe als Scrum Master zu stemmen, ist der Schlüssel für die Veränderung in einer Organisation. Scrum ist ein hervorragender Hebel, um Veränderungsprozesse in Gang zu bringen. Selbstorganisierte, fachübergreifende Arbeit ist der Schlüssel für die Zukunft unserer Arbeitswelt. Suchen Sie das Gespräch, wenn Sie diese oder ähnliche Verhaltensweisen entdecken, und klären Sie darüber auf, in welcher Art und Weise diese negativen Einfluss auf die Verwendung von Scrum und das Miteinander haben.

Fehlende Verantwortungsübernahme

Wir werden in unseren Trainings gerne mit der Aussage konfrontiert: »Es gibt Menschen, die wollen einfach keine Verantwortung übernehmen, sondern gesagt bekommen, was zu tun ist.« Diese Aussage hat für uns zweierlei Tendenzen. Erstens kann es die Bitte nach einer Hilfestellung sein, wie diese Personen mehr Verantwortung übernehmen. Für uns kann dies nur über den Dialog erfolgen und die schrittweise Begleitung der Person bei der Erweiterung ihrer Komfortzone. Wenn sich eine Person mehr Verantwortungsübernahme von einer anderen wünscht, bedeutet dies in den meisten Fällen gleichzeitig, dass diese Person bei sich anfangen und sich zutrauen sollte, den ersten Schritt auf die andere Person zuzugehen.

Zweitens kann es sein, dass die Person, die diese Aussage tätigt, gerne in der Position ist, anderen zu sagen, was sie tun sollen. Wir sind in unserer Kommunikation und Antwort auf diese Aussage immer sehr eindeutig. Für uns ist klar, dass es zukünftig nicht mehr ohne Verantwortungsübernahme jeder einzelnen Person geht und eine zielgerichtete Zusammenarbeit in fachübergreifenden Teams ein wesentlicher Erfolgsbaustein für Organisationen wird. Die Fragen: »Welche Art von Mitarbeitern wünschen wir uns, um langfristig erfolgreich zu sein, und welche Konsequenzen ergeben sich aus dieser Entscheidung?« gilt es zu klären und entsprechend konsequent umzusetzen.

Für Führungspersonen hat es noch den befreienden Effekt, dass der Ballast, die gesamte Verantwortung zu tragen, nun auf mehrere Schultern verteilt werden kann.

Die Autonomie in Scrum eröffnet den Teammitgliedern völlig andere Wege, Produktlösungen zu entwickeln. Dieser Freiheit steht die Ergebnis- und Umsetzungsverantwortung gegenüber. Scrum-Teams managen sich selbst und entscheiden somit, wann welche Aufgaben von welcher Person durchgeführt wird.

Die Aufgabe des Scrum Masters ist es, die Verantwortung für alle Aktivitäten, die mit der Zielerreichung zu tun haben und die dafür sorgen, dass ein wertbasiertes Miteinander gelebt wird, Stück für Stück an die Teammitglieder übergeht.

Fehlende Fehlertoleranz

»Vorwärts scheitern« (engl. Failing forward) ist ein häufiger Ansatz, der zeigen soll, dass eine Organisation gegenüber Fehlern eine hohe Toleranz hat. Die Empirie von Scrum sorgt durch Inspect & Adapt für ein ständiges Überprüfen des Fortschritts. Es wird nicht das gesamte Projekt vorab geschätzt, sondern Sprint für Sprint ein Plan aufgestellt. Dieses Vorgehen beunruhigt viele in den Führungsetagen, da diese an Pläne gewöhnt sind, die nur noch kontrolliert werden müssen. An Pläne, die ein lineares Fortschreiten und Endergebnis vorwegnehmen. An Pläne, für deren Erstellung und Pflege viel Zeit investiert wird, die oftmals nur der inneren Absicherung dienen.

Fehler zu machen, gehört dazu. Scrum macht Fehler sichtbar und behebt sie während der Erstellung neuer, qualitativ besserer Ergebnisse. Jeder lernt dabei, auch die indirekt beteiligten Bereiche eines Unternehmens. Je schneller und besser Scrum-Teams dabei werden, ihre Fehler zu beseitigen, desto erfolgreicher werden sie in der Erfüllung ihrer Ziele.

Organisationen, die mit Scrum an komplexen Problemstellungen arbeiten, sollten Scrum-Teams unterstützen und für ein Umfeld sorgen, das für die Lieferung von wertschöpfenden Ergebnissen sorgt und nicht von Projektplänen.

Vorwärts scheitern gehört zu Scrum dazu. Sie können durch gelebte Transparenz die Stakeholder eines Projekts frühzeitig durch Feedback einbinden. Zudem hilft das Prinzip *Einfachheit,* in kleinen Ergebnissen und Schritten zu agieren und zu denken. Etablieren Sie in Ihren Scrum-Teams z.B. den Bau von Prototypen oder MVPs (→Minimum Viable Product), anstatt das komplette Produkt fertigzustellen. Regen Sie eher dazu an, mit einem Blatt Papier ins nächste Café zu gehen, um Menschen nach ihrer Meinung zu fragen, als im ersten Schritt aufwendige A/B-Tests (das gleichzeitige Testen von unterschiedlichen Lösungsansätzen) zu integrieren. Laden Sie Stakeholder dazu ein, an der Projektentwicklung teilzunehmen, und geben Sie ihnen neben dem Sprint-Review eine Stimme.

Transparenz führt zu Schwierigkeiten

Häufig führt die Transparenz von Scrum dazu, dass Führungspersonen ein besonderes Augenmerk auf die Scrum-Teams legen. Führungspersonen nehmen einen Kontrollverlust wahr, der jedoch nicht existiert. Denn mit einem Scrum-Team geht ein anderes Verständnis von Führung einher. Scrum führt zu Offenheit und Transparenz, die vom Management gewollt werden. Scrum spült jedoch zu Beginn bisher unterdrückte Probleme gnadenlos an die Oberfläche, was zu einer negativen Wahrnehmung führen kann (»Seit wir Scrum einsetzen, haben wir nur Probleme«), und zum Reflex, sich einmischen zu wollen, um die Kontrolle zurückzugewinnen. Darüber offen zu sprechen, dass alte Verhaltensmuster überdacht werden sollten, ist sicherlich nicht einfach, aber die einzige zielführende Lösung. Als Scrum Master sprechen Sie am besten den Zugewinn an Transparenz an und setzen die Ihnen vorliegenden Daten und Fakten zur Aufklärung ein.

> Leitende Personen benötigen oftmals den Austausch darüber, was laterale Führung bedeutet und wie sie mit ihrer neuen Rolle Scrum-Teams wertstiftend unterstützen können. Es geht um die Einflussnahme über die Schaffung von Vertrauen und das Zeigen von Wertschätzung. Die Unterstützung bei unklaren Rahmenbedingungen und die Schaffung von Akzeptanz in der Führungsebene. Oder das Vermitteln von Interessenlagen und das Aushandeln gemeinsamer Ziele.

Fehlender Mut

Fängt man an, mit Scrum zu arbeiten, fehlt am Anfang oftmals noch der Mut, Dinge direkt anzusprechen. Dies ist verständlich, wenn einem erst einmal bewusst wird, welche Freiräume man erhalten hat und welche Verantwortung damit einhergeht. Genau diese Verantwortung bedingt im Umkehrschluss von jedem Beteiligten die Courage, etwas einzufordern, auf etwas aufmerksam zu machen oder infrage zu stellen. Dies ist vor allem dann schwierig, wenn die Unternehmenskultur von Angst geprägt ist. Angst, etwas falsch zu machen, Angst um den Arbeitsplatz oder Angst gegenüber bestimmten Personen.

Nicht nur Teammitgliedern geht es so. Auch für einen Scrum Master ist zu Beginn Fingerspitzengefühl gefragt. Der Balanceakt zwischen »Wie weit darf ich gehen?« und »Wann ist es besser, erst einmal ruhig zu sein?« ist schwierig. Es kommt in der Praxis zu oft vor, dass schon Kleinigkeiten zu Überreaktionen führen, und gar nicht erst versucht wird, in einen Dialog zu treten.

Für einen Scrum Master ist es notwendig, genau zu wissen, was »richtig« im Sinne der agilen Werte ist. Dies gilt für Gespräche sowohl mit dem Management als auch mit den Entwicklern, dem Product Owner oder Stakeholdern. Zudem hilft es auch, wenn der Scrum Master in Gesprächen mit Teammitgliedern das Auftreten von agilen Werten hervorhebt (»Du hast *Mut* bewiesen, dieses heikle Thema anzusprechen«).

Sprechen Sie regelmäßig mit Personen im Unternehmen, die ein Interesse am Produkt haben, darüber, welche Fortschritte sie machen, was sie bewegt und welche Hindernisse sie aufgedeckt oder sogar gelöst haben. Dieses Marketing, ob positiv oder negativ, ist der neue Weg, der Transparenz in das Unternehmen bringt. Überzeugen Sie Menschen lieber in Einzelgesprächen, statt der Botschaft mit einer allgemeinen Präsentation die Tiefe zu nehmen.

Agile Werte werden nicht aktiv gelebt

Vielfach wird in der Praxis den Teams zu Beginn eines Projekts anhand von Präsentationen vorgetragen, welche agilen Werte und Prinzipien es gibt und was diese bedeuten. Blicken wir zurück zu unserer Scrum-Zertifizierung, war dies der gleiche Fall. Es fehlt das aktive Erlebnis. Darüber hinaus ist es häufig so, dass vielleicht die Mitglieder eines Scrum-Teams schon davon gehört haben, aber der Rest der Organisation nicht.

Sinnvoll ist es, wenn am Anfang explizit mit den Teammitgliedern Werte bestimmt werden, die für das Scrum-Team gültig sind. Auch in Gesprächen außerhalb des Scrum-Teams ist es unter Umständen hilfreich, Situationen und Dinge herauszustellen und zu erläutern, wenn es sich dabei um die Werte handelt.

Hängen Sie die vereinbarten Teamwerte im Teamraum auf, sodass sie jederzeit sichtbar sind und darauf verwiesen werden kann. Überprüfen Sie vor allem immer wieder, ob jemand die Gültigkeit infrage stellt, und überarbeiten Sie diese Werte dann mit dem Team. Weitere Möglichkeiten, die Werte aktiv einzubeziehen sind z.B.:

- Nutzen Sie im Daily Scrum (siehe Abschnitt 5.2) einen Moment dafür, um über den »Werte-Moment« des vergangenen Tages zu sprechen.
- Heben Sie jederzeit hervor, wann nach den Werten und Prinzipien gelebt wurde, aber auch wann nicht.
- Erstellen Sie eine Werte-Retrospektive, um gezielt über die Werte zu reflektieren.
- Holen Sie Stakeholder dazu, um von der »Außenperspektive« eine Meinung zu hören, was diese unter den Scrum-Werten verstehen oder wie sie diese als Außenstehende wahrnehmen.

Zu diesem Schwerpunkt finden Sie die Checkliste »Agilität etablieren« unter *link.scrum-in-der-praxis.de/checklisten*.

Weiterführende Empfehlungen zum Kapitel und Thema »Werte« stellen wir Ihnen unter *link.scrum-in-der-praxis.de/empfehlungen* zur Verfügung.

3 Das Scrum-Team

Bevor es losgeht

Als Finn von dem neuen Projekt erfuhr, machte er von Anfang an deutlich, dass er das Scrum-Team selbst zusammenstellen wollte. Herr Hold war von diesem Anspruch etwas überrascht, da die Besetzung des Teams schon geplant war. Finn erklärte ihm, dass die richtige Zusammensetzung einen großen Einfluss auf die Motivation hat und er daher gerne mit ganz bestimmten Personen zusammenarbeiten wollte. Zudem fände er es gut, wenn die Mitglieder seines Scrum-Teams selbst entscheiden dürfen, ob sie dabei sein möchten. Finn wollte nur Menschen im Scrum-Team, die sich freiwillig für die Mitarbeit entschieden hatten.

Er hatte vor, zunächst Sergio zu fragen, den er aus einem vorherigen Projekt gut kannte. Sergio war nicht nur auf fachlicher Ebene ein wichtiges Teammitglied, sondern verfügte auch über eine sehr integrative Persönlichkeit und war bereits mit Scrum vertraut. Damit wurde er ein wichtiger Bestandteil von Finns Plan, der vorhatte, das Scrum-Team um Sergio herum aufzubauen. Für Herrn Hold klang das plausibel, und er ließ Finn gewähren, gab ihm jedoch ein Zeitfenster von wenigen Wochen. Er bat ihn, ihm einen Vorschlag für das komplette Team zu unterbreiten, und Finn machte sich sofort an die Arbeit.

Nach Sergio war Jordi der nächste Kandidat auf Finns Liste. In Gesprächen mit ihm hatte Finn bemerkt, dass Jordi pfiffig war, was die Schnittstellenprogrammierung anging. Obwohl er erst vor Kurzem von der Uni gekommen war, würde er nach Ansicht von Finn sehr gut in das Team passen, da er in seinem letzten Projekt noch fehlende Erfahrung durch Lernfähigkeit und Engagement kompensiert hatte. Als Lara hörte, dass Finn ein Scrum-Team zusammenstellte, meldete sie sich bei ihm. Sie wollte gern das Design für die Applikation erstellen. In einem Kennenlerngespräch mit ihr fand Finn heraus, dass Lara noch einige Zeit in einem anderen Projekt arbeiten sollte, das sich mit dem Starttermin des neuen Projekts überschnitt. Nach einem Gespräch mit Casper, der als Product Owner das neue Projekt übernehmen sollte, erfuhr er, dass Lara und Casper ein eingespieltes Team sind. Nach weiteren klärenden Gesprächen hatte Finn erreicht, dass Lara ausschließlich für das neue Vorhaben zur Verfügung stand.

→

> Bei Alva war es etwas schwieriger, denn Finn wollte sie unbedingt in seinem Team haben. Dazu musste er Alva jedoch zuerst überzeugen, ihr aktuelles Arbeitsverhältnis bei einem anderen Arbeitgeber zu beenden. Da Finn aber Alva aus früheren Projekten kannte, fiel es ihm nicht schwer, sie mit den richtigen Argumenten für das Vorhaben zu gewinnen. Aufgrund von Alvas Kündigungsfrist konnte sie zwar nicht gleich zu Beginn des Projekts dabei sein, aber das nahm Finn in Kauf, da es sich nur um eine Überschneidung von wenigen Wochen handelte. Als Letztes bekam Finn die Zusage von Mina, die er über eine Stellenausschreibung fand. An diese hatte er sich gleich nach dem Gespräch mit Herrn Hold gesetzt und veröffentlicht. Nachdem er einige Bewerberinnen persönlich gesprochen hatte und der Rest des bestehenden Teams zustimmte, entschied er sich schnell für Mina. Ihre lockere Art und ihr Know-how im Bereich der Qualitätssicherung passten perfekt in sein Bild von einem Scrum-Team. Herr Hold war beeindruckt von Finns Arbeit und segnete die Besetzung ab.

Bei unserer Arbeit in Organisationen oder mit Scrum-Teams geht es vorrangig darum, unsere Beobachtungen zu teilen und durch dieses Teilen ins Gespräch mit den Beteiligten zu kommen. Wenn wir unsere Beobachtungen auf eine Metaebene bringen würden, dann gäbe es drei wesentliche Säulen, die wir immer im Hinterkopf mitdenken: *Zusammenarbeit (Collaboration), Lernen* und *Arbeitsfluss (Flow).*

- **Zusammenarbeit (Collaboration)**
  Wir bewegen uns mit autonom agierenden Scrum-Teams weg von der kooperativen hin zur kollaborativen Zusammenarbeit. Die fachlichen Silos vieler Organisationsstrukturen werden aufgelöst. Die Teammitglieder eines Scrum-Teams arbeiten fachübergreifend und dediziert an einem Projekt und sind nicht nur partiell beteiligt (vgl. Abschnitt 2.2). Kooperation bedeutet, dass Menschen gemeinsam an einer Sache arbeiten. Diese Zusammenarbeit kann ohne viel Interaktion mit anderen vonstattengehen. Der Fokus liegt dabei auf der Erledigung individueller Aufgaben, für die jeder eine eigene Priorität festlegen kann. Kollaboration bedeutet, die Arbeit zu teilen, gemeinsam dafür verantwortlich zu sein, und involviert, die Arbeit abzuschließen. Dabei ist eine direkte und ständige Kommunikation notwendig, um die Aufgaben fertigzustellen. Kollaboration verlangt individuelle Interaktionen im Team, um das Ziel zu erreichen und gemeinsam mit geteiltem Wissen und Erfahrungen auf Veränderungen zu reagieren.

- **Lernen**
  Das kontinuierliche Lernen ist eines der Schlüsselelemente agiler Methoden und des Rahmenwerks Scrum. Durch Inspect & Adapt sowie das transparente Vorgehen ist Lernen ein wesentlicher Bestandteil, der Lern- und Veränderungsbereitschaft gleichermaßen fordert. Lernen setzt voraus, dass Organisationen ein Umfeld schaffen, in dem Lernen möglich ist. Dies kann einerseits auf individueller Ebene durch Mentoring, →Community of Practices (CoP) oder Lernangebote gefördert werden und auf der anderen Seite durch die Anwendung von Scrum. Jeder Sprint ist ein Zeitraum, in dem das Team gemeinschaftlich zusammenarbeitet und notwendige Anpassungen vornehmen kann.
- **Arbeitsfluss (Flow)**
  Der Herzschlag von Scrum, der sich immer wiederholende Rhythmus eines Sprints, ist eine wesentliche Hilfestellung für Teams, um in den »Flow« zu kommen. Ein wichtiger Faktor, um in einen fließenden Zustand zu gelangen, ist die Verbindung und Beziehung zur aktuellen Tätigkeit aller beteiligten Personen. *»Scrum basiert auf Empirie und Lean Thinking. Empirie bedeutet, dass Wissen aus Erfahrung gewonnen wird und Entscheidungen auf der Grundlage von Beobachtungen getroffen werden. Lean Thinking reduziert Verschwendung und fokussiert auf das Wesentliche«* (*scrumguides.org*). Die Anwendung von →Lean Thinking sorgt darüber hinaus dafür, dass unnötige Verschwendung von Arbeitsleistung minimiert wird und der Kunde an erster Stelle aller Überlegungen steht.

Wenn die genannten drei Säulen Zusammenarbeit, Lernen und Arbeitsfluss auf allen Ebenen der Organisation Berücksichtigung und Unterstützung finden, dann sind ein erfolgreiches Miteinander und die wertschöpfende Arbeit möglich. Diese stehen zudem in enger Verbindung, sodass eine unzureichende Berücksichtigung eines Themas unweigerlich Einfluss auf die anderen Themen hat. Wenn z.B. ein Scrum-Team nicht lernt und seine Arbeitsweise verbessert, hat dies Auswirkungen auf die Zusammenarbeit und den Arbeitsfluss.

Ausgehend vom Individuum in einem Scrum-Team über das Scrum-Team als Einheit und die Organisation bis hin zur Zusammenarbeit mit Kunden, Partnern, Zulieferern (Markt), spielen die drei Aspekte eine wesentliche Rolle (vgl. Abb. 3–1). Auch wenn es auf einen ersten Blick stark vereinfacht erscheinen mag, können dadurch hilfreiche Diskurse angestoßen werden.

Sammeln Sie doch einmal mit einem Scrum-Team oder dem Management die Faktoren ein, die für eine gute Zusammenarbeit, eine Lernkultur und funktionierende Arbeitsabläufe relevant sind. Gleichen Sie ab, was davon bereits gelebt wird, um herauszufinden, was noch fehlt bzw. wie Bestehendes verbessert werden kann.

Abb. 3–1
Zusammenarbeit, Lernen und Arbeitsfluss

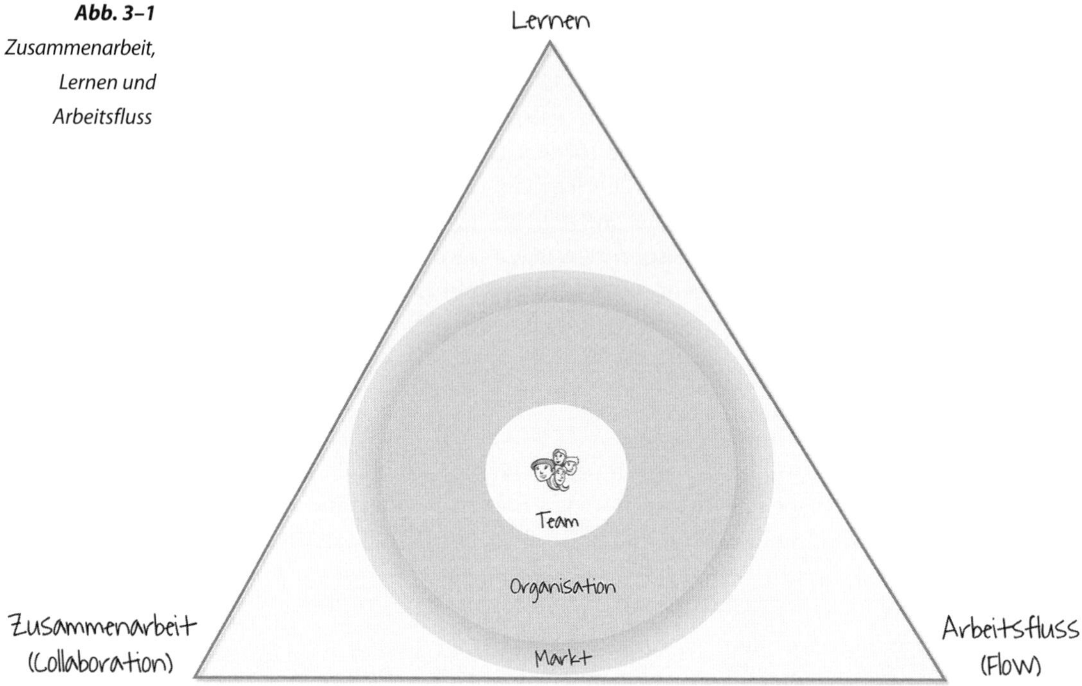

Scrum selbst bietet mit seinen Verantwortlichkeiten, Events und Artefakten eine wichtige Basis. Daher haben wir das Scrum-Team auch in den Mittelpunkt gestellt. Scrum Master sollten federführend auf die drei Säulen achten. In der nachfolgenden Tabelle 3–1 haben wir beispielhaft einige Fragestellungen zusammengestellt, die für die drei Eckpfeiler relevant sind.

Tab. 3–1
Säulen der Arbeit im Team

Merkmale	Fragestellungen
Zusammenarbeit (Collaboration)	■ Verfügt das Scrum-Team über alle notwendigen Kompetenzen? ■ Trifft das Scrum-Team autonom Entscheidungen? ■ Wie hoch ist der Spezialisierungsgrad der Teammitglieder (T-Shape, vgl. Abschnitt 3.2.2)? ■ Wie wird miteinander kommuniziert? ■ Wie weit ist Offenheit und Authentizität in der Kommunikation möglich? ■ Wie weit wird in der Kommunikation gegenseitige Wertschätzung geäußert? ■ Inwieweit werden die definierten Werte und Prinzipien gelebt (siehe Abschnitt 4.1.3)? ■ Was sind derzeitige »Probleme«? Wie wird damit umgegangen? ■ Werden Erfolge im Team gefeiert oder wird gleich das nächste Thema bearbeitet?

→

Merkmale	Fragestellungen
Lernen	■ Werden die drei Grundsäulen von Scrum – Transparenz, Inspect & Adapt – gelebt? ■ Gibt es einen gegenseitigen Austausch zu relevanten Praktiken und Methoden? ■ Wird zusammen in Paaren gearbeitet oder werden Reviews der Arbeitsergebnisse durchgeführt? ■ Wird eher über Probleme gesprochen als über Lösungen nachgedacht? ■ Wie geht das Team mit den Ergebnissen aus der Retrospektive um? ■ Welche Veränderungen wurden im letzten Sprint vorgenommen?
Arbeitsfluss (Flow)	■ Kann das Scrum-Team autark Entscheidungen bezüglich des Produkts, der Architektur oder der Werkzeuge treffen? ■ Gibt es ein Produktziel? ■ Ist das Product Backlog ausreichend geschätzt (siehe Abschnitt 4.3)? ■ Wer schätzt: Alle Entwickler oder einzelne Teammitglieder? ■ Wie oft wird das Produkt veröffentlicht oder integriert? ■ Werden Sprints mit fertigen Inkrementen beendet und Sprint-Ziele erfüllt? ■ Gibt es viele Fehler im Produkt? Wie wird damit umgegangen? ■ Gibt es viele Unterbrechungen oder Ablenkungen im Sprint?

Wenn wir neue Scrum-Teams übernehmen, erstellen wir zu Beginn einen Team-Steckbrief, der uns Aufschluss über unsere Beobachtungen gibt und als Gedankenstütze für nächste Schritte dient. Somit bereiten wir z.B. Gespräche mit den Teammitgliedern vor, die dann noch weiter in die Tiefe gehen, um die einzelnen Perspektiven besser zu verstehen. Nach der Frage »*Wie wird miteinander kommuniziert?*« geht es dann beispielsweise darum, die Teammitglieder zu fragen: »*Wie zufrieden bist du mit der Kommunikation zwischen Product Owner und Entwicklern?*«, »*Wie zufrieden bist du mit der direkten Kommunikation unter den Entwicklern?*« oder an den Product Owner gerichtet: »*Wie schätzt du persönlich deine Kommunikation und Beziehung zu Stakeholdern ein?*«

Je besser Sie als Scrum Master verstehen, wie es den Beteiligten geht, welche Einstellungen, Wahrnehmungen und Bedenken sie haben, desto besser können Sie unterstützen und Maßnahmen entwickeln, die das Scrum-Team voranbringen.

Mit dem Einsatz von agilen Methoden ändern sich die Anforderungen an die Kompetenzen von Wissensarbeiterinnen drastisch. Agile Methoden einzusetzen bedeutet auch, einen Wandel im Rollenverständnis zu vollziehen. Daher ist es essenziell, die Rollen nicht mit Titeln oder Positionen gleichzusetzen, sondern in Verantwortlichkeiten zu denken. Die Personen sind anfänglich sowohl fachlichen, methodischen, persönlichen als auch sozialen Veränderungen unterworfen. Die Auswahl der richtigen Persönlichkeiten für ein Scrum-Team nimmt daher eine Schlüsselrolle für das spätere Gelingen und den Erfolg ein.

In früheren Versionen des Scrum Guide wurde zwischen dem »Entwicklungsteam« (Development Team), Scrum Master und Product Owner innerhalb des Scrum-Teams unterschieden. In der aktuellen Fassung gibt es nur noch das Scrum-Team und die drei Ergebnisverantwortlichkeiten: Entwickler (Developer), Product Owner und Scrum Master. Nachfolgend gehen wir in Abschnitt 3.1, neben den Verantwortlichkeiten und charakteristischen Merkmalen eines Scrum-Teams, auf wesentliche Aspekte des Miteinanders ein. Im Anschluss fokussieren wir uns auf die drei Verantwortlichkeiten eines Scrum-Teams: Entwickler (siehe Abschnitt 3.2), Scrum Master (siehe Abschnitt 3.3) und Product Owner (siehe Abschnitt 3.4).

3.1 Scrum-Team

> *»Innerhalb eines Scrum Teams gibt es keine Teilteams oder Hierarchien. Es handelt sich um eine geschlossene Einheit von Fachleuten, die sich auf ein Ziel konzentrieren, das Produkt-Ziel.«*

So lautet die Definition des Scrum Guide (*scrumguides.org*). Wir Autoren sind der Meinung, dass in einigen Jahren niemand mehr von Scrum sprechen wird, sondern dass diese Art der Zusammenarbeit der Standard für Organisationen wird, um sich in komplexen Märkten zu behaupten. Die Mitglieder eines Scrum-Teams sind alle diejenigen, die am Produktziel arbeiten. Als Experte steuert jeder seine Kompetenzen bei. Gemeinsam wird diese interdisziplinäre Zusammenarbeit genutzt, um durch die unterschiedlichen Perspektiven dem Produktziel Sprint für Sprint näherzukommen.

> Wir haben Scrum-Teams übernommen, in denen einzelne Personen diverse Pflichten und Aufgaben neben dem Scrum-Projekt hatten. Dies ist eine Dysfunktion, um die sich ein Scrum Master schnellstmöglich kümmern sollte. Es ist essenziell, dass die Teammitglieder dediziert für das Scrum-Projekt arbeiten und keine weiteren Aufgaben nebenher betrauen. Argumentieren Sie mit Kontextwechseln, die zu hoher Arbeitsbelastung, fehlendem Fokus, geringerer Qualität oder Wartezeiten führen.

In einer Studie über die Effektivität von Scrum-Teams, die von Christiaan Verwijs und Daniel Russo vorgelegt wurde, werden fünf wesentliche Faktoren hervorgehoben [URL:VerwijsRusso]. Effektivität eines Teams wurde dabei als der Grad definiert, in dem ein Team die Erwartungen an die Qualität des Ergebnisses erfüllt. Die Studie aus dem Jahr 2021 bringt hervor, dass die Investition in die folgenden fünf Faktoren zur Steigerung der Effektivität eines Scrum-Teams führen:

- **Reaktionsfähigkeit**
  Die Fähigkeit eines Scrum-Teams, regelmäßig funktionierende Inkremente am Ende eines Sprints auszuliefern, bildet den Kern der Effektivität eines Teams ab. Ist ein Team nicht in der Lage, laufend zu releasen, spielen Faktoren wie fehlende Autonomie oder Unterstützung des Managements sowie die Fähigkeit zur kontinuierlichen Verbesserung eine entscheidende Rolle. Die Erkenntnis zeigt die direkte Verbindung mit den agilen Prinzipien »Funktionierende Lösungen sind das wichtigste Fortschrittsmaß« sowie »Häufige Auslieferung« (vgl. Abschnitt 2.2).
- **Zusammenarbeit mit Stakeholdern**
  Ein wichtiger Aspekt ist zudem die enge Zusammenarbeit mit Stakeholdern und darüber hinaus das kollektive »Sich-für-das-Produkt-verantwortlich-Fühlen« der Teammitglieder. Dies hebt hervor, wie wichtig die gemeinsame Verantwortung des Scrum-Teams ist und die Einbeziehung derer, die das Produkt nutzen oder ein großes Interesse daran haben. Implizit macht es auch deutlich, dass Scrum-Teams ihre Stakeholder kennen sollten.
- **Autonomie des Teams**
  Gleichzeitig motiviert die Autonomie dazu, dass das Verantwortungsbewusstsein und die Verantwortungsübernahme für den Prozess und das Produkt steigen. Je größer der Grad an Freiheit für Scrum-Teams ist und je besser die Selbstverwaltung funktioniert, desto mehr führt dies zur kontinuierlichen Verbesserung und zum Fokus auf die Bedürfnisse der Stakeholder.
- **Kontinuierliche Verbesserung**
  Der Faktor des kontinuierlichen Lernens (vgl. Kasten zu →Kaizen unten) vereint in der Studie die Merkmale »psychologische Sicherheit« (siehe unten), Qualitätsbewusstsein aller Beteiligten, die Qualität der Sprint-Retrospektiven sowie eine Umgebung, in der sich jeder weiterentwickelt und Lernbereitschaft vorhanden ist.
- **Managementunterstützung**
  Wie eingangs in Kapitel 2 schon angeführt, sind viele Scrum-Teams oft noch stark den vorherrschenden Bedingungen der Organisation, wie z.B. hierarchischen Strukturen und damit verbundener Einflussnahme, unterlegen. Essenziell ist jedoch nicht nur, dass leitende Führungspersonen den Sinn des Einsatzes von Scrum verstehen, sondern vor allem, dass sie anstatt direktiv zu agieren, Scrum-Teams unterstützen und dabei helfen, Rahmenbedingungen zu schaffen, die autonomes, selbstverwaltendes Arbeiten ermöglichen.

An dieser Stelle möchten wir kurz auf den Unterschied von Effektivität und Effizienz eingehen. Viele Organisationen sind auch noch heute darauf ausgerichtet, vor allem auf die Effizienz zu schauen. Dies ist jedoch nur sinnvoll, wenn ich bereits (Vor-)Wissen über eine Sache habe. Wenn wir uns z.B. Unternehmen ansehen, dann sind diese so strukturiert worden, dass Abläufe durch Regeln oder Vorschriften klar definiert sind. Viele Organisationen haben ihre Wertschöpfungsstränge so effizient gestaltet. Diese Art Unternehmen zu organisieren, hat sich jedoch aufgrund der hochdynamischen Märkte und unvorhersehbaren Anforderungen überholt.

Effektiv zu arbeiten, bedeutet kleine fachübergreifende Teams zusammenzustellen, die kollaborativ zusammenarbeiten und sich Schritt für Schritt lernend fortbewegen. Dabei richten sie ihre Entscheidungen am Kunden oder den Nutzerinnen aus bzw. stehen in direktem Kontakt mit ihnen, um Feedback schnellstmöglich in die Produktentwicklung einfließen zu lassen.

Wenn wir das Gedankenspiel nun weiterführen und *Zusammenarbeit, Lernen* und *Arbeitsfluss* mit den fünf Faktoren effektiver Scrum-Teams verknüpfen (siehe Abb. 3–2) wird vor allem deutlich, dass für den Erfolg eines Scrum-Teams das Innenverhältnis sowie das Verhältnis zu seiner Umgebung relevant ist. Beides beeinflusst sich wechselseitig. Wenn wir das Scrum-Team von innen heraus betrachten und beispielsweise feststellen, dass die Teammitglieder einzeln an Aufgaben arbeiten und somit nicht voneinander lernen, wird dies höchstwahrscheinlich Auswirkungen auf die Reaktionsfähigkeit oder Autonomie des Teams haben. Schauen wir nach außen und nehmen an, dass ein Scrum-Team in eine Organisation eingebettet ist, die nicht lernt oder sich kontinuierlich weiterentwickelt, dann wird auch ein noch so gut funktionierendes Scrum-Team diese Einflüsse spüren.

Die bisher genannten Aspekte sind wichtige Eckpfeiler und Anhaltspunkte, die es bei der Arbeit mit Scrum zu berücksichtigen gilt. Diese sind jedoch maßgeblich von den beteiligten Personen abhängig, die in einem Scrum-Team arbeiten.

→Kaizen, das Streben nach kontinuierlicher Verbesserung, ist ein wesentlicher Anspruch des →Lean Thinking. Es ist der stetige Blick eines Scrum-Teams auf Möglichkeiten zur Verbesserung – dies im Hinblick auf die eigenen Arbeitsprozesse und Zufriedenheit, vor allem aber um das Produktziel zu erreichen, das die Kunden zufriedenstellt. Jede Verbesserung, ob im Daily Scrum oder in einer Sprint-Retrospektive aufgedeckt, sollte in konkrete Aktivitäten münden, die schnellstmöglich umgesetzt werden.

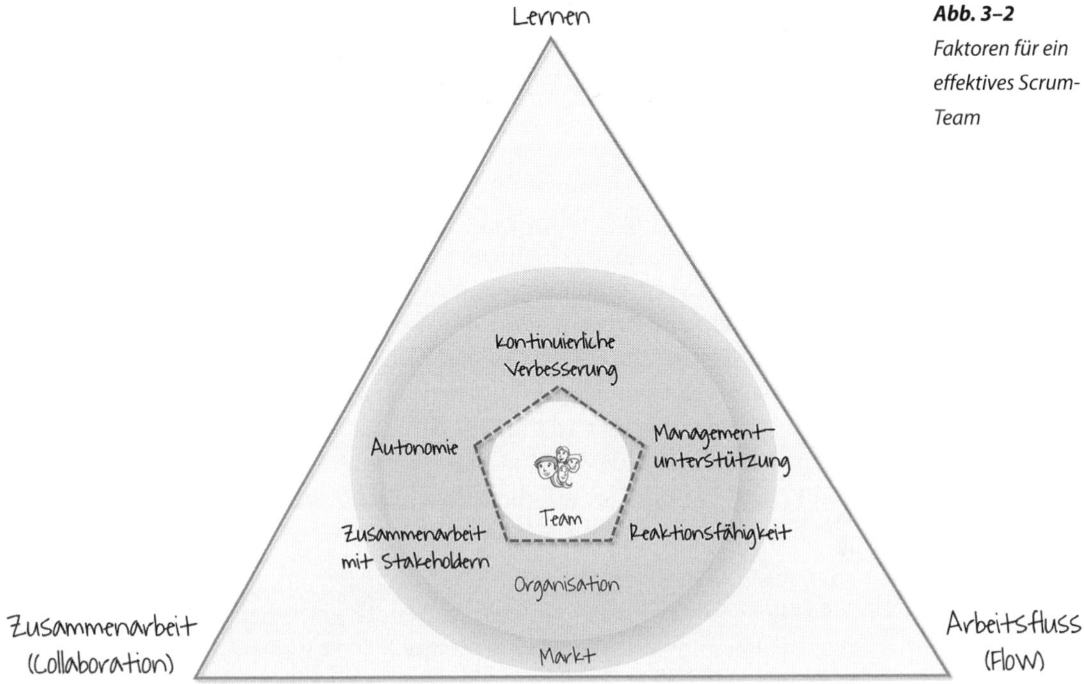

Abb. 3–2 Faktoren für ein effektives Scrum-Team

Zusammensetzung eines Teams

Wenn man an ein Scrum-Team denkt, ist es wichtig, zu verstehen, dass es sich dabei nicht um Einzelpersonen handelt, die eine Arbeit ausführen, sondern um eine Gruppe von Menschen, die gemeinsam ein Produkt entwickeln. Während Scrum als Resonanzkörper verstanden werden kann, geben die Menschen in einem Scrum-Team den Takt an. Natürlich lassen sich die passenden Personen nicht immer auf Anhieb finden. Relevant ist vor allem Inspect & Adapt und somit das Lernen des Scrum-Teams. Denn nur mit der erzeugten Transparenz und einem lösungsorientierten Miteinander gelangen Scrum-Teams in einen transzendentalen Zustand (vgl. Abschnitt 3.1.2).

Da in einem Scrum-Team nicht die Einzelperson im Vordergrund steht, sondern alle zu gleichen Teilen für Erfolg und Misserfolg verantwortlich sind, ist der respektvolle und wertschätzende Umgang untereinander wichtig. Manchmal fehlt die Akzeptanz für das Vorgehen, wenn plötzlich gefordert wird, dass alle gleichgestellt zusammenarbeiten. Nehmen wir z.B. eine JavaScript-Spezialistin, die vielleicht gerade nicht ihre spezialisierten Fähigkeiten einsetzen kann und die beim explorativen Testen unterstützen soll. Für die Mitglieder eines Scrum-Teams ist es wichtig, dass sie ihr eigenes Ego einer zielgerichteten Zusammenarbeit unterordnen können. Alle bringen unterschiedliche Erfahrungen, Titel, Fachkenntnisse o.Ä. mit ein. Genau das ist auch so gewollt, denn ansonsten wäre der- oder diejenige nicht Bestandteil des Teams – alle leisten ihren Beitrag zum Erfolg des Scrum-Teams und bringen ihr Wissen ein.

> Spezialwissen ist wichtig für die Qualität der Arbeit und der Ergebnisse. Entwickler in einem Scrum-Team sollten Lust darauf haben, Wissen mit anderen zu teilen und von anderen zu lernen.

Verantwortung zu übernehmen und wertschätzend sowie offen miteinander umzugehen, verlangt ein hohes Maß an Vertrauen. Dieses Vertrauen aufzubauen ist eine der Herausforderungen im Teambildungsprozess. Es geht dabei nicht nur um das Vertrauen untereinander, sondern auch um das Vertrauen in das Produktziel, das Produkt und die Arbeitsweise. Ein Scrum Master hat wesentlichen Einfluss, wenn es um das Miteinander im Team und die aktive Förderung von Transparenz geht. Er ist ein wesentlicher Faktor, um motivierte Menschen für das Projekt zu finden, die benötigte organisatorische Umgebung einzurichten und das Scrum-Team zu unterstützen. Unter diesen Bedingungen vertraut er oder sie auf die bestmögliche Umsetzung der Arbeit durch alle Beteiligten.

> Aus Erfahrung wissen wir, dass die Suche und Einstellung neuer Teammitglieder häufig noch durch Vorgesetzte oder Personalabteilungen entscheidend beeinflusst werden. Wir empfehlen Ihnen bei der Suche nach neuen Teammitgliedern, ein bestehendes Scrum-Team mit einzubeziehen und sogar von der Suche über die Gespräche bis zur finalen Entscheidung das Scrum-Team zu beteiligen. Vorgesetzte oder Personalabteilungen können hierbei unterstützen, sollten jedoch nicht die Entscheidung für das Scrum-Team treffen.
>
> Ergänzend könnte eine interessante Bewerberin einen Tag mit dem Scrum-Team verbringen. Dies gibt allen die Möglichkeit, sich kennenzulernen und nicht nur fachlich, sondern auch menschlich einzuschätzen und bessere Entscheidungen zur Auswahl zu treffen.

Psychologische Sicherheit

Amy Edmondson definiert »psychologische Sicherheit« als eine vertrauensvolle Atmosphäre, in der alle Teammitglieder sich offen äußern können, ohne beschämt, abgewiesen oder negativ sanktioniert zu werden« [Edmondson 2020]. Das »wahre Ich« zeigen zu können, ist eine der Kernelemente für psychologische Sicherheit. Dazu benötigt jedes Individuum ein Zugehörigkeitsgefühl, um Vertrauen aufbauen zu können, und eine Frustrationstoleranz. Ein Umfeld, in dem Fehler als Chance verstanden werden, sich weiterzuentwickeln, und die Menschen keine Angst vor Bestrafung haben müssen, erschafft die Möglichkeit, sich zu öffnen. Diese Öffnung führt zur Bereitschaft, auch Risiken einzugehen und etwas Neues auszuprobieren. Die Kehrseite wäre, dass Fehler nicht transparent gemacht oder gelöst werden. Dies kann fatale Folgen haben, die sich z.B. im Beschuldigen, Absichern oder fehlender Kommunikation äußern. Die wahrgenommene Sicherheit jeder Person besteht vor allem darin, dass wenn es heiß hergeht, es immer um die Lösung geht und um die volle Akzeptanz jedes Individuums (vgl. →Prime Directive, S. 354).

Um für Vertrauen untereinander zu sorgen, sind nicht nur das Leben der Werte und Prinzipien (vgl. Kapitel 2) wichtig, sondern auch die Existenz und das Einhalten von beispielsweise Vereinbarungen, Regeln oder Ritualen.

Lassen Sie die Teammitglieder in einem gemeinsamen Workshop ein »Benutzerhandbuch« über sich erstellen. In diesem steht alles Notwendige, was es über die Person zu wissen gibt: »Was ist dir wichtig in der Zusammenarbeit im Team?«, »Woran merken andere, dass es dir nicht gut geht?«, »Welche Themen interessieren dich?« oder: *»Wenn du eine Superheldin wärst, welche Superkraft würdest du dir aus welchem Grund wünschen?«*

Seien Sie bei der Erstellung der Fragen kreativ und lassen Sie die Stärken und Fähigkeiten nicht außer acht. Fragen Sie: »Was bringst du für Fähigkeiten mit ins Team?« oder: *»Welche Fähigkeiten möchtest du noch ausbauen?«*

In Abschnitt 5.4 gehen wir erneut auf psychologische Sicherheit im Rahmen der Sprint-Retrospektive ein.

Wir erleben häufig, dass Teammitglieder oftmals von außen für ein Team bestimmt werden. Dieses direktive Vorgehen folgt noch alten Verhaltensweisen, die oftmals durch Vorgesetzte genutzt werden. Wenn wir die leitenden Angestellten jedoch als Unterstützer verstehen und sie so ihre Rolle wahrnehmen, kann die Entscheidung der Teamauswahl auch an das Individuum übertragen werden.

Während einer Begleitung eines Kunden kamen wir in die Situation, dass die IT-Abteilung über die letzten Jahre stark gewachsen war. Aus wenigen Personen waren über die Zeit acht Teams geworden. Die schnelle und starke Veränderung hatte es notwendig gemacht, die Teams neu zu strukturieren. Der IT-Leiter stimmte nach etwas Überzeugungsarbeit zu, eine Neustrukturierung anzugehen. Das Interessante war jedoch, dass die Mitarbeitenden selbst auswählen konnten, an welchen Projekten sie arbeiten wollten. An einem Tag X kamen alle in einem großen Plenum zusammen und die Product Owner präsentierten nacheinander ihre Themen. Im Anschluss wurde ein Marktplatz durchgeführt, bei denen die Product Owner weitere Fragen der Anwesenden zum Thema beantworteten. Für alle sichtbar, verfügte jeder Marktplatzstand über eine Übersicht, *welche* fachlichen Fähigkeiten und *wie viele* Teammitglieder benötigt wurden. Alle konnten direkt angeben, für welches Team sie in nächster Zeit arbeiten wollten. Es gab im Anschluss noch einige klärende Gespräche, da einige Themen unterbesetzt waren oder Teilnehmende sich nicht entscheiden konnten. Der Großteil stufte die Art und Weise sehr positiv und motivierend ein und sie beflügelte über viele Wochen die neu gebildeten Teams.

Innerhalb eines Scrum-Teams ist es oft gar nicht so schwer, Vertrauen zu schenken und anzunehmen – weitaus schwieriger ist es oftmals mit Menschen in führender Tätigkeit oder der restlichen Organisation, die einen Kontrollverlust befürchten. In Situationen, in denen versucht wird, von außerhalb zu regulieren, sollten sich Scrum Master und Product Owner vor das Scrum-Team stellen und durch offene Kommunikation und Argumentation Überzeugungsarbeit leisten, um es zu schützen.

> Wir empfehlen Ihnen zum Thema weiterführende Gedanken und die Literatur von Niels Pfläging, Lars Vollmer, Mark Poppenburg oder Frédéric Laloux (*link.scrum-in-der-praxis.de/empfehlungen*, Kap. 3). Diese setzen sich mit der zeitgemäßen Neugestaltung von Unternehmen auseinander und sehen die Arbeit in autonom agierenden interdisziplinären Teams als unumgänglich an.

Scrum macht Probleme und Handlungsfelder sichtbar und fördert das Streben nach laufender Verbesserung. Die gewonnene Transparenz gefällt nicht allen in der Organisation auf Anhieb. Überzeugen kann man in diesen Fällen nur mit funktionierenden Inkrementen am Ende eines Sprints, die das schnelle Beheben von Hindernissen und Anforderungen des Teams rechtfertigt. Funktionierende Lösungen sind das wesentliche Maß für ein Scrum-Team, mit dem das in die Personen gesetzte Vertrauen und der Grad von übernommener Verantwortung am besten überprüft werden kann.

> Als Scrum Master sollten Sie regelmäßig das Einzelgespräch mit allen im Scrum-Team suchen. Damit bauen Sie gegenseitiges Vertrauen auf und zeigen, dass Sie die Belange aller ernst nehmen. Zu einem zielgerichteten Gespräch gehört auch, dass Sie die Persönlichkeiten beobachten und ein Feingefühl dafür entwickeln, wie sich die Situation im Team darstellt.
>
> Auch Lob ist wichtig. Sprechen Sie Lob im Einzelgespräch oder noch besser vor dem gesamten Team aus. Heben Sie lobend den Einsatz des Teams hervor und erkennen Sie Fortschritte des Teams an. Schaffen Sie Momente, um gemeinsam mit dem Team zu feiern, und zelebrieren Sie den Fortschritt regelmäßig.

Wesentliche Faktoren für ein erfolgreiches Scrum-Team sind die fachübergreifende dedizierte Zusammenarbeit an einem Produkt, die wertschöpfende Arbeit auf ein Ziel hin, die enge Kooperation mit dem Projektsponsor oder der Kundschaft sowie ein stabiles Arbeitsumfeld, das von Vertrauen geprägt ist.

3.1.1 Verantwortlichkeiten

Wir wissen, dass Scrum-Teams anders als traditionell arbeitende Teams sind, denn ihnen obliegt es selbst, wie sie ihren Weg zum Erfolg des Projekts gestalten. Sie bestimmen eigenverantwortlich die Umsetzung der Anforderungen und die inkrementelle Entwicklung einer Lösung.

Umsetzungsverantwortung

Alle Teammitglieder sind gemeinschaftlich für die Ergebnisse verantwortlich. Im Scrum Guide steht dazu (*scrumguides.org*):

> *»Das Scrum Team ist umsetzungsverantwortlich (responsible) für alle produktbezogenen Aktivitäten: Zusammenarbeit mit den Stakeholdern, Verifikation, Wartung, Betrieb, Experimente, Forschung und Entwicklung und alles, was sonst noch erforderlich sein könnte.«*

> Melvin E. Conway hat schon vor vielen Jahrzehnten herausgefunden, dass Organisationen anhand ihrer aktuellen Kommunikationsstrukturen dazu tendieren, neue Technologien und Architekturen anzupassen. Dieses Gesetz ist als »Conway's Law« bekannt [URL:Conway]. Zum Beispiel wird versucht, bekannte Arbeitsabläufe passend in einer neuen Software abzubilden, anstatt die Arbeitsabläufe den neuen Technologien anzupassen. Damit entstehen Innovationsverluste und vielmals hohe technische Schulden, die über groß angelegte »Migrationsprojekte« versucht werden abzubauen.
>
> Wir empfehlen Ihnen zur Vertiefung das Buch »Team Topologies: Organizing Business and Technology Teams for Fast Flow«, in dem es um vier unterschiedliche Typen von Teams in der Softwareentwicklung geht [SkeltonPais 2019] (siehe auch *link.scrum-in-der-praxis.de/empfehlungen*).

Die Stakeholder, ob nun extern oder intern, erwarten in regelmäßigen Abständen Ergebnisse vom Scrum-Team. In jedem Fall ist eine enge Zusammenarbeit des Scrum-Teams mit den Stakeholdern unabdingbar (vgl. Abschnitt 3.1). Stakeholder wie das Management, die Kundschaft, der Kundensupport oder das Marketing sind essenziell wichtige Quellen für Feedback. Die Klarheit über die gegenseitigen Erwartungen hilft, ein besseres Produkt zu schaffen. Nur klare Vereinbarungen lassen eine Beurteilung zu, ob ein Projekt oder Produkt den Erwartungen entspricht.

Um erfolgreich zu sein, benötigt ein Projekt daher die kontinuierliche Beteiligung der Stakeholder über die gesamte Projektlaufzeit. Scrum hat regelmäßige Feedbackschleifen vorgesehen, in denen die Erwartungen abgeglichen werden können. Für ein Scrum-Team ist es enorm motivierend, Feedback zu erhalten, auch dann, wenn ein Sprint ggf. nicht erfolgreich war.

Sorgen Sie als Scrum Master dafür, dass alle wichtigen Stakeholder an den regelmäßig stattfindenden Sprint-Reviews teilnehmen und die Wichtigkeit der Teilnahme sowie die Möglichkeit der Einflussnahme verstanden haben (siehe Abschnitt 5.3). Für ein Scrum-Team ist es der Zeitpunkt, um Vertrauen aufzubauen, während es den Stakeholdern den kontinuierlichen Fortschritt zeigt.

Ergebnisverantwortung

Wie im Agilen Manifest beschrieben, ist die häufige Auslieferung das *wesentliche Fortschrittsmaß*. Der Scrum Guide definiert Ergebnisverantwortung folgendermaßen *(scrumguide.org)*:

> *»Das gesamte Scrum Team ist ergebnisverantwortlich (accountable), in jedem Sprint ein wertvolles, nützliches Increment zu schaffen.«*

Die gute Zusammenarbeit innerhalb eines Scrum-Teams zeigt sich am Ende eines jeden Sprints oder bei der Erreichung des Produktziels. Scrum-Teams sollten dazu befähigt werden, freiwillig Verantwortung für die Aufgabe zu übernehmen und nicht dazu gedrängt werden. Dafür benötigt ein Scrum-Team die Bevollmächtigung, von Anfang bis Ende die Entscheidungen treffen zu dürfen:

> *»Es ist von der Organisation so aufgebaut und befähigt, dass es seine Arbeit selbst steuert.«*

Andernfalls kann keine Ergebnisverantwortung sowie hohe Motivation der Beteiligten erwartet werden.

Wir möchten Sie hier auf »Larman's Law« zur weiteren Vertiefung hinweisen [URL: Larman]. Craig Larman beschreibt Gesetzmäßigkeiten, die dazu führen, dass Scrum Master eine besonders herausfordernde Verantwortlichkeit in Organisationen zuteil wird. Das Gesetz bringt zum Ausdruck, dass Organisationen dazu tendieren, bestehende Machtstrukturen aufrechtzuerhalten. Daraus resultiert z.B. eine schablonenhafte Anwendung von Scrum, die bestehenden und bekannten Mustern folgt. Die Veränderung der Unternehmenskultur bleibt damit auf der Strecke. Scrum Master haben es dann oftmals besonders schwer, da die Rolle mit bekannten Gewohnheiten bricht. »Was macht jemand, der sich um das *Miteinander* kümmert?« ist eine Frage, die nicht selten im Raum steht. Zudem sind Scrum Master oftmals die Hände durch die bestehende Aufbauorganisation gebunden, die jedoch aufgebrochen werden muss, um eine Kulturveränderung zu erzielen.

3.1.2 Charakteristika

Ein gut funktionierendes oder sogar hochperformantes Scrum-Team aufzubauen ist ein herausfordernder Prozess und von vielen Faktoren abhängig, vor allem aber von den Rahmenbedingungen und den beteiligten Menschen. Wir stellen nachfolgend charakteristische Merkmale vor (siehe Abb. 3–3), die eine hohe Relevanz besitzen.

Agile Zusammenarbeit war zu seiner Anfangszeit darauf ausgelegt, gemeinsam an einem Ort (co-located) zusammenzuarbeiten. Die Arbeit an einem Standort hat viele Vorteile. Allerdings ist heutzutage die Arbeit über viele Standorte hinweg Teil der Wettbewerbsfähigkeit vieler Unternehmen. Nicht zuletzt hat die Coronakrise der Remote-Arbeit und den technischen Möglichkeiten einen enormen Auftrieb gegeben, sodass Unternehmen heute kaum noch an hybriden Teams vorbeikommen.

Wir haben dieser Entwicklung das Kapitel 6 »Remote Scrum« gewidmet.

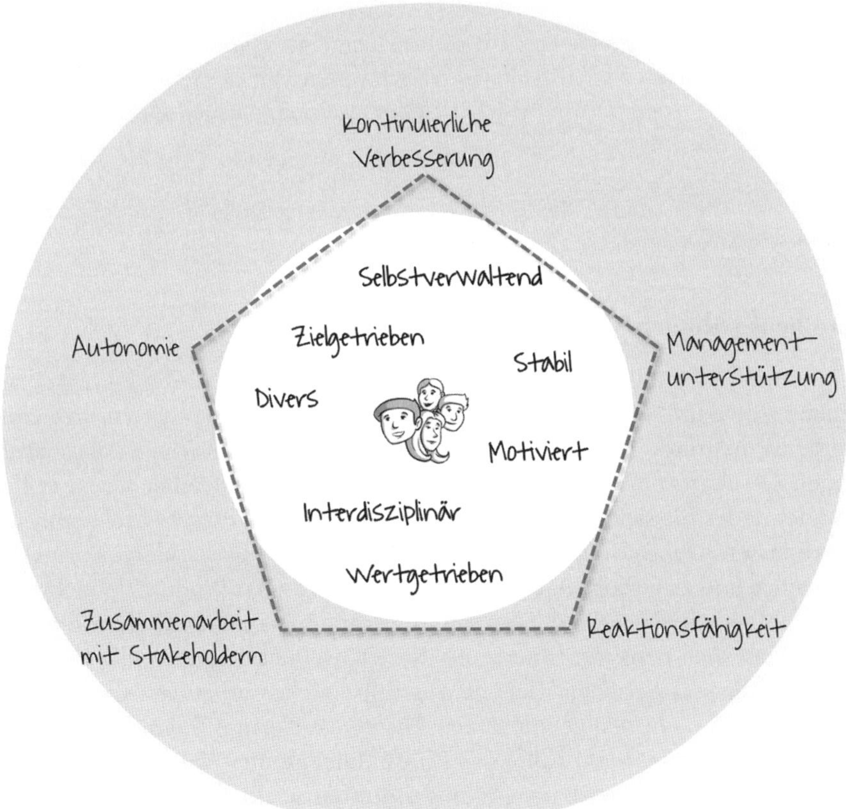

Abb. 3–3 Erstrebenswerte Merkmale von Scrum-Teams

Teamgröße

Im aktuellen Scrum Guide ist Folgendes zur Teamgröße niedergeschrieben (*scrumguides.org*):

> *»Das Scrum Team ist klein genug, um flink zu bleiben und groß genug, um innerhalb eines Sprints bedeutsame Arbeit fertigzustellen, üblicherweise 10 oder weniger Personen.«*

Berücksichtigt wird bei der Teamgröße das gesamte Scrum-Team. Diese Definition ist nahe an der allgemein anerkannten Teamgröße von 7±2 Entwicklern, die der Empfehlung von Roman Pichler entspricht [Pichler 2008]. Ein ähnlicher Ansatz wird mit dem Begriff →»Zwei-Pizza-Team« verfolgt, der besagt, dass wenn man ein Team mit zwei Pizzas nicht satt bekommt, es zu groß ist. Damit meint man umgerechnet fünf bis sieben Personen [URL:Deutschmann].

> Kann sich ein Scrum-Team nicht auf zwei Sorten Pizza einigen, dann ist es zu groß. Wir haben zu viele zu große Scrum-Teams in unserer beruflichen Laufbahn kennengelernt. Zu große Teams haben nicht nur einen großen organisatorischen Aufwand, sondern sind auch viel schwerer in eine verschworene Einheit zu transferieren. Fehlendes Vertrauen oder Zusammenhalt sind nur zwei wesentliche Aspekte, die lange Zeit zur Reife benötigen.
>
> Sobald ein Scrum-Team die Grenze von 10 Personen überschritten hat, machen Sie es zum Thema und verdeutlichen Sie an geeigneter Stelle die dadurch entstehenden Dysfunktionen.

Klare Zielausrichtung

Ein Scrum-Team sollte das große Ganze, das sogenannte »Big Picture«, verstehen. Auf dem Weg, das Produktziel (siehe Abschnitt 4.1) zu erreichen, bedarf es mehrerer Teilziele (Sprint-Ziele) und der fokussierten Ausrichtung an den Geschäftszielen. Die Sprint-Ziele sind wichtige Treiber hin zum Produktziel. Jedes für sich ist ein kleiner Baustein, um das Produktziel wahr werden zu lassen. Daher ist es auch wichtig, für jeden Sprint ein klares Sprint-Ziel zu erstellen und zu verfolgen. Um das Scrum-Team an das Produktziel zu binden, ist ein einheitliches Verständnis zu schaffen, indem man über die Gesamtstrategie des Unternehmens informiert und die Wichtigkeit des zu erstellenden Produkts für die strategischen Ziele herausstellt. Ziellos an etwas Nebulösen zu arbeiten, wird nicht den gewünschten Ehrgeiz im Scrum-Team entwickeln.

Jeder im Scrum-Team sollte das Produktziel kennen. Die Bindung an das Produkt ist ein wichtiger Baustein im Produktentwicklungsprozess. Die Identifikation des Scrum-Teams mit dem Produkt und den sichtbaren Ergebnissen im Laufe des Produktentwicklungsprozesses kann später den Unterschied für den Projekterfolg ausmachen.

Abb. 3–4
Auf ein klares Ziel hinarbeiten

Achten Sie als Scrum Master darauf, dass es ein Produktziel gibt, dessen Erreichung das Scrum-Team gemeinsam anstrebt. Strapazieren Sie für diesen Punkt den Product Owner. Lassen Sie den Product Owner während des Sprint-Reviews (siehe Abschnitt 5.3) immer wieder das Produktziel und den Grad der Erfüllung nennen.

Stabilität

Der vermeintliche Vorteil

Nachdem das Scrum-Team nun schon einige Wochen zusammenarbeitete, kam der Manager Herr Hold mit einer Idee auf Finn zu. Er hatte einen neuen Mitarbeiter eingestellt, der in der nächsten Woche im Unternehmen als Softwareentwickler starten sollte. Er wollte diesen Mitarbeiter in das Scrum-Team stecken, damit er eine Einarbeitung erhält und gleichzeitig erfährt, wie die Arbeit in einem Scrum-Team funktioniert. Der neue Mitarbeiter sollte dann nach einer gewissen Zeit das Team wieder verlassen, da er für ein anderes Projekt vorgesehen war, das in Kürze starten würde.

Finn wartete, bis Herr Hold zu Ende gesprochen hatte, und fasste dann noch einmal zusammen: »Also, Ihre Idee ist es, in ein funktionierendes Scrum-Team einen neuen Mitarbeiter zu setzen, der dort ausgebildet wird, um dann in ein anderes Projekt zu wechseln? Dazu noch in das Team, das gerade eines der wichtigsten Projekte hier im Unternehmen vorantreibt?« Herr Hold nickte mit einem Lächeln. Finn kam also nicht darum herum, Herrn Hold aufzuklären, welche Auswirkungen dies auf die Teambalance und die Produktivität des Scrum-Teams haben könnte. Finn gab ihm zu verstehen, dass er nur jemanden in das Scrum-Team aufnehmen würde, wenn es einen Bedarf gäbe. Die Person würde er selbst gemeinsam mit dem Team auswählen. Weiter bat Finn Herrn Hold, sich einmal in die Situation des neuen Mitarbeiters hineinzuversetzen. Wäre das für ihn eine wünschenswerte Situation beim Eintritt in ein neues Unternehmen, in ein bestehendes Team integriert zu werden, mit dem Wissen, dass es nur eine Zwischenstation ist?

→

Herr Hold dachte über Finns Argumente nach und gestand dann ein, dass es wohl keine gute Idee war. Er fragte Finn, ob er eine Idee habe. Finn schlug ihm vor, den neuen Kollegen mit der Bearbeitung von Fehlern zu betrauen, die über die zentrale Fehlersoftware gemeldet wurden. So würde er schnell ein breites Verständnis von der Software erhalten und könnte gleichzeitig Auffälligkeiten, Fragen und Schwachstellen sammeln, die ihm bei der Arbeit mit dem bestehenden Code, der Dokumentation und dem Deployment- und Releaseprozess auffallen. Herr Hold dankte Finn und sagte: »Das ist gar keine schlechte Idee.«

Innerhalb eines Scrum-Teams herrscht eine hohe Dynamik, die eine stabile Umgebung, also einen festen Rahmen, benötigt. Gibt es häufige Änderungen von außen, die direkten Einfluss auf die beständige Arbeitsweise eines Scrum-Teams haben, wirkt sich dies unweigerlich negativ auf die Arbeitsergebnisse und Stimmung im Team aus. Gerade in Matrixorganisationen kommt es häufig vor, dass Kompetenzen nicht klar geregelt sind oder der erhöhte Kommunikationsaufwand nicht wahrgenommen wird. In großen Organisationen ist es in der Regel so, dass die Teammitglieder eines Scrum-Teams unterschiedliche Vorgesetzte haben. Beispielsweise gehört der Entwickler mit der Spezialisierung »Frontend-Entwicklung« einem Frontend-Team an und der Entwickler aus der Qualitätssicherung zu den »Testern«. Dies kann dazu führen, dass es konträre Ziele gibt und Entscheidungen im Linienteam einen direkten Einfluss auf das Scrum-Team haben.

Das von Bruce Tuckman geprägte Teamphasen-Modell [URL:Smith] ist eines der bekanntesten Modelle für das komplexe Unterfangen der Teamentwicklung. Ein Scrum Master sollte sich über die Dynamiken im Klaren sein, da er daraus viel für die Arbeit mit dem Team ableiten und verstehen kann. Durch seine Handlungen kann er dafür sorgen, dass die notwendigen Bedingungen für die Teamentwicklung geschaffen werden. Wichtig ist das Verständnis, dass die Phasen des Modells nicht linear oder einmalig durchlaufen werden. Einflüsse auf das Team, wie beispielsweise ein neues Teammitglied oder fehlende Teamziele, können zum erneuten Durchleben oder zur Verlängerung von Phasen führen.

Holger Koschek und Markus Trbojevic haben sich jüngst mit einem neuen Teammodell für eine nachhaltige Teamentwicklung auseinandergesetzt [KoschekTrbojevic 2022]. In »Jedes Team ist anders« stellen die Autoren 12 Team-Personas vor, die bei der Einschätzung der richtigen Maßnahme eines Scrum Masters helfen.

Nehmen wir als Beispiel ein jährliches Gespräch mit Mitarbeitern an. Obwohl der Scrum Master ein genaues Bild über die Teammitglieder im Scrum-Team hat, wird er oftmals nicht vom Teamleiter befragt. Im schlechtesten Fall wird niemand aus dem Scrum-Team um Feedback gebeten. Der Teamleiter spricht nun mit dem Teammitglied und erzählt, wie zufrieden er ist. Dieses Wissen baut jedoch lediglich auf eigenen Eindrücken auf, die nichts mit dem Alltag im Scrum-Team zu tun haben. Eventuell war der Scrum Master gerade kurz davor, dem Teamleiter zu sagen, dass der Entwickler unmotiviert ist, sich nicht um die Belange des Teams kümmert und kein Teamplayer ist. Auch persönliche Jahresziele, die der Teamleiter mit dem Teammitglied vereinbart, können kontraproduktiv zu den Zielen im Scrum-Team sein. Solche Beispiele können zu Demotivation und Vertrauensverlust innerhalb des Scrum-Teams führen.

Eine Organisation wie im oberen Beispiel erfordert einen erhöhten Kommunikationsaufwand. Als Scrum Master sollten Sie sich in diesem Fall eng mit leitenden Führungspersonen abstimmen und den regelmäßigen Austausch suchen. Letztendlich profitieren beide Seiten von diesem Austausch, der noch zielgerichteter ist, wenn ein gemeinsames Verständnis über die Arbeit in einem Scrum-Team herrscht.

Wenn wir von Stabilität sprechen, meinen wir neben der Stabilität der Rahmenbedingungen auch die innere Stabilität des Scrum-Teams. Es ist kontraproduktiv für die Leistungsfähigkeit und Motivation eines Teams, ständigen Personalwechseln unterworfen zu sein. Es gibt wesentliche Gründe, die für stabile Teams sprechen:

- **Erlernte und optimierte Zusammenarbeit**
  Teams optimieren ihre Zusammenarbeit zu einem hohen Grad eigenständig. Sie kennen die Stärken und Schwächen der Teammitglieder und wissen, wie sie am besten gemeinsam Fortschritte machen.
- **Vertrauen und Verantwortung**
  Scrum fördert den regelmäßigen Austausch über die Zusammenarbeit unter Zuhilfenahme von Sprint-Retrospektiven (vgl. Abschnitt 5.4). Ein Team, das kontinuierlich an seinen Schwächen arbeitet, wächst zusammen und teilt auch die Momente, in denen es über sich hinauswächst.
- **Domänen- und Produktkenntnis**
  Beständige Teams verfügen über Expertise in ihrer Domäne. Sie verfügen über das notwendige Wissen und stehen in enger Beziehung zu allen produktrelevanten Entscheidungen und Themen.
- **Sichere Planung**
  Scrum-Teams, die über eine lange Zeit zusammenarbeiten, kennen ihre Geschwindigkeit, die bei neuen Teamkonstellationen erst wieder festgestellt werden muss bzw. Schwankungen ausgesetzt ist, die Einfluss auf die Planbarkeit haben.

Wir erzählen in unseren Trainings immer wieder von einem Extremfall, der uns vor einigen Jahren bei der Begleitung eines Scrum-Teams über einen Zeitraum von anderthalb Jahren passiert ist. In diesem Zeitraum gab es 20 Veränderungen der Teamkonstellation. Dies führte natürlich vor allem dazu, dass sich das Team mit sich selbst anstatt mit dem Produkt auseinandersetzte.

Achten Sie schon bei der Zusammenstellung eines Teams darauf, dass eine Stabilität über einen Zeithorizont von mindestens 1 bis 2 Jahren gewährleistet ist. Sollten die Projekte einen kleineren Umfang haben, prüfen Sie, ob das Team bereit ist, auch das nächste Projekt in derselben Konstellation anzugehen. Sie haben dann den Vorteil, auf ein bereits eingespieltes, produktives Team zurückgreifen zu können.

Wertgetriebene Zusammenarbeit

Für uns stehen hinter der wertgetriebenen Entwicklung zwei wesentliche Facetten der Zusammenarbeit. Die Basis bildet die Anerkennung der agilen Werte sowie Prinzipien (vgl. Kap. 2). Diese sollten sich in der Haltung eines Scrum-Teams widerspiegeln. Es reicht daher nicht aus, dass ein Scrum Master ein »agiles Mindset« hat, wenn den restlichen Teammitglieder nicht klar ist, was damit gemeint ist, oder sie es im Alltag nicht erfahren. Die Werte sind deshalb so relevant, weil sie es dem Einzelnen ermöglichen, auf Bewährtes zurückzugreifen, z.B. beim Treffen von Entscheidungen oder beim Sich-Einlassen auf eine bestimmte Situation. Sie unterstützen dabei, sich an widerspruchsfreien Zusammenhängen zu orientieren und damit konsistent zu handeln. Werte geben uns Orientierung und Sicherheit in einer hochdynamischen Arbeitswelt und der Zusammenarbeit an komplexen Herausforderungen in einem Scrum-Team. Als Scrum Master fragen Sie sich und den Rest des Scrum-Teams beispielsweise:

- *Warum sind die Scrum-Werte notwendig? In welchen Situationen leben wir die Werte (nicht)?*
- *Was passiert, wenn die Werte nicht präsent sind? Welche Situationen aus dem letzten Sprint fallen uns ein?*
- *Was bedeutet »Wert X« für uns genau? Wie fühlt sich das an? Wie merken wir, dass wir den Wert leben?*

Eine weitere Facette ist, die Lieferung von »wertvollen« Inkrementen am Ende eines jeden Sprints. Der Scrum Guide bleibt hier vage und definiert nicht, was mit »Wert« gemeint ist. Die Frage ist jedoch: »Auf welcher Basis entscheiden wir, welches Backlog Item mehr Wert liefert als ein anderes?« Wir verwenden in diesem Buch häufig das Wort »Geschäftswert«, um auszudrücken, dass dort alles vereint ist, was dem Unternehmen und seinem Fortbestehen dient.

Auch hier möchten wir auf die Prinzipien des →Lean Thinking hinweisen und die Zufriedenheit der Kunden in den Vordergrund rücken. Nicht allzu selten erleben wir es in Organisationen, dass dem Geschäftswert mehr beigemessen wird als dem Wert für die Kunden. Product Backlogs werden z.B. von Wünschen der Stakeholder, wie der Geschäftsführung, dem Vertrieb oder Marketing, gefüllt und durch den Product Owner verwaltet. Diese Wünsche zielen oftmals stark auf die Sicherung oder Maximierung der Unternehmenswerte ab, jedoch nicht auf die Schaffung von Wert für den Kunden. Die Frage, die Sie mit Ihrem Scrum-Team und den Stakeholdern beantworten sollten, ist, welchen Wertbeitrag das Team hat. Es entstehen nämlich ganz unterschiedliche Fragestellungen, wenn wir über wertstiftende Inkremente für die Kunden sprechen und uns über Folgendes klar werden: »Wie können wir es schaffen, dass unsere Kunden zufrieden sind? Oder: »Wie können wir die Wahrscheinlichkeit reduzieren, dass ein Kunde uns verlässt?«

Diversität

Es gibt viele Studien darüber, dass diverse Teamzusammensetzungen zu mehr Innovation führen. Diversität zeichnet sich durch soziale Vielfalt aus (z.B. Nationalität, Herkunft, Alter, Geschlecht) sowie die individuellen (z.B. Sozialisation, Sprachkenntnisse, akademischer Grad) und beruflichen Erfahrungen (z.B. Arbeitsstationen, Auslandseinsätze). Diese unterschiedlichen Perspektiven eines Teams führen zu Vielfältigkeit in der Lösungsfindung und gleichzeitig zu mehr Widerstandsfähigkeit gegenüber laufenden Veränderungen.

Die Heterogenität eines Teams bringt für die Beteiligten oft einen erhöhten Anspruch an die Teamarbeit mit sich. Scrum Master spüren dies vor allem an einer erhöhten Anzahl an Konflikten [URL:RockGrantGrey]. Wir möchten jedoch darauf hinweisen, dass diese Konflikte nicht rein negativ betrachtet werden sollten, sondern immer eine Chance für bessere Lösungen und ein engeres Zusammenwachsen des Teams sind.

3.1.3 Häufige Herausforderungen

Es gibt endlose Herausforderungen, denen Scrum-Teams im Alltag ausgesetzt sind. Wir haben nachfolgend einige Wiederholungstäter für Sie zusammengestellt.

Fehlende Kollaboration

Nicht selten treffen wir auf Scrum-Teams, in denen es Personen gibt, die viele der Aufgaben federführend umsetzen. Gleichzeitig gibt es die Personen, die sich an einer Sache die Zähne ausbeißen und Tage damit verbringen, eine Lösung zu finden, ohne dass sie um Hilfe bitten oder dass ihnen Hilfe angeboten wird.

Oder eine Person nimmt sich schon mal eines der »unteren« Sprint Backlog Items und fängt an, ihre Wartezeit zu überbrücken.

All diese Beispiele sind Signale dafür, dass die interdisziplinäre und kollaborative Zusammenarbeit nicht gelebt wird. Diese ist jedoch essenziell für ein Scrum-Team. Nur mit ihr kann ein Scrum-Team komplexe Aufgabenstellungen bewältigen und über die Zeit in den Flow gelangen.

> Wir arbeiten in unserer Praxis gerne mit einer Übersicht an Fähigkeiten, die durch die Teammitglieder erstellt wird. Diese hilft nicht nur zum Start eines Projekts, einen Überblick über die notwendigen und tatsächlich vorhandenen Fähigkeiten zu erhalten, sondern auch, um den Austausch untereinander zu fördern. Jedes Teammitglied schätzt die persönlichen Fähigkeiten ein. Daraus resultierend können sinnvolle Paarkonstellationen für die Arbeit an den nächsten Aufgaben gebildet oder die Vereinbarung getroffen werden, welches Thema von einem oder mehreren Teammitgliedern in einer →Brown Bag Session vorgestellt wird.

Zu große Scrum-Teams

Es besteht leider zu häufig die Annahme, dass viele Personen in einem Team die notwendigen Aufgaben schneller bewältigen. Dies hat nach unserer Auffassung mit der »Effizienz-Brille« vieler Führungspersonen zu tun – ein häufiger Gedanke »Wir kommen unserem Ziel schneller näher, wenn wir mehr Personen einsetzen«, den Sie ggf. aus Ihrem Arbeitsalltag kennen. Eines der schrecklichsten Beispiele, denen wir begegnet sind, ist ein 20-köpfiges Scrum-Team. Von Effektivität und Effizienz keine Spur – dafür Chaos pur.

> Wir erleben in unserer Praxis häufig den Reflex und das Angebot von Führungspersonen, noch einen »Freelancer« auf das Projekt zu setzen, damit das nächste Ziel erreicht wird. Klar, diese Idee wirkt im ersten Moment als gute Lösung. Sie ist jedoch in den allermeisten Fällen kontraproduktiv, da neben Teamdynamiken, wie z.B. Einarbeitung der Person, Bildung von Vertrauen oder längere Termine durch viele Beteiligte, die Geschwindigkeit eines Teams darunter leidet.
>
> Mehr Menschen zu einem Team hinzuzufügen, löst aller Voraussicht nach nicht die Probleme innerhalb des Scrum-Teams. Kümmern Sie sich als Scrum Master um die Behebung der Ursachen, wenn ein Scrum-Team z.B. nicht in der Lage ist, am Ende eines Sprints zu liefern, oder ein Ziel nicht erreicht wird. Klären Sie die Effekte auf und sprechen Sie mit den entscheidenden Personen, um große Teams zu vermeiden.

Ständige Veränderungen der Teamzusammensetzung

Ein Zeichen, dass die Autonomie von Scrum-Teams missachtet wird, ist die laufende Veränderung der Teamzusammensetzung. Als Privileg der bestehenden Aufbauorganisation nehmen sich Führungspersonen heraus, die Besetzung von Scrum-Teams zu ihrer Aufgabe zu machen. Leider passiert dies oftmals ohne die Einbindung der bestehenden Teammitglieder. Veränderung wird von außen aufgedrängt mit der Erwartung, alles solle so weiterlaufen wie bisher. Oft ist dies der Beginn einer Abwärtsspirale, wenn es laufende »Verletzungen« des selbstverwaltenden Scrum-Teams gibt. Es geht nämlich oftmals mit Demotivation oder Resignation der Beteiligten einher, da die Selbstverwaltung und Autonomie angegriffen wird. Zudem verfallen viele Führungspersonen dann zusätzlich in ein Muster der Kontrolle, da »es im Team ja nicht so rund läuft«.

> Die Entscheidung, ob jemand in ein Scrum-Team kommt, liegt ganz allein beim Scrum-Team. Nicht bei der Führungsperson außerhalb des Teams oder beim Product Owner bzw. Scrum Master, sondern bei allen Beteiligten des Scrum-Teams. Wird eine oder mehrere Personen zeitweise oder voll für die Umsetzung benötigt, entscheiden alle Teammitglieder gemeinschaftlich. Führungspersonen können hier gerne beim Suchen und Finden der Person unterstützen, wenn dies vom Scrum-Team angefragt wird.
>
> Klären Sie als Scrum Master mit den Teammitgliedern und zuständigen Personen aus dem Unternehmen, welche Aufgaben von den Teammitgliedern und welche von Nicht-Mitgliedern beim Einstellungsprozess übernommen werden. Vielleicht hilft Ihnen Delegation Poker bei der Lösungsfindung [URL:DelegationPoker].

Scrum Master nicht notwendig

In einigen Scrum-Teams werden wir damit konfrontiert, dass die Teammitglieder eine Doppelrolle übernehmen, z. B. ist der Product Owner auch gleich der Scrum Master oder Scrum Master auch Entwickler.

Jedes Scrum-Team besteht aus einem Product Owner, Scrum Master und Entwicklern. Jeder hat eigene Verantwortlichkeiten und Grenzen. In Abschnitt 3.3 gehen wir auf die vielfältigen Aufgaben von Scrum Mastern ein. Eine Stärke des Scrum Masters ist die Fähigkeit der Beobachtung der Systeme »Scrum-Team« oder »Organisation«. Diese Fähigkeit geht verloren, wenn Aufgaben übernommen werden, die nicht der Verantwortlichkeit entsprechen.

Wir bekommen oft die Frage gestellt: »*Was macht eigentlich der Scrum Master den ganzen Tag?*« Unserer Meinung nach resultiert diese Frage daraus, dass Scrum Master ein Aufgabenspektrum abbilden, das in vielen Unternehmen noch nicht verstanden wird bzw. wie anfänglich ein Fremdkörper wirkt (vgl. oben Larmans Gesetz). Scrum Master tragen eine systemische Brille und kümmern sich um die Entwicklung eines Scrum-Teams. Es wird schnell deutlich, dass Product Owner oder Entwickler ganz andere Aufgaben haben und oftmals auch nicht die notwendige Ausbildung zur Entwicklung von Teams.

> Nehmen wir an, ein Scrum-Team besteht aus einem Product Owner und zwei Entwicklern. Intuitiv ergibt sich vielleicht der Impuls, die Verantwortlichkeiten des Scrum Masters auf eine oder alle Schultern zu verteilen. Vielleicht, weil der Satz fällt: »Eine zusätzliche Stelle können wir uns doch nicht leisten!« oder: »Wir organisieren uns doch selbst!«
>
> Aus der Perspektive des Scrum Masters könnte jedoch infrage gestellt werden, inwieweit Product Owner und Entwickler noch effektiver arbeiten könnten und ob die Zeit dafür bleibt, sich ständig kritisch selbst zu hinterfragen und Inspect & Adapt zu leben. Auch die Rahmenbedingungen können sich ändern. Vielleicht wächst das Team schon sehr bald oder es gibt neben diesem Team in einem weiteren Scrum-Team Bedarf an Unterstützung.

Spezialaufgaben

Es kommt aufgrund von altem Führungsverhalten häufig dazu, dass Führungspersonen Teammitgliedern des Scrum-Teams direkt Aufgaben zuweisen. Zum Beispiel nimmt sich eine Führungsperson dann mal eben heraus, einem Teammitglied eine Spezialaufgabe zu übertragen, die in seinen Augen wichtig ist. Product Owner werden dabei absichtlich außen vorgelassen oder schlicht vergessen und das Selbstmanagement der Teammitglieder wird unterwandert. Dieses Verhalten entspricht nicht den Prinzipien von Scrum und benötigt die Unterstützung des Scrum Masters.

> Über die Jahre haben wir herausgefunden, dass ein echter Hebel darin liegt, sich früh mit den leitenden Führungspersonen in Verbindung zu setzen. Je nach Kenntnisstand bedarf es hier eines umfassenden Überblicks darüber, wie Scrum-Teams arbeiten, und der Einigung auf einen gemeinsamen Weg, die Teams zu unterstützen. Wann immer die Führungspersonen von diesem Weg abkommen, sind Sie als Scrum Master da.

3.2 Entwickler

Wie in jedem Team gibt es auch bei einem Scrum-Team Eigenschaften, die besonders erwähnenswert sind, z.B. der Sachverhalt, dass nach der Definition im Scrum Guide jedes Teammitglied die Bezeichnung »Developer« (Entwickler) trägt. Damit ist allerdings nicht Softwareentwicklung gemeint, sondern Produktentwicklung – eine Person also, die zur Entwicklung von Lösungen oder Produkten beiträgt. Es gibt keine Titel in Scrum. Jeder Entwickler ist gleich wichtig. Auch jemand aus dem Vertrieb trägt somit diese Bezeichnung. Dies mag komisch klingen, ist jedoch nachvollziehbar. Denn jeder unterstützt dort, wo seine Hilfe benötigt wird, auch wenn es außerhalb seines Spezialgebiets liegt.

> *»Die spezifischen Fähigkeiten, die von den Developer:innen benötigt werden, sind oft breit gefächert und variieren je nach Arbeitskontext.«*

Das ist alles, was der Scrum Guide zum Entwickler schreibt (*scrumguides.org*). Entwickler können sein Forscher, Maschinenbauer, Marketer, Verkäufer, Krankenpfleger oder Spezialisten für Qualitätssicherung. Produktentwicklung ist komplex und verlangt fachliches und technologisches Know-how auf hohem Niveau – vor allem in Kombination mit einer dynamischen Umgebung wie einem Scrum-Projekt. Ein Scrum-Team ist gemeinschaftlich für die regelmäßige Lieferung von produktiv einsetzbaren Produktinkrementen zuständig. Diese sollten den vom Scrum-Team definierten Fertigstellungsregeln, den »Done«-Kriterien (siehe Abschnitt 4.1.2), entsprechen. Daher ist jedes Teammitglied dazu befugt, alles zu unternehmen, was für eine erfolgreiche Lieferung des Produkts notwendig ist.

Niemand gibt den Entwicklern eines Scrum-Teams Anweisungen, wie etwas umzusetzen ist. Alle Entscheidungen werden von den Entwicklern eigenständig und gemeinschaftlich getroffen. Sollte es dazu kommen, dass eine falsche Entscheidung getroffen wurde, dann wird dies als Gelegenheit genutzt, um daraus zu lernen.

Aus Erfahrung wissen wir, dass Sie als Scrum Master diesen Punkt nachhaltig verteidigen sollten. Anweisungen von Vorgesetzten und somit ein Eingriff in die Selbstorganisation des Scrum-Teams sind oftmals an der Tagesordnung. Unterstützen Sie die Beteiligten dabei, eigene Entscheidungen im Konsens zu treffen und voranzutreiben.

Teamplayer

Scrum-Projekte verlangen eine Umkehr im Denken und Handeln. Anforderungen sind nicht bis aufs i-Tüpfelchen spezifiziert, Informationen müssen eingeholt werden, die Machbarkeit geprüft oder die Sinnhaftigkeit von Ideen erforscht werden.

Abb. 3–5 *Vertrauen ist das A und O der Zusammenarbeit.*

Das Aufgabenspektrum wächst für den Einzelnen enorm im Gegensatz zu traditionellen Projekten, in denen häufig sequenziell nur einige Personen involviert sind. Alle sollten ersetzbar sein oder einspringen können, wenn jemand fehlt. Entwickler sind aufgefordert, ihre eigenen Interessen zurückzustellen und alles Notwendige in die Wege zu leiten, damit das gemeinsame Ziel erreicht werden kann. Daher ist es wichtig, dass ein Scrum-Team als Gemeinschaft agiert und sich aufeinander verlassen kann. Dies erfordert viel Disziplin und gegenseitiges Vertrauen. Dementsprechend sind Menschen, die aus ihrer →Komfortzone heraustreten, ein Segen für Scrum-Teams, da sie ein Vorankommen ermöglichen. In vielen Fällen ist deshalb ein Scrum Master gefragt, der das Verlassen der Komfortzone unterstützt und die Bildung eines gesunden Teamspirits vorantreibt.

> Gerade bei neuen Scrum-Teams kommt es am Anfang vor, dass ein Sprint nicht erfolgreich verläuft. Da die Selbstorganisation dann meistens noch nicht greift, fangen einige an, sich dafür verantwortlich zu fühlen, da sie »ihren Teil« nicht »rechtzeitig« fertigstellen konnten. Das kann schon einmal auf die Stimmung aller oder Einzelner Einfluss haben. Achten Sie darauf, dass es keine Schuldzuweisungen innerhalb des Teams gibt.
>
> Befähigen Sie Ihr Team, dass es für den Alltag in einem Scrum-Team gewappnet ist: laufende Änderungen des Fahrplans, die klare und offene Ansprache von Problemen, das Finden von Lösungswegen, die Anpassung an neue Gegebenheiten und eine ständige Bereitschaft zu lernen und an den Herausforderungen zu wachsen.

3.2.1 Verantwortlichkeiten

»Die Developer:innen sind jedoch immer ergebnisverantwortlich dafür,

- *einen Plan für den Sprint zu erstellen, das Sprint Backlog;*
- *Qualität durch die Einhaltung einer Definition of Done einzubringen;*
- *täglich ihren Plan zur Erreichung des Sprint-Ziels anzupassen;*
- *und sich wechselseitig als Expert:innen zur Verantwortung zu ziehen.« (scrumguides.org)*

Wenn es um die Übernahme von Verantwortung geht, herrschen nicht selten alte Denkweisen vor, die lediglich auf die ordentliche Bearbeitung eines Arbeitspakets durch Einzelne abzielen und nicht durch die gemeinschaftliche Verantwortung für das Gesamtprodukt gekennzeichnet sind. Jedes Teammitglied hat nun als Teil einer Gemeinschaft Verantwortung zu übernehmen. Dies ist häufig nicht einfach und bedarf der Erkenntnis, dass es wichtig ist, Entscheidungen zu treffen und dafür einzustehen. Für diese Erkenntnis ist der Scrum Master zuständig, der sowohl den Teammitgliedern als auch der Organisation vermitteln muss, dass Fehler dazugehören und in manchen Fällen sogar erwünscht sind.

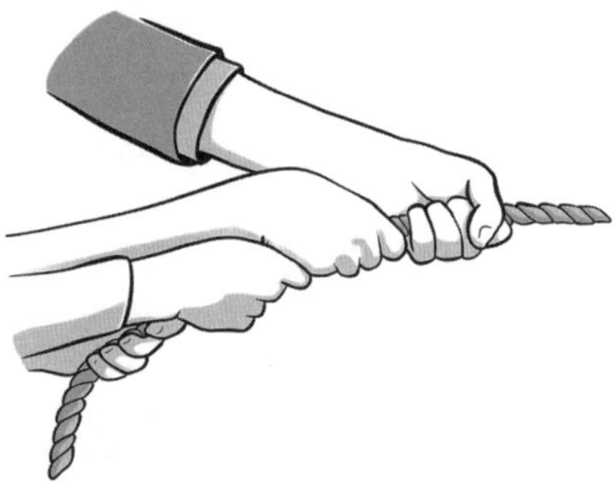

Abb. 3–6
Das Scrum-Team arbeitet als Gemeinschaft Hand in Hand.

Entwickler, die Schwierigkeiten mit der Übernahme von Verantwortung haben, werden sich darüber beklagen, dass etwas nicht funktioniert oder nicht in ihrem Sinne ist. Wenn Sätze fallen, wie z. B. »Ich warte jetzt schon den ganzen Morgen auf Person X, die mir beim Aktualisieren meines Rechners helfen wollte …« oder »Ich habe schon etliche Personen via Chat angeschrieben und keiner kann mir sagen, wo das Problem liegt …«, aber auch »Ich wollte eigentlich mit Teammitglied Y zusammenarbeiten, aber ich weiß nicht, was er gerade tut …«, sollten bei einem Scrum Master die Alarmglocken läuten. Die Entwickler werden nicht gleich mit einer Idee kommen und lösungsorientiert versuchen, den jeweiligen Zustand zu verbessern. Ein Scrum Master sollte hier eine aktive Rolle einnehmen und die Teammitglieder bei diesem Prozess begleiten.

Achten Sie bei der Auswahl der Entwickler darauf, dass Sie nicht die besten »Einzelspieler« auswählen, sondern die Individuen, die am besten als Team harmonieren. Teamfähigkeit ist für die Arbeit in einem Scrum-Team unabdingbar.

3.2.2 Charakteristika

Wir sind im Zuge der Charaktermerkmale eines Scrum-Teams schon auf die Aspekte *Diversität, Zielausrichtung, Stabilität* und *wertgetriebene Zusammenarbeit* eingegangen (vgl. Abschnitt 3.1.2). Welche Aspekte die erfolgreiche Zusammenarbeit der Entwickler noch ausmachen, verdeutlichen wir auf den folgenden Seiten.

1986 stellten Hirotaka Takeuchi und Ikujiro Nonaka in einem Artikel in Harvard Business Review drei unentbehrliche Aspekte innovativer Teams in der Produktentwicklung vor: Autonomie, interdisziplinäre Zusammenarbeit und Selbst-Transzendenz [URL:TakeuchiNonaka].

- **Autonomie**
  Wenn ein Team von außen Unterstützung erhält, die für ein Umfeld sorgt, in dem sich die Teammitglieder auf das Wesentliche konzentrieren können, kann Innovation entstehen.
- **Interdisziplinarität**
  Ein divers zusammengestelltes Team mit unterschiedlichen Erfahrungen, Haltungen, Charakteren, Herangehens- oder Denkweisen führt zu einer Umgebung, in der Neues gedeihen kann.
- **Selbst-Transzendenz**
  Teams, die wertebasiert zusammenarbeiten und Sinn in dem sehen, was sie tagtäglich tun, können über sich hinauswachsen und stellen den Status quo immer wieder infrage. Die daraus entstehende Hingabe führt zu einer ständigen Erweiterung der →Komfortzone (vgl. Abschnitt »Komfortzone«, Seite 67) des Scrum-Teams.

Auch wenn es erschreckend sein mag, dass viele der Ideen schon viele Jahrzehnte zurückliegen, so ist es doch schön, dass die drei genannten Merkmale in Scrum integriert sind und Unternehmen davon profitieren können.

Selbstverwaltung (Autonomie)

Was schon in der Ergebnisverantwortung (vgl. Abschnitt 3.1.1) des Scrum-Teams deutlich wurde, wird im Scrum Guide (*scrumguides.org*) durch den folgenden Satz konkretisiert:

> *»Scrum Teams ... managen sich außerdem selbst, d.h. sie entscheiden intern, wer was wann und wie macht.«*

In früheren Versionen wurde von »Selbstorganisation« des Scrum-Teams gesprochen. Die Änderung zu »managt sich selbst« beschreiben wir als »selbstverwaltend«. Es wird dadurch stärker hervorgehoben, dass Scrum-Teams autonom die notwendigen Arbeiten plant, strukturiert, umsetzt und überwacht. Wichtig dabei ist das übergeordnete Produktziel des Scrum-Teams, das ein Bestandteil der jeweils aktuellen Unternehmensstrategie ist. Es wird mit dieser neuen Änderung im Scrum Guide unterstrichen, dass ein Scrum-Team ein Team ist, das sich um die Erstellung von Inkrementen kümmert und somit die bisher schwierige Formulierung vom »(Entwicklungs-/Development-)Team im (Scrum-)Team« aufgehoben wird.

Die Selbstverwaltung des Scrum-Teams ist mit Autonomie gleichzusetzen. Wenn Scrum-Teams beispielsweise keine Kontrolle über ihr Product Backlog und die Reihenfolge der Einträge haben, starke Abhängigkeit zu Dritten bestehen oder die Zusammensetzung des Teams von außen bestimmt wird, dann sind dies Warnzeichen für eine fehlende Autonomie des Teams.

Bringen Sie die fehlende Unabhängigkeit des Scrum-Teams zur Sprache. Sammeln Sie mit den Teammitgliedern die Abhängigkeiten zu Dritten (z.B. zum Releasemanager, Team X, Abteilung Y), visualisieren Sie die »Störfaktoren« und suchen Sie mit den Teammitgliedern erste Lösungen, die in der Hand des Teams liegen.

Einfach ausgedrückt bedeutet es, dem Scrum-Team ein Ziel zu geben und dabei zuzusehen, wie es Wirklichkeit wird. Ein Scrum Master sollte die Entwickler dazu bringen, sich verantwortlich für das Produkt zu fühlen, und es ermutigen, eigene Ideen beizutragen. Eine wichtige Aufgabe der Organisation ist es, Rahmenbedingungen zu etablieren, innerhalb derer sich das Scrum-Team sicher und autonom bewegen kann.

Ziel ist es, eine Kultur zu fördern, die von Kreativität, Lernen und Offenheit geprägt ist. Wenn Wissensarbeitern diese Möglichkeiten verwehrt werden, dann wird es nicht die Talente der Beteiligten zutage fördern. Dies ist nicht nur Aufgabe des Scrum Masters, sondern auch des Managements. Wichtig ist, die Teammitglieder zu motivieren und sie dort zu führen, wo Führung benötigt wird (vgl. Kap. 2).

Wichtig für Selbstverwaltung, die Teamdynamik und die Entwicklung des Scrum-Teams sind neben der Orientierung und Verinnerlichung der agilen Werte und Prinzipien vertrauensbildende Maßnahmen wie beispielsweise [URL:Larsen a]:

- **Glaubwürdigkeit**
  Alle sollten Konsequenz und Zuverlässigkeit in ihrer Rolle zeigen.
- **Zuhören**
  Alle sollten Interesse zeigen und ein offenes Ohr haben.
- **Offenheit**
  Alle sollten sich öffnen und nicht hinter einer Maske verschanzen.

- **Empathie**
  Alle sollten sich in die Lage des anderen versetzen können.
- **Feedback**
  Alle sollten Feedback erwarten und eigenständig geben können.
- **Interesse**
  Alle sollten ein natürliches Interesse an den Menschen innerhalb des Scrum-Teams und dem Produktziel des Scrum-Teams haben.

> Die enge Zusammenarbeit innerhalb eines Teams kann auch zu Konflikten führen. Ein erfahrenes Scrum-Team wird durch das Selbstmanagement zu einem lösungsorientierten Ansatz kommen. Bei unerfahrenen Teams oder neuen Teammitgliedern sollten Sie als Scrum Master Unterstützung bei der Konfliktbewältigung geben. Machen Sie dies, indem Sie gezielt das gesamte Team zur Lösungsfindung einspannen, und zeigen Sie Wege auf, wie sich die Betroffenen beim nächsten Mal eigenständig helfen können.

Interdisziplinarität (Crossfunktionalität)

> *»Scrum Teams sind interdisziplinär, d.h. die Mitglieder verfügen über alle Fähigkeiten, die erforderlich sind, um in jedem Sprint Wert zu schaffen.« (scrumguides.org)*

Dies bedeutet beispielsweise, dass für die Qualität nicht allein der Entwickler verantwortlich ist, der die meiste Fachkompetenz im Testen besitzt, sondern jeder im Scrum-Team. Qualität ist ein impliziter Bestandteil der agilen Entwicklung sowie Gesamtaufgabe und in der Verantwortung aller. Qualitätsbewusstsein geht alle im Scrum-Team etwas an. Hier ist ein Scrum Master gefordert, das notwendige Handeln und Denken zu beeinflussen, indem er oder sie z.B. auf die Nachteile fehlender Tests oder automatischer Tests hinweist oder das Prinzip technischer Schulden (engl. →Technical Debt) erläutert.

Abb. 3–7
T-Shape: Breiten- und Tiefenwissen eines Menschen

In einem Scrum-Team sind alle benötigten Fähigkeiten zu bündeln, die für die Entwicklung vom Anfang bis zum Ende notwendig sind. Diese Bündelung in einer Einheit sorgt dafür, dass ein schnelles autonomes Voranschreiten bei der Umsetzung der Inkremente sichergestellt ist. Fehlen Fähigkeiten zur erfolgreichen Auslieferung, sind diese entweder innerhalb des Scrum-Teams anzueignen oder partiell von außerhalb hinzuzuziehen, sodass eine Erfüllung des Sprint-Ziels zum Sprint-Ende gewährleistet werden kann. Soweit Spezialwissen benötigt wird, sollte ein Scrum-Team kurzfristig Expertinnen hinzuziehen.

Mit dem Aufbau von fachübergreifenden Scrum-Teams geht die Frage einher, ob Generalisten besser für Scrum-Projekte geeignet sind als Spezialisten. Wir haben die Erfahrung gemacht, dass »T-Shaped«-Personen für Scrum-Projekte besonders geeignet sind, da sie von Natur aus ein breites Interesse an verschiedensten Dingen zeigen und Wissen aus diversen Fachrichtungen mitbringen. Als »T-Shaped« werden Personen bezeichnet, die über eine hohe Expertise in einer bestimmten Domäne verfügen (vertikaler T-Strich), jedoch darüber hinaus in weiteren Bereichen kompetent sind und vor allem bereit dazu, mit anderen zu kollaborieren (horizontaler T-Strich).

Während wir bei Entwicklern vorrangig von T-Shape sprechen, ist das Konzept für Scrum Master oder Product Owner nicht ganz zutreffend. »X-Shape«-Personen bringen neben diversen Erfahrungen und Know-how in einer Domäne zudem Führungsqualitäten und die Fähigkeiten mit, Menschen zu motivieren. Im Grunde sind X-Shape-Personen die Weiterentwicklung von T-Shape-Personen.

Wir verhalten uns bei der Begleitung unserer Teams immer entsprechend dem Kanban-Prinzip »*zu Führungsverhalten auf allen Ebenen ermutigen*«. Es bedeutet, dass jede Person andere dadurch führt, dass sie gewünschtes Verhalten vorlebt. Somit ist es z.B. nicht die Aufgabe eines sehr erfahrenen Teammitglieds, die Arbeit anderer Teammitglieder zu überprüfen, sondern dazu anzuregen und den Rahmen zu schaffen, dass sich auch weniger erfahrene Teammitglieder dies zutrauen. Dies könnte dadurch geschehen, dass sich das erfahrene Teammitglied in Diskussionen zunächst zurückhält und andere zu Wort kommen lässt.

Reine Spezialistinnen hingegen sind oft auf ihr Spezialgebiet fokussiert und haben wenig Interesse, über den Tellerrand zu blicken. Für ein funktionierendes selbstorganisiertes Team ist dies aber notwendig. Es reicht nicht, sich nur für einen kleinen Teil, der Spezialisierung entsprechend, verantwortlich zu fühlen. Es gibt nicht nur eine Person, die testet, aber auch keine Person, die nur Frontend-Funktionalitäten entwickelt, nachdem jemand die Backend-Funktionalität fertiggestellt hat.

> Ziehen Sie bei Bedarf Spezialistinnen für Spezialaufgaben hinzu, z. B. falls im Projekt Marketingfähigkeiten benötigt werden, aber niemand aus dem Team dieses Spezialwissen besitzt. Dazu ist es nicht notwendig, dass die Spezialistin ein permanentes Teammitglied wird. Laden Sie die Person ein, sich für die Zeit der Zusammenarbeit mit in den Teamraum zu setzen, um den direkten Austausch zu fördern, die Bindung zu stärken und die Atmosphäre aufzunehmen. Fragen Sie die Teammitglieder vorab, ob dies hilfreich ist.

Jeder Entwickler ist für die gelieferten Inkremente, die Testabdeckung, die Architektur, die Dokumentation oder die Qualität in derselben Weise verantwortlich. Wir sprechen nicht davon, dass es keine Spezialisierung geben soll. Für die Selbstorganisation des Teams sind Generalistinnen jedoch deutlich besser geeignet als diejenigen, die alles, was nicht ihrer Spezialisierung entspricht, als Zeitverschwendung ansehen.

Wir möchten Ihnen einige Anregungen geben, um die Crossfunktionalität in Ihrem Scrum-Team zu steigern:

- **Fähigkeiten sichtbar machen**
  Erstellen Sie eine Übersicht, welche Fähigkeiten im Scrum-Team vorhanden sind und in welchen Fähigkeiten die Beteiligten noch besser werden wollen bzw. ein Interesse haben, zu lernen.
- **Limitieren paralleler Arbeit**
  Schlagen Sie vor, eine Limitierung der in Bearbeitung befindlichen Aufgaben vorzunehmen, sodass zwangsläufig zusammengearbeitet werden muss. Versuchen Sie es doch mal mit einem Limit von 1, egal ob zwei oder sechs Entwickler im Team arbeiten.
- **Bildung von Paaren**
  Egal ob für die Zeit eines Sprints oder einer Aufgabe: Das Bilden von Paaren und somit das gemeinsame Lösen von Aufgaben fördern eine enge Zusammenarbeit.
- **Learning Journey**
  Wir haben für einige Scrum-Teams auch einen kreativen Pfad eingeschlagen und »Lernreisen« (Learning Journeys) passend für das Team erstellt. Dabei wurden über einen festgelegten Zeitraum Aufgaben gestellt, die zu erfüllen waren. Der Reiz daran war, dass für die Erfüllung der Aufgaben Punkte gesammelt werden konnten, die am Ende zum Gewinn einer Teamüberraschung führten.
- **Vorträge**
  Laden Sie Dritte oder Teammitglieder ein, über ein interessantes Themenfeld einen Vortrag im Scrum-Team zu halten, oder bilden Sie Lerngruppen (→Community of Practice), die sich schwerpunktmäßig zu einem Thema treffen.

- **Katas durchführen**
  Katas sind Aufgaben unterschiedlichen Niveaus, die von Entwicklern durchgeführt werden. In der Softwareentwicklung, vom Kampfsport inspiriert und etabliert, werden Katas genutzt, um durch die wiederholende Lösung von Aufgaben eine Routine zu entwickeln und auf dem Weg zur Lösung besser zu werden.
- **Working out Loud (WOL)**
  Vielleicht können Sie Ihre Teammitglieder davon begeistern, einen WOL-Circle zu gründen. Das Konzept basiert auf selbstorganisiertem Lernen. Dazu treffen sich vier bis fünf Personen (ein Circle) zwölf Wochen lang und bearbeiten vorgegebene Aufgaben. Am Anfang setzt sich jede Person ein individuelles Lernziel, an dem sie über die Zeit arbeitet (*workingoutloud.com*).

> Aus Erfahrung wissen wir, dass einige Scrum-Teams in alte Arbeitsweisen verfallen und Einzelaufgaben abarbeiten. Achten Sie darauf, dass keine Separation der Aufgabenbereiche nach Fähigkeiten ins Scrum-Team Einzug hält. Auch beim Sprint Planning sollten Entwickler nicht ihren Namen auf Sprint Backlog Items oder Tasks schreiben. So zerfällt das Scrum-Team nämlich wieder in Einzelpersonen, die jeweils ihre persönliche Sicht auf den Sprint im Fokus haben. Sobald die Arbeit an einer Aufgabe begonnen wurde, kann der Name für die Transparenz auf der Karte notiert werden.

Selbst-Transzendenz

In vielen Organisationen, in denen wir arbeiten, ist die Transzendenz eines Scrum-Teams nicht spürbar. Sie ist jedoch ein Schlüsselelement für ein funktionierendes Team, bei dem es »wie von selbst« läuft. Alles greift ineinander, alle sind vollkommen bei der Sache, unterstützen sich, ersetzen sich, streiten sich für die beste nächste Lösung. Erfolge werden gefeiert und Rückschläge als Möglichkeit gesehen, einen anderen Weg auszuprobieren. Scrum-Teams, die sprichwörtlich zu einer Einheit zusammengewachsen sind, ist zuzutrauen, alles zu erreichen. Selbst-Transzendenz kann also als mentale Stärke verstanden werden, die Teams über sich hinauswachsen lässt.

> Ein Scrum-Team in dieses Stadium zu führen, braucht Zeit. Letztendlich können Teams diesen Zustand nur erreichen, wenn die anderen Komponenten wie Autonomie, Stabilität, Kollaboration, Managementunterstützung sowie wert- und zielorientierte Ausrichtung ineinandergreifen und die Scrum-Teams in der Lage sind, laufend qualitativ hochwertige Inkremente auszuliefern.

→

Suchen Sie nach etwas, das den Teammitgliedern als Gleichnis passend erscheint, um sie zu motivieren. Der Blick in die Sportwelt ist hier nicht weit hergeholt. Nicht immer ist Fußball bzw. der »FC Barcelona« ein gutes Beispiel für Disziplin, Ehrgeiz und Erfolg. Wir haben z.B. schon einmal die verschiedenen Scrum-Teams einer Abteilung einen »Haka-Wettbewerb« durchführen lassen. Der Haka ist ein zeremonieller Tanz der Māori, der Ausdruck und Zurschaustellung des Stolzes, der Stärke und der Einheit eines Stammes (hier gleichzusetzen mit Teams) darstellen soll.

Pair Programming (Paarweise Zusammenarbeit)

Abb. 3–8 *Paarweise Zusammenarbeit*

Es gibt zu viele positive Effekte, als dass »Pairing« infrage gestellt werden kann, z.B.: gesteigerte Produktivität, Austausch von Wissen, stärkerer Zusammenhalt, gemeinsame Erfahrungen, gesteigertes Vertrauen oder weniger Fehleranfälligkeit. Zumindest für unsere Scrum-Teams sehen wir es als verpflichtend an, gemeinsam an Aufgaben zu arbeiten. Wir sind der Meinung, dass die Qualität und der Aspekt, von anderen zu lernen, zwei zu starke Argumente sind, um es nicht zu praktizieren. Technische Exzellenz sollte der Anspruch eines jeden Entwicklers sein oder werden – gerade mit Hinblick auf die in diesem Abschnitt genannten Aspekte crossfunktionaler Zusammenarbeit und Verantwortung der Entwickler für das Ergebnis des Sprints.

Die Frage: »*Wann oder bei welchen Aufgaben macht Pair Programming Sinn?*« ist schwer zu beantworten. Im Raum steht die Beantwortung der Frage: »*Was wollen wir damit erreichen?*« Auch einfache Aufgaben gemeinsam zu bewältigen, kann einen Lerneffekt haben, um im Falle der Abwesenheit einer Person die Aufgaben fortführen zu können oder die Zeit der Einarbeitung zu reduzieren.

Stellen Sie als Scrum Master mit den Entwicklern Grundregeln auf. Leitfragen können sein:

- Wie lange sind die Sessions?
- Wann ist eine gute Zeit zur paarweisen Zusammenarbeit?
- Was sind die Erwartungen an die andere Person?

- Wie findet sich eine andere Person für die paarweise Zusammenarbeit?
- Für welche Aktivitäten macht eine paarweise Zusammenarbeit Sinn?
- Was passiert nach der Pairing-Session mit der Aufgabe?
- Wie und wann geben wir uns Feedback zur Session?

> Gerade bei Scrum-Teams außerhalb der Softwareentwicklung erleben wir es nicht selten, dass die paarweise Zusammenarbeit als unproduktiv abgestempelt wird. »Jetzt bezahle ich zwei Personen, die an einer Aufgabe arbeiten« ist ein häufiger Gedanke, der vielen Führungspersonen als Erstes in den Sinn kommt. Wir bedienen uns in diesen Fällen immer einer kleinen Rechnung, die aufzeigt, dass es viel teurer ist, Fehler im Nachhinein aufzuspüren und zu beheben, als zu zweit eine Aufgabe zu lösen. Gerade dem Punkt des »Nebeneinanderher-Arbeitens« wird damit ein Strich durch die Rechnung gemacht. Zudem entfällt die nachgelagerte Überprüfung (z.B. →Codereview) der Arbeit, da diese schon implizit stattgefunden hat.

Swarming (Ausschwärmen)

Eine Möglichkeit des Swarmings ist das Pair Programming. Doch manchmal reichen zwei Personen nicht aus und das gesamte Team kommt zusammen. Nehmen wir an, ein kritischer Fehler im Produkt tritt auf. Sofort kommen alle zusammen und versuchen, eine Lösung für den Fehler zu finden. Oder der Sprint hat begonnen und das Sprint Backlog Item mit höchster Priorität wird gemeinsam betrachtet, um einen Startpunkt zu finden, der zur Lösung der Aufgabe am geeignetsten erscheint.

Gut funktionierende Scrum-Teams haben die Eigenschaft des »Swarmings« verinnerlicht. Dies bedeutet, dass die Entwickler gleichzeitig an wenigen Aufgaben arbeiten, vielleicht sogar nur an einer Aufgabe, um sie schnellstmöglich zu einer Lösung zu bringen. Gerade bei komplexen Problemstellungen ergibt diese Art der Zusammenarbeit einen Sinn. Scrum bietet dafür den Rahmen.

Ein Grund, warum Swarming so gut funktioniert, ist, dass es die Entwickler stärker auf das (Nächst-)Wichtigste fokussiert [URL:Sutherland b].

> Swarming sorgt für ein Zusammenwachsen der Teammitglieder und damit zur Schaffung einer Teamidentität. Sorgen Sie daher für einen offenen Austausch und eine »*Kommt her, lasst uns das gemeinsam angucken*«-Mentalität. Wichtig zu beachten ist, dass es ein Miteinander ist und kein Gegeneinander. Kein »Wer am lautesten schreit, gewinnt«, sondern alle haben eine Stimme und können im besten Falle etwas zur Lösungsfindung beitragen – auch wenn es für den Moment nur der Nachschub an Kaffee ist.

3.2.3 Häufige Herausforderungen

Die Zusammenarbeit der Entwickler stellt hohe Herausforderungen an die Arbeit eines Scrum Masters und das System, in dem sie agieren. Wir stellen im Folgenden einige Fälle vor, die in unserer Praxis wiederkehrend aufgetreten sind.

»Das ist nicht mein Job«-Attitüde

Bei dieser Herausforderung halten wir uns kurz. Es gibt in Scrum neben dem Product Owner und dem Scrum Master nur noch den Entwickler. Alle sind gleichzeitig ergebnis- wie auch umsetzungsverantwortlich. Alle Beteiligten zur Verantwortungsübernahme zu bringen, kann eine große Herausforderung sein. Egal ob 20 Jahre Unternehmenszugehörigkeit, gefeierter Experte mit Konferenzbeiträgen oder jemand mit Doktortitel – es gibt kein drüber und drunter, keine Besserstellung oder Platz für Egos. Es gilt, gemeinschaftlich komplexe Problemstellungen zu lösen.

Bringen Sie die Teammitglieder ins Gespräch. Eine Strategie kann sein, dass Sie innerhalb der Sprint-Retrospektive die fertiggestellten Sprint Backlog Items nehmen und visualisieren, wer (wann) an der Fertigstellung partizipiert hat. Diskutieren Sie das Ergebnis und stellen Sie unterstützende Fragen wie z.B.:

- *Wer ist verantwortlich für die Fertigstellung der Inkremente?*
- *Wenn die Definition of Done nicht eingehalten wurde, weil der Test nicht mehr durchgelaufen ist, wer ist verantwortlich dafür?*
- *Wenn wir scheitern, wer trägt die Verantwortung dafür?*
- *In welcher Hand liegt es, dass wir unser Produktziel erreichen?*

Fehlende Fähigkeiten

In einem Scrum-Team sollten diejenigen Personen arbeiten, die notwendig sind, um das Produktziel zu erreichen und die Backlog Items entsprechend der Definition of Done zu realisieren. Daher ist es bei der Teamzusammenstellung sehr wichtig, dass es einerseits keine bis wenige Abhängigkeiten zu Dritten gibt, und andererseits zu klären, was »Fertig« bedeutet (siehe Abschnitt 4.1.2). Für Scrum Master stehen zwei Aspekte im Fokus:

1. Darauf zu achten, dass kein »wasserfallartiges« Abarbeiten innerhalb des Scrum-Teams entsteht und somit Arbeit an die nächste Stelle weitergegeben wird. Um dem Verhalten entgegenzuwirken, haben wir zur crossfunktionalen Zusammenarbeit einige Anregungen gegeben (vgl. Abschnitt 3.2.2).
2. Am Ende der Arbeit an einem Inkrement dürfen keine offenen Aufgaben mehr übrig sein und es müssen keine Aufgaben von Dritten außerhalb des Scrum-Teams durchgeführt werden.

Aufgrund der Komplexität von Projekten kann es am Anfang sein, dass nicht klar ermittelt werden kann, welche Fähigkeiten gebraucht werden. Wenn Sie jedoch feststellen, dass Fähigkeiten fehlen, sollten Sie dies zum Thema machen. Manchmal muss die Lösung auch nicht in einem neuen Teammitglied liegen, sondern kann technisch gelöst werden, wenn z. B. Test- oder Deployment-Automatisierung stattfindet.

Keine funktionierenden Inkremente

Ein nicht produktiv nutzbares Inkrement am Ende eines Sprints stellt ein oft vernachlässigtes Problem dar. In der Praxis wird dieser Aspekt häufig nachlässig behandelt, obwohl er fundamental für die Entwicklung mit Scrum ist. Warum ist es so kritisch, wenn nicht geliefert wird? Zum einen ist die Ermittlung des Entwicklungsfortschritts schwierig (vgl. Abschnitt 4.5). Es fehlen die Orientierungspunkte sowohl für das Scrum-Team als auch für den Kunden. Funktionierende, nutzbare Ergebnisse zeigen nicht nur, dass wertvolle Arbeit geliefert wurde, sondern sie helfen auch, Entscheidungen zur weiteren Vorgehensweise auf Basis der aktuellen Entwicklung zu treffen und die Planung zu aktualisieren. Sofortiges Feedback von Stakeholdern und der Fokus des Scrum-Teams auf die Verbesserungsmöglichkeiten helfen dabei, das Team noch produktiver zu machen. Jedes Scrum-Team sollte dies verinnerlichen – am Ende des Sprints sollte das Inkrement potenziell nutzbar sein.

Machen Sie allen deutlich, welche Wichtigkeit die Auslieferung hat. Alles andere ist Selbstbetrug. Mit diesen Hilfestellungen können Sie ggf. den nächsten Sprint erfolgreich gestalten:

- Ist der Sprint ausreichend vorbereitet und sind die Backlog Items umfänglich und von jedem im Team verstanden? Gibt es eine →»Definition of Ready« und →»Definition of Done« und werden diese eingehalten? Wenn nicht, unterstützen Sie das Team bei der Erstellung und achten Sie auf die Einhaltung (siehe Abschnitt 4.1.2).
- Sind die Backlog Items zu groß? Einigen Sie sich auf eine Obergrenze mit dem Team oder schränken Sie die Schätzskalen (siehe Abschnitt 4.3.2) ein.
- Arbeitet das Team während des Sprints gezielt nach der festgelegten Priorität zusammen an Backlog Items? Schieben Sie Multitasking einen Riegel vor und achten Sie auf die sequenzielle Abarbeitung der Backlog Items nach Priorität. Legen Sie ggf. ein Limit für die Arbeit »In Progress« fest, um einen Fokus zu setzen.
- Ist der Product Owner für Fragen der Entwickler anwesend? Sorgen Sie nicht nur dafür, dass der Product Owner anwesend ist, sondern achten Sie auf die Art und Weise der Fragen, die ggf. schon im →Backlog Refinement (vgl. Abschnitt 4.4) oder Sprint Planning (vgl. Abschnitt 5.1) aufgeklärt werden können.
- Arbeiten die Entwickler zusammen? Gegebenenfalls sind →Peer Reviews oder Pair Programming eine erstrebenswerte Lösung, um Qualität sicherzustellen.
- Tauchen viele Fehler aus dem vorherigen Sprint auf? Finden Sie heraus, ob die Entwickler dabei sind, technische Schulden aufzubauen.

Teilzeitteammitglieder

Wenn Teilzeitteammitglieder eine reduzierte Anzahl an Arbeitsstunden haben, erleben wir in der Praxis oftmals Positives. Die Personen sind meistens sehr fokussiert und strukturiert, um die zur Verfügung stehende Zeit bestmöglich zu nutzen.

Anders ist es bei Teilzeitteammitgliedern, denen verschiedene Projekte zugeordnet werden. Diese können sich oft schwer in das restliche Team integrieren, da sie keinen sicheren Heimathafen haben. Dies steht ganz entgegen den Prinzipien von Scrum und ist als Dysfunktion anzugehen – zumal die Entscheidung, welche Arbeit wichtiger ist und in welcher Reihenfolge abgearbeitet wird, auf die betroffene Person abgewälzt wird. Dies führt in der Regel dazu, dass diese unter enormem Druck stehen, da sie sich gegenüber verschiedenen Parteien rechtfertigen müssen und der anstehende Arbeitsaufwand nicht für alle gleichwertig deutlich wird.

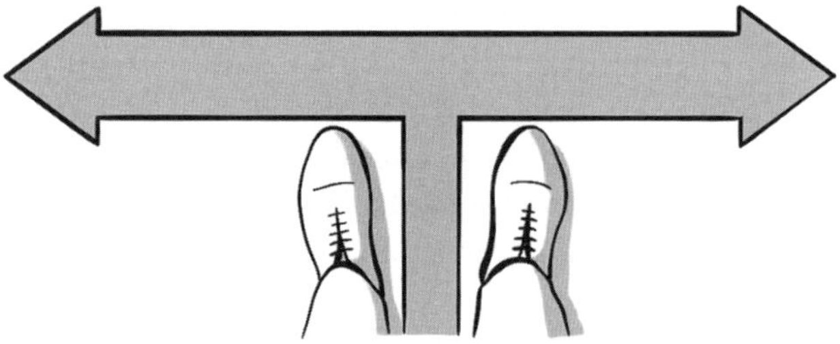

Abb. 3–9 *Teilzeitteammitglieder: Was ist jetzt wichtig?*

Darüber hinaus hat dies häufig einen negativen Einfluss auf den Fortschritt im Scrum-Team. Begonnene Arbeit wird nicht beendet oder übergeben, Zeit geht für die erneute Arbeitsaufnahme verloren, andere Entwickler warten, die Qualität leidet darunter, Scrum-Events werden nicht wahrgenommen, wichtige Entscheidungen verpasst und vieles mehr.

Notwendig ist hier die klare Festlegung von Regeln und die Klärung von Fragen, wie beispielsweise:

- *Wie oder wann werden Aufgaben übergeben?*
- *Wie werden die Teammitglieder informiert?*
- *Wie werden Aufgaben bearbeitet, sodass keine Abhängigkeiten entstehen?*
- *Wie kann das Teammitglied am besten erreicht werden?*

> Wenn ein Teilzeitteammitglied über wichtige Kenntnisse für den Erfolg des Projekts verfügt, dann ziehen Sie die Person lieber temporär als Expertin hinzu, anstatt sie fest in das Team zu integrieren.

Komfortzone

Dein Leben in 6 Minuten und 40 Sekunden

Finn musste etwas tun. Seit einiger Zeit merkte er, dass es im Team nicht mehr so rund lief. Das Team lieferte zwar am Ende des Sprints, aber irgendwie schien es immer der gleiche Trott zu sein. Es fehlte an Motivation oder etwas frischem Wind. Nach einigem Grübeln kam er auf die Idee, einen Pecha-Kucha-Abend mit dem Team zu veranstalten. Er war sich sicher, dass mit diesem Vortragsstil noch niemand aus dem Team in Kontakt gekommen war und dass es interessant sein würde, dies gemeinsam zu erleben. Ein Thema musste noch gefunden werden. Finn gefiel die Herausforderung, dass alle aus dem Team ihr Leben auf 20 Vortragsfolien festhalten sollten. Finn unterbreitete dem Team in der folgenden Woche diesen Vorschlag und stellte gleichzeitig vor, was Pecha Kucha bedeutet. Als das Team das Thema hörte, waren alle begeistert. Als der Abend nun endlich da war, waren alle aufgeregt und gespannt auf die Präsentationen der anderen. Der gemeinsame Abend übertraf selbst die Vorstellungen von Finn. So viel Energie, Spaß, Aufregung und Leidenschaft hatte er schon lange nicht mehr beim Team gesehen. Sergio, Alva, Lara und Casper hatten alle am nächsten Morgen ein Lächeln auf dem Gesicht. Aufgrund des Themas waren Dinge ans Tageslicht gekommen, die keiner von dem anderen wusste, obwohl sie täglich miteinander arbeiteten. Es war alles vorhanden: schöne, tragische, peinliche oder außergewöhnliche Momente. Und alle lernten dazu noch, wie herausfordernd es sein kann, sein Leben auf 20 Vortragsfolien zusammenzufassen und nur 20 Sekunden pro Folie erzählen zu dürfen. Noch am selben Abend bestimmten alle das Thema für den nächsten Pecha-Kucha-Abend.

Für Scrum Master sind Sätze wie »Nein, das ist nicht meine Aufgabe« oder »Nein, ich mach das lieber allein« ein täglicher Begleiter. Gerade bei der Einführung von Scrum treten häufig Misstrauen und Unmut auf. »Das habe ich schon immer so gemacht« oder auch »Das bringt doch nichts, das haben wir alles schon probiert« sind Aussagen, die gerne geäußert werden. Dieses Verhalten zu verstehen und zu durchdringen, ist oftmals nicht leicht. Diese Personen aus der Komfortzone zu holen, ist eine Herausforderung für den Scrum Master.

Die Komfortzone eines Menschen stellt alle unsere positiven und auch negativen Erfahrungen und Gewohnheiten dar. Kontinuierliches Lernen erfordert die ständige Bereitschaft, seine Komfortzone zu verlassen, denn nur so kann das eigene Wissensspektrum erweitert werden. Die Forderung, gewohntes Terrain zu verlassen und Neuland zu betreten, drückt sich dann in den oben genannten Reaktionen aus. Die Unwissenheit über das Neue führt oft zu Angst oder Stress und damit zu Ablehnung oder Zurückgezogenheit.

Neben der Komfortzone des Einzelnen haben auch ganze Scrum-Teams die Tendenz, in ihre Komfortzone zu fallen. Hier gilt also das Gleiche wie für Einzelpersonen. Als Scrum Master sollte man hier aktiv werden, indem man versucht, die Komfortzone aufzubrechen. Die Möglichkeiten, die sich hier bieten, sind sehr individuell und vielfältig.

> Setzen Sie sich als Scrum Master mit sich selbst und mit dem Thema Komfortzone und Motivation auseinander. Die eigene Komfortzone ständig zu erweitern, sollte Teil des Arbeitsalltags werden. Wir empfehlen zu dem Thema die Literatur von Daniel Pink, Peggy Holman oder Mihaly Csikszentmihalyi [Pink 2011; Holman 2007; Csikszentmihalyi 2008].

Wo steht das Team?

Oft kann ein Scrum Master sein Scrum-Team nicht selbst zusammenstellen, sondern übernimmt ein bereits bestehendes Team. In diesem Fall ist es wichtig, sich schnell ein Bild über den aktuellen Zustand machen zu können. Wir stellen Ihnen unter *link.scrum-in-der-praxis.de/teamdiagnose* eine Scrum-Team-Diagnose zur Verfügung.

Zu diesem Schwerpunkt finden Sie die Checkliste »Daran sollten Sie als Scrum Master denken« unter *link.scrum-in-der-praxis.de/checklisten*.

3.3 Scrum Master

Der Scrum Master wird seiner Verantwortung gerecht, indem er seinem Scrum-Team Scrum verständlich vermittelt und den korrekten Einsatz entsprechend dem Scrum Guide in der Praxis sicherstellt. Darüber hinaus ist er dafür verantwortlich, dass Scrum in der Organisation etabliert wird, und stellt sicher, dass die Theorie, Prinzipien, Werte und angewendeten Praktiken eingehalten werden. Er arbeitet unterstützend mit den Entwicklern und dem Product Owner und hilft dort, wo sein Beistand benötigt wird. Sein Wirken macht hier jedoch nicht Halt und sollte den systemischen Blick in die gesamte Organisation umfassen. Er bringt der Organisation die Inhalte des Scrum Guide nahe, indem er Personen unterschiedlicher Abteilungen gezielt schult, anderen Scrum Mastern mit seiner Erfahrung zur Seite steht und auch Führungspersonen aller Managementebenen sowie Stakeholdern zur Verfügung steht. Er setzt seine Erfahrungen aus verschiedenen Projekten ein, um agile Werte und Prinzipien im Unternehmen zu verankern und die Vorteile von Scrum für das Unternehmen zu maximieren. Er ist nicht selten der Ausgangspunkt, um den Veränderungsprozess im gesamten Unternehmen in Richtung agiler Verhaltens- und Vorgehensweisen anzustoßen oder zu steuern.

Als Scrum Master sollten Sie regelmäßig in vertrauten Gesprächen mit offenen Fragen (*Was?, Was noch?, Wann?, Wie?, Wie noch?, Wer?, Wer noch?, Wozu?, Wozu noch? Wohin?*) herausfinden, was Product Owner und Entwickler individuell motiviert, um daraus entsprechende Maßnahmen abzuleiten, die dabei helfen, die Motivation aufrechtzuerhalten.

Vermeiden Sie dagegen die Fragen nach dem »*Warum?*« oder »*Weshalb?*«, da diese oft negativ belastet sind und zum Rechtfertigen einladen.

Die goldene Regel

Schon bevor das Scrum-Team mit der eigentlichen Arbeit begonnen hatte, musste Finn eine Reihe von Hindernissen beseitigen. Unlängst wurde er dazu aufgefordert, einen kurzen Zwischenstand vor dem Management abzugeben, da es über die Effekte der Veränderungen einen Überblick bekommen wollte. Er hatte dazu u.a. eine Auflistung an Hindernissen vorbereitet, die er seit Bekanntwerden des Projekts gelöst hatte. Auf der Liste waren Punkte vermerkt wie beispielsweise:

- **Schlechte Arbeitsmaterialien**
  Finn hatte erst einmal dafür gesorgt, dass alle die Hard- und Software bekamen, die notwendig für die anstehenden Arbeiten waren. Einige Teammitglieder hatten den Wunsch geäußert, einen weiteren Monitor zu erhalten. Finn hatte es einige Zeit gekostet, die Ausgaben für die Monitore durchzusetzen. Man sah nach einigem Hin und Her ein, dass die Zufriedenheit der Teammitglieder relativ einfach über eine übersichtliche Betriebsausgabe herzustellen war. Die betroffenen Teammitglieder waren begeistert und konnten durch den gewonnenen Platz auf dem Bildschirm ihre für die Arbeit nötige Software besser organisieren.
- **Ungeeignete Büroräume**
  Am Anfang des Projekts sah sich Finn damit konfrontiert, zwei getrennte Büroräume für das Team zur Verfügung zu haben. Casper und er saßen in einem kleinen Büro und der Rest des Teams daneben in einem anderen Büro. Der Umstand, dass Product Owner und Scrum Master nicht direkt beim Team saßen, war Finn ein Dorn im Auge. Er setzte sich dafür ein, dass die Wand, die beide Räume trennte, entfernt wurde.
- **Fehlende fachliche Fähigkeiten**
  Finn investierte am Anfang eine Menge Zeit, um den Teammitgliedern möglichst viele Mittel an die Hand zu geben, um produktiv und qualitativ gut arbeiten zu können. Dies machte er nicht nur alleine, sondern bezog auch Externe mit ein, die Vorträge oder Workshops hielten oder ein praktisches Training (sog. →»Coding Dojo«) durchführten. Zudem schlug Finn vor, dass sich das Team zu wöchentlichen →»Brown Bag Sessions« trifft, wo jeder in lockerer Atmosphäre eingeladen war, fachliche Themen vorzustellen und zu diskutieren.

→

- **Externe Eingriffe ins Team**
  Da das Team für dieses Projekt neu aufgestellt wurde, ergab es sich zu Beginn immer mal wieder, dass Altlasten die eigentliche Arbeit einiger Teammitglieder unterbrachen. Finn fand dies bei einem Daily Scrum heraus, als Jordi sich mit einer Bemerkung verplapperte. Finn schob dem zügig einen Riegel vor und erklärte Jordi, dass Aufgaben von Dritten ihn von seinem und vom Teamfokus ablenkten. Zudem bat er darum, den Teammitgliedern mitzuteilen, falls er wieder einmal »kurz aushelfen« sollte. Bei der nächsten Anfrage kam Jordi zu Finn, der daraufhin mit dem Kollegen sprach, der sich Hilfe von Jordi erhoffte. Finn erklärte ihm, dass Jordi seine neuen Aufgaben im Team wahrnehmen müsse und der Kollege nicht mehr mit der Unterstützung von Jordi rechnen könne. In Absprache mit Jordi wurden die alten Aufgaben an einen Dritten übergeben, der sich künftig darum kümmern konnte.
- **Workshops mit Stakeholdern**
  Finn ließ hier aber nicht locker und bot Interessierten außerhalb des Scrum-Teams eine Einführung in Scrum im Rahmen von mehreren kleinen praktischen Workshops an. So bekamen die Teilnehmenden nicht nur einen Eindruck davon, wie das Team arbeitete, sondern es wurden auch Verbesserungspotenziale in der Zusammenarbeit diskutiert.
- **Weg vom Statusreport**
  Herr Hold hatte Finn und Casper am Anfang dazu aufgefordert, einen Sprint-weisen Report über den Projektstatus zu geben. Dies war bisher in der Vergangenheit so in allen Projekten gemacht worden. Finn ließ sich anfänglich darauf ein, hatte aber das Ziel, diesen Status und die damit verbundene Arbeit schnellstmöglich loszuwerden. Für ihn stellte ein Statusreport ein veraltetes Kontrollinstrument dar, das Sicherheit ausstrahlte, die es jedoch nicht gab. Für ihn waren das Product Backlog, Sprint Backlog, die fertigen Inkremente am Ende der Sprints sowie das Sprint-Review die Elemente, die umfänglich Transparenz über den Fortschritt des Projekts zeigten. Durch die enge Zusammenarbeit und Einbeziehung von Herrn Hold und anderen Stakeholdern konnte Finn ihn davon überzeugen, dass die Zeit für das Schreiben von Reports sowie die Anwesenheit von Casper in vielen Stakeholder-Meetings anders besser investiert ist.
- **Fehlende Fähigkeiten**
  Mit dem Start des Projekts begann das Scrum-Team auf Basis von Prototypen in eine Richtung zu laufen, die sich mit der Zeit als Sackgasse entpuppte. Gleichzeitig stieß Sergio auf eine neue Technologie, die eine bessere und zukunftsträchtige Lösung für das Projekt bedeutete. Das Problem war jedoch, dass niemand sich mit dieser Technologie auskannte. Finn kümmerte sich darum und konnte mithilfe der Teammitglieder einen Freelancer finden, der in der Lage war, das Team bei der Umsetzung und Schulung zu unterstützen.

→

Die Beseitigung dieser und weiterer Hindernisse brachte einen richtigen Schub in das Team und das Management war über den Projektfortschritt begeistert.

Nachdem Finn einmal für Lara durchgeboxt hatte, dass ein eigener Raum für Nutzertests und Nutzerbefragungen ausgestattet wurde, fragte sie ihn: »Wie schaffst du es bloß, immer so ruhig zu bleiben? Ich wäre das eine oder andere Mal schon längst ausgerastet!« Finn konnte nur entgegnen: »Du weißt gar nicht, wie es oftmals in mir brodelt ... Es braucht einen ruhigen Pol, wenn es hektisch zugeht, und dieser Pol bin ich für euch.« Lara sah das sofort ein: »Es ist gut, dass wenigstens einer den Überblick behält, das hilft uns ungemein.«

Achten Sie in Ihrer Verantwortung als Scrum Master darauf, dass Sie nicht als Prozess-Prediger wahrgenommen werden. Dies bedeutet nicht, die Regeln und Prinzipien von Scrum aufzuweichen oder sie zu ignorieren, sondern offen gegenüber sinnvollen Anpassungen zu sein und lösungsorientiert zu agieren. Ansonsten laufen Sie Gefahr, dass innerhalb des Unternehmens Barrikaden aufgebaut werden, die schwer bzw. gar nicht zu beseitigen sind. Bringen Sie Zweifler, Nörgler oder Widerständler dazu, die Vorteile des Rahmenwerks selbst zu sehen und zu erleben. Beginnen Sie mit Werten wie Kommunikation, Kollaboration, Vertrauen, Feedback oder Offenheit anstatt mit dem mechanischen Verfolgen eines Prozesses.

Bedenken Sie bitte auch, dass alles, was nicht im Scrum Guide steht, auch nicht zu Scrum gehört. →User Stories, Story Mapping (→Story Map), Schätzungen oder →ATDD, so sinnvoll sie auch sein mögen, machen die Einführung bzw. Situation ggf. komplizierter als überhaupt notwendig.

Mandatsklärung

Bevor wir im folgenden Abschnitt zu den Verantwortlichkeiten des Scrum Masters kommen, möchten wir noch einmal den Aspekt der Bevollmächtigung hervorheben. Wir haben schon weiter oben erwähnt, dass die Verantwortlichkeit des Scrum Masters eine herausfordernde und schwierige Aufgabe ist. Wir meinen dies einerseits aufgrund des Facettenreichtums der Aufgabenfelder und andererseits durch das erschwerte Leben der Rolle in vielen Organisationen.

»*Nehmen wir an, wir schauen in zwei Jahren auf dieses Gespräch zurück, was ist dann anders?*«, könnte Ihre Frage zur Auftragsklärung lauten. Oder: »*Woran erkennst du, dass mein Einsatz für das Team und die Organisation erfolgreich war?*« Ganz egal ob Sie in einem Unternehmen angestellt sind oder als Externer ein Scrum-Team begleiten: Eine Klärung, was von Ihnen erwartet wird, ist in jedem Fall ein wichtiger Ausgangspunkt. Denn im Gespräch darüber können gegenseitige Erwartungen ausgetauscht und diese Erwartungen in Folgegesprächen immer wieder abgeglichen werden.

Nicht selten werden Scrum Master dazu degradiert, lediglich die Moderation der Scrum-Events zu übernehmen. Darüber hinaus erntet die Rolle wenig Verständnis in vielen traditionellen Organisationen, die noch mit der Autonomie von Scrum-Teams hadern. Scrum Master, die als (laterale) Führungspersonen agieren, ohne die traditionellen Befugnisse oder Aufgaben, sind vielen suspekt. Es wird dann lieber wieder kontrolliert und gemanagt, als dabei zu unterstützen, den Rahmen für ein produktives selbstverwaltendes Team zu schaffen.

Daher haben wir uns angewöhnt, am Anfang von Projekten und bei der Übernahme von Scrum-Teams unser Mandat abzuklären und über die Verantwortlichkeiten (siehe Abschnitt 3.3.1) und das erwartete Ergebnis zu sprechen und die unterschiedlichen Facetten des Scrum Masters aufzuklären (siehe Abschnitt 3.3.2). Aber auch diese Klärung schützt nicht davor, dass eine Person im Projektalltag mit Unmut reagiert, Türen verschlossen bleiben oder bestehende Machtstrukturen genutzt werden, um den Status quo aufrechtzuerhalten [URL:Wiechmann c].

Laterale Führung, oder Führung ohne Weisungsbefugnis, wird in der heutigen Zeit immer wichtiger. Je mehr Organisationen sich vom Dreieck (dem pyramidenartigen hierarchischen Aufbau) hin zu einem Kreis (der Organisation in autonomen interdisziplinären Einheiten) bewegen, desto wichtiger wird das Konzept der lateralen Führung. Führen über Vertrauen, die Schaffung einer produktiven Atmosphäre, den Raum geben und halten, sich in den Weg stellen für sein Team und vorleben, was von anderen erwartet wird, sind nur einige Merkmale, die für zukünftige Führungspersonen wichtig sind.

3.3.1 Verantwortlichkeiten

Der Scrum Master dient seinem Scrum-Team und

> *»... ist ergebnisverantwortlich für die Einführung von Scrum, wie es im Scrum Guide definiert ist. Er:sie tut dies, indem er:sie allen dabei hilft, die Scrum-Theorie und -Praxis zu verstehen, sowohl innerhalb des Scrum Teams als auch in der Organisation.« (scrumguides.org)*

Der Scrum Guide definiert die wesentlichen Aufgaben als Services des Scrum Masters gegenüber dem Scrum-Team und der Organisation. Während es beim Scrum-Team vorrangig um das Schulen, Ermöglichen und Unterstützen geht, sind beim Hineintragen von Scrum in die Organisation eher Führungs- und Managementerfahrung erforderlich.

> Wahrscheinlich haben Sie folgenden Satz auch schon einmal gehört: »Ein Scrum Master versucht sich im Laufe der Zeit überflüssig zu machen.« Nehmen wir an, das Scrum-Team liefert, erledigt die Aufgaben, lebt Werte und Prinzipien und hat alle notwendigen Fähigkeiten und das Wissen, um sich selbst zu helfen. Ist der Scrum Master damit überflüssig?
>
> Wie stehen Sie zu der Aussage? Was ist, wenn der oben beschriebene Fall eintritt? Woran merken Sie und andere das? Was bedeutet das als Konsequenz für Sie als Scrum Master? Tauschen Sie sich doch einmal mit Ihrem Team oder anderen Scrum Mastern Ihrer Organisation dazu aus.

Unterstützung des Scrum-Teams

> *»Der:die Scrum Master:in ist ergebnisverantwortlich für die Effektivität des Scrum Teams. Er:sie tut dies, indem er:sie das Scrum Team in die Lage versetzt, seine Praktiken innerhalb des Scrum-Rahmenwerks zu verbessern.« (scrumguides.org)*

Der Scrum Master kümmert sich um vielerlei Dinge, die zum Ziel haben, die Performance des Scrum-Teams zu steigern. Dabei tritt er, wenn es sein muss, in den Vordergrund, agiert jedoch ansonsten unterstützend im Hintergrund und greift nur bei Bedarf korrigierend ein.

Selbstverwaltung und interdisziplinäre Zusammenarbeit

Eine zentrale Aufgabe ist es, das Selbstmanagement und die fachübergreifende Zusammenarbeit des Teams zu ermöglichen (vgl. Abschnitt 3.2.2). Scrum Master coachen Product Owner sowie Entwickler und unterstützen dabei, dass alle in die Lage versetzt werden, gemeinsam lösungsorientiert Entscheidungen zu treffen und als Einheit hinter diesen Entscheidungen zu stehen.

Ein wichtiger Aspekt, der das Selbstmanagement fördert, ist die Organisation, in die das Scrum-Team eingebunden ist. Scrum Master sollten dafür Sorge tragen, dass die Organisation eine effektive Arbeit des Scrum-Teams unterstützt. Daneben unterstützt er das Scrum-Team dabei, den Professionalisierungsgrad zu erhöhen.

> Die Arbeit mit einem Scrum-Team macht vieles sichtbar – nutzen Sie diese Informationen, um ein stabiles und unterstützendes Umfeld zu schaffen, in dem sich die Beteiligten entwickeln können.
>
> Suchen Sie sich Verbündete im Unternehmen, die Ihre Meinung unterstützen und Sie bei der Etablierung von Scrum und der Durchsetzung Ihrer Ideen nicht behindern. Vernetzen Sie diese Menschen, indem Sie z.B. eine →Community of Practice (CoP) gründen und diejenigen aus unterschiedlichen Bereichen der Organisation bündeln, die ein Interesse an Scrum oder dem Kulturwandel haben.

Entwicklung wertvoller Produkte

Ein Scrum Master vermittelt dem Scrum-Team, wie es hocheffizient arbeitet und wertvolle Produkte entwickelt. Dabei richtet er das Scrum-Team so aus, dass es auf das aktuelle Ziel fokussiert ist und den größten Geschäftswert liefert. Informationen, die benötigt werden, macht er für alle zugänglich und sichtbar. Wenn Entwickler Wege finden, um Anforderungen produktiver umzusetzen, unterstützt er dabei. Ansonsten zeigt ein Scrum Master Wege auf, die einem Scrum-Team erlauben, schnell und dabei qualitativ hochwertig zu entwickeln.

Die Kommunikation zwischen allen Beteiligten ist ein wichtiger Schlüssel, um neue Türen zu öffnen und unbekannte Wege einzuschlagen.

Ein wichtiges Instrument für Scrum Master ist grundsätzlich das Stellen von Fragen. Systemische Fragen helfen dabei, in die Reflektion zu gehen, sodass neue Denk- und Betrachtungsweisen ermöglicht werden. Wie der Name verrät, beziehen systemische Fragen das System und die Umgebung mit ein. Fragen Sie z.B.:

- *Wie kommt es dazu, dass ...?*
- *Wenn ich Stakeholder X fragen würde, was würde er über ... sagen?*
- *Angenommen in zwei Jahren ... was ist dann anders?*
- *Wer könnte euch unterstützen?*
- *Was würde Team X dazu sagen?*
- *Was müsste passieren, dass das Problem schlimmer wird?*
- *Was könnt ihr tun, um der Lösung näher zu kommen?*
- *Was ist jetzt anders, was noch?*
- *Wer würde die Lösung als Erster wahrnehmen?*
- *Wer würde wie auf die Lösung reagieren?*

Wenn Sie die Antwort erhalten »Das ist eine gute Frage!«, haben Sie beim Gegenüber den richtigen Impuls gesetzt.

Unterschiedliche Wahrnehmungen

Lara als Visual Designerin und Casper als Product Owner arbeiten eng zusammen an der Ausarbeitung neuer Backlog Items. Leider kam es in der letzten Zeit häufig vor, dass Casper sehr unzufrieden mit der Arbeit von Lara war. Er bemängelte in einem Gespräch mit Finn, der als Scrum Master immer sein erster Ansprechpartner war, dass die Entwürfe von Lara ihm nicht gefielen, sie sich nicht an die Absprachen halte und zudem sehr langsam sei. Er war der Meinung, dass hier etwas passieren müsse, da es so nicht weitergehen könne. Finn sicherte ihm zu, dieses Problem im Auge zu behalten, und verabredete sich mit Lara zum Mittagessen. Während des Essens und

→

nach einigem Smalltalk fragte Finn: »Ich habe gesehen, ihr erarbeitet gerade die neuen Backlog Items, um die Raumpläne auf der App anzuzeigen. Habt ihr alle Informationen dafür gesammelt?« Lara antwortete verzögert: »Ach, weißt du, wenn ich von Casper die benötigten Informationen erhalten und er mir klar sagen würde, wie er sich die Einbindung vorstellt, dann könnte ich auch vernünftig arbeiten.« Das Mittagsgespräch nahm ab diesem Zeitpunkt eine ganz andere Wendung, und Finn wurde klar, dass nicht Lara das Problem war, sondern Casper. Lara erzählte ihm, dass Casper ständig vereinbarte Termine nicht wahrnahm, ihr Informationen über den Tisch zurief und der Lieferung der notwendigen Informationen nicht nachkam. Sie selbst habe schon resigniert und sei frustriert über den Zustand. Dies führte bei Lara dazu, dass sie sich anderen Dingen widmete bzw. mit den wenigen Informationen, die sie hatte, etwas entwarf, was jedoch nicht Caspers Vorstellungen entsprach.

Nachdem Finn beide Seiten gehört hatte, ermutigte er Lara, im nächsten Daily Scrum zu sagen, dass ihr die Grundrisse für die Räume und die Anzahl der Sitzplätze pro Raum noch nicht vorliegen und sie somit nicht weitermachen kann. Als Lara dieses Hindernis zur Sprache brachte, antwortete Casper: »Besorg ich dir noch heute.« Nach dem Daily Scrum sprach Finn noch einmal mit Casper darüber, was er herausgefunden hatte. Gleichzeitig besprachen sie, welche Themen Casper aktuell so beschäftigen, dass er seine eigentliche Arbeit nicht wahrnehmen konnte. Finn bot ihm dafür seine Hilfe an.

Es stellt sich oftmals die Frage, ob Scrum Master einen technischen Hintergrund haben sollten, damit sie ihre Aufgabe gut machen. Auch wir haben schon Aufträge nicht erhalten, da wir zuvor nicht als Softwareentwickler tätig waren. In diesen Gesprächen konnten wir die Person nicht überzeugen, dass wir es als unsere Aufgabe sehen, die Potenziale der Entwickler zu heben, sie als Menschen und Einheit weiterzuentwickeln, anstatt sich in die Problemlösung der Entwickler einzumischen. Scrum Master agieren fragend aus dem Hintergrund und verfügen damit über ein Werkzeug, das als guter Ersatz für technisches Know-how gesehen werden kann.

Beseitigung von Hindernissen

Erste Priorität für einen Scrum Master hat das Beseitigen von Hindernissen. Hindernisse (engl. →Impediments) sind Störungen aller Art, die das Scrum-Team darin hindern, effektiv die Arbeit zu erledigen. Sie können dazu führen, dass ein Sprint-Ziel in Gefahr ist. Ergebnis der Arbeit eines Scrum Masters sollte daher sein, dass er Hindernisse mithilfe der Organisation permanent beseitigt, sodass sie zukünftig nicht mehr auftreten. Die Fähigkeit, Hindernisse zu identifizieren und zu verstehen, warum diese problematisch sind, geht der Beseitigung voraus.

Abb. 3–10
Ein Scrum Master sollte immer zur Stelle sein.

Eine besondere Herausforderung stellt dabei die Vielzahl an möglichen Störungen dar. Vieles, was vorher im Verborgenen lag, kommt nun früher oder später unweigerlich zum Vorschein. Diese Transparenz und die Notwendigkeit, schnell zu handeln, akzeptieren viele Organisationen nicht ohne Weiteres. Ein Scrum Master hat verschiedene Optionen, die Beseitigung von Hindernissen voranzutreiben.

Auch wenn wir in Abbildung 3–10 einen Helden dargestellt haben, so ist dieses Bild zugleich passend wie auch unpassend. Passend, da der Scrum Master von seinen Teammitgliedern an seinem Mut und der aktiven Beseitigung von Hindernissen gemessen wird. Es ist eine stark vertrauensbildende Maßnahme, wenn er sich vor allem Themen widmet, die dem Scrum-Team die Freiheit verschaffen, konzentriert am Produktziel zu arbeiten.

Unpassend, da er im Verlaufe der gemeinsamen Zusammenarbeit alle Teammitglieder zur heldenhaften eigenständigen Beseitigung von Hindernissen bringen sollte.

Die *direkte* Beseitigung des Problems durch den Scrum Master ist die offensichtlichste Art und Weise, Hindernisse aus der Welt zu schaffen. Wenn spezielle Fähigkeiten notwendig sind oder das Problem einen größeren Umfang hat, dann ist die Beseitigung unter Zuhilfenahme *Dritter* eine weitere Lösung. Als Scrum Master ist hier Hartnäckigkeit gefragt, um den Fortschritt zu sichern, und Transparenz, um das Voranschreiten deutlich zu machen. Auch das Angebot des Scrum Masters, bei der Beseitigung durch Dritte zu *unterstützen*, ist eine denkbare Option. Eine weitere Variante ist die *Beeinflussung* von Personen, die auf die Beseitigung einwirken können. Diese indirekte Form verlangt starke Nerven und benötigt oftmals eine längere Zeitspanne. Daneben ist auch die direkte Form des *Coachings* durch einen Scrum Master ein Mittel, um Hindernisse zu entfernen. Mit anderen offen darüber zu sprechen, warum Hindernisse schlecht für ein Scrum-Team oder die Organisation sind, welche Hindernisse es gibt und wie man damit umgehen sollte, ist ein wesentlicher Bestandteil des Alltags eines Scrum Masters.

Jeder Scrum Master sollte über seine eigene Impediment-Liste verfügen und diese öffentlich sichtbar machen. Für die Pflege dieses →Impediment Backlog ist der Scrum Master verantwortlich. Impediment Backlogs sollten für alle leicht zugänglich, aktuell und immer sichtbar sein.

Moderation von Scrum-Events

Einen nicht unwesentlichen Teil seiner Zeit verbringt der Scrum Master damit, die notwendigen →Scrum-Events (vgl. Kap. 5) vorzubereiten und zu moderieren. Er führt die Teilnehmenden unter Zuhilfenahme verschiedenster Moderationstechniken durch die Scrum-Events oder andere Arbeitstreffen. Dabei ist ihm eine aktive Teilnahme der Teammitglieder sowie die Einhaltung der jeweiligen →Timebox wichtig. Er verfügt über ein großes Repertoire an Techniken und kann bei Bedarf seinen Plan abwandeln (vgl. Abschnitt 5.4). Scrum-Events sollten immer ausreichend vorbereitet sein, um möglichst fokussiert arbeiten und die Zeit bestmöglich nutzen zu können.

Grundsätzlich agiert ein Scrum Master neutral und ergreift keine Partei. Wichtig wie bei jeder Moderation ist es, niemanden zu bevorzugen, sich inhaltlich herauszunehmen (soweit man nicht explizit aufgefordert wird, Stellung zu nehmen) und steuernd einzugreifen, um Diskussionen im Fluss zu halten. Ein Scrum Master sollte abwägen, wann der richtige Zeitpunkt ist, sich einzumischen oder sich gezielt nicht zu beteiligen. Häufig reicht es auch, mit der Körpersprache zu arbeiten, so wie wir es z.B. von Dirigenten kennen [Gansch 2006].

Dominanz in Meetings

Das Team saß im Backlog Refinement zusammen. Casper hatte ein neues Backlog Item geschrieben, das er dem Team gerade vorstellte. Schon während der Präsentation des Backlog Item fragte Sergio die ganze Zeit dazwischen, sodass Casper immer wieder unterbrochen wurde und das Backlog Item nicht abschließend erläutern konnte. Finn hatte schon reagiert und Sergio bei der dritten Zwischenfrage gebeten, kurz zu warten, damit Casper das Backlog Item einmal am Stück vorstellen konnte.

→

> Nachdem Casper fertig war, reagierte Sergio sofort und gab allen unmissverständlich zu verstehen, was er von dem Backlog Item hielt. Dabei schweifte er zunehmend ab und verlor den Faden. Das Team war so höflich und ließ Sergio gewähren. Finn wurde es aber zu bunt. Statt Sergio zu unterbrechen, verließ er seinen Platz und ging langsam in Richtung Sergio, der Blickkontakt aufnahm. Nach einem kurzen Stocken fuhr er unbeeindruckt in seinen Ausführungen fort, bis Finn neben ihm stand. Ohne dass Finn etwas sagte, stoppte Sergio seinen Monolog und sagte: »Oh, ich rede zu viel, oder?«

Unterstützung des Product Owners

Wir bauen in unserer Arbeit mit Scrum-Teams immer eine sehr enge Beziehung zum Product Owner auf. Product Owner und Scrum Master sollten als Leuchttürme für die Entwickler und Stakeholder fungieren und als Einheit auftreten. Scrum Master unterstützen Product Owner bei Bedarf in unterschiedlicher Art und Weise.

Kommunikation der Backlog Items, der Sprint-Ziele und des Produktziels

Alle im Scrum-Team sollten das Produktziel kennen (siehe Abschnitt 4.1). Dies erfordert eine klare Definition und Vorgabe eines Produktziels durch den Product Owner sowie eine klare Erstellung und Kommunikation von Sprint-Zielen.

Ein Scrum Master sollte Sorge dafür tragen, dass ein ständiger Informationsfluss zwischen Entwicklern und Product Owner entsteht. Dazu gehört auch, dass der Product Owner über Erfolge und Misserfolge anhand von Fakten wie beispielsweise Kennzahlen, Nutzertests oder Feedback von Kunden informiert.

Die Förderung der Zusammenarbeit zwischen Product Owner und Entwicklern macht sich auf Dauer bezahlt, da ein klares Verständnis über die beiderseitigen Bedürfnisse entsteht.

> Sorgen Sie dafür, dass sich alle im Scrum-Team mit den Zielen identifizieren. Stellen Sie sich vor, alle können direkt die Nutzung oder sogar die aktuellen Verkäufe sehen. Ein Monitoring von Live-Kennzahlen ist eine wichtige Quelle für die Bindung aller an das Produkt und das gemeinsame Ziel.

Erfolgreiches Management des Product Backlog

Ein Scrum Master fühlt sich auch dafür verantwortlich, dass der Product Owner sein Product Backlog ordentlich pflegt und aktuell hält. Dazu schult er ihn mit effektiven Techniken (siehe Abschnitt 4.2) zur Verwaltung und Organisation. Ein ständiger Blick in das Backlog und der stetige Austausch über die Arbeit des Product Owners mit dem Product Backlog sind wertvoll. Nicht nur der Service für den Product Owner ist wichtig, um zu verstehen, wie klare Anforderungen in Backlog Items bzw. User Stories (siehe Abschnitt 4.2.3) verwandelt werden. Auch die Entwickler sollten das Erstellen beherrschen, da jeder im Scrum-Team dazu aufgefordert ist, Backlog Items zu verfassen. Wenn beide Parteien wissen, wie gute User Stories auszusehen haben, dann ist auch eine flüssige Zusammenarbeit beim Backlog Refinement (siehe Abschnitt 4.2) gewährleistet.

Langfristige Produktplanung

Ein Scrum Master sollte darauf Wert legen, dass die Erstellung eines Releaseplans zum Handwerkszeug eines Product Owners gehört. Ein Product Owner sollte verstehen, wie langfristig mit Scrum geplant werden kann und welche Mittel er dafür zur Verfügung hat (vgl. Abschnitt 4.5). Er ist für den Return on Investment (ROI) zuständig und vertritt Sprint-Ziele, Meilensteine oder den Auslieferungszeitpunkt gegenüber Kunden oder Management.

> In nicht wenigen Fällen erleben wir ein immer gleiches Phänomen. Scrum-Teams fokussieren sich auf der einen Seite auf die zügige Sprint-weise Entwicklung und Auslieferung und vergessen auf der anderen Seite die Kunden. Dabei ist es ein zentrales Anliegen, etwas Wertstiftendes für den Kunden zu bauen. Jedoch ist das Involvement von wichtigen internen oder externen Stakeholdern während des Sprint-Reviews (siehe Abschnitt 5.3) oder während des Backlog Refinement neuer Anforderungen (siehe Abschnitt 4.4) eher selten. Sie werden aus Ihrer eigenen persönlichen Erfahrung schöpfen können, wenn Sie über Beispiele im Sinne von »am Kunden vorbei« nachdenken.
>
> Als Scrum Master sollten Sie in diesen Fällen dem Product Owner dazu verhelfen, im Sinne des – echten – Kunden zu denken und die Sprint-Ziele sowie das Produktziel daran auszurichten. Mit echten Kunden meinen wir nicht, die Person, die am lautesten schreit oder im Unternehmen den größten Einfluss hat, sondern diejenigen, die für das Produkt bezahlen bzw. die es nutzen. Oder anders formuliert, für diejenigen, für die Ihre Organisation existiert.
>
> Bringen Sie Product Owner und Entwickler mit den Kunden zusammen. Etablieren Sie Nutzertests oder -befragungen. Holen Sie jemanden aus dem Kundensupport eng ans oder ins Team, um direktes Feedback der Kunden zu erhalten.

Enge Zusammenarbeit fokussieren

Ein Product Owner sollte für die Entwickler ansprechbar sein und einen Großteil seiner Zeit zusammen mit ihnen verbringen. Die enge Kollaboration und der direkte Austausch sorgen für ein schnelles Vorankommen und Transparenz auf beiden Seiten. Kann dies nicht gewährleistet werden, sollte der Scrum Master mit dem Product Owner Lösungen erarbeiten, die entweder mehr Zeit verschaffen oder eine Erreichbarkeit gewährleisten.

> Sobald ein Scrum-Team über verschiedene Standorte und Zeitzonen verteilt zusammenarbeitet, erhält dieses Thema schlagartig einen höheren Stellenwert. Dazu haben wir in Kapitel 6 einige Anregungen und Besonderheiten für Sie zusammengetragen.

Unterstützung der Organisation

> *»Scrum Master:innen sind echte Führungskräfte, die dem Scrum Team und der Gesamtorganisation dienen.« (scrumguides.org)*

Das Wirken im Scrum-Team ist nur ein Teil der Aufgabenbereiche eines Scrum Masters. Darüber hinaus sollte er ein ständiges Augenmerk auf den Rest der Organisation haben.

Scrum in der Organisation etablieren

Neben seiner operativen Arbeit im Scrum-Team versucht der Scrum Master auch, den Rest der Organisation von den Vorteilen des Rahmenwerks zu überzeugen. Sein bestes Beispiel ist sein aktuelles Scrum-Team, anhand dessen er die Errungenschaften und positiven Effekte vorstellt. Um die Vorteile für das Unternehmen optimal nutzen zu können, werden höchstwahrscheinlich Änderungen in der Organisation notwendig sein, die sich positiv auf das Gesamtunternehmen auswirken werden. Der Scrum Master unterstützt und befähigt damit die Organisation, eine »Lernende Organisation« [Senge2006] zu werden. Eine lernende Organisation befindet sich in einem ständigen Wandel. Genau wie in einem Scrum-Team soll sich auch die Organisation den Gegebenheiten und Ereignissen anpassen und entsprechende Maßnahmen aus den gemachten Erfahrungen ableiten. Diese Maßnahmen führen dann wiederum zu einem Lerneffekt.

Ein Scrum Master treibt diese Entwicklung voran und bricht »Altgewohntes« auf, wenn es der Verbesserung und Etablierung von Scrum dient.

Neben den systemischen Fragen (siehe oben) sind öffnende Fragen ein hilfreiches Mittel, um in schwierigen Situationen gezielt an Lösungsideen zu gelangen. Starke Fragen werden nicht mit einer »richtigen« Antwort im Kopf gefragt, sondern regen zum Nachdenken an, fördern die Kreativität und öffnen den Blick ins Innere [Adkins 2010]. Offene Fragen sind z.B.:

- *Wie können wir noch effektiver zusammenarbeiten?*
- *Was können wir tun, um das Scrum-Team bestmöglich zu unterstützen?*
- *Was sollten wir dieses Mal anders machen?*
- *Wie sieht der minimale Umfang aus, mit dem wir am meisten Geschäftswert liefern?*
- *Gibt es noch einen anderen Weg?*
- *Was übersehen wir aktuell?*
- *Wenn wir X nicht tun, was würde passieren?*
- *Wie können wir sicherstellen, dass uns dies nicht noch einmal passiert?*

Barrieren beseitigen

Der empirische Ansatz von Scrum macht in den meisten Fällen den Abbau von Barrieren in Organisationen notwendig. Diese Barrieren sind oftmals dadurch sichtbar, dass sie zwischen Stakeholdern und Scrum-Team entstehen. Scrum Master helfen dabei, Verständnis herzustellen und diese Barrikaden abzubauen. Es gibt hilfreiche Strategien, dies zu bewerkstelligen, wie beispielsweise:

- **Partnerschaftliche Zusammenarbeit**
  Stakeholder eines Scrum-Projekts sind per se sehr interessiert am Endergebnis. Von daher ist es sinnvoll, die Stakeholder frühzeitig und laufend einzubeziehen und sie in den Produktentwicklungsprozess zu integrieren.
- **Sponsoren vernetzen**
  Es gibt sicherlich viele in Ihrer Organisation, die ein Interesse am Produkt und an der veränderten Arbeitsweise im Allgemeinen haben. Finden Sie die Personen, die als Sponsoren fungieren und sich auf Ihre Seite stellen.
- **Daten und Fakten**
  Sie werden es leichter haben, wenn Sie auf Basis von Fakten gegen das Bauchgefühl anderer oder derer, die keine Veränderung wollen, argumentieren. Von daher setzen Sie alles daran, die Meinung von Kunden einzuholen und eventuell auch die Nutzung des Produkts nachzuvollziehen. Daneben sind nachweisbare Veränderungen durch die Nutzung von Scrum, wie z.B. eine erhöhte Qualität, bessere Kundenzufriedenheit, schlanke Arbeitsprozesse oder schnellere Lieferzyklen, wichtige Aspekte, die in die Waagschale geworfen werden können.

- **Mauern einreißen**
  Wenn die drei vorherigen Punkte strategisch angewendet werden, zahlen diese nicht nur auf die Zusammenarbeit über die Grenzen des Scrum-Teams hinaus ein, sondern sorgen auch für die Optimierung des Arbeitsflusses und der Wertschöpfungsketten. Dies führt immer mehr dazu, dass die Organisation sich schrittweise zu einer lernenden Organisation entwickelt (vgl. vorheriger Abschnitt). Ein Experiment könnte beispielsweise sein, dass ein Abteilungsleiter sich darauf einlässt, eine Mitarbeiterin für eine Projektlaufzeit im Scrum-Team mitarbeiten zu lassen. Die Wahrscheinlichkeit wird steigen, dass die Mauern so zwischen Abteilungen abgesenkt werden.

> Es ist nicht selten, dass eine partnerschaftliche Zusammenarbeit und damit eine Zusammenarbeit auf Augenhöhe schwer zu etablieren ist. Zum Beispiel haben wir eine Agentur begleitet, die Individualsoftware anbietet. Traditionell war dies ein Auftraggeber- und Auftragnehmer-Verhältnis. Als Auftraggeber zahle ich für eine Leistung und erwarte dafür nach einem Zeitraum eine Dienstleistung in Form einer Individuallösung. Für die Agentur bedeutet der Umschwung auf Scrum vor allem auch ein Wandel in der Zusammenarbeit mit den Auftraggebern und eine Anpassung der zugrunde liegenden Verträge.
>
> Ebenso ist in vielen Unternehmen die Arbeit in fachliche Abteilungen (oder »Silos«) eingeteilt. Die IT wird dann als »Dienstleister« für den Rest der Organisation verstanden und erhält die Aufträge über den Zaun geworfen.

Zusammenarbeit mit anderen Scrum Mastern

Wenn es mehrere Scrum-Teams in der Organisation gibt, ist der regelmäßige Austausch zwischen den Scrum Mastern ein wichtiger Bestandteil der wöchentlichen Routine. Sei es, sich über organisatorische Hindernisse zu besprechen, Trainings für die Organisation auszuarbeiten, Erfahrungen auszutauschen, aktuelle Probleme anzugehen oder über Verbesserungen zu informieren – die Liste für sinnvolle Themen ist lang und vielfältig.

> Darüber hinaus – vor allem wenn es keine weiteren Scrum-Teams in der Organisation gibt – ist auch der Austausch mit anderen Scrum Mastern in Foren, Meetups oder auf Konferenzen wichtig und hilfreich. Erfahrungen auszutauschen, neue Formate auszuprobieren und sich mit diversen Ansichten auseinanderzusetzen ist wichtig für die kontinuierliche Entwicklung eines Scrum Masters.

In Organisationen mit mehreren Teams ist die gemeinsame Zusammenarbeit der Scrum Master unabdingbar. Hierbei kann die Verwendung eines globalen Impediment Backlog nützlich sein (siehe Abb. 3–11). Dieses enthält Hindernisse, die mehrere Teams oder Bereiche betreffen und somit oftmals nur mit Unterstützung des Managements beseitigt werden können. Durch das gemeinsame Impediment Backlog wird verhindert, dass unstrukturiert von mehreren Seiten an derselben Problemlösung gearbeitet wird. Die Entscheidung darüber, ob es sich um ein globales Hindernis handelt, treffen die Scrum Master gemeinsam. Jeder, der ein Hindernis auf dem Impediment Backlog anbringt, zeichnet gleichzeitig verantwortlich für die Umsetzung. Alle anderen können ihn dabei unterstützen. In der Spalte »Herausforderung« wird das Hindernis aufgeschrieben. Die Spalte »Workaround« gibt Auskunft, wie aktuell auf das Problem reagiert wird. Die »Lösung« wird in der nächsten Spalte festgehalten. Das »Zieldatum« dokumentiert den Wunsch, bis wann das Problem spätestens behoben sein sollte. In der »Status«-Spalte wird der aktuelle Stand dokumentiert oder Ergebnisse aus der aktuellen Arbeit. Die Scrum Master der verschiedenen Teams besprechen dann regelmäßig den Fortschritt und aktualisieren das Board.

Abb. 3–11 *Globales Impediment Backlog*

Zuständig	Herausforderung	Workaround	Lösung	Zieldatum	Status
Finn	Unstrukturierte Dokumentation	Ablage im Filesystem	Wiki einrichten	14.01.2022	Abgeschlossen
Finn	Ablenkung im Homeoffice	keiner	Headsets kaufen und versenden	1.02.2022	In Arbeit, bestellt
Sergio, Alva	AWS-Lizenz	keiner	Klärung Budget	28.02.2022	In Arbeit, warten

Hilfreich ist zudem, diese firmenweiten Hindernisse an einem zentralen Ort, beispielsweise in einem Durchgangsraum, für jeden im Unternehmen sichtbar zu machen. Die sogenannte →»Impediment Wall« schafft Aufmerksamkeit und zeigt den Fortschritt der Beseitigung von Hindernissen. Zudem wird die Dringlichkeit, mit der an den Problemen gearbeitet wird, deutlich und durch die Transparenz ein gewisser »Beseitigungsdruck« aufgebaut.

3.3.2 Charakteristika

Als Dirigent des Scrum-Teams ist für Scrum Master ein ausgeprägter starker Charakter hilfreich, der auch Gesprächen auf höheren Managementebenen standhält. Häufig entwickelt sich das Selbstbewusstsein mit steigender Erfahrung der Person. Ein Scrum Master zeigt Verantwortung für sein Scrum-Team und jeden Schritt, den er auf seinem Weg unternimmt. Sein Verhalten und

Auftreten gegenüber allen im Unternehmen ist solide und offen. Er ist ehrlich zu sich selbst, wie auch zu allen anderen, denen er gegenübertritt. Ihm fällt es leicht, Menschen für sich zu gewinnen und sie glaubwürdig von seinem Vorhaben zu überzeugen. Vielleicht ist es dabei manchmal notwendig, etwas unkonventionell vorzugehen, um etwas zu erreichen. Dieses Ziel ist immer der Verbesserung des Scrum-Teams untergeordnet. Ein Scrum Master handelt nicht in seinem eigenen Sinne, sondern im Interesse des Scrum-Teams bzw. der Organisation. Kann er ein Ziel auf einem bestimmten Weg nicht erreichen, gesteht er sich dies selbst zuerst ein und sucht nach anderen Wegen, um Scrum-Teams zum Erfolg zu führen. Mithilfe dieser Charaktereigenschaften gepaart mit (steigender) Erfahrung sind Scrum Master in der Lage, ihrem Scrum-Team und der Organisation zu *dienen*.

Wir haben nicht selten von Dritten gehört, die mit Scrum Mastern bzw. Scrum-Teams in Berührung kamen, dass diese, im Sinne des geschützten Sprints, nichts und niemanden an sich heranlassen wollten. So entsteht bei Außenstehenden oftmals ein großes Fragezeichen und ein falscher Eindruck von »der neuen Art«, zusammenzuarbeiten.

Dabei ist Scrum doch genau dafür geeignet, dass die Teams Probleme lösen und nicht neue schaffen. Soweit keine belastbaren Gründe vorliegen, warum sich ein Scrum-Team einschließen sollte, gilt immer die Transparenz und der Fokus auf das Finden von Lösungen.

Dienend vorangehen

In vorherigen Versionen des Scrum Guide (*scrumguides.org*) wurde der Scrum Master als Servant Leader (→Servant Leadership) bezeichnet. Dieser Begriff ist in der aktuellen Version durch: *»Scrum Master:innen sind echte Führungskräfte, die dem Scrum Team und der Gesamtorganisation dienen«* ersetzt worden. Grundsätzlich ist »Servant Leadership« laut den Autoren des Scrum Guide immer noch eine wichtige Philosophie für die Ausübung dieser Verantwortlichkeit. In der neuen Version des Scrum Guide sollte jedoch ein stärkerer Fokus auf der »Führung« (engl. Leadership) liegen.

→»Servant Leadership« ist laut Definition eine Philosophie und Ausübung von Menschenführung, die eine grenzenlose Selbstverpflichtung eines Managers gegenüber der Organisation beschreibt [Greenleaf 2002]. Wenn man die Bezeichnung genauer betrachtet, wirken die Worte »Diener« und »Führung« im ersten Moment widersprüchlich. Dieser Widerspruch ist aber gleichzeitig der ausschlaggebende Teil des Konzepts der Führung ohne die Autorität, Einfluss auf die Organisation des Teams zu nehmen – Führung mit Mitteln wie beispielsweise Zuhören, vorausschauendem Handeln oder dem bewussten Wahrnehmen von Stimmungen, um das Scrum-Team auf dem Weg zur Selbstorganisation zu begleiten.

Für uns ist dieser Fokus nicht so ausschlaggebend und wird wohl auch im Alltag nicht belastbar zu belegen sein. Nichtsdestotrotz halten wir an Scrum Mastern, die als Servant Leader agieren, fest. Die Frage, die sich stellt, ist: »Was macht einen Scrum Master aus, der als Servant Leader agiert?« Wir haben uns dazu an eine Aufstellung von Eigenschaften von Ralf Kruse angelehnt, die wir angepasst und erweitert haben [URL:Kruse]:

- **Walk the Talk**
  Scrum Master sind gute Kommunikatoren. Oftmals ist es jedoch noch viel wichtiger, das Gesagte auch vorzuleben. Die Intention dahinter ist, dass dieses Verhalten von anderen nachgeahmt wird. Es stärkt zudem das Vertrauen, wenn das, was gesagt wird, auch in Taten sichtbar wird.
- **Empathisch**
  Scrum Master besitzen die Fähigkeit, sich in andere Personen und Teams einfühlen zu können. Dieses Verständnis nutzen sie dazu, um es in der Gestaltung und Interaktion mit der Umgebung aufzugreifen.
- **Zuhörer**
  Scrum Master sind gute Zuhörer, die genau verstehen wollen, was die Person gegenüber meint. Dabei sind sie ergebnisoffen und haben keine Erwartungen an den Verlauf oder Fortschritt eines Gesprächs.
- **Stärkenfokussiert**
  Scrum Master kennen ihre Stärken und sind sich somit ihrer Schwächen bewusst und kennen diese an. Diese Erkenntnis wird genutzt, um sich weiterzuentwickeln.
- **Zuversichtlich**
  Scrum Master haben die Zuversicht, dass durch ihre Einflussnahme und die daraus resultierende Motivation und eingeschlagenen Wege angestrebte Ziele erreicht werden. In Einzelgesprächen hält er Stille aus in dem Vertrauen, dass etwas Gutes daraus resultiert.
- **Menschenfokussiert**
  Um aus einem Scrum-Team eine Gemeinschaft zu entwickeln, braucht es den Fokus auf das Individuum. Scrum Master pflegen zu den Menschen im Team, aber auch in der Organisation einen intensiven Kontakt und sorgen dafür, dass die Menschen zusammenkommen und sich austauschen.
- **Wertgetrieben**
  Scrum Master leben die agilen Werte und agieren prinzipientreu und helfen anderen dabei, es ebenso zu tun. Das Ziel ist es, die Menschen in der Organisation und die Organisation als Ganzes weiterzuentwickeln.
- **Achtsam**
  Scrum Master agieren bewusst im gegenwärtigen Moment und nehmen diesen mit den Gedanken, Sinneseindrücken und Emotionen wahr. Mit dieser wertfreien Beobachtung helfen sie sich und anderen, die Gegenwart zu akzeptieren.

- **Konzeptualisierend**
  Scrum Master haben eine Idee davon, welche Verbesserungen in der Gegenwart notwendig sind, um in Zukunft erfolgreich zu sein. Sie sind in der Lage, Sachverhalte und Fallstricke der Vergangenheit, Gegenwart und Zukunft sinnvoll zu verbinden, um daraus sinnvolle Handlungen abzuleiten.

> Haben Sie sich schon einmal darüber Gedanken gemacht, wie die Eigenschaften *Frustrationstoleranz*, *Flexibilität*, *Problemlösungskompetenz* und *Einfühlungsvermögen* ausgeprägt sind? Diese grundlegenden sozialen Eigenschaften sollten stark ausgeprägt sein, um den Verantwortungen als Scrum Master gerecht zu werden:
>
> - **Frustrationstoleranz**
>   Scrum Master sind vielen unangenehmen Situationen ausgesetzt. Diese benötigen Beharrlichkeit, Resilienz und die Fähigkeit, in verfahrenen bis frustrierenden Situationen einen kühlen Kopf zu bewahren und das angestrebte Ziel im Auge zu behalten.
> - **Flexibilität**
>   Scrum Master sollten in der Lage sein, ihr Denken und Handeln an sich verändernde Situationen anzupassen.
> - **Problemlösungskompetenz**
>   Scrum Master sollten in der Lage sein, Ursache und Wirkung von Problemen zu erkennen und darauf aufbauend Chancen und Risiken abzuleiten, um zu einer Lösung zu gelangen.
> - **Einfühlungsvermögen**
>   Scrum Master sollten ein Interesse am Menschen haben und sich in die Situationen anderer hineinversetzen können. Dabei sind sie distanziert zur Sache und lassen die Probleme nicht zu ihren eigenen werden.
>
> Zeichnen Sie doch einmal ein Spinnennetzdiagramm und schätzen Sie für sich selbst oben genannte Persönlichkeitsmerkmale ein, die Sie für besonders wichtig erachten. Gleichen Sie das Ergebnis eventuell mit dem Feedback und der Einschätzung Ihrer Kollegen ab. Für die Eigenschaft, die am niedrigsten bewertet wurde, nehmen Sie sich eine kleine Veränderung vor, die Sie im Miteinander ausprobieren.

Wir möchten mit dieser Auflistung einen Akzent setzen, der verdeutlicht, wie anspruchsvoll die Verantwortung von Scrum Mastern ist. Wenn Sie als Scrum Master agieren, hilft sie dabei, sich selbst zu hinterfragen, sie dient jedoch auch dazu, um bei neuen Mitarbeitenden oder Personen, die Scrum Master werden möchten, einen Abgleich zu machen.

Bei sich selbst beginnen

Ein Scrum Master sollte immer bei sich selbst beginnen, bevor er von anderen verlangt, dass sie umdenken, motiviert oder offen für Neues sein sollen. Motiviert sein von Kopf bis Fuß und der Drang, alles in Bewegung zu halten, sind notwendig, um auch dem Scrum-Team eine Orientierung zu geben, was von allen Beteiligten verlangt wird. Ein erfolgreicher Sprint ist eine gute Motivation, ebenso ein Tag, an dem eine Veränderung spürbar wird oder eine Verbesserung erzielt wurde. Das, was einen Scrum Master motiviert, trifft auch auf alle anderen im Scrum-Team zu: Motivation durch Ergebnisse und Verbundenheit mit dem, was getan wird bzw. zu tun ist.

Abb. 3–12
Sich selbst immer wieder hinterfragen

Das Commitment macht deutlich, wie sehr sich Scrum Master mit der Aufgabe verbunden fühlen. Dieses Commitment wird sich auch in der Organisation und Durchführung von Scrum-Events widerspiegeln. Fehlt bei diesen Events die aktive Teilnahme, der Austausch und die Ideen, so treibt das einen Scrum Master sprichwörtlich in den Wahnsinn. Daher sorgt er engagiert dafür, dass die Events vorbereitet sind, eine lockere und kreative Atmosphäre herrscht, alle teilnehmen und involviert sind.

Transparenz sowie Offenheit sind wichtig, um eine vertrauensvolle Beziehung zu den Mitgliedern des Scrum-Teams aufzubauen. Das Angebot zum Gespräch, das Interesse am Menschen und der Austausch sind Eckpfeiler einer offenen Teamkultur.

Kurzum, ein Scrum Master ist ein Mensch, der hohe Erwartungen an seine eigene Arbeit und die der anderen stellt.

Sie werden feststellen, dass Sie in Ihrer Vorbildfunktion und mit Ihrem Vorleben dazu beitragen, dass sich die Menschen verändern werden. Diese Veränderung wird wiederum dazu führen, dass Sie noch mehr auf sich selbst achten und Sie eine laufende »Selbstentwicklung« ganz natürlich leben lernen.

Es kann im beruflichen und privaten Alltag oftmals hoch hergehen. Die Zeit zur Reflexion wird dann hinten angestellt, obwohl diese gerade wichtig wäre. Wir nutzen daher neben dem persönlichen Hinterfragen zudem die kollegiale Fallberatung oder ein persönliches Coaching. Der Blick von außen kann sehr erfrischend sein und dazu animieren, das eigene Verhalten zu ergründen und ggf. kleine Änderungen vorzunehmen.

Rollenvielfalt leben

Die Vielfältigkeit der Aufgaben des Scrum Masters lassen sich angelehnt an [KoschekTrbojevic 2022] in fünf Facetten untergliedern: Coaching, Beratung, Training, Facilitation und Mentoring. Scrum Master müssen nicht zu Beginn ihres Scrum-Master-Daseins in allen Schwerpunkten gleich gut sein. Hier gibt es individuelle Ausprägungen und Stärken. Über die Zeit ist es jedoch wichtig, die Kompetenzen in allen Bereichen auszubauen.

In der nachfolgenden Tabelle 3–2 führen wir Ihnen die Unterschiedlichkeit der Rollen anhand einer Definition sowie eines Fallbeispiels an. Wir nehmen an, dass jemand Scrum kennenlernen möchte.

Tab. 3–2 *Facetten der Scrum-Master-Verantwortlichkeit*

Rolle		Definition & Fallbeispiel
Coaching	Definition	»Ein Coach ist jemand, *der oder die davon überzeugt ist, dass die Lösung für die Herausforderung beim Coachee liegt.*«
	Beispiel	Coaching schafft den Raum für den Coachee oder ein Team, um ausführlich darüber sprechen zu können, wofür Scrum hilfreich sein könnte. Welche Vorkenntnisse oder Vorstellungen gibt es? Was sagt das Umfeld? Ist es tatsächlich der einzige Weg, um das Ziel zu erreichen? Was wären mögliche nächste Schritte?
Beratung	Definition	»Eine Beraterin ist eine erfahrene Expertin, die Gefragtes versteht und mögliche Lösungen kennt.«
	Beispiel	In der Beratung erklärt ein Scrum Master erst einmal, welche unterschiedlichen agilen Methoden es gibt und in welchem Kontext diese Verwendung finden. Im Anschluss werden dann die Vor- und Nachteile einer Methode nach der anderen vorgestellt. Die Gegenseite hört zu und fragt nach Aspekten, die ihr dabei helfen, das Gehörte für den Alltag anzuwenden. Daraus ergeben sich weitere Anknüpfungspunkte für die Beratung.
Training	Definition	»Eine Trainerin ist eine Expertin, die alles notwendige Wissen zu einem bestimmten Thema vermitteln kann.«
	Beispiel	Für die Trainerin geht es zuerst um die Klärung, wie viel Vorerfahrung zu Scrum bereits vorhanden ist. Als Trainerin ist sie in der Lage, auf den Kenntnisstand einzugehen und ein passendes Training vorzubereiten. Je nach Ausgangslage haben Teilnehmende am Ende unterschiedliche Einblicke erhalten, Techniken und Methoden kennengelernt und in praktischen Übungen vertieft, die nun im Arbeitsalltag ausprobiert werden können.
Facilitation	Definition	»Ein Facilitator unterstützt eine Gruppe von Menschen, ihre gemeinsamen Ziele zu verstehen und zu planen, wie diese erreicht werden sollen.«
	Beispiel	Ein Facilitator sorgt für den moderierten Austausch von Menschen, die eine Entscheidung herbeiführen möchten, ob Scrum für das anstehende Projekt infrage kommt.
Mentoring	Definition	»Eine Mentorin ist jemand, die schon einmal dort gewesen ist, wo jemand hin möchte.«
	Beispiel	Eine Mentorin hilft Mitarbeitern dabei, Scrum-Werte und Prinzipien zu verstehen und durch ihr Verhalten Orientierung zu geben.

> Es kommt häufig vor, dass für Außenstehende die Facetten nicht eindeutig klar sind bzw. diese verschwimmen. Zum Beispiel, wenn Sie ein Scrum-Event moderieren, dann agieren Sie in der Rolle Moderator und tragen nichts inhaltlich – beratend – bei. Oder wenn Sie sich im Einzelcoaching mit einem Teammitglied befinden, dann lösen Sie nicht – beratend – die Herausforderungen des Coachees.
>
> Wir haben uns angewöhnt, in diesen Situationen immer explizit zu benennen, in welcher Rolle wir uns gerade befinden, und machen kenntlich, wenn wir diese verlassen: »Ich verlasse kurz meine moderierende Rolle und möchte euch den Tipp geben, …«

Wir möchten im Folgenden kurz auf die unterschiedlichen Facetten eingehen. In der aktiven Arbeit ist die Abgrenzung oftmals nicht eindeutig und klar zu benennen, da die Tätigkeiten ineinander verschwimmen.

Coaching

Mithilfe von Coaching können Konflikte und Probleme von Einzelpersonen und Teams aufgelöst werden. Scrum Master gehen in ihrer coachenden Haltung davon aus, dass die Lösung beim Gegenüber liegt. Das wichtigste Werkzeug sind dabei Fragen. Durch aktives Fragen und Zuhören unterstützten Scrum Master dabei, auf schnellstem Wege weg vom Problem zu einer Lösung zu gelangen. Offene und systemische Fragen helfen dabei, den Lösungsraum zu erweitern, sodass vom Coachee oder Team eigenständig nächste Handlungsschritte abgeleitet werden können.

> Wir empfehlen Ihnen das Buch »Agile Teams lösungsfokussiert coachen« von [JungwirthMiarka 2022], das Ihnen einen Einblick in lösungsorientierte Coaching-Methoden gibt und sechs Merkmale der Coaching-Haltung nennt.

Die Coaching-Haltung hat es jedoch in sich und benötigt einige Übung in der Anwendung. Wichtig für das Coaching ist das oben beschriebene Mandat (vgl. Abschnitt 3.3) und die Bereitschaft, sich coachen zu lassen.

Konfliktbewältigung

In einem dynamischen Umfeld und in der Zusammenarbeit mit hoch qualifizierten Menschen entstehen zwischenmenschliche Konflikte verschiedenster Ausprägungen. Sicherlich ist der Umgang mit Konflikten eines der schwierigsten Themen überhaupt. Ein Scrum Master kann sich auf die vielen unterschiedlichen Konflikte nur sehr schwer vorbereiten und darf nicht um sie herumnavigieren, sondern hat die Pflicht, diese gezielt anzugehen. Zu Beginn eines Scrum-Projekts sind es beispielsweise oft Rollenkonflikte, die mit dem vorherigen Status in der Firma zu tun haben. Die Reduzierung auf wenige Verantwortlichkeiten ohne Hierarchie führt anfangs zu einem Gefühl von Machtverlust oder zu Kompetenzgerangel. Jede Situation ist anders, und es bedarf einer Menge an Aufmerksamkeit, Kommunikationsgeschick und Fingerspitzengefühl, um dem jeweils gewünschten Ziel näher zu kommen.

Abb. 3–13
Scrum Master als Konfliktlöser

Setzen Sie sich mit Methoden zur Konfliktbewältigung auseinander. In den allerseltensten Fällen ist das Hinzuziehen eines ausgebildeten Mediators oder Schlichters wirklich notwendig. Als Scrum Master benötigen Sie oft vor allem Mut und etwas Handwerkszeug, um Konflikte beizulegen.

Die Konfliktstufen nach Glasl bieten eine grundlegende Basis, auf der Sie Entscheidungen ableiten können, ab wann eine Unterstützung durch Mediation sinnvoll ist [Glasl 2020].

Beratung

Die Abgrenzung zum Coaching ist oftmals gar nicht so einfach als Scrum Master. Viele verlangen Ratschläge und Tipps, die eine Lösung und schnelles Weiterkommen gewährleisten. Durch unterschiedliche Erfahrungen oder individuelle Weiterbildung sind Scrum Master in der Lage, verschiedene Lösungswege aufzuzeigen und bei der Umsetzung zu unterstützen.

Scrum Master sollten über die Zeit ein Gefühl dafür entwickeln, wann es so weit ist, von der Beratung in einen coachenden Ansatz zu wechseln. In vielen Fällen wird es dadurch spürbar, dass die vorangegangene Arbeit dazu geführt hat, dass ein Scrum-Team eine gefestigte Basis hat, um miteinander zu arbeiten, der Scrum-Prozess funktioniert und beides im Einklang ist.

Wir möchten ergänzend auf den Ansatz der »Komplementärberatung« hinweisen. In vielen Fällen beraten Scrum Master komplementär. Sie verfügen auf der einen Seite über die fachliche Expertise (z.B. Scrum) und können hier beratend zur Seite stehen und Lösungen, Ratschläge oder Empfehlungen anbieten. Auf der anderen Seite agieren sie als Coach und sind damit für den Prozess zuständig, anderen dabei zu helfen, selbst Lösungen zu finden. Komplementärberatung integriert demnach die Fachberatung mit einer systemischen Grundhaltung [Radatz 2018].

Training

Scrum Master verstehen es, Inhalte zu Scrum und angelehnten Themen zielgruppengerecht aufzubereiten, um ihr Wissen zu vermitteln und eine wertstiftende Lernerfahrung zu erzielen. Dabei setzen sie geeignete und hilfreiche Methoden, Übungen und Mittel ein. Mithilfe ihrer didaktischen Fähigkeiten und Sorgfalt bei der Vor- und Nachbereitung sowie Durchführung von Trainings, Workshops oder Scrum-Events sind Scrum Master in der Lage, die Lernbereitschaft und Teilnahme bei den Anwesenden zu erhöhen.

> Wir empfehlen Ihnen zu diesem Schwerpunkt das Buch »Training from the Back of the Room!«, in dem Sharon Bowman verschiedene Konzepte zur Trainingsgestaltung vorschlägt [Bowman 2021].

Facilitation

Facilitation ist mehr als reines Moderieren. Bei der Facilitation unterstützen Scrum Master dabei, dass Menschen effektiver zusammenarbeiten und in den Dialog treten. Ziel ist die Beteiligung aller, die etwas zur Zielerreichung beitragen können, und das Ausschöpfen der individuellen Potenziale. Sie sorgen für gegenseitiges Verständnis und fördern Lösungen, die von allen getragen werden.

> Wir verwenden seit vielen Jahren das Konzept der Liberating Structures (*liberatingstructures.com*), um eine gleichberechtigte, offene und aktive Teilnahme aller zu ermöglichen [LipmanowiczMcCandless 2014].

Mentoring

Scrum Master übernehmen als Mentoren oftmals ganz natürlich die Verantwortlichkeit, da sie diejenigen sind, die fachliche Expertise über die Begleitung von Teams und systemische Veränderungsprozesse vereinen. Daher agieren sie z.B. für neue Teammitglieder als Mentoren und unterstützen dabei, das Team kennenzulernen und zu erfahren, wie es tickt. Darüber hinaus dienen Scrum Master auch als Leuchtturm in der Organisation, an dem sich die Mitarbeitenden orientieren können. »Was machen die agilen Werte und Prinzipien aus und wie werden sie bei uns gelebt?« sind Fragen, die ein Scrum Master durch seine Vorbildfunktion beantwortet.

> Sollte es mehrere Scrum Master in Ihrer Organisation geben, haben wir gute Erfahrungen mit einem Mentoring-Programm gemacht. So haben junge Scrum Master einen Mentor, dem sie über die Schulter schauen können, der als Ratgeber fungiert oder als stille Beobachterin Feedback zur Arbeit gibt.

3.3.3 Häufige Herausforderungen

Das Spektrum an Herausforderungen ist groß, da ein Scrum Master viele Berührungspunkte innerhalb der Organisation hat. Werfen wir einen Blick auf einige praxisrelevante Beispiele.

Neugebildete Teams

Scrum Master sollten gerade bei neuen Scrum-Teams die fundamentalen Aspekte von Scrum im Blick haben und sich eng mit den Teammitgliedern dazu austauschen. Wesentlich für den Start ist die Arbeit an einer festen Struktur und dem Scrum Flow. Hilfreiche Fragen sind:

- *Zeigen sich die Teammitglieder verantwortlich für ihr Handeln und die Verpflichtungen, die sie eingehen?*
- *Helfen sich die Teammitglieder gegenseitig, das Sprint-Ziel zu erreichen, oder fokussieren sie sich nur auf »ihren Teil« der Arbeit?*
- *Gibt es Anzeichen für fehlende Kommunikation zwischen den Beteiligten?*
- *Wird das Sprint-Ziel am Ende des Sprints erreicht?*
- *Sind alle in der Lage, das Produktziel zu beschreiben und zu erklären, in welcher Weise der aktuelle Sprint darauf einzahlt?*
- *Besteht eine offene Atmosphäre, die von Spaß und Energie geprägt ist?*
- *Welche kleineren und größeren Konflikte gab es in letzter Zeit? Was resultiert daraus?*
- *Vertraut der Product Owner den Entwicklern und andersherum?*
- *Wer interessiert sich für das Projekt?*
- *Kennen wir unsere Stakeholder und beziehen sie ein?*

Wenn Sie mit einem neugebildeten Scrum-Team arbeiten, lassen Sie die Teammitglieder folgende drei Fragen beantworten:

- *Was brauche ich vom Rest des Teams?*
- *Was brauche ich vom Scrum Master?*
- *Was kann ich anbieten?*

Visualisieren und diskutieren Sie die Punkte, um entsprechende Ableitungen zu treffen.

Sollten Sie das Gefühl haben, dass fehlendes Vertrauen an der Tagesordnung ist oder möchten Sie einen Fokus auf das Thema Vertrauen legen, fragen Sie: »Welcher Person (außerhalb des Teams) vertraust du?« und: »Was macht es aus, dass du dieser Person vertraust?« Lassen Sie die Fragen gerne in Paaren oder Kleingruppen vorbesprechen, um dann im Anschluss die wichtigsten Aspekte für die gemeinsame Arbeit festzuhalten.

Ein Scrum Master, mehrere Scrum-Teams

Wir geben es zu, auch wir dienten schon weitaus mehr als drei Scrum-Teams gleichzeitig. Daher können wir aus eigener Erfahrung und aus der Erfahrung aus unseren Einsätzen beim Kunden berichten und sagen, es ist keine gute Idee.

Wir sehen vor allem darin eine Herausforderung, dass nicht mehr klar und deutlich für die Person ist, was in einem Scrum-Team vor sich geht. Es gibt nur noch Bruchstücke, die kein gesamtheitliches Bild möglich machen. Zudem fokussieren sich Scrum Master, die zwischen mehreren Scrum-Teams wechseln, vor allem auf die Moderation der Events. Oftmals geht dann nicht nur der direkte Austausch mit Product Ownern, Entwicklern oder Stakeholdern verloren, sondern auch der Blick in die Gesamtorganisation.

In der Literatur ist häufig zu lesen, dass es für Scrum Master vorrangig darum geht, sich überflüssig zu machen, verbunden mit der Empfehlung, nur noch in reduzierter Zeit für das Team zur Verfügung zu stehen. Dies ist nach unserer Meinung eine Fehlinterpretation dieser Aussage.

Scrum Master dienen dem Scrum-Team und machen sich gezielt bemerkbar. Sie agieren aus dem Hintergrund und treten nach vorne, sobald die Notwendigkeit besteht. Maßnahmen werden aus der Beobachtung des Scrum-Teams abgeleitet und es wird situativ entschieden, ob ein Scrum Master tätig werden sollte.

> Wenn wir von einer optimalen Besetzung des Teams ausgehen (vgl. Abschnitt 3.1.2), dann gibt es neben der kontinuierlichen Verbesserung viele weitere Aufgaben [URL:Schiffer]. Seien es (inter)personelle Aspekte, die Unterstützung des Product Owners oder Einflüsse, die von der Organisation auf das Scrum-Team treffen – denn auch die Organisation ist einem ständigen Wandel ausgesetzt.
>
> Es gibt keine Routine bei Scrum, denn Routine bedeutet, mit dem Lernen und dem Weiterentwickeln aufzuhören.

Scrum Master als Impediment

Ein Scrum Master, der die Hindernisse eines Scrum-Teams zügig beseitigt, verdient sich schnell den Respekt des Teams, der wiederum die Basis für eine weitere, tiefer gehende vertrauensvolle Zusammenarbeit bildet. Im Umkehrschluss bedeutet es aber auch, dass man den Respekt des Teams aufs Spiel setzt, wenn man sich nicht zügig um Hindernisse kümmert. Die Entwickler verlieren das Vertrauen in den Scrum Master und in die Organisation, da offensichtlich andere Dinge wichtiger sind als das Scrum-Team.

Manchmal stoßen Scrum Master allerdings auf Hindernisse, bei denen eine schnelle Beseitigung nicht möglich ist. In diesem Fall ist es wichtig, den Fortschritt regelmäßig an die Teammitglieder und beteiligte Dritte zu kommunizieren.

> Unser Scrum-Trainer hat uns seinerzeit den Hinweis mit auf den Weg gegeben, dass gute Scrum Master immer mit einem Bein vor der Kündigung stehen, weil sie einigen Personen penetrant auf die Nerven gehen.
>
> Unsere Erfahrung zeigt aber, dass unsere Beharrlichkeit honoriert wird und wir uns dadurch den Respekt der Beteiligten erarbeiten. Wichtig für das Vorankommen ist ein konstruktives und lösungsorientiertes Vorgehen.

Die Wölfin im Schafspelz

Viele Scrum Master waren vorher in Rollen, die den Titel »Manager«, »Team Lead« oder »Projektmanagerin« trugen. Aus einer Projektmanagerin einen Scrum Master zu machen, war naheliegend. Genauso wie die Annahme, dass die vorherigen Aufgaben unter anderem Namen fortgeführt werden. In vielen Fällen agieren Scrum Master mit »alter Denke« und kontrollieren, organisieren oder managen im und um das Scrum-Team herum. Sie entsprechen so den Erwartungen von Vorgesetzten und der vorherrschenden Kultur. Am Anfang mag es noch funktionieren, da alles neu ist und sich noch »hinruckeln« muss. Über die Zeit wird dann jedoch immer sichtbarer, dass Teammitglieder keine Verantwortung übernehmen (müssen). Dies verstärkt den Drang nach Anweisung und Kontrolle und es entsteht eine Spirale, die oftmals zur Demotivation und Frustration führt bzw. zur Erkenntnis: »Scrum funktioniert bei uns nicht.«

> Planen Sie doch einmal, die Verantwortlichkeiten Scrum Master, Entwickler oder Product Owner unter die Lupe zu nehmen. Schreiben Sie für sich oder zusammen mit den Teammitgliedern auf, wie die agilen Werte (vgl. Abschnitt 2.1) in Einklang zu den Rollen stehen.

Scrum als Dogma

Stellen Sie sich vor, Sie gründen eine Handballmannschaft und beginnen, gegen Gegner zu spielen. Dabei stellen Sie fest, dass die Mannschaft ziemlich schlecht ist. Sie beginnen dann, die Regeln des Spiels anzupassen, anstatt sich auf die Verbesserung des Spiels zu konzentrieren und zu üben. Nachdem die Regeln angepasst wurden, jedoch nicht trainiert wurde, fangen die Mitglieder des Teams und Fans an, sich darüber zu echauffieren, dass lediglich Kreisklasse-Niveau gespielt wird, obwohl man doch in der Bundesliga spielen wollte.

Scrum wird oftmals als »zu dogmatisch« bezeichnet, wenn der Scrum Guide referenziert wird und die Organisation sich daran hält. Unserer Meinung nach tritt für viele diese dogmatische Sicht nur auf, wenn nicht klar ist, ob Scrum für das Projekt das richtige Rahmenwerk ist oder was sich hinter den jeweiligen Empfehlungen des Scrum Guide verbirgt.

Sollten Sie als Scrum Master den Satz hören oder selbst sagen »*Scrum funktioniert bei uns nicht*«, dann hinterfragen Sie diese Aussage doch einmal:

- *Warum funktioniert es nicht?*
- *Was genau funktioniert nicht?*
- *Welche Ergebnisse haben wir uns erhofft?*
- *Was muss passieren, damit es funktioniert?*
- *Wer kann uns dabei helfen, dass es funktioniert?*

Aus unserer Erfahrung wissen wir, dass ein Spiel nach den »Scrum-Regeln« und laufendem Training (Lernen) dafür sorgt, dass ein Scrum-Team zu einem Spitzenteam werden kann.

> Wir empfehlen Ihnen den heiteren Artikel von Ron Jeffries mit dem Titel »We Tried Baseball and It Didn't Work« [URL:Jeffries a].

Das Team lernt nicht

Wir haben Scrum Master kennengelernt, an denen niemand vorbeikam. Es waren Persönlichkeiten, die alles an sich rissen und die Aufmerksamkeit auf sich zogen. Diese Scrum Master haben durch ihr Verhalten zwei wesentliche Dinge erreicht: sich selbst in den Mittelpunkt zu stellen, anstatt die Interessen des Scrum-Teams zu vertreten, und den Teammitgliedern die Grundlage geraubt, engagiert und selbstorganisiert Lösungen zu finden.

Ein wesentlicher Aspekt der agilen Entwicklung ist der, dass ein Scrum-Team aus Fehlern lernt. Ein Scrum Master sollte diesen Aspekt nach Kräften unterstützen. Wenn etwas nicht funktioniert, dann sollte nicht der Scrum Master herausfinden, was der Grund des Problems ist, sondern die Teammitglieder sollten eine Lösung zur Behebung der Blockade suchen. Sobald der Scrum Master diese Aufgabe übernimmt, lernen die Teammitglieder nicht. Besser ist es, wenn Scrum Master alles tun, um die Teammitglieder zu befähigen, eigenständig Probleme zu lösen, und bei diesem Prozess unterstützen.

> Lassen Sie auch dann und wann bewusst Fehler zu, um wachzurütteln oder auf etwas hinzuweisen. Sprechen Sie anschließend mit allen über den Fehler und wie dieser künftig vermieden werden kann.

Unvorbereitete Meetings

In der Praxis wird die Vorbereitung von regulären Scrum-Events, wie beispielsweise die Sprint-Retrospektive (vgl. Abschnitt 5.4) oder das Backlog Refinement (vgl. Abschnitt 4.4), oftmals nicht ernst genommen. Dies fängt häufig schon bei der Einladung zu einem Event an. Es werden lieblose E-Mails versendet, die lediglich einen Betreff enthalten, der auf den Inhalt des Events schließen lässt, jedoch keinen Text. Die Formulierung von Einladungstexten inklusive der Inhalte des Termins und der Bitte zur Vorbereitung sind das Mindeste, was zu einer professionellen Termineinladung gehört.

Sollte es neben diesen regelmäßigen Terminen unregelmäßige Workshops oder Termine geben, beispielsweise um Produktideen mit dem Team zu sammeln, um über die nächsten Teamziele zu sprechen oder um das Einzelgespräch mit einem Teammitglied zu suchen, dann ist hier weitaus mehr Kreativität gefragt. Einladungen sollten immer mit einem sprechenden Titel, der Angabe des Ortes sowie einem aktivierenden Text kreiert werden, der keine Fragen über die Erwartungen an die Person oder Gruppe und den Inhalt des Termins offenlässt.

In einem zweiwöchentlichen Sprint findet eine Reihe von Events statt. Ein Scrum Master sollte darauf achten, dass diese Termine nicht zur Routine und somit zu einem leidigen Thema werden. Wenn diese z.B. in der Form stattfinden, dass nur der Product Owner spricht und die Entwickler gelangweilt dasitzen, wird über kurz oder lang das Thema »Meetings« ein gern diskutiertes sein. Es gilt daher, die Interaktion zwischen allen Beteiligten zu fördern, einen regen Austausch herbeizuführen, lautes Denken oder einen Dialog zu unterstützen, um gemeinsam dem gewünschten Ziel näher zu kommen. Überraschen Sie die Anwesenden immer mit einer guten Vorbereitung.

Zu diesem Schwerpunkt finden Sie die Checkliste »Den richtigen Scrum Master finden« unter *link.scrum-in-der-praxis.de/checklisten.*

3.4 Product Owner

Product Owner tragen die Verantwortung für das Produkt und fungieren als Schnittstelle zwischen allen internen und externen Stakeholdern.

> *»Ein Produkt ist ein Instrument, um Wert zu liefern. Es hat klare Grenzen, bekannte Stakeholder:innen, eindeutig definierte Benutzer:innen oder Kund:innen. Ein Produkt kann eine Dienstleistung, ein physisches Produkt oder etwas Abstrakteres sein.« (scrumguides.org)*

Sie repräsentieren die Kunden- bzw. Nutzerseite. Demnach stehen für Product Owner die Bedürfnisse der Kundschaft und die Maximierung des Produkt- bzw. Geschäftswerts im Vordergrund. Diesen Bedürfnissen werden sie durch die Kenntnis der Marktanforderungen und der zeitlichen und monetären Wichtigkeit der anstehenden produktspezifischen Themen gerecht. Deshalb planen und führen sie das Projekt in enger Zusammenarbeit mit den Entwicklern und dem Scrum Master.

Wir erleben in vielen Organisationen den Trend, Produkte immer größer zu machen und somit viel Verantwortung an Scrum-Teams zu übergeben. Nicht nur das Prinzip *Einfachheit* (vgl. Abschnitt 2.2) wird damit gefährdet, sondern auch der Kern von Scrum, der komplexe Herausforderungen in kleine überschaubare Teile (sprich: Backlog Items) zerlegt. Von daher halten wir es für sinnvoll, dass in der Organisation nach Strategien gesucht wird, die große Produkte in kleine Produkteinheiten oder Produktteams herunterbrechen. Damit wird für einzelne Scrum-Teams nicht nur die Komplexität reduziert, sondern auch Risiken minimiert. Implizit bedeutet dies zudem, sich organisatorisch zu kleinen unabhängigen Einheiten zu bekennen, anstatt einen organisatorischen Überbau zu schaffen, wie z.B. die Klaviatur einer ganzen Produktorganisation.

Die Erfahrungen aus vielen Projekten zeigen, dass auf eine gezielte Besetzung des Product Owners großen Wert gelegt werden sollte, um bereits im Voraus den Grundstein für ein erfolgreiches Projekt zu legen. Die richtige Auswahl ist ein wesentlicher Erfolgsfaktor, der dafür sorgt, nicht auf einen kritischen Pfad zu gelangen und damit

- den Erfolg eines Produkts oder des Unternehmens zu gefährden,
- Bedürfnisse auf Kundenseite nicht zu erfüllen,
- monetäre Ressourcen zu verschwenden,
- die Stärken der Entwickler nicht zu nutzen oder
- die Arbeit eines Scrum Masters zu Staub werden zu lassen.

Ausschlaggebend dafür, dass Product Owner ihre Aufgaben überhaupt zielführend und verantwortungsbewusst wahrnehmen können, ist, dass die Entscheidungen in der Organisation respektiert werden (*scrumguides.org*):

> *»Damit der:die Product Owner:in Erfolg haben kann, muss die gesamte Organisation seine:ihre Entscheidungen respektieren. Diese Entscheidungen sind im Inhalt und in der Reihenfolge des Product Backlogs sowie durch das überprüfbare Increment beim Sprint Review, sichtbar.«*

Wenn mehrere Teams an einem Produkt arbeiten, dann sollten alle Product Owner ermächtigt sein, um für die jeweiligen Teilprodukte Entscheidungen treffen zu dürfen. Nur Product Owner geben Anforderungen innerhalb des Scrum-Teams weiter. Repräsentiert werden die Entscheidungen durch den aktuellen Stand des Product Backlog (siehe Abschnitt 4.2). Der Product Owner sollte selbstbestimmt und unabhängig (engl. empowered) entscheiden können. Ist es ihm nicht möglich, Entscheidungen für sein Produkt zu treffen, hat er ein Gefühl der Einflusslosigkeit. Dies kann zu Resignation, Reibung oder Unterwürfigkeit, also zu Energieverlust führen. Die Auswirkungen sind in jedem Fall für das Produkt, die Kunden und damit für das gesamte Unternehmen negativ.

»Owner«, also Eigentümerin, steckt nicht ohne Grund in der Bezeichnung für die Produktverantwortlichen. Wir erleben es leider allzu oft, dass diese Ownership nicht übernommen werden kann, da Product Owner nicht in die Lage versetzt werden, unabhängig (empowered) zu agieren. Sollten Sie als Scrum Master dieser Dysfunktion gegenüberstehen, sollten Sie dagegen angehen.

Wenn Sie herausfinden möchten, ob Product Owner das Vertrauen genießen und die Entscheidungshoheit über das Produkt haben, gehen Sie doch einmal auf die Vorgesetzten mit dieser Frage zu: »Nehmen wir an, Product Owner X glaubt nicht an den Erfolg des Produkts und hat gute Argumente, *die dies belegen. Darf er oder sie die Entscheidung treffen, die Arbeit am Produkt einzustellen?«*

3.4.1 Verantwortlichkeiten

»Der:die Product Owner:in ist ergebnisverantwortlich für die Maximierung des Wertes des Produkts, der sich aus der Arbeit des Scrum Teams ergibt.« (scrumguides.org)

Product Owner sollten aktiv die nächsten Produktentwicklungsschritte erkunden und die daraus resultierenden Anforderungen erfassen. Darüber hinaus sind sie für die Vorbereitung des nächsten Sprints zuständig. Dafür benötigen Product Owner die Kenntnis über die Produktplanung entsprechend des Produktziels sowie begleitende Unternehmensinitiativen. Als Schnittstelle zum Team sind Product Owner offen für Fragen und stehen zur Verfügung, geben Feedback zu Ergebnissen und nehmen diese ab. Sie sind gut vernetzt und sprechen mit Kunden, wichtigen Abteilungen wie Marketing, Vertrieb, der Kundenbetreuung, dem Management oder anderen Stakeholdern, informieren diese, holen benötigte Informationen ein oder kümmern sich um wichtige Entscheidungen [Pichler 2014].

Erkennbar ist, dass der Anspruch des Scrum Guide an die Verantwortung der Product Owner hoch ist. Der Alltag mit Scrum-Teams zeigt, wie schwierig es für viele Product Owner ist, dieser Verantwortung gerecht zu werden. Es gibt viele Einflüsse, denen Product Owner ausgesetzt sind, wie z.B. die vorherrschende oder sich verändernde Unternehmenskultur, das definierte Produkt, die Produkt- bzw. Projektorganisation, die Kollaboration mit den Teammitgliedern oder schnell wechselnde Marktbedingungen.

Wir legen Ihnen zur Vertiefung das Buch »EMPOWERED: Ordinary People, Extraordinary Products« von [CaganJones 2020], »Continuous Discovery Habits: Discover Products that Create Customer Value and Business Value« von [Torres 2021] sowie »Strong Product People: A Complete Guide to Developing Great Product Managers« von [Wille 2020] ans Herz.

Wie auch immer sich das Umfeld gestaltet, die zentrale Aufgabe ist die Beurteilung, ob das Produktziel erreicht werden kann und somit einen Nutzen für Kunden und die Organisation stiftet. Product Owner bringen die Interessen des Unternehmens mit den Bedürfnissen der Kunden oder Nutzer überein. Um dies zu erreichen, sind Product Owner:

> *»... auch für ein effektives Product-Backlog-Management ergebnisverantwortlich, das Folgendes umfasst:*
>
> - *das Produktziel zu entwickeln und explizit zu kommunizieren;*
> - *die Product-Backlog-Einträge zu erstellen und klar zu kommunizieren;*
> - *die Reihenfolge der Product-Backlog-Einträge festzulegen; und*
> - *sicherzustellen, dass das Product Backlog transparent, sichtbar und verstanden ist.« (scrumguides.org)*

> Für Ihre Arbeit als Scrum Master ist es wichtig, zu verstehen, dass die Entwicklung des Produkts Teamsport ist. →Product Ownership geht alle im Scrum-Team etwas an. Demnach ist es Ihre Aufgabe, Product Owner und Entwickler an die Hand zu nehmen, wenn diese Verantwortung nur bei Product Ownern gesehen wird.

Entwicklung des Produktziels

Product Owner kennen nicht nur den Markt und die Konkurrenz, sie sind vor allem auch in der Lage, visionär ein Produktziel zu entwickeln. Sie sehen das Endprodukt vor ihrem geistigen Auge und haben das meiste Wissen darüber. Das Produktziel ist der Grundstein für den Produkterfolg. Alle nachfolgenden Schritte werden einzig und allein aus diesem Grund gemacht und sind daran ausgerichtet, das Produktziel zu erfüllen. Ein Produktziel ist essenziell, denn es liefert nicht nur Orientierung für alle Beteiligten, es markiert auch das Ziel, das sich in die Köpfe der Teammitglieder eingeprägt haben sollte. Daher sind gerade der Projektstart und die motivierende Darstellung des Produktziels durch Product Owner so wichtig (vgl. Abschnitt 4.1).

> Ihr Team liefert laufend Features und funktionierende Inkremente aus? Das klingt wunderbar. Beachten Sie jedoch, dass nicht die Menge eine Rolle spielt. Im Vordergrund sollte immer stehen, ob die Lieferungen werthaltig sind und Kunden- oder Nutzerverhalten beeinflussen. Denn nur diese Indikatoren werden dafür sorgen, dass sich auch der Produktwert maximieren lässt.

Die Kunden oder Nutzerinnen im Blick

Bedarfsgerechte und kunden- oder nutzerzentrierte Lösungen entstehen nicht durch Annahmen oder das Kopieren bei der Konkurrenz. Um wirklichen Wert für Kunden und Nutzerinnen (und damit für das Unternehmen) zu generieren, ist die Grundvoraussetzung die Kenntnis der jeweiligen Bedürfnisse.

Gibt es einen Unterschied zwischen internen und externen Kunden? Sicherlich fallen Ihnen einige ein. Gedanklich sollten Product Owner diese jedoch beiseitelegen, denn auch interne Kunden sollten als Kunden oder Nutzerinnen gesehen werden. Wenn also ein Scrum-Team vorrangig für die Organisation arbeitet, dann sind dies Kunden oder Nutzerinnen für das Scrum-Team und sollten ebenso verstanden und behandelt werden.

> Die →Product Discovery ist ein essenzieller Bestandteil der Entwicklung eines Produkts. Sie beantwortet die Frage: »Was benötigen Kunden wirklich, damit unser Produkt einen positiven Beitrag in ihrem Leben leistet?« Dafür ist neben der Kunden- und Marktkenntnis auch die Kenntnis der Revenue-Modelle (Einnahmequellen) einer Organisation notwendig: »Welche Möglichkeiten gibt es noch, *den Kunden zu helfen und den Gewinn für mein Unternehmen zu maximieren?«*
>
> Nehmen Sie Product Owner an die Hand und bringen Sie diese mit Developern und Stakeholdern zusammen. Nutzen Sie die Entwicklung von →Prototypen, Design Thinking, →Personas, →Impact Mapping, →Story Mapping, Customer Journey Mapping, Nutzerbefragungen, A/B-Tests oder Design Sprints, damit die Bedürfnisse und die Menschen hinter diesen Bedürfnissen so klar wie möglich sind.

Organisationsziele im Blick

Product Owner sollten die Strategie und den Daseinszweck der Organisation kennen. In Abstimmung mit anderen Product Ownern und dem Management ist klar, in welcher Art und Weise die Entwicklung des Produkts auf die Ziele des Unternehmens einzahlt. Den Geschäftswert und die wirtschaftlichen Effekte jeder Entscheidung zu kennen, zeigen noch einmal deutlich, dass Product Owner von Anfang bis Ende für ihr Produkt verantwortlich sind.

> Wir stellen Fragen wie: »Auf welches Produkt wären wir wirklich stolz?«, *»Welches Produkt würde einen echten Bedarf auf der Welt decken?«* oder: *»Welches Produkt, welcher Service oder welche Dienstleistung können wir auf einzigartige Weise anbieten?«* (*reinventingorganizationswiki.com*). Die Beantwortung der Fragen zielt auf Austausch und den Dialog sowie die Einbeziehung aller, die einen sachlichen oder fachlichen Beitrag leisten können. Die Umsetzung der entwickelten Ideen erfolgt dann entsprechend dem Produktziel durch selbstverwaltende Scrum-Teams.

Erstellung von Backlog Items

Mit dem Verfassen von Anforderungen beschreiben Product Owner das »Was« in Form von Backlog Items. Eine tägliche Aufgabe ist es, neue Backlog Items zu erstellen, bestehende zu teilen oder zu aktualisieren und Akzeptanzkriterien (vgl. Abschnitt 4.2.3) zu definieren. Diese Aufgabe sollte in enger Abstimmung mit den Entwicklern und relevanten Stakeholdern erfolgen. Auch das Schreiben von Akzeptanztests auf Basis von Akzeptanzkriterien findet im besten Fall gemeinschaftlich statt. Das Verfassen von Anforderungen in Form von User Stories sollten alle im Scrum-Team beherrschen.

Management des Product Backlog

Product Owner sollten ihr Produkt in- und auswendig kennen. Sie wissen über den Lebenszyklus ihres Produkts und den Entwicklungsprozess Bescheid. Daneben haben sie immer das Marktgeschehen im Blick, verfolgen Trends und Entwicklungen und wissen immer, was sich bei der Konkurrenz tut. Dieses Wissen und die Bedürfnisse auf Kundenseite lassen sie in Entscheidungen und damit in die Entwicklung des Produkts einfließen.

Scrum fordert, dass die Entwicklung der wertschöpfenden Produktbestandteile nach ihrer Wichtigkeit vonstatten geht. Product Owner sollten daher bestrebt sein, dass der Rückfluss des eingesetzten Kapitals durch das Produkt schnellstmöglich erfolgt (Return on Investment – ROI). Dementsprechend sortieren sie unter Berücksichtigung der aktuellen Lage das Product Backlog (siehe Abschnitt 4.2) und sichern durch die adäquate Vorbereitung der Backlog Items das Verständnis im Team.

Es wird deutlich, dass der Product Owner unter Zuhilfenahme der Stakeholder und der Entwickler die besten Ergebnisse erzielen kann, vor allem dann, wenn sich auch die Entwickler für die Pflege des Product Backlog zuständig fühlen.

> Bei der Arbeit mit Scrum-Teams hat es sich bewährt, neben dem Backlog Refinement (siehe Abschnitt 4.4) wöchentliche Arbeitstreffen abzuhalten, um gemeinsam Backlog Items zu erstellen, zu bearbeiten, zu besprechen und das Product Backlog neu zu sortieren. Diese Meetings können bei Bedarf durchgeführt oder aber auch abgesagt werden. Die Entscheidung darüber treffen Product Owner, denn es ist in ihrem Interesse, dass diejenigen zusammentreffen, die für die Ausarbeitung von Backlog Items notwendig sind.

Vorbereitung des Sprint Planning

Product Owner sind dafür verantwortlich, die Sprints so vorzubereiten, dass die Auswahl relevanter Backlog Items vor dem Sprint Planning stattfindet. Die Planung sollte den aktuell laufenden Sprint mit berücksichtigen, da eventuell einzelne Aufgaben nicht angefangen oder fertiggestellt wurden. Viele Ticketsysteme versetzen Product Owner in die Lage, einen Folge-Sprint und die damit verbundenen Backlog Items sichtbar zu machen. Sichtbar wird dann häufig auch, ob die Backlog Items ausreichend vorbereitet sind und aus welchen thematischen Schwerpunkten sich der Sprint zusammensetzt. Diese Transparenz können einerseits die Entwickler nutzen, um sich mit den kommenden Aufgaben auseinanderzusetzen, und andererseits bietet sie den Stakeholdern einen gewissen Einblick.

> Wir regen Product Owner häufig zu einem Meeting im Vorfeld des Sprint Planning an, um sich mit Vertretern der Entwickler zusammenzusetzen. Oftmals sind dann diejenigen dabei, die den fachlichen Schwerpunkt der Qualitätssicherung innehaben und ein weiterer Entwickler, der reihum diese Aufgabe übernimmt. So können im Vorfeld des Sprint Planning offene Punkte und Risiken besprochen werden, deren Ergebnis ggf. noch ins Sprint Planning mit einfließen können.

Erstellung der Releaseplanung

Product Owner entscheiden über den Umfang und den Zeitpunkt der nächsten Veröffentlichung. Oftmals gibt es Gründe dafür, dass Product Owner sich für die Bündelung von fertiggestellten Inkrementen mehrerer Sprints entscheiden. Zum Beispiel wird die Veröffentlichung mit Marketingmaßnahmen begleitet oder während eines Messetermins soll der Vorhang für die Anwesenden fallen.

Durch das iterative Vorgehen sind Product Owner dazu gezwungen, sich ständig mit dem Product Backlog und der Planung auseinanderzusetzen. Dabei sind fortwährend Entscheidungen zu treffen und Änderungen des Fahrplans aktiv zu steuern. Im Hinblick auf eine fortlaufende Entwicklung ist die Priorisierung der nächsten Schritte wichtig. Fehlt der Fokus oder die Klarheit sowie eine entsprechende Vorbereitung gerät das Team ins Stocken.

> Wir vermitteln Product Ownern immer das »Schielen« auf die nächsten zwei bis drei Sprints. So kann auf Unvorhergesehenes schnell reagiert werden und der Flow wird nicht gestört. Gleichzeitig schränkt es noch genügend ein, um sich nicht schon jetzt über Anforderungen Gedanken zu machen, die eventuell in einigen Monaten relevant sind. Soweit die detaillierte Ausarbeitung dieser kurzfristigen Ziele über die Releaseplanung funktioniert, ist auch die langfristige Planung nicht schwierig.

Sprints abbrechen

Ein seltener Fall, der jedoch in der Praxis auftreten kann, ist ein Abbruch des Sprints durch den Product Owner. Es kann durchaus sein, dass ein Sprint-Ziel irrelevant wird, da die Sprint Backlog Items nicht mehr wertstiftend sind. Eventuell sind die Anforderungen wertlos geworden, da das Unternehmen seine strategische Ausrichtung geändert hat oder die Abhängigkeiten zu Dritten die Weiterarbeit sinnlos machen, da bis auf Weiteres keine Zulieferung möglich ist.

Für uns ist die Entscheidung, den Sprint abzubrechen, immer eine Entscheidung des Scrum-Teams und diese sollte gemeinschaftlich kommuniziert werden.

Kommunikationszentrale

Mit Kommunikationsstärke und Präsenz sind Product Owner in der Lage, Menschen zu überzeugen. Hierbei agieren sie immer authentisch und vertrauenswürdig und gehen vertrauensvoll mit Informationen um.

Product Owner sind die Marktschreier für ihr Produkt. Alle mittel- und unmittelbar Beteiligten sollten wissen, was das Produkt ausmacht und welche Probleme es für Kunden und Nutzerinnen löst. Das Netzwerk von Product Ownern kann je nach Umfang der Produktverantwortung sehr groß sein. Die Pflege dieses Netzwerks ist einer der wesentlichen Erfolgsfaktoren, um die genauen Bedürfnisse zu verstehen.

Dabei ist Lobbyarbeit ebenso ein Teil der Aufgabe wie auch als Puffer zwischen Scrum-Team und Stakeholdern zu fungieren. Politik wird mithilfe der Scrum Master von Entwicklern ferngehalten, damit diese sich voll und ganz auf die Erledigung der Aufgaben konzentrieren können.

> Die Pflege des Netzwerks ist eine schwierige Angelegenheit und lässt viele Product Owner unter die Räder geraten. Als Scrum Master können Sie strauchelnden Product Ownern dabei helfen, zu entscheiden, welche Stakeholder wichtig sind und ob die Frequenz sowie der Inhalt von Meetings notwendig und zielführend ist.
>
> Achten Sie als Scrum Master darauf, dass Product Owner das *Gespräch von Angesicht zu Angesicht* bevorzugen und sich nicht hinter Ticketsystemen, Chat- oder E-Mail-Nachrichten verstecken.

3.4.2 Charakteristika

Product Owner agieren nicht nur als Kommunikationszentrale, sondern fungieren auch als Vermittlerinnen oder Multiplikatorinnen. Wir verraten kein Geheimnis, wenn wir sagen, dass es nur wenige gibt, die diese Verantwortlichkeit optimal ausfüllen und leben. Daher sollten Product Owner Menschen sein, die lernfähig sind und den Willen zur ständigen Weiterentwicklung mitbringen.

Darüber hinaus möchten wir Ihnen weitere Eigenschaften, Talente und Merkmale vorstellen, die Sie bei der Auswahl für die Besetzung der Verantwortlichkeit beachten bzw. bei der Entwicklung dieser unterstützen können. Angelehnt an [Wille 2020] halten wir folgende charakteristischen Merkmale von Product Ownern für wichtig:

- **Neugierig**
  Product Owner legen ihr Ohr auf die Schiene und sind mit Neuentwicklungen, dem Produkt-, Welt-, Markt- oder Unternehmensgeschehen vertraut. Sie interessieren sich für ihr Umfeld und die Menschen, die darin agieren. Durch ihren Wissensdurst sind sie in der Lage, Zusammenhänge schnell zu erfassen und gewinnbringend einzusetzen.
- **Gedankenschnell**
  Product Owner sind häufig dazu gezwungen, Informationen schnell aufzunehmen und zu verarbeiten. In kurzer Zeit ist zu entscheiden, was relevant und irrelevant ist. Auf dieser Basis werden Entscheidungen gefällt, wobei das Produktziel nicht aus den Augen verloren werden darf.
- **Ergebnisoffen**
  Product Owner sind meinungsstark, da sie informiert sind und über ihr Produkt am besten Bescheid wissen. Dennoch sind sie offen für Meinungen und Argumente und beharren nicht auf ihrem Standpunkt. Sie lassen sich überzeugen und validieren auf dieser Basis nächste sinnvolle Schritte.
- **Anpassungsfähig**
  Scrum bringt eine Flexibilität mit sich, die auch Product Owner benötigen. Egal ob Bewegungen im Scrum-Team, in der Organisation oder am Markt – es gibt laufend etwas, auf das mit Anpassung zu reagieren ist. Sobald jedoch die Autonomie gefährdet ist, Hindernisse im Weg stehen oder politische Spielchen getrieben werden, machen Product Owner dies durch direkte Ansprache transparent.
- **Auskunftsfähig**
  Product Owner sollten zu jeder Zeit Kenntnis sowohl über das Produkt als auch den Entwicklungsstand haben. Egal ob ein kleines Detail, die Frage nach den nächsten Schritten oder die Entwicklung in zwei Jahren, Product Owner können Auskunft geben und sorgen für eine aussagekräftige Transparenz der nächsten Schritte, z.B. durch die Visualisierung der Releaseplanung.
- **Nachhaltig**
  Product Owner sind sich ihrer Verantwortung bewusst und können die Auswirkungen ihrer Entscheidungen gut einschätzen. Dabei achten sie auf die direkten Teammitglieder, die Organisation und den Planeten als Ganzes. Dies kann von Ehrlichkeit gegenüber den Entwicklern über Investitionsentscheidungen des Produkts bis hin zum ressourcenschonenden Einsatz von Produktbestandteilen gehen.

- **Resilient**
  Product Owner müssen viele »Krisen« aushalten. Sie besitzen die emotionale Reife, Stress als Herausforderung zu sehen, und akzeptieren Situationen, wie sie sind. Ihre Widerstandsfähigkeit macht es ihnen möglich, langfristig zu denken und konstruktive Lösungsansätze beizutragen.
- **Positiv**
  Bei all der Verantwortung und Professionalität darf der Sinn für Humor nicht fehlen. Product Owner sind Teil eines Teams, einer Einheit, die alles miteinander teilt – Erfolge, Misserfolge, Spaß oder Trauer. Die Ausstrahlung von Positivität und Energie ist ein menschliches Merkmal, das den Beteiligten die Kraft für die herausfordernde Arbeit an komplexen Problemen gibt.

Neben diesen Merkmalen möchten wir zwei Aspekte besonders herausstellen, da wir sie nicht nur selten antreffen, sondern weil sie auch wichtig für den Erfolg sind: die Eigenschaft, Menschen zu begeistern und sich gleichzeitig von der eigenen Begeisterung zu distanzieren.

Product Owner sollten in der Lage sein, Widersprüchen standzuhalten. Es ist z.B. auf der einen Seite wichtig, sich vollkommen dem Thema hinzugeben und gleichzeitig Abstand zu wahren. Oder sich gemeinsam nach erfolgreicher Lieferung eines Inkrements auf die Schulter zu klopfen und gleichzeitig zu wissen, dass diese Funktion nach drei weiteren Sprints nicht mehr benötigt wird.

Als Scrum Master können Sie Product Ownern coachend zur Seite stehen, um z.B. Widersprüche aufzudecken oder diese aushalten zu können. Soweit es sinnvoll ist, sorgen Sie dafür, dass mit Widersprüchen offen umgegangen wird.

Vorbild sein

Product Owner sollten selbstbewusst auftreten und entscheidungsstark agieren, ohne jemandem die eigene Meinung aufzudrängen. Sie sollten als CEO für ihr Produkt Menschen mitreißen und für ihr Vorhaben begeistern können. Als Stimme der Kunden oder Stakeholder sind Sie in der Lage, die Teammitglieder zu begeistern und sich auf den Weg in Richtung Produktziel zu machen. Dieses Ziel hat ein Product Owner immer im Kopf und navigiert so das Scrum-Team durch stürmische Gewässer. Dazu braucht es nachhaltige Entscheidungen, Klarheit für die Beteiligten und eine Ausstrahlung von Präsenz sowie Positivität.

Abb. 3–14
Product Owner als Richtungsweisender

Eng mit den Werten und Charaktereigenschaften der Person sind die Führungseigenschaften verknüpft. Ein Product Owner sollte aus seinem Inneren heraus die Führungsrolle leben. Auf der personellen Ebene sollte er durch Wort und Tat sein Team an sich binden und alles dafür tun, dass seine Vorstellung vom Produkt wahr wird. Er lenkt alle in die richtige Richtung und nimmt, in Zusammenarbeit mit allen aus dem Scrum-Team, die Unterstützung zur Erreichung der Ziele an. Für sein Handeln übernimmt er Verantwortung.

Ja!-Sagen

Es ist im Grunde eine leichte Aufgabe, Vorgesetzten oder Mitarbeitenden ein »Ja!« zu entgegnen. Menschen sind so konditioniert, dass sie unterstützen möchten. Vielen Product Ownern wird jedoch häufig empfohlen, dass Sie »Nein-Sagen« sollen. Wir sind jedoch der Meinung, dass dies eine falsche Haltung ist. In vielen Organisationen werden Product Owner überschwemmt von Anfragen. Dies ist jedoch eher eine Dysfunktion in der Organisation und sollte in die Unternehmenskultur aufgenommen werden.

Product Owner mit einem klaren Ziel vor Augen und dem Wissen über die nächsten Schritte können sich und andere leicht durch Anfragen navigieren. Sie sind in der Lage, die nächsten Schritte aufzuzeigen und die Strategie zu erläutern, mit der sie das Ziel erreichen möchten. Sie zeigen also vor allem den Weg auf, der zu gehen ist, als andere mit einem »Nein!« abzuschmettern.

> Product Owner sollten ebenso wie Scrum Master Fragen als Werkzeug benutzen, um die Gegenseite besser zu verstehen oder diese zum Nachdenken zu bringen:
>
> - *»Vielen Dank, ich höre heraus, dass dies wichtig für dich ist. Hilfst du mir dabei, den Wert genauer zu verstehen?«*
> - *»Ich finde die Idee gut. Sie ist jedoch sehr teuer. Welche Alternative wäre noch denkbar?«*
> - *»Ich habe noch nicht ganz verstanden, warum es nicht ausreichend gut funktioniert. Kannst du mir bitte auf die Sprünge helfen?«*
> - *»Was würdest du tun, wenn wir deine Anforderung nicht umsetzen?«*
> - *»Nachdem ich dir jetzt unsere Prioritäten vorgestellt habe, für wie relevant hältst du die Umsetzung deiner Anforderung im nächsten Sprint?«*
> - *»Welches Problem löst deine Anfrage genau? Ist es wichtiger als die Dinge, die wir schon auf unserer Liste an Anforderungen haben?«*

Erreichbar sein

Kennen Sie Führungspersonen, die nicht sichtbar sind und Ihnen somit das Gefühl vermitteln, es gibt Wichtigeres zu tun, als sich mit Ihnen oder Ihren Themen auseinanderzusetzen? Wenn diese nicht sichtbar sind, können sie auch nicht anführen. Daher sind Product Owner durch ein gutes persönliches Zeit- und Aufgabenmanagement in der Lage, jederzeit ansprechbar für die unterschiedlichen Anforderungsgruppen zu sein. Product Owner stellen sicher, dass der Arbeitsfluss der Entwickler durch sie nicht gestört wird, und sorgen proaktiv für Informationen.

Distanziertheit zum Produkt

Vielleicht hatten Sie beim Lesen der Überschrift zuerst eine kleine Irritation. Product Owner sollten doch für ihr Produkt brennen und sich um ihr »Baby« rund um die Uhr kümmern. Ähnlich wie Scrum Master dissoziiert zu den Themen ihrer Coachees oder Teams sein sollten, ist auch für Product Owner diese Eigenschaft von Bedeutung. Product Owner sollten in der Lage sein, »ihrem Baby« den Todesstoß zu geben. Was sich nach einem schrecklichen Szenario anhört, ist leider sinnbildlich gesprochen die Realität. Es kann auch sein, dass alle Zeichen dafür sprechen, dass die Arbeit an einem Produkt beendet werden muss.

Daher ist die Distanz zum Produkt wichtig. Während ein Baby rund um die Uhr Aufmerksamkeit benötigt, ist der Abstand zum Produkt möglich. Diese Distanz ist häufig wichtig, um einen anderen Blickwinkel einnehmen zu können, um das Produkt kontinuierlich weiterentwickeln zu können.

> Die Produktentwicklung beinhaltet das Verwerfen von guten sowie schlechten Ideen. Es sind Entscheidungen zu treffen, die eigenen Wünschen oder Erwartungen anderer widerstreben und sich nicht gut anfühlen. Wenn keine Distanz zur Sache gewahrt wird, sind falsche Produktentscheidungen oder das Überhören von kritischen Stimmen eine Konsequenz.
>
> Helfen Sie als Scrum Master dabei, dass Product Owner sich und ihr Produkt immer wieder hinterfragen. Zeigen Sie wenn nötig Wege auf, die einen distanzierten Blick ermöglichen. Ein persönliches Gespräch mit dem Product Owner oder die Befragung von Stakeholdern kann oftmals schon helfen.

3.4.3 Häufige Herausforderungen

Die folgenden Beispiele machen deutlich, welche Fallstricke entstehen, wenn man sich nicht ausreichend Gedanken über die Besetzung und Unterstützung des Product Owners macht. Roman Pichler hat sich intensiv mit Product-Owner-Fehlern auseinandergesetzt und diese in einem Artikel [URL:Pichler a] niedergeschrieben. Aus der eigenen Praxis kennen wir viele Hürden, die es zu überwinden gilt. Nachfolgend sind einige ausgewählte Beispiele angeführt, die uns häufig vor Herausforderungen gestellt haben.

Auf ein Wort

Casper und Finn waren am Nachmittag zum Kaffeetrinken verabredet. Als Finn Casper auf sich zukommen sah, merkte er schon, dass irgendwas nicht stimmte. Darauf angesprochen entgegnete Casper ihm: »Ach, ich habe etwas entschieden, wofür ich gerade Rede und Antwort stehen musste.« Nachdem Finn sich die Geschichte von Casper in Ruhe angehört hatte, versuchte er es mit aufmunternden Worten und einer Anekdote: »Weißt du, bei meinem letzten Scrum-Tisch-Besuch, einem lokalen Zusammentreffen von Scrum-Interessierten, klagte ein Product Owner ihr Leid. Sie erzählte, dass sie für den Unternehmensauftritt zuständig war und mit einem Scrum-Team daran arbeitete. Wie so oft war in diesem Fall auch die Marketingabteilung für das Thema zuständig und beanspruchte gleichzeitig die Hoheit über das Produkt Unternehmenswebsite. Sie erzählte, dass es im Alltag ein täglicher Kampf war, da nicht nur die Mitarbeiterinnen aus dem Marketing an ihr zerrten, sondern auch der CPO, dem das Marketing unterstellt war. Dieser mischte sich so sehr in die operativen Aufgaben auf tiefster Ebene ein, dass sie als Product Owner eigentlich nur noch umzusetzen versuchte, was ihr von »oben« gesagt wurde. Sie hatte also gar keine Entscheidungsgewalt über das Produkt und fühlte sich eher als Anforderungsmanagerin, die Anforderungen aufnahm und an die Entwickler weiterreichte. Sie wusste keinen Ausweg mehr und bat daher die am Scrum-Tisch Teilnehmenden um Rat, wie sie diese Situation verändern könne.« Finn fuhr fort: »Du siehst also, es geht noch schlimmer.« Casper, der aufmerksam zugehört hatte, nickte zustimmend und hakte nach: »Welche Tipps hat sie denn erhalten?« Finn zog sein Mobiltelefon aus der Tasche und sagte: »Ich habe das Flipchart fotografiert, also …

… zuerst sollte die Situation mithilfe des Scrum Masters zur Sprache gebracht werden.

… vom Product Owner nach eigenen Verbesserungspotenzialen geforscht werden.

… geklärt werden, ob sie das Vertrauen der Stakeholder genießt.

… ist deutlich zu machen, dass Marketing und der CPO auch nur einige von vielen Stakeholdern sind.

… ist deutlich zu machen, dass die aktuelle Situation nicht der Verantwortlichkeit gerecht wird und somit der Product Owner hinter den Möglichkeiten bleibt.

… ist die Frage zu stellen, wie der Product Owner und der Rest des Teams in die Lage versetzt werden, eigenverantwortlich Entscheidungen zu treffen.

… könnte die Überlegung sinnvoll sein, jemanden aus der Marketingabteilung ins Team aufzunehmen.

… ist zu klären, dass …«

Finn wollte gerade die nächste Idee ansprechen, da sprang Casper auf und sagte: »Ich muss ins nächste Meeting!« Er bedankte sich bei Finn für den Austausch und bemerkte beim Gang zum Meetingraum, dass seine schlechte Laune verflogen war.

Fehlende Product Ownership

Was wir in der Praxis häufig sehen, ist, dass ein Großteil der Backlog Items nicht akzeptabel ist. Sei es, dass Product Owner mit unklaren Anforderungen aufwarten, der Detaillierungsgrad fehlt oder wichtige Sachverhalte vor dem Sprint Planning nicht geklärt wurden.

Viele Product Owner involvieren die Entwickler zu selten und nutzen damit eine der Informations- und Wissensquellen als wichtigen Teil der Ausarbeitung nicht. Häufig fehlen auch die Akzeptanzkriterien, sodass Product Owner erst durch Fragen im Sprint Planning feststellen, dass Backlog Items zu groß sind. Ein nützliches Werkzeug, das dabei unterstützt, dass Entwickler die Backlog Items im Sprint Planning akzeptieren, ist die »Definition of Ready« (siehe Abschnitt 4.1.2). In ihr werden Kriterien festgelegt, die den Eintritt in das Sprint Backlog (siehe Abschnitt 5.1) regeln. Das Pendant dazu ist die »Definition of Done« (siehe Abschnitt 4.1.2).

Wir sehen in der Praxis oftmals den Fall, dass Scrum-Teams gar nicht erkennen, welchen Schaden sie ihren Produkten zufügen. Häufig wird lediglich der Product Owner als die Person im Scrum-Team verstanden, die die Anforderungen verfasst.

Sorgen Sie von Anfang an dafür, dass die Pflege des Product Backlog (siehe Abschnitt 4.2) Aufgabe des gesamten Scrum-Teams ist, und prüfen Sie gemeinsam, ob die Aktivitäten und Anforderungen auf das Produktziel einzahlen.

> Product Ownership ist die geteilte Übernahme von Verantwortung aller im Scrum-Team. Strategische Entscheidungen, Kundenfeedback oder das gemeinsame Erarbeiten von Lösungen für die Kunden oder Nutzerinnen sind Aufgabe des Scrum-Teams. Es sollte daher für jeden wichtig sein, welche Bedürfnisse die Stakeholder haben und wie ihre Arbeit auf diese Bedürfnisse einzahlt. Die Moral eines Scrum-Teams zeigt sich gerade durch die gemeinsame Product Ownership und durch die kollaborative Arbeit am Produkt.
>
> Bringen Sie Product Owner und Entwickler zusammen, damit alle herausfinden und daran beteiligt sind, den wertstiftenden Beitrag für das Produkt zu erhöhen.

Fehlende Proaktivität

Durch die umfangreichen Aufgaben eines Product Owners geht der Fokus im Alltag oftmals verloren. Die Mannigfaltigkeit der Aufgaben führt häufig dazu, dass essenzielle Tätigkeiten wie beispielsweise das Management des Product Backlog oder die Marktanalyse in den Hintergrund geraten. Dies wird nicht nur dadurch ersichtlich, dass Termine nicht vorbereitet sind oder der Product Owner den ganzen Tag in Terminen verbringt. Häufig fangen die Product Owner in diesen Fällen an, Ausreden zu erfinden, Termine zu verschieben und fallweise zu reagieren, statt proaktiv zu agieren.

Auch wenn es merkwürdig klingen mag: Product Owner sollten in der Lage sein, Aufgaben überhaupt aktiv wahrzunehmen. Product Owner sollten für das Scrum-Team verfügbar sein und nicht mit Abwesenheit oder Ausreden glänzen. Diese Dysfunktion erzeugt Demotivation bei den Entwicklern und oftmals auch Unterbrechungen im Arbeitsfluss.

> Sobald Sie als Scrum Master spüren, dass der Fokus verloren geht, suchen Sie das Gespräch und finden Sie heraus, was die Ursache für das Verhalten ist. Manchmal lässt sich so ein Problem durch kleinere Hilfestellungen in Sachen Arbeitsorganisation auflösen. Es kann aber auch ein größeres Hindernis sichtbar werden, das umgehend in Ihren Fokus als Scrum Master rücken sollte.

Entwickler auslasten

Aus der »alten Welt« kommend, erleben wir nicht selten, dass Product Owner sich verantwortlich für die Beschäftigung oder Auslastung der Entwickler fühlen. Oder es kommt von der Seite der mahnende Einwurf von »oben«. Dann kann es passieren, dass z.B. Entwickler schon einmal an Funktionalitäten arbeiten, die erst zu einem viel späteren Zeitpunkt geplant waren, da die aktuellen Aufgaben fachlich nur von anderen Entwicklern übernommen werden können.

Product Owner geben genauso wenig das »Wie« vor, wie sie sich auch nicht um die Auslastung der Teammitglieder kümmern. Sie führen über das Vorangehen, über Klarheit und Transparenz sowie über Teilziele oder das Produktziel.

> Sorgen Sie als Scrum Master dafür, dass die Selbstverwaltung des Scrum-Teams nicht beeinträchtigt, sondern akzeptiert wird. Die Entwickler sind für die Lösung der Anforderungen verantwortlich und somit für die Organisation der anfallenden Tätigkeiten.

Fehlende Erfahrung

Gerade bei Product Ownern, die neu anfangen, ist ein Scrum Master gefordert, unterstützend mitzuwirken. Hier wird häufig der Grundstein für die zukünftige Zusammenarbeit und den Erfolg des Scrum-Teams gelegt. Dabei helfen oftmals einfache situationsbedingte Variationen der Fragestellungen durch den Scrum Master, um Hilfestellungen zu leisten:

- **Alles ist wichtig**
  Alles, was im Backlog steht, ist wichtig, das stimmt. *Doch was ist wichtiger bei einer langen Liste von Backlog Items? Was soll als Erstes gemacht werden? Welche Anforderungen erfüllen am ehesten die aktuellen Geschäftsinteressen oder führen zum schnellen ROI?* Mit Fragen ist es möglich, Product Owner zum Nachdenken anzuregen, statt ein »Alles ist gleich wichtig« als Antwort zu akzeptieren.

- **Anforderungen deutlich machen**
  Business-Anforderungen verständlich zu machen und auf eine Art zu artikulieren, die jeder versteht, ist nicht einfach. Ein Product Owner sollte dies jedoch können, wenn er die Frage beantworten möchte, warum Tausende von Euros in die Entwicklung des Produkts investiert werden sollen. Daher ist auch die Frage nach der Priorität individueller Backlog Items gestattet und eine gute Unterstützung, um Product Owner zum Nachdenken anzuregen: *Warum steht das erste Backlog Item ganz oben (und nicht das zehnte)? Würdest du selbst in das Produkt investieren?*
- **Das große Ganze sehen**
  Es ist essenziell, das ganze Bild zu erfassen. Die losgelöste Betrachtung von Teilbereichen und kurzfristiger Aktionismus führen nicht zu einem lang anhaltenden Erfolg. Einerseits haben erfolgreiche Product Owner ein Eigeninteresse, Entscheidungen auf den Austausch mit internen und externen Quellen zu stützen, andererseits ist es manchmal nützlich, darauf hinzuweisen, welche Implikationen diese oder jene Entscheidung mit sich bringen würde: *Welchen Beitrag hat die Umsetzung dieser Anforderung zum Produktziel? Werden wir damit unserem Qualitätsanspruch und Kundenversprechen gerecht? In welchem Maß beeinflusst dies unsere Kennzahlen?*
- **Produktentscheidungen verteidigen**
  Gerade junge Product Owner sollten sich erst ein Ansehen im Unternehmen verschaffen. Essenziell wichtig dabei ist, zum eigenen Handeln und zu den eigenen Entscheidungen zu stehen. Wir haben oft erlebt, dass viele den Vertrauensvorsprung früh einbüßen, wenn sie sich verbiegen lassen. Am Ende sind sie es, die für die Konsequenzen einstehen müssen. Daher ist es wichtig, nur dann Zugeständnisse zu machen, wenn diese persönlich zu vertreten sind.
- **Mitwirkung verhindern**
  Viele Product Owner versuchen sich am Anfang dadurch abzugrenzen, dass nur sie die Erstellung von Product Backlog Items und Akzeptanzkriterien übernehmen. Diese Aufgabe sollte jedoch frühzeitig an alle Teammitglieder übergehen, indem klare Regeln für die Erstellung und Pflege definiert werden.

> Wir sind nicht nur im Falle eines jungen Product Owners der Meinung, dass ein Scrum Master und ein Product Owner eine Einheit bilden sollten. Damit kann man nicht nur eine sehr gute Zusammenarbeit aller im Scrum-Team erreichen, sondern sich auch gegen auftretende Schwierigkeiten wappnen.

Ich entscheide, ihr setzt um

Product Owner sind einem ständigen Druck ausgesetzt. Es gilt, hohe Erwartung zu erfüllen, Klarheit zu schaffen oder ein erfolgreiches Produkt auf die Beine zu stellen. Dieser Druck kann gerne auch einmal zur Abgrenzung führen, und die Tendenz steigt, dass Stakeholdern Ideen aufgezwungen werden, anstatt ihnen zuzuhören, oder dass Entscheidungen alleine ohne die Entwickler getroffen werden mit der Erwartung, dass die Entwickler diese Entscheidungen schnellstmöglich zur Realität werden lassen.

> Egal ob Product Owner neu in der Verantwortlichkeit fungieren oder als Mensch so »ticken«, Sie müssen sich als Scrum Master darum kümmern. Es gilt, das Gespräch zu suchen und diese Denkweise und das Verhalten schnellstmöglich zu beenden. Nehmen Sie der Person die Last von den Schultern und bieten Sie die Verteilung auf viele Schultern – dem Scrum-Team – an.

In Kapitel 6, das wir der verteilten Arbeit von Scrum-Teams gewidmet haben, werden die drei Verantwortlichkeiten erneut in Augenschein genommen (siehe Abschnitt 6.3).

Zu diesem Schwerpunkt finden Sie die Checkliste »Worauf ein Scrum Master bei einem Product Owner achten sollte« unter *link.scrum-in-der-praxis.de/checklisten*.

Weiterführende Empfehlungen zum Kapitel und Thema »Scrum-Team« stellen wir unter *link.scrum-in-der-praxis.de/empfehlungen* zur Verfügung.

4 Die Arbeit im Scrum-Team

Bevor ein Scrum-Team mit der Entwicklung starten kann, sind im Vorfeld neben der Zusammenstellung des Teams noch zahlreiche weitere Fragen zu klären. Vieles spielt sich dabei vor allem im Aktionsbereich des Scrum Masters und Product Owners ab, die einen sehr wichtigen Beitrag für einen vernünftigen Start leisten. Wir haben die Erfahrung in der Praxis gemacht, dass nicht nur der Beginn, sondern auch die weitere Durchführung eines Projekts im Wesentlichen von dieser soliden Vorbereitung abhängen. Für den Start wählen wir daher die Form eines Kick-offs (siehe Abschnitt 4.1), der für die umfängliche Einstimmung auf das Projekt sehr wertvoll ist und in dem auch ein paar Grundlagen für die gemeinsame Arbeit festgelegt werden. Auf diese Vorphase gehen viele agile Methoden und auch der Scrum Guide nicht ein. Sie erhalten in diesem Buchabschnitt einige Ideen und praktische Hinweise, um Scrum-Teams für die bevorstehenden Aufgaben vorzubereiten.

Nachdem wir uns diesem nicht offiziellen Scrum-Bestandteil gewidmet haben, werden wir genauer auf die Arbeit mit dem Product Backlog eingehen (siehe Abschnitt 4.2). Es geht uns hier vor allem um die praktische Arbeit, vom strukturellen Aufbau bis hin zur Arbeit mit Bedürfnissen von Anwendern (User Stories).

Sobald sich das Product Backlog langsam füllt, ist meist eine Einschätzung bezüglich der Komplexität der anstehenden Anforderungen gefragt. Daher tauchen wir in Abschnitt 4.3 in das Themengebiet Schätzungen ein und beleuchten es genauer. In diesem Teil liegt der Fokus auf unterschiedlichen Schätzverfahren, die sowohl zu Beginn als auch während eines laufenden Projekts angewandt werden können. Zudem werden zahlreiche Tipps gegeben, genügend aussagekräftige Schätzungen zu erzielen. Um überhaupt Aussagen über komplexe Anforderungen und Problemstellungen machen zu können, führen wir mit unserem Scrum-Team ein Backlog Refinement durch (siehe Abschnitt 4.4). Mithilfe dieser sich wiederholenden Arbeitstermine werden die Details von Anforderungen besprochen und das Product Backlog sowie der Releaseplan angepasst.

Ebenso wie das Backlog Refinement kein offizielles Scrum-Event ist, ist auch der Releaseplan kein offizielles Artefakt. Wir stellen Ihnen in Abschnitt 4.5 die Releaseplanung zu Beginn und während des laufenden Projekts vor.

4.1 Vor dem Start

Bitte anschnallen und die Sicherheitsgurte schließen!

In zwei Wochen sollte es endlich losgehen. Casper, Finn, Sergio und Jordi waren bereits vor Ort, Lara war momentan noch in einem anderen Projekt gebunden. Alva und Mina würden erst zwei Tage vor dem eigentlichen Start zum Team stoßen, um an der initialen Schätzung des Product Backlog teilzunehmen.

Um sicherzustellen, dass die Entwickler am ersten Tag des ersten Sprints wirklich mit der Implementierung starten können, trafen sich alle bereits Anwesenden und überlegten sich, welche Voraussetzungen für einen guten Start in den ersten Sprint erfüllt sein müssten. Dabei kamen erstaunlich viele Dinge ans Licht, um die sie sich in den folgenden zwei Wochen kümmern wollten. Das Spektrum reichte vom Zugang zum Gebäude über die Ausstattung des Teamraums und der Arbeitsplätze bis hin zu den Entwicklungsumgebungen und Serverlandschaften.

Die Anwesenden erstellten ein simples →Scrum-Board an der Wand und schrieben für alle zu erledigenden Dinge Taskkarten. Das Team traf sich ab sofort täglich vor dem Scrum-Board zu einem Daily Scrum und arbeitete die Punkte sukzessive ab. Als Alva und Mina später dazustießen, sprachen sie den anderen ein großes Lob aus: Sie seien noch nie in ein so gut vorbereitetes Team gekommen.

Wenn ein neues Projekt beginnt, muss sich ein Scrum-Team die Projektumgebung oft selbst organisieren oder doch zumindest sicherstellen, dass sie den eigenen Ansprüchen genügt. Gerade bei Scrum-Projekten soll das Scrum-Team gleich mit dem ersten Sprint Funktionalität implementieren und sich nicht noch mit organisatorischen Herausforderungen herumschlagen müssen, die vorher hätten erledigt werden können. Trotzdem sind wir immer wieder überrascht, wie schlecht vorbereitet manche Teams in ihren ersten Sprint geschickt werden. Dabei ist es doch ganz einfach – es wird vor dem ersten Sprint etwas Zeit für diese Tätigkeiten eingeplant. Zum Üben kann diese vorgelagerte Zeit sogar wie ein Sprint organisiert werden.

In manchen Organisationen wird diese Phase auch als »Sprint Zero« bezeichnet. Wir verzichten hier auf diese Bezeichnung, da es sie im Scrum Guide nicht gibt. Der Scrum Guide sieht diese Arbeiten als Bestandteil des Sprints. Wie auch immer man die Phase nennt, wir halten sie in einigen Fällen durchaus für sinnvoll, z.B. wenn es darum geht, die Arbeitsumgebung so einzurichten, dass ein Scrum-Team schnellstmöglich produktiv arbeiten kann.

In dieser Phase wird die Umgebung und der erste Sprint so vorbereitet, dass man mit dem Startschuss zu Sprint 1 mit der Implementierung von Funktionalität beginnen kann. So vermeidet man die üblichen Herausforderungen, beispielsweise dass man keinen Zugang zum Entwicklungsserver hat, dass ein Entwickler gerne einen zusätzlichen Monitor hätte, dass die Stühle im Projektraum Rückenschmerzen verursachen usw. Je nach Unternehmen und technischem Umfeld sieht diese Phase jedes Mal etwas anders aus.

Auch ein Kick-off-Workshop (vgl. Abschnitt 4.1.1) oder Anforderungsworkshops (vgl. Abschnitt 4.2.2) können gemeinsam in diesem Zeitraum organisiert werden, sofern diese Themen nicht schon vom Scrum Master angegangen wurden.

Obwohl es nun strammen Schrittes auf den tatsächlichen Entwicklungsstart zugeht, gilt es noch ein paar Voraussetzungen zu schaffen, damit man am ersten Tag des ersten Sprints auch tatsächlich mit dem Sprint Planning starten kann.

4.1.1 Kick-off

Der Startschuss fällt

Alle waren schon gespannt auf diesen Tag, auf den sie seit Bekanntwerden des Projekts gewartet hatten. Er sollte mit einem Kick-off-Event starten, für das Finn ein gemeinsames Frühstück mit allen Teilnehmenden organisiert hatte. Neben dem Scrum-Team hatte er auch in Absprache mit Casper eine Reihe weiterer am Projekt beteiligter Personen aus dem Management und aus den Abteilungen eingeladen.

Nachdem alle genügend Zeit hatten, sich zu stärken und sich kennenzulernen, trommelte Finn alle zum Start des Workshops zusammen. Nach der Vorstellung der Agenda durch Finn und der Vereinbarung der Verhaltensregeln während des Kick-offs kam Casper an die Reihe und begann mit der Vorstellung seines Produktziels.

Casper erzählte eine Geschichte einer Konferenzteilnehmerin, die während ihres Konferenzbesuchs auf gewisse Hürden bei der Auswahl und Bewertung von Vorträgen stieß. Casper goss diese Geschichte unter Zuhilfenahme von Nutzerbefragungen, Auswertungen vergangener Konferenzen und tollen Produktideen in ein motivierendes Produktziel. Alle klatschten begeistert nach seinem halbstündigen Vortrag.

Nachdem erste Fragen geklärt worden waren, war Finn an der Reihe. Er sprach im Detail über das Projektumfeld, die Projektbeteiligten und ihre Verantwortlichkeiten. Er informierte über die Arbeit des Teams mit Scrum im Allgemeinen und die Bedeutung für alle Beteiligten im Besonderen. Vor allem war ihm dabei wichtig, Herrn Hold als ihren Auftraggeber zu überzeugen und sich seiner Unterstützung für das Scrum-Team gewiss zu sein. Zudem wollte er mit dem umfassenden Bild auch diejenigen aus der Firma gewinnen, die bisher eher mit Argwohn auf die Entwicklungsabteilung blickten.

→

Nach ca. drei Stunden, in denen alle Zeit hatten, sich kennenzulernen, die mobile Konferenz-App nun schon vor ihrem geistigen Auge klarer sehen konnten und ein Ausblick auf die kommenden Schritte gegeben wurde, trennte man sich dankend von allen, die nicht zum Scrum-Team gehörten. Nach einer gemeinsamen Mittagspause ging es nun im zweiten Teil des Tages um die Besprechung der teaminternen Aspekte. Finn hatte sich gut vorbereitet, und die Liste der zu besprechenden Themen war lang …

Auch ein Scrum-Team sollte immer mit einem Kick-off-Workshop starten. Vom Scrum Master ist abzuwägen, in welcher Tiefe und Breite der Termin durchgeführt wird. Dies hängt z.B. von den Rahmenbedingungen des Projekts ab: Wie tiefgehend ist das Verständnis von Agilität bei den Beteiligten und im Unternehmen verankert, wie hoch ist der Professionalisierungsgrad des Scrum-Teams in puncto Scrum oder fachlicher Qualifikation, wie prestigeträchtig oder wichtig ist das Projekt für das Management bzw. Unternehmen oder wie zeitlich aufwendig ist das Unterfangen? All diese Punkte sind mit in Betracht zu ziehen, wenn es um die Ausgestaltung eines Kick-offs geht.

Es ist nicht ungewöhnlich, den Workshop durch verschiedene Teil-Workshops vorzubereiten. Denkbar sind eine Scrum-Schulung für die Teammitglieder und Stakeholder oder die gemeinsame Entwicklung des Produktziels. Dafür bietet sich die Projektvorphase (siehe Abschnitt 4.1) an. Ein Kick-off-Termin kann von einem halben Tag bis zu einer Woche oder länger dauern [LarsenNies 2012].

Bereiten Sie den Kick-off gut vor und überlegen Sie sich den Ablauf und gewünschten Kreis der Teilnehmenden frühzeitig. Sammeln Sie zu klärende und festzulegende Punkte mit den Stakeholdern und den Teammitgliedern ein und verschicken Sie diese am besten mit der Agenda, damit sich alle im Vorfeld eine Meinung bilden können.

Produktziel

Essenziell für das Kick-off ist das Vorhandensein des Produktziels. Wie Stephen Covey in seinem Buch [Covey 2004] beschreibt: »Begin with the end in mind«, sollte man immer mit einer klaren Vorstellung von dem starten, was am Ende erreicht werden soll. Roman Pichler schlägt als Einstieg in ein Projekt die Erstellung eines Produktkonzepts vor, in dem die Bedürfnisse des Kunden, die Herausstellungsmerkmale und Ziele beschrieben werden [Pichler 2008]. Aus einem solchen Konzept ist die Ableitung eines Produktziels leicht möglich, da die wichtigsten Komponenten genau unter die Lupe genommen werden. Es gibt diverse Ansätze, ein Produktziel zu entwickeln, wie Roman Pichler oder Boris Gloger in ihren Büchern berichten [Pichler 2008; Pichler 2014; Gloger 2008].

Abb. 4–1
Das Produktziel immer im Fokus

Das Produktziel bildet für alle Beteiligten eine Orientierung und fokussiert das Team, um sich auf das Wesentliche zu besinnen. Das Produktziel gibt den Teammitgliedern einen Grund, ihr Commitment ganz dem Erreichen des Ziels zu widmen und gemeinschaftlich zusammenzuwirken.

Unterstützen Sie als Scrum Master den Product Owner so, dass er gut vorbereitet in das Kick-off geht und alle Anwesenden von seinem Produktziel zu überzeugen weiß. Sie verpassen viel, wenn Sie die Menschen in diesem Moment nicht für das Projekt begeistern können.

Erarbeiten Sie zusammen mit dem Scrum-Team das Produktziel oder lassen Sie den Product Owner es im Vorfeld teamintern präsentieren und mit den Entwicklern diskutieren bzw. verfeinern.

Impact Mapping

Ein hilfreiches Mittel, um zu einem Produktziel zu gelangen, ist die Erstellung einer →Impact Map. Diese Mindmap, die gemeinsam durch das Scrum-Team und die Stakeholder erstellt wird, ist ein erster guter Schritt, um ein gemeinsames Verständnis vom Endergebnis zu erhalten.

Scrum Master und Product Owner können so mit einem gut vorbereiteten Workshop die folgenden Fragen klären:

1. ***Warum*** führen wir das Projekt durch? (Produktziel)
2. ***Wer*** wird durch das Projekt beeinflusst? (Akteure)
3. ***Wie*** wirkt sich das Produktziel auf die Verhaltensweisen der Akteure aus? (Auswirkung, engl. Impact)
4. ***Was*** müssen wir entwickeln, um die gewünschten Verhaltensweisen zu erreichen? (Maßnahmen)

In einer Impact Map werden die einzelnen ermittelten Funktionen mit dem Produktziel verknüpft. Die Übersicht hilft dabei, ein gemeinsames fachliches Verständnis aller Beteiligten zu erreichen und einen Überblick über das zu entwickelnde Produkt zu bekommen.

Impact Mapping dient bei neuen Projekten zum Sammeln von Ideen, die dann vom Product Owner in eine Reihenfolge gebracht und in Backlog Items überführt werden. Normalerweise beginnt dieser Prozess mit dem *Warum?* und endet beim *Was?*, den einzelnen Features. Sollte jedoch bereits eine Ansammlung an Ideen oder Feature-Wünschen vorhanden sein, wird der Prozess der Erarbeitung umgedreht. Für jedes Feature wird dann die Frage beantwortet: »*Wenn dieses Feature umgesetzt wird, welches Verhalten wird dann bei den Akteuren (Wer?) verändert (Wie?)?*« und: »*Warum ist diese Verhaltensänderung wichtig?*« *(Warum?).*

> Das Ergebnis und die gewonnenen Schlussfolgerungen einer Impact Map können am Ende in eine →Story Map übertragen werden (vgl. Abschnitt 4.2.4).
>
> Wenn Sie mehr zu Impact Mapping erfahren möchten, empfehlen wir Ihnen das Video vom Erfinder Gojko Adzic zum Thema [URL:Adzic].

Ziele

Egal wie das Projekt-Setup aussieht, Ziel des Workshops ist es, dass am Ende alle Beteiligten die gleiche Sprache sprechen und Regeln sowie Erwartungshaltungen klar kommuniziert sind. An dem Termin sollten alle teilnehmen, die etwas mit der Ausführung zu tun haben oder in einer anderen Art und Weise involviert sind. Im Vordergrund stehen dabei für:

- **das Scrum-Team**
  - das Verständnis des Produktziels, der Anforderungen, Risiken, Teamregeln und der Rahmenbedingungen und für
- **die Stakeholder**
  - alle notwendigen Informationen, um daraus Entscheidungen zum Projekt ableiten und treffen zu können.

Hinzu kommt, dass sich alle Projektbeteiligten kennenlernen und der Termin einen Impuls für den Start des Projekts setzt.

Neben diesem informellen Teil ergänzen wir das Kick-off um einen praktischen Teil, in dem wir beispielsweise Artefakte erarbeiten und Arbeitsvereinbarungen treffen.

> Wenn Sie als Scrum Master ein Scrum-Team komplett neu übernehmen, lernen Sie Ihr Team und die Anforderungen kennen, die es an ein Scrum-Projekt hat. Setzen Sie sich mit den Teammitgliedern zusammen und klären Sie, was für sie ein erfolgreiches Projekt ausmacht. Durch den gemeinsamen Austausch erlangen Sie nicht nur ein gutes Gespür dafür, wo Sie auf dem gleichen Nenner liegen, sondern auch, wo es noch Klärungsbedarf gibt.

Vorbereitung

Um richtig in die Vorbereitung einsteigen zu können, gibt es viele Fragen für die Planung zu klären. Voraussetzung, dass überhaupt darüber nachgedacht wird, ein Kick-off durchzuführen, ist laut Diana Larsen und Ainsley Nies [LarsenNies 2012] die Klärung, dass es

- einen Projektsponsor,
- einen Product Owner,
- ein Geschäftsszenario, das benannt werden kann,
- ein Projektbudget sowie
- eine klare Absicht gibt, was man mit dem Projekt erreichen möchte.

Um den Workshop inhaltlich gut vorbereiten und ausgestalten zu können, sollte sich ein Product Owner auf folgende Schwerpunkte konzentrieren:

- das Produktziel,
- das initiale Product Backlog,
- die Erstellung eines ersten groben Plans,
- Markt- und Konkurrenzkennzahlen,
- Nutzerstatistiken, Umfrage- oder Testergebnisse und
- Informationen von Kunden- oder Auftraggeberseite.

Diese Informationen und die Auseinandersetzung damit sollten vor dem ersten Handschlag das Hauptaugenmerk erhalten und können schon tiefer gehend vorbereitet werden. Ein Product Owner wird in den meisten Fällen mit dem Projektsponsor oder anderen Entscheidungsträgern offene Fragen klären und alle essenziellen Fragen zum Produkt vorbereitend bearbeiten.

Wir möchten bei dieser Gelegenheit auf einige Erkenntnisse hinweisen, die oftmals zu Beginn von Scrum-Projekten noch im Raum stehen und die Jonathan Rasmussen auf den Punkt gebracht hat [Rasmussen 2010]:

1. *Es ist nicht* möglich, *alle Anforderungen zu Beginn eines Projekts zu sammeln.*
2. *Alle Anforderungen, die gesammelt werden, werden sich garantiert ändern.*
3. *Es wird immer mehr zu tun sein, als es Zeit und Geld erlauben werden.*

Die Akzeptanz dieser drei Punkte, die zudem eine direkte Ableitung aus dem Agilen Manifest sind (vgl. Abschnitt 2.2), fällt vielen in der Praxis schwer. Gerade in der Vereinbarung mit dem Management, Vertrieb, Marketing oder der Kundschaft dreht es sich oftmals darum, vorab alles wissen zu wollen und terminlich zu vereinbaren. Dies ist jedoch illusorisch. Daher zielt der zweite Punkt auf die laufende Anpassung des Plans ab, während die Anforderungen Stück für Stück ermittelt werden, um so schrittweise ein klareres Bild zu erhalten (siehe Abschnitt 4.5.1). Scrum hilft uns auch beim dritten Punkt, indem zuerst das Wichtigste gemäß Wertschöpfung umgesetzt wird. Dafür gibt es eine laufende Sortierung, Überprüfung und Ergänzung der Produktanforderungen. Neben dem Product Owner hat auch ein Scrum Master in diesem Stadium des Projekts alle Hände voll zu tun. Seine Aufgabe ist es, sich um jegliche organisatorischen und teamrelevanten Aspekte zu kümmern. Darunter fallen u.a. Aufgaben wie:

- Unterstützung des Product Owners bei der Vorbereitung,
- Schulung des Scrum-Teams und ggf. der Stakeholder,
- Planung und Vorbereitung des Kick-off-Workshops,
- Klärung bekannter organisatorischer Hürden (z.B. Räumlichkeiten, Lizenzen, Arbeitsmaterialien),
- Führen von Bewerbungsgesprächen.

Rückt der Workshop näher, sollte frühzeitig mit der inhaltlichen Ausgestaltung des Termins durch den Scrum Master begonnen werden.

Inhalt

Wie oben erwähnt ist der Umfang der zu behandelnden Themen groß und kann sich über mehrere Tage oder Einzeltermine erstrecken. In unserer Praxis hat sich in den meisten Fällen eine Dreiteilung eines eintägigen Workshops bewährt:

- **Projektspezifisches**
  Scrum-Team und Stakeholder erfahren alles Notwendige zum Projekt.
- **Organisatorisches**
  Offene Fragen werden festgehalten und es folgt ein Ausblick auf die nächsten Schritte mit Stakeholdern und Scrum-Team.
- **Teamspezifisches**
  Das Scrum-Team klärt und definiert unter sich wichtige Aspekte der Zusammenarbeit.

In einem Kick-off könnten dementsprechend die projektspezifischen und organisatorischen Themen am Vormittag besprochen werden und am Nachmittag könnten sich die Teammitglieder dediziert den teamspezifischen Themen widmen. Somit lernen sich am Vormittag alle direkt und indirekt Beteiligten kennen und erhalten die wichtigsten Informationen zum Projekt. Zu beachten ist für die Ausgestaltung des Termins, dass Prioritäten gesetzt werden und ein roter Faden vorhanden ist.

> Achten Sie darauf, die Agenda nicht zu detailliert auszuarbeiten und Platz für das Eintauchen in Themenbereiche zu lassen, die das Team für wichtig hält. Die Agenda ist somit nur ein Vorschlag eines roten Fadens, der innerhalb des Kick-offs im offenen Austausch gefüllt wird. Planen Sie großzügig unter Berücksichtigung zeitlicher Freiräume.

Projektspezifische Themen

In diesem ersten Teil des Kick-offs werden alle relevanten Personen, die mit dem Projekt zu tun haben, über das Projekt und die vorhandenen Rahmenbedingungen informiert. Zudem dient dieser Teil dazu, offene Fragen zu klären oder zumindest zu formulieren, um diese im Nachgang anzugehen.

Jonathan Rasmussen stellt in seinem Buch zehn Fragen für den Einstieg in ein agiles Projekt vor, die innerhalb eines Kick-offs geklärt werden sollten [Rasmussen 2010]. Diese Fragen sollten innerhalb des Termins nach aktuellem Kenntnisstand bestmöglich beantwortet werden:

- **Warum sind wir hier?**
  Diese Frage bündelt die Informationen zum Projekt, klärt die Notwendigkeit des Projekts und geht auf das Team und die Stakeholder ein.
- **Wie würden wir in 30 Sekunden das Projekt beschreiben?**
  Im sogenannten →»Elevator Pitch« wird Klarheit durch den Fokus auf die wesentlichen Informationen geschaffen.
- **Wie sieht unser Produkt in einer Werbeanzeige aus?**
  Hier lässt Rasmussen anhand einer »Product Box« das zukünftige Produkt durch die Beteiligten kreativ entwickeln.
- **Was werden wir nicht tun?**
  Um herauszufinden, was Bestandteil des Projekts ist, ist es nützlich, sich anzusehen, was kein Bestandteil des Projekts ist.
- **Wer sind die Projektbeteiligten?**
  Offensichtlich gehört das Scrum-Team dazu, doch wer sind die weiteren Stakeholder?
- **Wie sieht die technische Lösung aus?**
  Wenn schon darüber nachgedacht wurde, wie die Architektur und die technischen Rahmenbedingungen aussehen, wird dieses Wissen schematisch vorgestellt und es werden Fragen geklärt.

- **Welche Risiken sollen vermieden werden?**
  Es geht hier vorrangig um die Beantwortung der Frage, welche Risiken nach Meinung des Scrum-Teams vermieden werden sollten. Das Ergebnis mündet in einer Aktionsliste, die bearbeitet werden sollte, um ein erfolgreiches Projekt durchzuführen.
- **Wie lange werden wir benötigen?**
  Auch wenn es in dieser frühen Phase unrealistisch erscheint, wird hier über die geschätzte Projektdauer gesprochen (siehe Abschnitt 4.5.2).
- **Was ist uns wichtig, was ist nicht so wichtig?**
  Welche Kompromisse werden zuungunsten von etwas anderem eingegangen, wenn es im Verlauf des Projekts einer Entscheidung bedarf? Dass z.B. der Projektumfang flexibel gehalten werden sollte, steht vielleicht fest, aber wie sieht es mit der Qualität, den Kosten, der Zeit oder anderen für das Projekt wichtigen Komponenten aus?
- **Mit welchen Kosten ist für die Laufzeit zu rechnen?**
  In diesem letzten Schritt wird die Frage beantwortet, welche geschätzten Kosten mit den neugewonnenen Erkenntnissen zu erwarten sind.

> Eine Präsentation des Produktziels oder des »Big Picture« ist nicht ausreichend, um Entwickler und Stakeholder abzuholen. Wichtig ist, dass alle die ersten Schritte gemeinsam machen und zusammen kurz- und langfristige Ziele definieren. Das beste Ergebnis eines Kick-offs ist es, wenn sich alle verantwortlich für den Erfolg und das Ergebnis fühlen.

Neben diesen sinnvollen Elementen, die Rasmussen in seinem Buch detailliert beschreibt, halten wir in der Praxis die Erarbeitung weiterer Artefakte wie z.B. die Definition of Done innerhalb des Kick-off-Workshops für sinnvoll (siehe Abschnitt 4.1.2).

Organisatorische Themen

Neben diesem ersten informellen Teil gibt es für alle Anwesenden auch organisatorische Aspekte zu klären. Diese Punkte können im Anschluss formuliert und besprochen werden. Folgende Inhalte könnten u.a. aus dem projektspezifischen Teil des Workshops abgeleitet werden:

- **Zeitpunkte**
  Gibt es wichtige Schlüsseltermine auf dem Weg der Umsetzung (z.B. Messen, Ferienzeit, Marketingkampagnen)?
- **Rollen**
  Welche Rollen gibt es neben dem Scrum-Team und wie sind diese benannt? Wer übt welche Funktion in den Rollen aus (z.B. die Projektsponsorin finanziert das Projekt, das Management stellt das Scrum-Team zur Verfügung)?

- **Teamname**
  Wie soll das Scrum-Team heißen? Gibt es ein Teamlogo, um die Identität zu schärfen?
- **Zusammenarbeit**
  Welche Kommunikationswege werden vorrangig genutzt (z.B. E-Mail, Sprint-Review, Zoom, ein eigener Chatkanal)? Wie werden direkte und indirekte Stakeholder mit einbezogen (z.B. Sprint-Review, Releasemeeting)?
- **Entscheidungen**
  Wer trifft die Entscheidungen (z.B. über die Bereitstellung eines zusätzlichen Budgets)?
- **Reporting**
  Was soll neben dem Sprint-Review noch, an wen und in welcher Form berichtet werden (z.B. Umfrage- oder Testergebnisse)? Wie erhalten die Stakeholder Einblick in den Fortschritt (z.B. digitale Abbildung des Fortschritts per Software, Bereitstellung von Testversionen)?
- **Risiken**
  Welche Risiken sollten noch beseitigt werden (z.B. Installation neuer Büroräume im Ausland)?
- **Offene Fragen und nächste Schritte**
  Welche Fragen konnten nicht geklärt werden? Wann wird es eine Zusammenfassung der Ergebnisse des Kick-offs geben? Welche nächsten kurzfristigen Schritte gibt es und wer unternimmt diese bis wann?

> Fügen Sie in den Workshop Elemente ein, die ein Kennenlernen und den Austausch zwischen den Projektbeteiligten ermöglichen. Welche Erwartungen haben die Anwesenden? Welches Projekt haben sie davor betreut und was ist dort abgelaufen? Lassen Sie solche oder ähnliche Fragen in Einzel- oder Gruppengesprächen klären und kombinieren Sie diese mit aktiven Kennenlern-Elementen.

Im dritten Teil des Kick-offs wenden wir uns den teamspezifischen Fragen zu.

Teamspezifische Themen

Im letzten Schritt werden vom Scrum Master zu klärende Themenbereiche zur Sprache gebracht. Die Vereinbarung sämtlicher teamrelevanter Themen ist kein einmaliger Schritt, sondern gemäß dem aktuellen Wissensstand der Beteiligten eine erste Festlegung. Zur Sprache können u.a. die in Tabelle 4–1 aufgeführten Themenkreise kommen.

Thema	Beispielfragen
Sprint	■ Wie lange dauert ein Sprint (z.B. min. ein bis max. vier Wochen)? ■ Wann beginnt und endet der Sprint (z.B. Wochenmitte, Uhrzeit, Releasezyklus)? ■ Wie gestaltet sich der Sprint-Zyklus (z.B. Definition der Bereitstellung für benötigte Designs)?
Scrum-Events	■ Wann finden die Scrum-Events im Sprint statt (z.B. Wochentag, Uhrzeit)? ■ Wie werden Sprint-Ergebnisse gezeigt (z.B. gemeinsame Sprint-Reviews mit anderen Teams)? ■ Wer ist verantwortlich für das jeweilige Event (z.B. Product Owner für das Backlog Refinement)?
Arbeitszeiten	■ Gibt es Arbeitszeitregelungen des Unternehmens (z.B. flexible Arbeitszeiten, Kernarbeitszeiten)? ■ Wann ist die Hauptarbeitszeit des Teams (z.B. von 9–17 Uhr)? ■ Wann ist das Arbeiten von zu Hause aus gestattet (z.B. Regelung des Unternehmens, Voraussetzungen)? ■ Wann sind dedizierte Arbeitszeiten ohne Unterbrechung von außerhalb und innerhalb des Scrum-Teams gewünscht (z.B. am Nachmittag von 14–17 Uhr)?
Sprache	■ Was ist die Hauptsprache (z.B. Englisch bei mehrsprachigen Teams)? ■ Was ist die Dokumentations- oder E-Mail-Sprache? ■ Wann sind Abweichungen erlaubt?
Werte	■ Welche Werte gelten für das Team besonders (z.B. Vertrauen, Wertschätzung, Mut)? ■ Welche Ziele setzt sich das Team (z.B. höchstmögliche Testabdeckung, häufiges Pair Programming)? ■ Wie steht es um das Thema »Technische Exzellenz« (z.B. Hinweis auf technische Schulden)?
Werkzeuge	■ Wo werden Teamentscheidungen und -informationen dokumentiert (z.B. Wiki, Backlog Items)? ■ Welche Software kommt für welche Belange zum Einsatz (z.B. Teamkommunikation)? ■ Wo wird das Product Backlog gepflegt (z.B. welche Software wird eingesetzt)?
Arbeitsmittel	■ Welche Infrastruktur oder Hardware wird eingesetzt (z.B. Klärung vorhandener und notwendiger Server)? ■ Was benötigt das Team noch, um vernünftig arbeiten zu können (z.B. Monitoring-Computer, große Bildschirme)?
Dokumentation	■ Wie wird dokumentiert (z.B. in der Softwareentwicklung soll Dokumentation im Code für sich selbst sprechen, Coding Guidelines)? ■ Was sollte alles dokumentiert werden (z.B. Hinweise für den Support)?
Scrum-Board	■ Aufbau und Physis des Scrum-Boards (z.B. physisches und/oder digitales Scrum-Board, Farbcodierung) ■ Arbeit mit dem Scrum-Board (z.B. Kriterien für die einzelnen Spalten, Eintrittsmerkmale für Fehler (»Bugs«))
Backlog Items	■ Welchen Aufbau und welchen Inhalt haben Backlog Items (z.B. User Story, Anwendungsfälle)? ■ Wie ist mit Backlog Items umzugehen, die Entwickler verfassen (z.B. Besprechung vor dem Backlog Refinement mit dem Product Owner)? ■ Welche Benutzerrollen gibt es (z.B. Personas)?
Informationen	■ Welche Informationen möchte das Team regelmäßig erhalten (z.B. Reports, Statistiken)? ■ Wie meldet sich ein Teammitglied bei den anderen ab, wenn es krank ist (z.B. E-Mail oder Chatnachricht)?

→

Thema	Beispielfragen
Arbeitsweise	■ Wie geht das Team mit Echtzeitfehlern und weniger wichtigen Fehlern um (z.B. Abstimmung mit dem Product Owner, Abwesenheit des Product Owners)? ■ Welche Eintrittskriterien sind für die Aufnahme von Backlog Items in den Sprint zu beachten (z.B. Definition of Ready)? ■ Welche Fertigstellungskriterien sind zur Abnahme neuer Funktionalitäten zu beachten (z.B. Definition of Done)?
Offene Fragen und nächste Schritte	■ Wie werden die festgelegten Informationen und Vereinbarungen festgehalten (z.B. Aufhängen im Teamraum)? ■ Welche offenen Fragen konnten nicht geklärt werden? ■ Wer kümmert sich neben dem Scrum Master um die Klärung?

Tab. 4–1
Teamspezifische Fragen für ein Kick-off

Während des Workshops sollten alle wichtigen Eckpfeiler des Projekts festgehalten werden. Wenn Sie innerhalb des Termins keinen eindeutigen Konsens herstellen können, da z.B. wichtige Informationen fehlen, ist dies nicht kritisch. Die Ergebnisse aus einem Kick-off sind lebendige Artefakte, die über die Projektlaufzeit gepflegt und aktualisiert werden müssen. Diese Arbeitsvereinbarungen drücken aus: »So möchten wir als Team zusammenarbeiten.«

> Die inhaltliche Bündelung der drei vorgestellten Themenkreise führt zu einem allumfassenden Startschuss für das Projekt. Verwenden Sie in Absprache mit dem Product Owner eine abgeschwächte Version des Workshops, um mit den Entwicklern in Abständen den Zielfortschritt und getroffene Vereinbarungen auf Aktualität zu prüfen.

Die oben genannten Themenkreise beinhalten schon einige der wichtigsten Kriterien, die für die Arbeit am Produkt relevant sind. Daher legen wir diese zu diesem frühen Zeitpunkt schon fest, da diese Relevanz für die Vorbereitung des ersten Sprints haben können.

> Wir nutzen zu Beginn von Projekten häufig ein »Team-Canvas«, das alle wesentlichen Aspekte des Scrum-Teams zusammenfasst. Mithilfe eines vorgegebenen Rahmens sind die Teammitglieder Schritt für Schritt eingebunden, wenn es um die Erstellung ihrer Teamidentität und -kultur geht (*theteamcanvas.com*).

Zu diesem Schwerpunkt finden Sie die Checkliste »Themenkreise eines Kickoffs« unter *link.scrum-in-der-praxis.de/checklisten*.

4.1.2 Definition of Ready/Definition of Done

Für ein einheitliches Verständnis der notwendigen Vorbereitung eines Backlog Item für das Sprint Planning empfiehlt sich die Definition of Ready. Sie ist zwar kein offizielles Scrum-Artefakt, hat sich aber in der Praxis außerordentlich bewährt.

Definition of Ready (DoR)

Die Definition of Ready wird zwischen den Entwicklern und dem Product Owner vereinbart. Sie beschreibt, welche Erwartungen die Entwickler an ein Backlog Item haben, bevor es im Sprint Planning für den Sprint ausgewählt werden kann. Roman Pichler fordert in [Pichler 2014], dass Backlog Items klar (im Sinne eines gemeinsamen Verständnisses), realisierbar und testbar sein sollten. Diese Begriffe sind zunächst sehr weit gefasst, und es ist Aufgabe der Entwickler und des Product Owners, diese gemeinsam zu konkretisieren. Haben die Visual Designs zu Sprint-Beginn final zu sein oder reicht ein Entwurf oder klickbarer Prototyp zunächst aus? Benötigen wir finale Texte vorab oder werden sie während des Sprints im Dialog mit dem Product Owner festgelegt?

> Achten Sie als Scrum Master darauf, dass die Definition of Ready nicht als Mittel für eine bis auf das letzte i-Tüpfelchen ausformulierte Spezifikation missbraucht wird. Sie soll keineswegs den Dialog zwischen Product Owner und Team ersetzen, sondern lediglich dafür sorgen, dass Backlog Items im Sprint Planning so vorliegen, dass keine für die Umsetzung notwendige Information fehlt.

Eine einfache Definition of Ready könnte z. B. folgendermaßen aussehen:

- Das Backlog Item ist geschätzt.
- Das Backlog Item wird von allen verstanden.
- Das Backlog Item hat einen klaren Geschäftswert.
- Das Backlog Item ist nicht größer als ... Story Points.
- Das Backlog Item kann ohne größeren Forschungsaufwand in einem Sprint umgesetzt werden.
- Das Backlog Item beschreibt nur eine Anforderung.
- Das Backlog Item enthält gut definierte Akzeptanzkriterien.
- Die technische Machbarkeit wurde geprüft.

Richtig eingesetzt kann eine Definition of Ready ein wichtiger Baustein auf dem Weg zu einer Effektivitätssteigerung des Teams sein. Sie ist, wie Abbildung 4–2 zeigt, das zu passierende Tor zum Sprint und zwingt den Product Owner dazu, sehr früh sehr sauber zu arbeiten.

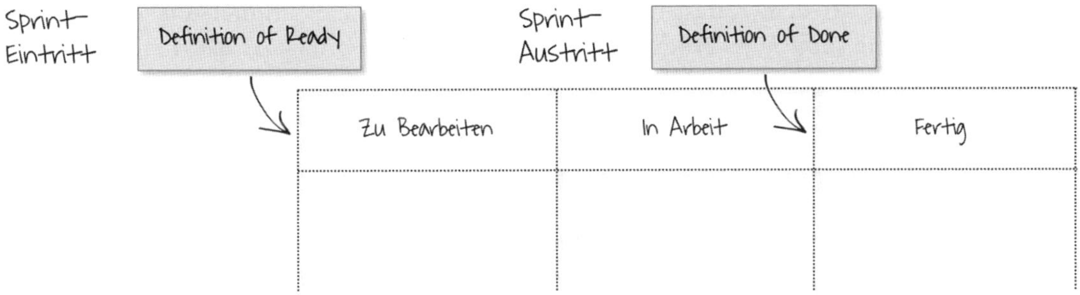

Abb. 4–2 *Definition of Ready (DoR) und Definition of Done (DoD)*

Auch wenn Sie nicht mit einer Definition of Ready arbeiten: Ermutigen Sie die Entwickler, unzureichend vorbereitete Backlog Items im Sprint Planning nicht zu akzeptieren. Bringen Sie Product Owner und Entwickler zusammen, um die Backlog Items zu erstellen (siehe Abschnitt 4.4).

Kein Scrum-Team tut sich einen Gefallen damit, die Lieferung unklarer Backlog Items zuzusagen, denn ein Verfehlen des Sprint-Ziels ist dadurch sehr wahrscheinlich.

Definition of Done (DoD)

> *»In dem Moment, in dem ein Product-Backlog-Eintrag die Definition of Done erfüllt, wird ein Increment geboren.« (scrumguides.org)*

Die Kriterien, die ein Scrum-Team für die Zusammenarbeit und die Bearbeitung von Backlog Items festlegt, sind sehr individuell. Es gibt Scrum-Teams, in denen die Vereinbarungen etliche Seiten füllen, aber auch welche, die mit weniger als einer DIN-A4-Seite auskommen. Die Kriterien, die gemeinschaftlich festgelegt werden, dienen in der täglichen Arbeit als Prüfliste für die Entwickler, um den Fortschritt eines Backlog Item auf dem Weg vom Eingang in den Sprint bis zur Veröffentlichung zu planen.

Die DoD ist Teil des Scrum Guide. Dort wird die DoD als »formale Beschreibung des Zustands des Inkrements, wenn es die für das Produkt erforderlichen Qualitätsmaßnahmen erfüllt«, bezeichnet. Sie zielt vor allem auf die Transparenz, was »fertig« bedeutet, innerhalb des Scrum-Teams ab.

Darüber hinaus definiert der Scrum Guide (*scrumguides.org*):

> *»Die Definition of Done schafft Transparenz, indem sie allen ein gemeinsames Verständnis darüber vermittelt, welche Arbeiten als Teil des Increments abgeschlossen wurden. Wenn ein Product-Backlog-Eintrag nicht der Definition of Done entspricht, kann es weder released noch beim Sprint Review präsentiert werden. Stattdessen wandert es zur zukünftigen Berücksichtigung in das Product Backlog zurück.«*

Dies bedeutet, dass die Definition of Done für ein Scrum-Team so aufgebaut sein sollte, dass Product Owner am Ende eines Sprints das Backlog Item akzeptieren können.

Da jedes neue Inkrement auf bestehende aufbaut, ist im Laufe der Zeit die DoD anzupassen, um bei steigender Komplexität dem Interesse an Qualität gerecht zu werden.

Eine einfache DoD könnte folgendermaßen aussehen:

- Mindestens zwei Entwickler haben an einem Backlog Item gearbeitet oder es wurde alternativ ein →Codereview durch einen zweiten Entwickler durchgeführt.
- Bestehender Code wurde überarbeitet bzw. entfernt.
- Automatisierte Tests existieren und laufen.
- Notwendige (Inline-)Dokumentation wurde ergänzt.
- Der Product Owner hat das Backlog Item akzeptiert.

Manchmal gibt es in Organisationen eine DoD, die als Standard der Organisation vorgegeben ist. In diesem Fall gilt diese als Mindestmaß für alle Teams und kann ggf. teamintern ergänzt werden.

Für den Fall, dass mehrere Teams gemeinsam an einem Produkt arbeiten, schreibt der Scrum Guide vor, dass die Teams sich auf eine gemeinsame Definition of Done einigen und sich daran halten sollten.

> Es gilt hier, genau wie bei allen Vereinbarungen und Ergebnissen des Kick-offs: Die Definitionen sind lebendige Dokumente, die laufend überprüft und angepasst werden sollten. Gute Zeitpunkte für die Überprüfung sind das Daily Scrum und die Sprint-Retrospektive.

Wie gelangt man zu den Definitionen? Wir nutzen in der Praxis eine Abwandlung von David Koontz, die zügig ein Ergebnis liefert und alle aktiv in die Erstellung einbindet [URL:Koontz]. Je nach Seniorität des Scrum-Teams ist eine halbe bis eine Stunde notwendig, um die Kriterien zu definieren. Die Methode kann sowohl zur erstmaligen Festlegung als auch zur Aktualisierung der Definitionen genutzt werden.

> Neben der bekannten DoD und der DoR sind wir in der Praxis auch schon auf Teams gestoßen, die hier nicht haltmachen. Beispielsweise werden dann auch »Sprint-Definitionen«, »Releasedefinitionen« oder »Vereinbarungen zum Umgang mit Fehlern« erarbeitet, die zusätzliche Kriterien enthalten (siehe auch Abschnitt 6.1).

Ermittlung der DoR und DoD

Nachfolgend beschreiben wir eine einfache Lösung, um die DoR und DoD innerhalb eines Workshops digital oder gemeinsam in einem Meetingraum zu ermitteln. Viel wichtiger als die Erstellung und Einigung auf die Arbeitsvereinbarungen ist jedoch das Befolgen. Für ein Scrum-Team geben sie richtungsweisend die Bedingungen für die Arbeit miteinander und am Produkt vor.

Vorbereitung

Es ist für den Start in den Workshop notwendig, einige Kriterien als Vorschlag auf Karten zu notieren. Die Auswahl der Kriterien ist lediglich ein Vorschlag, um einen schnellen Einstieg zu gewährleisten und um zur Erstellung weiterer Kriterien anzuregen. Es sollten nicht mehr als 10 – 20 Karten für die jeweilige Definition erstellt werden. Das hilft später im Workshop dabei, den Fokus auf die wesentlichen Punkte zu lenken.

> Es empfiehlt sich, auch ein paar leere Karten zur Verfügung zu stellen, damit zusätzliche Kriterien dokumentiert werden oder bestehende Kriterien ergänzt bzw. umformuliert werden können.

Alle vorliegenden Kriterien sind lediglich Vorschläge und können innerhalb des Workshops umgeschrieben, ergänzt oder entfernt werden.

> Versuchen Sie gemeinsam mit den Beteiligten, die Kriterien messbar zu machen. Es ist z.B. sehr einfach, zu behaupten, dass automatische Tests existieren und laufen. Aber wie sieht die Testabdeckung aus? Eine prozentuale Angabe mit dem aktuellen Stand (z.B. 60%) ist klarer und hilft, Verbesserungen für die Zukunft anzustreben.

Nachdem die Karten ausgedruckt vorliegen, werden zwei Flipcharts zu Hilfe genommen, auf denen drei Bereiche markiert sind: »Jetzt«, »Demnächst« und »Später«, wie in Abbildung 4–3 dargestellt.

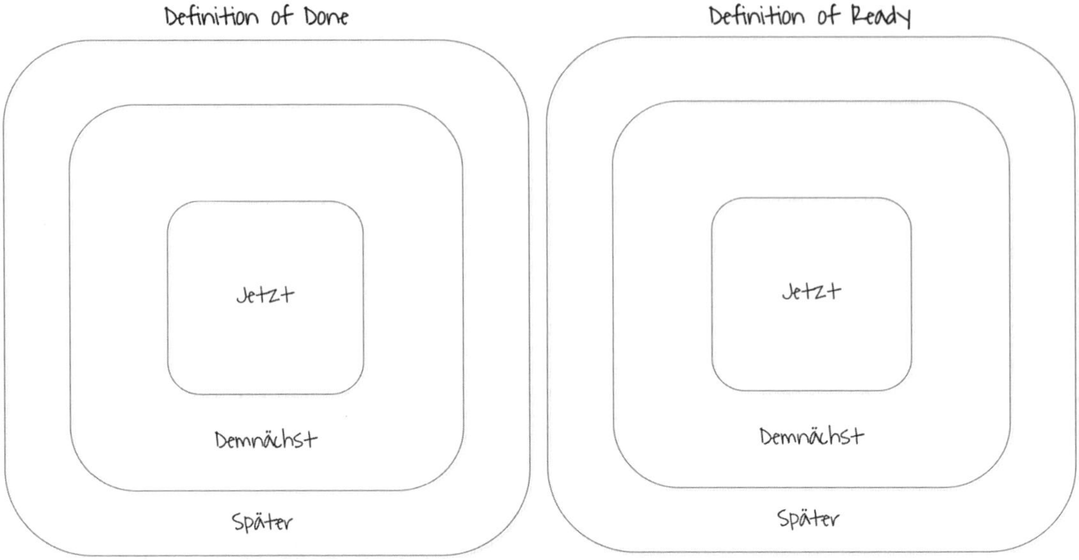

Abb. 4–3 *Leere Arbeitsbereiche*

In diese Bereiche werden die Karten durch die Teammitglieder später platziert. Mit diesen Bereichen soll verdeutlicht werden, dass die Definitionen reifen können und einer ständigen Aktualisierung oder Pflege unterliegen. Die Kategorisierung zeigt auch Entwicklungspotenzial und macht Aufgaben sichtbar, die das Team als Nächstes angehen sollte. Zum Beispiel kann bei einem Team, das aktuell noch nicht über automatisierte Tests verfügt, dieses Kriterium nicht in »Jetzt« erscheinen, sondern höchstens in den anderen Bereichen. Die Beteiligten nehmen sich also vor, dieses Thema im Auge zu behalten und zeitnah anzugehen, um es in die DoR oder DoD zu integrieren.

Verkomplizieren Sie die Kriterien nicht und achten Sie bei der Erarbeitung des Ergebnisses darauf, dass alle ein einheitliches Verständnis haben. Zu viele Kriterien führen dazu, dass sich das Team unter Umständen überfordert fühlt, alle Regeln einzuhalten. Ergänzen Sie die Kriterien nach und nach, wenn diese sich erst einmal etabliert haben.

Durchführung

Der Scrum Master erläutert den Sinn des Treffens und erklärt kurz das Vorgehen mit Verweis auf die vorbereiteten Flipcharts und die ausgebreiteten Kärtchen mit den Kriterien auf dem Tisch.

Wenn dies geschehen ist, sind alle aufgefordert, sich die Karten anzusehen und diese zu verteilen. Grundbedingung dafür ist, dass niemand sprechen darf und sich bei Unstimmigkeiten anderweitig geeinigt werden muss. Zur Not werden Karten, die nicht verstanden oder als nicht sinnvoll eingestuft werden, erst einmal zur Seite gelegt. Wenn jemand eine Karte ergänzen möchte, notiert er seine Anmerkung darauf. Dieser erste Teil geht sehr zügig und resultiert meistens in einem ersten Einverständnis.

Der Scrum Master sollte nun alle auffordern, sich dieses Ergebnis anzusehen und sich kurz die Zeit zu nehmen, um die damit verbundene Bedeutung zu verinnerlichen. Es hilft in diesem Schritt, einzeln durch die Kriterien zu gehen und diese inhaltlich klarzustellen, sodass alle das gleiche Verständnis erhalten. Dabei werden Fragen zu den Kriterien aufkommen, die in einer Diskussion geklärt werden. Die Kriterien auf den Karten werden umgeschrieben, ergänzt oder in eine andere Kategorie verschoben. Sind neue Karten hinzugekommen oder fehlen noch Kriterien, ist jetzt der richtige Zeitpunkt, diese zu besprechen bzw. hinzuzufügen. Dabei befragt der Scrum Master alle der Reihe nach. Jedes Teammitglied kann etwas verändern und begründet seine Entscheidung oder setzt aus, wenn es keine Veränderung vornehmen möchte. Die Veränderungen werden so lange durchgeführt, bis am Ende eine einvernehmliche Meinung herrscht und alle dem Ergebnis zustimmen. Abbildung 4–4 zeigt beispielhaft ein Ergebnis des Termins.

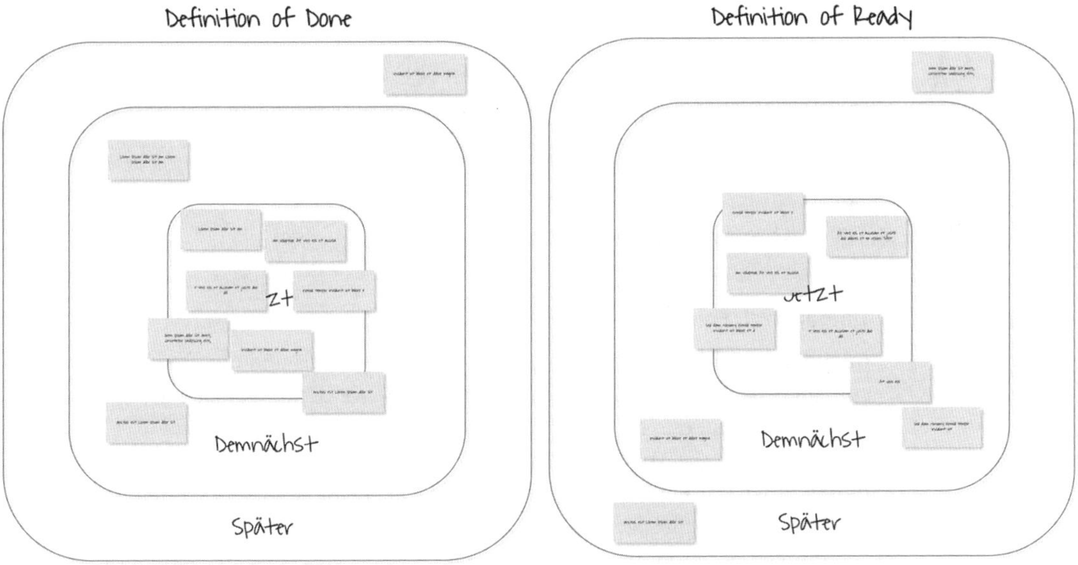

Abb. 4–4
Kriterien für die DoR und DoD

Der Vorteil, beide Definitionen zu erarbeiten, liegt darin, dass für alle klar herausgearbeitet wird, welches die Eintrittskriterien sind und welche Kriterien den Austritt definieren. Gleichzeitig ermöglicht dies eine bessere inhaltliche Abstimmung der DoR und DoD aufeinander. Es liegt im Ermessen des Scrum Masters, ob die DoR und DoD in einem gemeinsamen Termin oder in zwei Schritten erarbeitet werden.

> Wir lassen die Beteiligten oftmals beide Definitionen erstellen. Dafür mischen wir die mitgebrachten Kriterien und lassen Diskussionen darüber, ob ein Kriterium nun zur DoD oder DoR gehört, bewusst zu. Sie können in diesem Schritt jedoch auch nacheinander die einzelnen Definitionen erarbeiten lassen.

Nachbereitung

Am Ende sollte das fertige Ergebnis unter Umständen noch einmal strukturiert aufbereitet, klarer formuliert oder erläutert werden. Die direkte Platzierung am Scrum-Board ist zudem sinnvoll, da die Kriterien im Hinblick auf die dort täglich stattfindende Abstimmung in die Diskussion mit einbezogen werden können oder als Erinnerung dienen.

Die Kriterien in den »Demnächst«- und »Später«-Bereichen können parallel zum Sprint weiterentwickelt werden. Denkbar ist auch, diese als Backlog Items zu entwickeln, falls die Komplexität höher ist, um sie in einem der nächsten Sprints zu bearbeiten.

Alle drei bis sechs Monate sollte der Workshop wiederholt werden, um die Definitionen zu aktualisieren.

> Überlegen Sie sich, ob sowohl die Definition of Ready als auch die Definition of Done im Anschluss von allen unterschrieben werden sollen, um eine Verbindlichkeit herzustellen, auf die bei Bedarf verwiesen werden kann.

4.1.3 Umgang mit Fehlern

Umgang mit Fehlern

Nachdem das Team über den Aufbau des Scrum-Boards und den Sprint-Zyklus gesprochen hatte, stand das Thema »Fehler und wie gehen wir damit um« auf der Liste, die Finn für den Workshop vorbereitet hatte.

Finn leitete das Thema ein, indem er Casper und den Entwicklern die verschiedenen Typen von Fehlern vorstellte. Dafür hatte er eine Übersicht vorbereitet, zu der er jeweils ein Beispiel vortrug.

»Implementierung neuer Funktionalität« stand als Erstes auf seinem Überblick. »Stellt euch vor«, begann er, »ihr seid mitten im Sprint und Mina findet einen Fehler bei einem der Sprint Backlog Items, was würdet ihr in diesem Fall tun?« Sergio meldete sich zu Wort und antwortete: »Sofort beheben, damit das Backlog Item abgeschlossen werden kann.« Finn nickte und stellte die Frage, wie das Team denn gerne diese Art von Fehlern am Scrum-Board sichtbar machen wolle. Nach einigen Diskussionen folgten sie dem Vorschlag von Finn und einigten sich darauf, eine rote Karte mit kurzer Beschreibung des Fehlers und dem Namen der Person aufzuhängen, die ihn gefunden hatte.

→

Bei der zweiten Kategorie von Fehlern, nämlich die, die während des Sprints auftreten und die Beendigung eines Sprint Backlog Item und somit das Sprint-Ziel in Gefahr bringen, einigte sich das Team genau wie bei der ersten Kategorie auf eine rote Karte. Finn brachte dazu folgendes Beispiel an: »Stellt euch vor, ihr arbeitet an einem Backlog Item und mitten in der Arbeit stellt ihr fest, dass euch noch eine Übersetzung eines Textes fehlt. Wie gehen wir damit um?«

Die nächste Kategorie betraf Fehler, die während der Implementierung des Sprint Backlog gefunden wurden, jedoch keinen Einfluss auf das Erreichen des Sprint-Ziels haben. »Jordi, stell dir vor, du arbeitest gerade an einem neuen Backlog Item und während der Arbeit fällt dir eine Inkonsistenz auf. Was würdest du in diesem Fall tun?« Jordi überlegte kurz und antwortete dann: »Ich würde den Fehler beheben.« Finn nickte und sagte: »Das ist eine Möglichkeit, fällt euch noch eine andere ein?« Mina meldete sich zu Wort und merkte an: »Müsste Jordi den Fehler nicht an Casper und das Team melden?« Finn gab auch ihr Recht. Am Ende einigten sich alle darauf, dass diese Art von Fehlern, wenn sie innerhalb von wenigen Minuten behoben werden können, einfach umgesetzt und das Team darüber informiert wird. Wenn Fehler nicht in diese Kategorie fallen, ist Casper mit einzubeziehen, damit er entscheidet, wie wichtig die Behebung des Fehlers ist.

Zu dem Beispiel passte auch der nächste Fehlertyp, den Finn ansprach. »Wenn ein Dritter einen Fehler meldet, wie gehen wir damit um?« Hier einigte sich das Team darauf, genau wie bei der letzten Kategorie vorzugehen. Jedoch wurde festgelegt, dass für diese Fälle an die Dritten kommuniziert werden sollte, dass die Fehler über die E-Mail-Adresse »bugs@sidp.de« einzureichen sind und somit direkt an Casper gehen.

Casper hatte am Ende noch einige Fragen, die sie gemeinsam klären konnten. Unter anderem einigten sie sich darauf, dass Casper als Product Owner die Entscheidungen darüber trifft, ob ein Fehler, der nicht den Sprint betrifft, so wichtig ist, dass er während des Sprints bearbeitet wird. Finn gab ihm dabei zu verstehen, dass in diesem Fall das Sprint-Ziel in Gefahr gebracht werden könnte, da das Team sich auf die Bearbeitung dieser Fehler konzentrieren würde, was Casper aber akzeptierte.

Finn war fürs Erste zufrieden und setzte den Workshop mit dem nächsten Punkt auf der Agenda fort.

Wir werden in unserer täglichen Arbeit immer wieder gefragt, wie in Scrum mit Fehlern (»Bugs«) umgegangen wird. Generell gilt es natürlich, die Qualität der ausgelieferten Inkremente dahingehend zu erhöhen, dass kaum noch neue Fehler auftauchen. Es ist die Aufgabe des Scrum Masters, das Scrum-Team dafür zu sensibilisieren und zu entwickeln. Da Produktentwicklung ohne Fehler aber nicht möglich ist, stellen wir hier eine Vorgehensweise vor, die uns in den letzten Jahren erfolgreich dabei geholfen hat, mit neuen Fehlern umzugehen.

Zero Bug Policy

Die Kundschaft und Stakeholder erwarten selbstverständlich ein qualitativ hochwertiges Produkt und auch Scrum-Teams haben in der Regel den Anspruch, möglichst gute Qualität abzuliefern. Dieser Anspruch wird oft durch Druck von außen zerstört, weil neue Funktionalitäten dringend geliefert werden »müssen«, auch wenn es »quick and dirty« ist.

> Bringen Sie das Scrum-Team und die Stakeholder an einen Tisch und thematisieren Sie das Thema »Qualität«. Was verstehen die Beteiligten darunter? Sind die unterschiedlichen Perspektiven klar? Verstehen die Stakeholder den (technischen) Qualitätsanspruch des Scrum-Teams? Versteht das Scrum-Team den (fachlichen) Qualitätsanspruch der Stakeholder und den Druck des Marktes? Worauf kann man sich gemeinsam einigen?

In der Regel sind sich alle einig, dass Fehler sowohl aus technischer als auch aus fachlicher Sicht unerwünscht sind. Aus diesem Grund kann der nachfolgende Vorschlag meist sehr einfach und erfolgreich umgesetzt werden.

Aufräumen

Bevor es daran geht, neue Fehler zu bearbeiten, sollte zunächst eine Bestandsaufnahme gemacht werden:

- *Wie viele Fehler sind momentan noch offen?*
- *Wie alt sind diese Fehler?*
- *Sind sie tatsächlich noch aktuell oder wurde die Meldung nur nicht aktualisiert?*

> Wir finden in den Verwaltungssystemen unserer Projekte immer wieder Fehler, die schon über ein Jahr alt oder noch älter sind. Allein das spricht schon dafür, dass der Fehler entweder unwichtig ist oder sich niemand ernsthaft dafür interessiert. Oft wurden solche alten Fehler automatisch irgendwo miterledigt und die Fehlermeldung wurden nie geschlossen.
>
> Schlagen Sie vor, einfach alle alten Fehler zu schließen und zu warten, ob sich jemand meldet. Falls das zu radikal ist, sollten zumindest alle Fehler, die älter als sechs Wochen sind, geschlossen werden.

Sobald festgelegt wurde, welche Fehler tatsächlich noch relevant sind, wird über die Priorität und das weitere Vorgehen innerhalb des Scrum-Teams gesprochen. Manche Scrum-Teams einigen sich mit den Stakeholdern auf einen sogenannten »Bug Sprint«, in dem versucht wird, so viele Fehler wie möglich zu schließen, um schnellstmöglich in den neuen Modus der raschen Erledigung neuer Fehler zu gelangen. Andere nehmen sich für jeden Sprint eine feste Anzahl an Fehlern vor.

Welche der obigen Variationen gewählt wird, hängt ganz vom jeweiligen Kontext ab, und auch von der Anzahl der bestehenden Fehler. Wir haben gute Erfahrungen mit einmaligen (!) Bug Sprints gemacht, weil hier ein gewisser »Wir rocken das«-Spirit im Team entsteht. Achten Sie aber darauf, dass Bug Sprints nicht zur Regel werden und Sie sich als Scrum Master auf die Behebung der Ursachen für die Fehleranfälligkeit fokussieren.

Zukünftiger Umgang mit Fehlern

Nachdem aufgeräumt wurde und sich alle einig sind, dass zukünftig nie wieder so einen Berg an Fehlern entstehen soll, können sich alle um aktuell auftretende Fehler kümmern.

Zunächst sollte unterschieden werden, in welchem Kontext die Fehler gefunden wurden und wie schwerwiegend sie sind. Fehler, die im Entwicklungssystem während des Testens gefunden wurden, sind anders zu behandeln als Fehler, die im Livesystem bestehen und ggf. ein Abwandern der Kundschaft bedeuten.

Um der Zero Bug Policy Rechnung zu tragen, gilt folgende Basisregel:

> *Fehler werden idealerweise sofort, spätestens aber im nächsten Sprint behoben.*

Im Zweifelsfall entscheidet der Product Owner über die Dringlichkeit.

Fehler im Entwicklungssystem

- *Fehler, die beim Entwickeln neuer Produktlösungen im aktuellen Sprint entstanden sind*
  Über diese Fehler sollte ein Scrum-Team gar nicht reden, es gehört zum Sprint, am Ende ein fehlerfreies Inkrement zu liefern.
- *Fehler, die nicht im aktuellen Sprint entstanden sind, aber die Entwicklung der Backlog Items im Sprint behindern (und damit das Sprint-Ziel gefährden)*
  Hier gilt das Gleiche: Diese Fehler sollten sofort behoben werden. Wer einen solchen Fehler findet, informiert alle idealerweise sofort, spätestens aber im nächsten Daily Scrum.
- *Fehler, die nicht im aktuellen Sprint entstanden sind, noch nicht live sind und die Entwicklung der Sprint Backlog Items im Sprint nicht behindern*
  Bei diesen Fehlern sollte ein Entwickler ein wenig Fingerspitzengefühl walten lassen. Wenn es ein einfacher Fehler ist, kann er gleich behoben werden. Allerdings sollten die Entwickler darüber informiert werden, falls Seiteneffekte bestehen oder möglich sind. Wenn der Fehler sich als komplex he-

rausstellt, sollte der Product Owner informiert werden. Gemeinsam mit dem Product Owner kann gemeinsam entschieden werden, ob der Fehler noch im Sprint behoben oder offiziell in den nächsten Sprint aufgenommen werden soll.

Fehler im Livesystem

Wenn man sich auf eine Zero Bug Policy geeinigt hat, sollten insbesondere Fehler im Livesystem unverzüglich bearbeitet werden. Sollte ein Fehler im Livesystem existieren, der die Kundschaft sehr unglücklich macht, steht die sofortige Behebung natürlich außer Frage. Für alle anderen Fehler hat sich die folgende Vorgehensweise bewährt:

1. Jeden Tag wird vor dem Daily Scrum geprüft, ob in den letzten 24 Stunden ein neuer Fehler im Livesystem aufgetreten ist. Wer diese Prüfung vornimmt, entscheidet das Scrum-Team. Weiter unten in diesem Abschnitt beschreiben wir ein Bug-Standup, das zur Verteilung von Fehlern in Scrum-Teams genutzt werden kann.
2. Sollte ein Fehler aufgelaufen sein, wird dieser im Daily Scrum kurz vorgestellt und am Scrum-Board visualisiert.
3. Bis zum nächsten Daily Scrum sollte mindestens eine Analyse des Fehlers erfolgt sein. Sollte es sich nur um eine Kleinigkeit handeln und die Analyse gleichbedeutend mit der Behebung sein, wird der Fehler sofort behoben.
4. Sofern sich herausstellt, dass die Behebung etwas komplexer ist, sollte der Product Owner entscheiden, ob der Fehler noch in diesem Sprint behoben oder für den nächsten Sprint eingeplant werden soll. Das Beheben im aktuellen Sprint könnte das Sprint-Ziel gefährden und hat zur Folge, dass der Umfang des Sprints neu verhandelt werden muss.

Wie kommen die Fehler ins Team?

Sofern es nur ein Team gibt, das an einem Produkt arbeitet, ist klar, wo der Fehler behoben werden muss. Im Folgenden beschreiben wir eine gängige Variante:

- Fehler laufen beim Product Owner auf und dieser entscheidet über die Dringlichkeit.
- Wenn nicht eindeutig ist, dass der Fehler warten kann, gibt der Product Owner den Fehler beim nächsten Daily Scrum ins Team hinein mit der Bitte um Analyse.
- Es gibt eine Vereinbarung zwischen dem Product Owner und dem Team, dass die Analyse bis zum nächsten Daily Scrum erfolgen muss. Ergebnisse können sein:

  - Der Fehler wurde gleich während der Analyse behoben.
  - Der Fehler zieht geringfügige Arbeiten nach sich, er kann behoben werden, ohne das Sprint-Ziel zu gefährden.
  - Der Fehler ist nicht so einfach, die Behebung im aktuellen Sprint könnte das Sprint-Ziel gefährden.
  - Der Fehler ist komplex, die Behebung im aktuellen Sprint führt sicher zum Reißen des Sprint-Ziels.
- Mit diesen Informationen trifft der Product Owner eine Entscheidung.

> Schaffen Sie einen Eingangskanal für direkte Anfragen, z.B. einen Slack-Channel. Dieser sollte nur diesem einen Zweck dienen, d.h., wenn dort eine Nachricht auftaucht, wissen alle, dass es wirklich dringend ist. Achten Sie darauf, dass er nicht für andere Themen missbraucht wird.

In der Praxis kommt es häufig vor, dass nicht ein einzelnes Team an einem Produkt arbeitet, sondern mehrere Teams. Oft werden Fehler in irgendeinem Team gemeldet und nicht selten fühlt dieses Team sich nicht zuständig. Dies führt zu einem Fehler-Ping-Pong zwischen den Teams anstelle einer Lösung. Dieser Herausforderung kann mit einem Bug-Standup begegnet werden.

Bug-Standup

Jeden Tag treffen sich noch vor den Daily Scrums der Teams Vertreter aller am Produkt beteiligten Teams zu einem Bug-Standup (vgl. Daily Scrum in Abschnitt 5.2). Dies sind häufig die Product Owner, es können aber auch beliebige Teammitglieder sein. In diesem Bug-Standup werden die neu aufgelaufenen Fehler der letzten 24 Stunden in die Teams verteilt. Auch hier gilt das Pull-Prinzip, d.h., die Teamvertreter nehmen sich die Fehler vor, von denen sie glauben, dass sie in ihrem Team zu beheben sind. Das Bug-Standup ist erst beendet, wenn sich für jeden Fehler ein Team gefunden hat, das ihn analysiert. Natürlich kommt es vor, dass ein Fehler nicht immer sofort eindeutig einem Team zuzuordnen ist. An dieser Stelle erwarten wir einen entsprechenden Pragmatismus von den beteiligten Personen.

4.1.4 Letzte Vorkehrungen

Bevor es nun endgültig mit dem ersten Sprint losgehen kann, gilt es noch ein paar Punkte zu überprüfen.

Teamraum

Die Grundidee von Scrum ist es, dass das Scrum-Team zusammen auf ein gemeinsames Ziel hinarbeitet, daher ist es generell eine gute Idee, das komplette

Scrum-Team in einem Raum zu versammeln und dort gemeinsam und fokussiert am Sprint-Ziel und am Produktziel arbeiten zu lassen. Wo immer dies möglich ist, arbeiten wir daran, dass die Teammitglieder zusammensitzen.

In der letzten Zeit wird dies jedoch immer seltener, da Teammitglieder sich oft über die ganze Welt verteilen und auch das Homeoffice immer mehr genutzt wird. Diesem Umstand tragen wir in Kapitel 6 Rechnung, das sich dem Arbeiten in verteilten Szenarien widmet.

> Für den Fall, dass Sie das seltene Glück haben, Ihr komplettes Scrum-Team an einem Ort versammeln zu können, geben wir Ihnen unter *link.scrum-in-der-praxis.de/teamraum* viele Tipps und Anregungen.

Scrum-Board

Struktur des Scrum-Boards

Das Scrum-Board ist in erster Linie ein Werkzeug zur Organisation für die Entwickler. Es soll dem Scrum-Team helfen, den Gesamtüberblick über die Aufgaben im Sprint zu behalten, die Aufgaben zu strukturieren und jederzeit eine Fortschrittskontrolle zu haben. Am Scrum-Board wird geplant, koordiniert, diskutiert und entschieden. Es stellt die Informationszentrale des Scrum-Teams während des Sprints dar. Gerade weil die Ansprüche an das Scrum-Board hoch sind, sollte es in einer simplen Struktur gehalten werden. Je komplexer die Struktur, desto pflegeaufwendiger und fehleranfälliger ist das Scrum-Board und dementsprechend auch unzuverlässig. Ein kompliziertes Werkzeug wird weniger benutzt als ein simples.

Virtuelle Scrum-Boards

Für virtuelle Scrum-Boards gibt es viele Onlinetools, von kostenlosen bis hin zu kostenpflichtigen und kommerziellen Tools. Sie alle verbindet ein gemeinsamer Nachteil: die Virtualität. Kein Team kann sich vor ihnen versammeln, um eine Diskussion zu führen, die Haptik des Anfassens und Verschiebens einer Karte fällt weg, niemand kann auf einen Blick den Fortschritt des Sprints oder einzelner Backlog Items erkennen, wenn er den Teamraum betritt. Außerdem müsste jemand, der das virtuelle Scrum-Board sehen oder bearbeiten möchte, sich zunächst in einem System anmelden und zum Scrum-Board navigieren. Dies alles führt dazu, dass ein Scrum-Board seine Vorteile nicht voll entfalten kann und einige Teammitglieder dazu tendieren, sich andere Wege zu suchen, ihre Aufgaben zu strukturieren.

> In der Praxis treffen wir leider kaum noch auf physische Scrum-Boards, da selbst zusammensitzende Scrum-Teams größtenteils auf virtuelle Boards umgestiegen sind (siehe Kap. 6). Aus diesem Grund haben wir Ihnen die Informationen zu physischen Scrum-Boards unter *link.scrum-in-der-praxis.de/scrumboard* zur Verfügung gestellt.

4.1.5 Häufige Herausforderungen

In dieser frühen Phase des Projekts sind viele Fragen noch ungeklärt und mögliche Fehler vielschichtig. Für einige Herausforderungen, die auftreten können, geben wir nachfolgend ein paar Hinweise.

Schlechte Vorbereitung

Die Einstiegsszenarien für Projekte können sehr vielfältig sein und u.a. dazu führen, dass ein Scrum-Team keine Zeit zur Vorbereitung findet oder eine gute Vorbereitung unterschätzt. Wenn z.B. aufgrund einer Markteinführung eines neuen Konkurrenzprodukts ein Scrum-Team zusammengestellt wird, das sofort mit der Implementierung eines Produkts starten soll, oder für ein zu entwickelndes Produkt noch kein Product Owner gefunden wurde, sollte nicht einfach so gestartet werden. Diese oder ähnliche Szenarien machen eine gute Vorbereitung schwierig oder sogar sinnlos.

> Auch wenn Sie einen schlechten Start erwischt haben, ist immer noch Zeit, ein Kick-off durchzuführen, selbst wenn Sie dies nicht zu Beginn eines Projekts in Angriff nehmen konnten.
>
> Es ist sogar möglich, dass Sie mit einem Scrum-Team, das schon über Monate zusammenarbeitet, einen Workshop durchführen, der den Sinn eines »Neustarts« hat. Dies ist z.B. für Teams sinnvoll, die in einer Produktsparte über lange Zeit diverse Projekte realisieren.

Unklares Verständnis

Wir erleben zu Beginn eines Projekts immer wieder, dass während des Kick-offs ein »Aha-Effekt« entsteht, wenn der Product Owner den wahren Grund für das Projekt erläutert. Viele haben häufig ein ganz anderes Bild von dem, was umgesetzt werden soll, da es auf der einen Seite noch zu vage ist und die Beteiligten auf der anderen Seite verschiedene Interessen vertreten. Im Kick-off ist es möglich, diese Unterschiede durch die Diskussion in einem offenen Forum aufzuzeigen, damit alle den Grund für das Projekt verstehen. In der Diskussion werden viele weitere Produkte oder Ideen auftauchen, die jedoch unter Umständen nichts mit den Anforderungen an das Produkt zu tun haben, an dem gearbeitet werden soll.

> Fragen Sie offen, warum die Anwesenden hier sind und welchen Grund es für das entsprechende Projekt gibt. Wenn es überhaupt einer Diskussion bedarf, wird im Nachhinein jeder verstanden haben, warum alle bei dem Termin dabei sind.

Mangelnde Beachtung der eigenen Regeln

Es ist eine gute Idee, Kriterien für die Zusammenarbeit zu definieren. Der wichtigere Schritt ist jedoch, dass diese Kriterien auch Beachtung finden. In der Praxis werden oftmals die Arbeitsvereinbarungen unbewusst ausgehebelt, wenn es eine »ganz besondere« Situation gibt, der man gerecht werden möchte. Zum Beispiel, wenn ein Backlog Item im Sprint Planning akzeptiert wird, obwohl es nicht, wie in der DoR vereinbart, vorab geschätzt und mit dem Team besprochen wurde. Spätestens beim nächsten Daily Scrum fällt dann auf, dass vielleicht das Sprint-Ziel des Teams in Gefahr ist, da Informationen unklar sind und das Backlog Item deshalb nicht abgeschlossen werden kann.

Natürlich kann es vorkommen, dass Regeln als falsch oder hinderlich wahrgenommen werden. In diesem Fall sollte dieser Punkt aber zur Sprache gebracht und besprochen werden und die Regel nicht einfach durch Nichtbeachtung ausgehebelt werden. Wenn dies mit einer Regel anfängt, geht es oft mit anderen Regeln weiter.

> Machen Sie den Teammitgliedern klar, dass Scrum die Wertorientierung bei der Entwicklung von Inkrementen fördert und die Einhaltung der eigenen Kriterien für die Zusammenarbeit essenziell ist. Als Letztes sollte an der Qualität gespart werden. Die Einhaltung von Inspect & Adapt inklusive der »Ready«- und »Done«-Kriterien sollte allen im Scrum-Team eine Herzensangelegenheit sein.

Überstrukturierte Scrum-Boards

Wir sind in unserer Praxis mitunter auf Scrum-Teams gestoßen, die bis zu zehn Spalten auf ihrem Scrum-Board hatten. Die Pflege dieser Spalten ist recht aufwendig, was oft dazu führt, dass der Status am Scrum-Board nicht aktuell war. Außerdem wurde eine Menge Platz verschwendet, denn eine Taskkarte kann sich immer nur in genau einer Spalte befinden, sodass viele Spalten sehr dünn besiedelt oder gar leer waren. Auf diese Weise wurde die zur Verfügung stehende Wandfläche nicht optimal genutzt.

> Verwenden Sie Taskkarten statt Spalten, um Prozessschritte abzubilden. Aufgaben wie »Codereview durchführen«, »Testfälle schreiben«, »Automatische Tests durchführen« oder »Definition of Done überprüfen« benötigen keine eigene Spalte am Board, sondern können als Task durch die Spalten »Open«, »Work in Progress« und »Done« wandern.

Teams mit großen Scrum-Boards haben fast immer eine stark prozessorientierte Vergangenheit. Sie versuchen, die bekannten Übergabepunkte, z.B. von der Entwicklung zum Testen, so abzubilden, wie sie es aus ihrem bisher benutzten Projektmanagement- oder Ticketverwaltungssystem kennen.

Versuchen Sie, das Team weg von der Prozesssicht hin zu den Grundlagen von Agilität im Allgemeinen und Scrum im Besonderen zu führen. Bemühen Sie das Agile Manifest und die agilen Werte. Weisen Sie auf die Vorteile von vertrauensvoller Zusammenarbeit hin, auf das gemeinsame Ziehen am gleichen Strang. Wenn Sie das Gefühl haben, dass das Team bereit ist, Ihnen zu folgen, schlagen Sie ein Experiment vor, für einen Zeitraum von zwei oder drei Sprints ein vereinfachtes Scrum-Board zu benutzen.

Unzureichende Pflege des Scrum-Boards

Wenn ein Scrum-Board von den Entwicklern nicht gepflegt wird, liegt dies meist daran, dass die Teammitglieder es nicht als »ihr« Werkzeug akzeptieren. Es ist fast immer ein Signal dafür, dass nicht genügend kommuniziert wird. Das Schreiben der Karten wird als Pflicht angesehen, nicht als Werkzeug für die Strukturierung oder zur Kommunikationsunterstützung.

Machen Sie den Entwicklern klar, dass ein Scrum-Board ein Werkzeug des Teams ist, die Informationsachse des Sprints. Schlagen Sie dem Team dazu ein Experiment vor: Ein Teammitglied, das mitten im Sprint aus dem Urlaub zurückkommt oder nach ein paar Tagen Krankheit wieder gesund ist, soll nur anhand des Scrum-Boards einschätzen, was bereits erledigt ist, wie der aktuelle Stand ist und was als Nächstes erledigt werden sollte.

Weiterführende Empfehlungen zum Kapitel und Thema »Vorbereitung« stellen wir unter *link.scrum-in-der-praxis.de/empfehlungen* zur Verfügung.

4.2 Product Backlog

Das dynamische Product Backlog

Casper und Finn gingen nach einem langen Arbeitstag noch gemeinsam ein Bier trinken. Sie wollten noch ein paar Kleinigkeiten besprechen und ansonsten den Abend nutzen, sich etwas besser kennenzulernen. Finn erzählte Casper eine Anekdote aus seinem Leben als Scrum Master:

»Ich habe einmal ein Team vorgefunden, das bereits seit gut zwei Wochen mit einer sehr unstrukturierten Liste von Anforderungen sprintete. Ein paar Tage vor Ende des Sprints legte der Product Owner dem Team ein vierzigseitiges Dokument mit dem Titel ›Product Backlog Sprint 1‹ mit dem Hinweis vor, das Team solle doch bitte dieses Dokument durchlesen und bestätigen, dass genau der beschriebene Inhalt im Sprint-Review gezeigt würde. Die Argumentation für dieses Dokument bestand darin, dass der Auftraggeber sehr konventionell veranlagt sei und diese Art der Dokumentation für das Sprint-Review (die ›Lenkungsausschusssitzung‹) fordere. Der Inhalt des Dokuments wich dazu noch stark von dem vorher im Sprint Planning gemeinsam vereinbarten Sprint-Ziels des Sprints ab.«

→

> Casper blickte Finn lange und ernst an und sagte schließlich: »Wenn der Auftraggeber das so will, dann ist das eben so. Ich sehe das genauso, das Team muss eben spuren!« Als er Finns zutiefst entsetzten Blick sah, fing er laut an zu lachen, prostete Finn zu und sagte: »Hey, das war ein Scherz! Man merkt, dass wir uns noch nicht so lange kennen.«

Ein Product Backlog ist gewissermaßen der Heilige Gral eines Scrum-Projekts. Es gibt nur einen Hüter des Grals (Product Owner), er verspricht Glückseligkeit (die Erreichung des Produktziels) und ist umgeben von einer Gemeinschaft, die Mangel leidet (die Nutzerinnen des zukünftigen Systems, vertreten durch die Stakeholder).

Wir geben in diesem Abschnitt Hinweise zum Inhalt und zur Struktur eines Product Backlog, stellen User Stories und Hilfsmittel wie Story Maps und Things-that-matter-(TTM-)Matrizen vor und beschreiben Techniken zur Zerlegung von User Stories.

4.2.1 Inhalt und Struktur

Für ein Scrum-Team gibt es nur eine »Single Source of Truth«: das Product Backlog. Es sollte alle Themen und Tätigkeiten enthalten, die für die Produktentwicklung durch das Scrum-Team relevant sind. Dies bedeutet, es enthält z. B. auch Aufgaben zum Training der Benutzer, zum Erstellen von Handbüchern oder zur Vorbereitung von Audits. Dies ist sehr wichtig, denn wenn es zusätzliche gleichwertige Aufgabenquellen gibt, ist eine ordentliche Priorisierung nicht möglich.

Aufgabentypen

Moderne Ticketverwaltungssysteme bieten eine Vielzahl von verschiedenen Typen zur Strukturierung des Product Backlog an. Wir haben jedoch die Erfahrung gemacht, dass ein Product Backlog um so komplexer wird, je mehr Aufgabentypen man hat, daher verwenden wir nur einige wenige, die wir im Folgenden erläutern:

- **Epic**
  Epics sind große Backlog Items, die in kleinere Backlog Items heruntergebrochen werden (siehe Abschnitt 4.2.5). Sie bilden die übergeordnete Struktur für User Stories und Aufgaben und enthalten daher auch nur eine sehr grobe Beschreibung, die auf tieferer Ebene detailliert wird.
- **User Story**
  Wir werden in Abschnitt 4.2.3 sehen, dass User Stories nichts anderes als auf eine bestimmte Art und Weise beschriebene Backlog Items sind. Da User Stories heutzutage der Quasistandard für die Beschreibung von fachlichen Anforderungen sind, benutzen wir diesen Aufgabentyp regelmäßig.

- **Aufgabe**
  Es gibt manchmal klare Aufgaben, bei denen eine Formulierung als User Story künstlich wirken würde. Diese Aufgaben kommen ohne die Beschreibung aus der Benutzerperspektive ins Product Backlog. Dies können z.B. generelle technische Tätigkeiten wie das Bereitstellen einer Datenbank sein.
- **Unteraufgabe**
  Unteraufgaben sind Unterstrukturen von User Stories und Aufgaben. Sie werden während des Sprint Planning von den Entwicklern erstellt.
- **Bug/Fehler**
  Die Behebung von Fehlern stellt keine Tätigkeit im Sinne einer User Story oder einer Aufgabe dar, sondern es geht um ein Fehlverhalten bereits gelieferter Funktionalität. Die Strukturierung als eigenes Element hilft bei der Beurteilung der Qualität.

Dies sind die Strukturelemente eines Product Backlog, die aus unserer Sicht völlig ausreichend für dessen Strukturierung und Übersichtlichkeit sind.

Nicht funktionale Anforderungen (Non functional requirements, NFRs)

Oft taucht die Frage auf, wie denn mit nicht funktionalen Anforderungen umzugehen sei. Dies sind z.B. Performance, Skalierbarkeit, Portierbarkeit, Kompatibilität, Zuverlässigkeit, Verfügbarkeit, Wartbarkeit, Sicherheit, Mehrsprachigkeit oder Benutzbarkeit.

Diese Anforderungen sind natürlich völlig legitim, aber da wir in Scrum immer den Nutzer und den Wert für den Nutzer in den Fokus stellen, scheint es auf den ersten Blick schwierig, sie als Backlog Items zu formulieren. Der Trick besteht darin, sie nicht als eigenständige Aufgaben zu betrachten, sondern sie im Rahmen der Umsetzung der werthaltigen Funktionalität gleich mit zu berücksichtigen. Wenn z.B. klar ist, dass ein Produkt auch mit älteren iOS-Versionen funktionieren soll (Kompatibilität), wird bei der Entwicklung jeder einzelnen Funktionalität darauf geachtet, anstatt ein Backlog Item »Unterstützung iOS 9.3.6« zu erstellen.

Neben der inhaltlichen Komponente stellt die Struktur des Product Backlog einen wichtigen Erfolgsfaktor dar. Zu wenige Informationen können zu Missverständnissen führen, wenn zwischen Entwicklern und Product Owner keine intensive Kommunikation stattfindet. Zu viele Informationen werden oft unübersichtlich, widersprechen sich manchmal sogar (z.B. wenn die Beschreibung eines Formulars nicht mehr dem Designentwurf entspricht) und erinnern stark an Fachkonzepte aus dem traditionellen Projektmanagement. In unserer Praxis haben wir sehr verschieden aufgebaute Product Backlogs angetroffen.

Abb. 4–5
DEEP-Kriterien

D	Detailed Appropriatly (angemessen detailliert)
E	Estimated (geschätzt)
E	Emergent (dynamisch)
P	Prioritized (geordnet)

Prinzipiell gilt, dass ein Product Backlog sich an den DEEP-Kriterien orientieren sollte, die von Mike Cohn und Roman Pichler vorgeschlagen wurden:

- **Angemessen detailliert**
  Backlog Items, die zeitnah umgesetzt werden sollen, sollten so gut verstanden sein, dass sie problemlos in einem der nächsten Sprints umgesetzt werden können. Weiter in der Zukunft liegende Backlog Items müssen jetzt noch nicht detailliert betrachtet werden.
- **Geschätzt**
  Damit das Product Backlog auch zur Planung genutzt werden kann, sollten die schon genauer beschriebenen Backlog Items geschätzt sein.
- **Dynamisch**
  Das Product Backlog ist kein festgeschriebenes Fachkonzept, sondern ein dynamisches Dokument. Anhand des Feedbacks, das man bekommen hat, und anhand der Dinge, die man zwischenzeitlich gelernt hat, werden Backlog Items geändert, gelöscht, ergänzt oder umpriorisiert.
- **Geordnet**
  Durch die Ordnung des Product Backlog nach Wert wird sichergestellt, dass immer die höchstwertigen Backlog Items oben stehen und als Nächstes für die Umsetzung betrachtet werden.

> Achten Sie darauf, dass das Product Backlog nicht überstrukturiert wird. Dies kann dazu führen, dass es unübersichtlich wird, weil wichtige Informationen verstreut liegen. Außerdem erhöht sich der Wartungsaufwand, um alle Felder korrekt zu füllen.

Im Folgenden stellen wir eine Version vor, die unserer Erfahrung nach eine ausreichende generische Grundstruktur darstellt. Es kann natürlich das eine oder andere Element weggelassen oder hinzugefügt werden, falls das Projekt es erfordert. Spätestens zu Beginn eines Sprints sollten diese Informationen für alle relevanten Backlog Items vorliegen.

- **ID**
  Zur eindeutigen Identifizierung wird z.B. eine laufende Nummer (#4711) oder eine Kombination aus ID und Abkürzung des Scrum-Teams (SIDP-2022) verwendet. Wird eine Software für die Pflege des Product Backlog eingesetzt, wird diese Nummer automatisch vergeben. Sie dient nicht nur als eindeutige Identifizierung, sondern gibt auch Auskunft über die Aktualität der Anforderung.

> Wenn Sie im Backlog Refinement (siehe Abschnitt 4.4) feststellen, dass ein Backlog Item schon sehr lange im Product Backlog steht, fragen Sie nach, ob es noch relevant ist. Möglicherweise ist es längst überholt und kann geschlossen werden.

- **Zusammenfassung**
  Hier wird kurz und knapp zusammengefasst, worum es bei diesem Backlog Item geht. Idealerweise ist die Zusammenfassung so kurz, dass sie in einer Listendarstellung in eine Zeile passt.
- **Beschreibung**
  Dies ist der eigentliche Inhalt des Backlog Item. Hier wird beschrieben, worum es in dem Backlog Item geht. Sofern mit User Stories (siehe Abschnitt 4.2.3) gearbeitet wird, sollte dieser Abschnitt mit der formulierten User Story beginnen. Darüber hinaus können hier ergänzende Informationen zum besseren Verständnis hinterlegt werden (z.B. Links zu detaillierteren Anforderungen, Besonderheiten für den Test oder wichtige Ansprechpartner).
- **Akzeptanzkriterien**
  Akzeptanzkriterien beschreiben die fachlichen Bedingungen, unter denen ein Backlog Item als fertig gilt. Sie stellen die fachlichen Abnahmekriterien des Product Owners dar. Wir gehen in Abschnitt 4.2.3 auf die Akzeptanzkriterien ein.
- **Schätzung**
  Viele Scrum-Teams schätzen die Komplexität von Backlog Items. Diese Schätzung wird zur Planung der Sprints benötigt (siehe Abschnitt 4.3).
- **Epic**
  Backlog Items gehören meist in den Kontext eines Epics, daher wird das zugehörige Epic im jeweiligen Backlog Item referenziert.
- **Task**
  Als Tasks werden die konkreten Aufgaben bezeichnet, die zur Erledigung eines Backlog Item (vgl. Abschnitt 4.1.2) notwendig sind. Sie werden im Sprint Planning erstellt und bilden eine Unterstruktur der Backlog Items.

> In einigen Ticketverwaltungssystemen werden diese Tasks auch als Subtasks oder Unteraufgaben bezeichnet und als Strukturelement auf der Ebene der User Stories eingesetzt.

- **Priorisierung**
  Das Product Backlog kann nach unterschiedlichen Kriterien geordnet sein, z.B. nach Wert, Risiko, Priorität oder Notwendigkeit. Die Priorisierung legt diese Ordnung innerhalb des Product Backlog fest.

Über die oben beschriebene Grundstruktur hinaus sind weitere Spalten für andere, im jeweiligen Projekt benötigte Informationstypen denkbar.

Außerdem kann es Product Backlogs mit unterschiedlichen Schwerpunkten geben. Ein Product Backlog sollte nicht immer ein Produkt in Form einer Anwendung für Nutzerinnen beschreiben, denn Scrum ist nicht auf die Produktentwicklung beschränkt. Für viele unterschiedliche Arten von Projekten bietet sich ein Product Backlog als strukturierte Anforderungsdokumentation an.

4.2.2 Anforderungsworkshops

Nachdem der Product Owner allen Beteiligten im Projekt-Kick-off das Produktziel des Projekts vorgestellt hat, ist dieses in konkrete Backlog Items herunterzubrechen. In traditionell geführten Projekten geschieht dies in der Regel dadurch, dass jemand aus dem Fachbereich sich hinsetzt und ein mehr oder weniger umfangreiches Dokument verfasst, das das zu erstellende Produkt und sein Verhalten bis ins letzte Detail exakt beschreibt. In Scrum-Projekten hingegen wird versucht, frühzeitig und eng mit Kunden, Nutzerinnen und Stakeholdern zusammenzuarbeiten, um so eine möglichst umfassende Sicht auf das zukünftige Produkt zu entwickeln. Außerdem werden die Entwickler in den Prozess eingebunden, um sowohl deren fachliche Expertise zu nutzen als auch die Machbarkeit der Ideen und Wünsche zu beurteilen. Dazu bietet es sich an, gemeinsame Anforderungsworkshops durchzuführen. In der Vorbereitung eines Scrum-Projekts können diese Workshops sich je nach Projektgröße über mehrere Tage hinziehen. Als Visualisierung der Workshop-Ergebnisse schlägt Roman Pichler ein Product Vision Board vor [URL:Pichler b]. Im laufenden Sprint werden neu hinzukommende oder veränderte Anforderungen in der Regel in den meist wöchentlich stattfindenden Backlog Refinements (siehe Abschnitt 4.4) besprochen. Anforderungsworkshops können daher unterschiedliche Schwerpunkte und damit unterschiedliche Strukturen haben, die wir im Folgenden beschreiben.

Produktgestaltungsworkshop

Für einen Produktgestaltungsworkshop ist inhaltlich bis auf das Produktziel und viele gute Ideen keine weitere Vorbereitung notwendig. Neben dem Scrum-Team sollten idealerweise Endkunden bzw. -nutzer dabei sein, zumindest aber ihre Vertreter innerhalb der Organisation, also Stakeholder. Dies können je nach Produkt auch Personen aus dem Vertrieb, dem Marketing, der Personal- oder der Finanzabteilung sein. Alle zusammen überlegen sich »ihr«

Produkt. Aus ersten Ideen werden Epics, aus Epics werden Backlog Items bzw. User Stories (siehe Abschnitt 4.2.3).

> Diese Workshops sind keine Zwei-Stunden-Workshops, die man neben dem Tagesgeschäft erledigt. Denken Sie in ganzen Tagen, je nach Projektgröße können mehrere Tage notwendig sein. Vielleicht können Sie sich mit Ihrem Scrum-Team außerhalb der Firma zurückziehen, um Ablenkungen zu vermeiden. Berücksichtigen Sie die anfallende Zeit im Sprint Planning.

Besonders wichtig an diesen Workshops ist der psychologische Aspekt. Alle zusammen gestalten gemeinsam »ihr« Produkt, es wird also nicht von einer Einzelperson vorgegeben. Leider wird diese Form eines Anforderungsworkshops viel zu oft übersprungen, weil aktuelle Organisationsformen es immer noch vorsehen, dass Produktmanager Produkte entwerfen, die von den Entwicklern anschließend umgesetzt werden sollen.

Im Folgenden stellen wir Ihnen einen möglichen Ablauf eines Produktgestaltungsworkshops vor:

- Alle Teilnehmenden ermitteln gemeinsam in einem kreativen Brainstorming mögliche Nutzerrollen des Produkts. Dabei geht es nicht um Perfektion, sondern um Kreativität, es dürfen also auch spaßige Vorschläge gemacht werden.
- Aus den ermittelten Rollen werden mittels Dot-Voting diejenigen ermittelt, die nach Meinung der Teilnehmenden die Zielgruppe repräsentieren.
- Nun werden Paare gebildet und jedes Paar wählt sich eine Rolle aus. Anschließend beschreibt jedes Paar aus dieser Perspektive die Anforderungen an das Produkt. Die jeweiligen Anforderungen können z.B. auf große Post-its geschrieben werden. Beenden Sie die Phase, wenn Sie bemerken, dass die Luft raus ist.
- Nun kommen wieder alle zusammen und jedes Paar stellt den anderen seine Vorschläge vor. Die anderen Teilnehmenden geben Feedback.
- Nun kann auf zwei Arten weitergemacht werden: Entweder bearbeiten die Zweiergruppen mit dem Feedback der anderen und den Ideen die bisher bearbeitete Rolle weiter oder die Teilnehmenden verteilen sich neu und bearbeiten in einer zweiten Runde eine andere Rolle und ergänzen die bereits vorliegenden Anforderungen.

Diese Übung kann über mehrere Runden fortgeführt werden. Der Product Owner hat nun durch eine kurze kreative Übung einen großen Pool an Ideen für das Produkt bekommen. Er sollte sie nun konsolidieren und aufbereiten. Sofern genug Ideen vorhanden sind, könnte der nächste Schritt der unten beschriebene Big-Picture-Workshop sein oder die Überführung in eine →User Story Map (siehe Abschnitt 4.2.4).

> Wenn Sie in der Situation sind, ein neues Scrum-Team aufzubauen, um ein neues Produkt zu schaffen, binden Sie die Teammitglieder so früh wie möglich ein. Das Team wird es Ihnen auf lange Sicht durch Loyalität danken.

Big-Picture-Workshop

Um einen gesamten Überblick über Abhängigkeiten und die ausstehenden Aufgaben zu erhalten, empfiehlt es sich, gemeinsam in einem Workshop ein »Big Picture« zu erstellen. Vor diesem Workshop liegt bereits ein Entwurf eines Product Backlog mit Backlog Items vor. Idealerweise ist es im Rahmen eines oben beschriebenen Produktgestaltungsworkshops entstanden, in der Praxis wird es aber meist durch den Product Owner erstellt. Oft werden die Entwickler in diesem Workshop zum ersten Mal mit den Backlog Items konfrontiert. Ziel ist es, die Entwickler zu informieren und das »Big Picture« zu vermitteln. Auf diese Weise soll eine erste Einschätzung der Entwickler hinsichtlich Machbarkeit und technischer Abhängigkeiten erlangt werden. Häufig gibt es als Zugabe noch fachliche Verbesserungsvorschläge.

Eine Agenda für einen Big-Picture-Workshop könnte folgendermaßen aussehen:

- Der Product Owner stellt das Produktziel vor und erläutert die daraus resultierenden Backlog Items. Wir empfehlen für diesen Schritt den Einsatz einer Story Map (siehe Abschnitt 4.2.4). An dieser Stelle sollte sich der Product Owner den kritischen Fragen der Entwickler stellen, indem er z.B. den Wert für Backlog Items erklärt, die keinen klar erkennbar wirtschaftlichen Nutzen für das Produktziel aufweisen.
- Die Backlog Items werden einzeln durchgegangen. Mittels der TTM-Matrix (siehe Abschnitt 4.3.4) nähern sich alle der Komplexität der Backlog Items und dokumentieren die Ergebnisse. Oft werden in diesem Schritt Abhängigkeiten erkannt, die eine veränderte Reihenfolge oder eine Zerlegung der Backlog Items notwendig machen. Die Änderungen werden gemeinsam durchgeführt.
- Mit dem gewonnenen fachlichen Verständnis und dem Gefühl für die Komplexität wird als letzter Schritt eine Schätzung durchgeführt. Da es sich meist um eine größere Menge von Backlog Items handelt, empfiehlt sich hier der Einsatz des Team Estimation Game (vgl. Abschnitt 4.3.3).

In den folgenden Abschnitten beschreiben wir Hilfsmittel für eine besondere Ausprägung von Backlog Items, die User Stories.

4.2.3 User Stories

User Stories stellen eine Spezialform der allgemeinen Backlog Items dar, die durch Mike Cohn eine weite Verbreitung in Scrum-Projekten gefunden hat. Ralf Wirdemann beschreibt User Stories im Zusammenhang mit Scrum sehr ausführlich in seinem Buch [Wirdemann 2017], sodass wir hier nur kurz ein paar Dinge in Erinnerung rufen möchten, bevor wir konkrete Praxistipps geben. Mike Cohn [Cohn 2004] definiert eine User Story folgendermaßen: »*User Stories sind kurze, einfache Beschreibungen einer Funktion, die aus der Perspektive der Person erzählt werden, die die neue Fähigkeit wünscht, normalerweise ein Nutzer oder Kunde des Systems.*« Sie folgen in der Regel einer einfachen Vorlage:

> »***Als*** *[Benutzerrolle]*
> **möchte ich** *[Ziel]*,
> **um zu** *[Grund für das Ziel]*.«

Alistair Cockburn hat einmal gesagt, eine User Story sei ein Versprechen zur Kommunikation über den Inhalt der User Story. Eine unseres Erachtens sehr treffende Definition.

> Der wichtige dritte Teil im Muster der User Story, der den Nutzen der Anforderung beschreibt, wird leider oft vernachlässigt, da scheinbar ja schon alles gesagt ist. Um dem entgegenzuwirken, versuchen Sie doch mal, die User Story umzudrehen und den Nutzen voranzustellen:
>
> Um [Grund für das Ziel] möchte ich als [Benutzerrolle] [Ziel].

Bereits 2001 hat Ron Jeffries in [URL:Jeffries b] mit dem prägnanten Kürzel »CCC« (vgl. Abb. 4–6) auf die drei wichtigsten Elemente einer User Story aufmerksam gemacht.

C	Card (Karte)
C	Conversation (Konversation)
C	Confirmation (Bestätigung, Akzeptanzkriterien)

Abb. 4–6
3C-Kürzel

- **Karte**
  Das erste »C« steht für »Card«, sinnbildlich also für die (Kartei-)Karte, auf die die User Story geschrieben wird und auf deren Vorderseite sie passen sollte. Heutzutage nutzt wohl kaum noch jemand Karten, sondern meist Post-its oder elektronische Tools.

- **Konversation**
  Das zweite »C« steht für »Conversation«, also ein Gespräch. Es handelt sich um den Austausch zwischen Entwicklern und Product Owner und findet in der Regel während des Backlog Refinement statt. Inhalt des Gesprächs ist das gemeinsame Verständnis aller Beteiligten, was genau unter der mit einem Satz auf der Karte sehr vage formulierten Anforderung zu verstehen ist.
- **Akzeptanzkriterien (auch: Conditions of Acceptance)**
  Mit der stattgefundenen Konversation wurden hoffentlich alle Fragen geklärt, und am Ende haben alle ein gemeinsames Verständnis über den Inhalt der Anforderung. Damit dies auch so bleibt, wird das Ergebnis festgehalten. Formal betrachtet steht das dritte »C«, die »Confirmation«, also für die Dokumentation einer vorher stattgefundenen Konversation. In der Praxis sprechen wir hier von Akzeptanzkriterien.

Akzeptanzkriterien

Akzeptanzkriterien sind ein untrennbarer Bestandteil einer User Story, ohne sie wäre eine User Story nicht vollständig. Sie sind Bestandteil der Umsetzungsvereinbarung, die Product Owner und Entwickler während des Sprint Planning treffen. Product Owner sollten sich also genau überlegen, welche Akzeptanzkriterien für die Erledigung eines Backlog Item wichtig sind. Für die Entwickler sind Akzeptanzkriterien nicht nur zu erreichende Ziele, sondern aus guten Akzeptanzkriterien lassen sich zudem einfach Tests ableiten.

> Selbst wenn Sie in Ihrem Projekt nicht mit User Stories arbeiten, lohnt es sich, Anforderungen mit Akzeptanzkriterien zu versehen, da sie ein gemeinsames Verständnis des erwarteten Ergebnisses herstellen.

Akzeptanzkriterien zu schreiben, bedeutet allerdings nicht, das bekannte Pflichtenheft oder Fachkonzept aus dem traditionellen Projektmanagement auf Scrum zu übertragen. Sie geben zunächst nur den Rahmen vor, in dem sich die Entwickler während des Sprints bewegen können. Details werden laufend im Dialog zwischen Product Owner und Entwicklern geklärt und ggf. in den Akzeptanzkriterien ergänzt.

> Ermutigen Sie die Entwickler dazu, User Stories ohne Akzeptanzkriterien abzulehnen. Unterstützen Sie den Product Owner, indem Sie gemeinsam mit ihm vor den relevanten Treffen (Backlog Refinement, Sprint Planning) durch die User Stories gehen und fehlende Akzeptanzkriterien aufzeigen.

Auch wenn die Details noch ergänzbar und verhandelbar sind, steht der Rahmen, also die Akzeptanzkriterien, spätestens mit dem Ende des Sprint Planning fest, meist schon am Ende des Backlog Refinement (vgl. Abschnitt 4.1.2, Definition of Ready). Vergessene Kriterien einer bereits in der Umsetzung befindlichen User Story dürfen nicht einfach nachträglich durch den Product Owner hinzugefügt werden, sondern sollten in eine neue User Story in einem neuen Sprint einfließen.

Manchmal handelt der Product Owner mit den Entwicklern aus, dass ein zusätzliches Akzeptanzkriterium noch berücksichtigt wird, dafür aber eine andere User Story wegfällt. Dies sollte jedoch die Ausnahme sein, denn andernfalls wird der Gedanke von Scrum korrumpiert, dass der Sprint ein geschützter Raum ist, in dem keine Änderungen mehr vorgenommen werden dürfen. Früher oder später wird es sonst zum Normalfall, kurzfristig noch etwas zu ändern.

Besser ist es, Product Owner dahingehend zu unterstützen, dass genügend Zeit und Domänenwissen vorliegt, um hinreichend gute User Stories und Akzeptanzkriterien zu schreiben.

INVEST-Kriterien

Gute User Stories berücksichtigen das sogenannte INVEST-Prinzip, sie erfüllen somit die folgenden Anforderungen in Abbildung 4–7.

Abb. 4–7
INVEST-Kriterien

I	Independent (unabhängig)
N	Negotiable (verhandelbar)
V	Valuable (wertvoll)
E	Estimable (schätzbar)
S	Small (klein)
T	Testable (testbar)

Beim Beschreiben von Anforderungen ist es nützlich, sich diese Kriterien immer wieder vor Augen zu führen, da sie dabei helfen, sich auf das Wesentliche zu fokussieren und zu hinterfragen, ob ein konkretes Akzeptanzkriterium wirklich wichtig ist, um schnell Wert zu schaffen. Oft wird dabei erkannt, dass einzelne Akzeptanzkriterien gut in eine nachfolgende User Story ausgelagert werden können. Im Folgenden geben wir einen Überblick über die INVEST-Kriterien:

- **Unabhängig**
  Um möglichst flexibel in der Umpriorisierung von User Stories zu sein, sollten sie keine Abhängigkeiten untereinander haben. Zugegeben, diese Anforderung ist nicht einfach zu erfüllen, aber im Zusammenspiel mit den Zerlegungstechniken, die wir in Abschnitt 4.2.5 vorstellen, ist es fast immer möglich.
- **Verhandelbar**
  User Stories sind keine Fachkonzepte, sie beschreiben also die Anforderung nicht bis ins letzte Detail. Das bedeutet im Umkehrschluss, dass es immer Unschärfen gibt, die der Product Owner als Verhandlungsmasse mit den Stakeholdern, aber auch den Entwicklern nutzen kann.
- **Wertvoll**
  Jede User Story sollte einen erkennbaren Wert für die Nutzerin besitzen. Sollte dieser Wert nicht erkennbar sein, sollte die User Story entsprechend geändert werden.
- **Schätzbar**
  User Stories werden für die Planung herangezogen, daher sollten sie so beschaffen sein, dass die Entwickler sie schätzen können.
- **Klein**
  Um sich eine größtmögliche Flexibilität zu erhalten, sollten User Stories möglichst klein gehalten sein, dabei aber natürlich nicht die anderen INVEST-Kriterien verletzen, insbesondere die Werthaltigkeit. Als Minimalanforderung sollte eine User Story so klein sein, dass sie ohne größeren Forschungsaufwand in einem Sprint umsetzbar ist. 6 bis 10 User Stories in einem Sprint sind in der Praxis keine Seltenheit.
- **Testbar**
  Die Umsetzung der schönsten User Story nützt nichts, wenn anschließend nicht sichergestellt werden kann, dass sie ordnungsgemäß funktioniert.

> Auch wenn die INVEST-Kriterien immer im Kontext von User Stories genannt werden, empfehlen wir, sie universell für anders beschriebene Backlog Items anzuwenden.

Nachdem alle User Stories vorliegen, wird es Zeit, sie den Stakeholdern vorzustellen und möglicherweise sogar im ganzen Unternehmen öffentlich zu machen, um auf diese Weise Feedback zum geplanten Produkt zu erhalten. Dafür bieten sich Story Maps an, die wir im folgenden Abschnitt beschreiben.

4.2.4 User Story Mapping

Der Scrum Guide sagt über das Product Backlog (*scrumguides.org*):

> *»Das Product Backlog ist eine emergente, geordnete Liste der Dinge, die zur Produktverbesserung benötigt werden. Es ist die einzige Quelle von Arbeit, die durch das Scrum Team erledigt wird.«*

In der Tat finden sich meist Product Backlogs, die nach dem Geschäftswert sortiert sind, d. h., diejenigen Backlog Items werden am höchsten priorisiert, die den größten Wert für das Unternehmen darstellen. Dies ist sinnvoll, hat jedoch zur Folge, dass zusammengehörige Funktionalitäten in kleinere Backlog Items zerlegt werden und sich verteilt in der Listendarstellung des Product Backlog wiederfinden, sodass der Bezug verloren geht. Wer schon einmal versucht hat, seinen Stakeholdern das Produkt anhand des Product Backlog zu erklären oder es ihnen einfach nur zum Lesen gegeben hat, weiß, dass dies ein schwer nachvollziehbares Unterfangen ist.

Jeff Patton hat sich mit dieser Thematik beschäftigt und das sogenannte *Story Mapping* entwickelt. User Story Maps erlauben es, das gesamte Produkt zu visualisieren und damit übersichtlich, erklärbar und einfacher priorisierbar zu machen. Sinnvoll finden wir daran, dass der Ausgang nicht der Geschäftswert ist, sondern das, was für die Kunden oder Nutzerinnen am Wertvollsten ist. [URL:Patton] sagt dazu:

> *»Wir verbringen viel Zeit damit, mit unseren Kunden zusammenzuarbeiten. Wir arbeiten hart daran, ihre Ziele, ihre Benutzer und die wichtigsten Teile des Systems, das wir aufbauen könnten, zu verstehen. Dann kommen wir endlich zu den Details – den Teilen der Funktionalität, die wir bauen möchten. In meinem Kopf sehe ich einen Baum, dessen Stamm aus den Zielen oder gewünschten Vorteilen besteht, die das System antreiben; die großen Äste sind die Benutzer; die kleinen Äste und Zweige sind die Fähigkeiten, die sie benötigen; und schließlich sind die Blätter die User Stories, die klein genug sind, um sie in die Entwicklungsiterationen einzubringen. Nach all dieser Arbeit, nach der Etablierung eines gemeinsamen Verständnisses, habe ich das Gefühl, dass wir alle Blätter vom Baum nehmen, sie in einen Laubsack packen – und dann den Baum fällen. Das ist es, was ein flaches Backlog für mich ist. Ein Sack mit kontextfreiem Mulch.«*

Das Konzept der User Story Maps möchten wir Ihnen nachfolgend vorstellen.

Aufbau einer User Story Map

Der Aufbau einer User Story Map ist zu vergleichen mit einer Geschichte, die wir erzählen, die mit »Es war einmal ...« beginnt. Wie in Abbildung 4–8 unternimmt eine Hauptfigur (z.B. Nutzerinnen, Persona, Akteure) unterschiedliche Aktivitäten, die in einer sinnvollen Abfolge stehen, sodass eine gelungene Geschichte daraus wird.

Abb. 4–8
Aufbau einer User Story Map

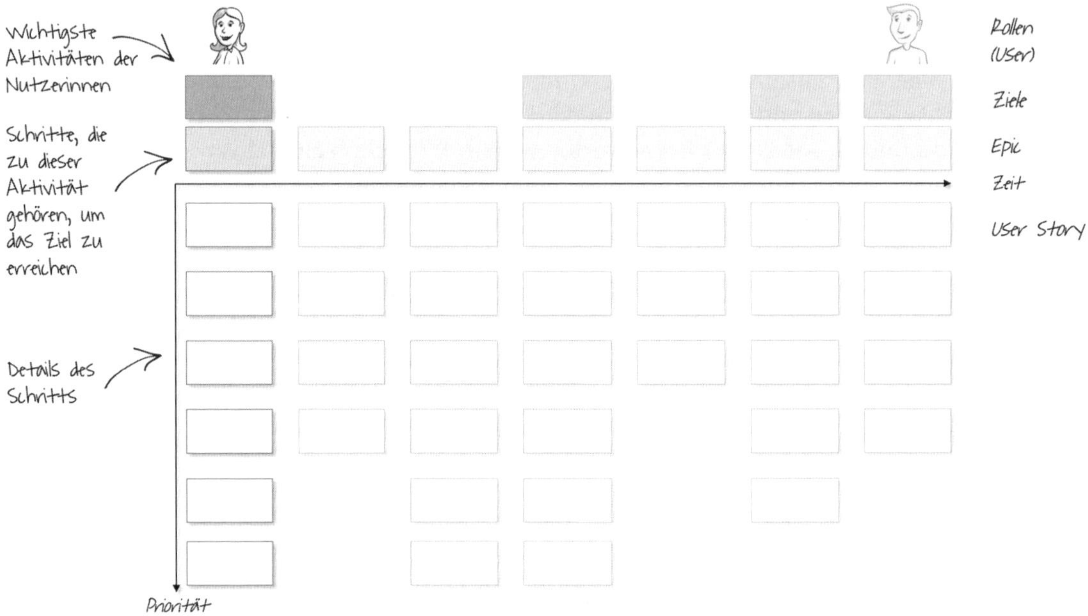

Diese wichtigsten Aktivitäten spiegeln Ziele wider, die eine Benutzerrolle erreichen möchte. Die einzelnen Schritte, die zu diesen Aktivitäten anfallen, werden unter den Aktivitäten in eine zeitliche Abfolge gebracht. Diese werden als Epics bezeichnet und bilden den »Narrative Flow« ab, also den sinnvollen Erzählfluss.

Wir visualisieren gerne die unterschiedlichen Nutzerinnen über den für diese Rolle wichtigsten Aktivitäten, um eine klare Abgrenzung und Übersichtlichkeit zu erzielen. Jede Information, die uns zu diesem *User* vorliegt, kann dort ausgedruckt (oder hinterlegt) werden.

So wird z.B. sichtbar, dass wir für Nutzerinnen, die Geld für das Produkt oder die Dienstleistung zahlen, jede Menge guter Ideen haben, aber nicht für diejenigen, die nichts bezahlen. Dieser Überblick führt zu sinnvollen Diskussionen und ggf. zur Anpassung des *Flows* der Geschichte.

Nun folgen die einzelnen Details für jede dieser einzelnen Schritte. Diese Details werden durch *User Stories* abgebildet. In einem Story-Mapping-Workshop findet im Grunde hier ein erstes Herunterbrechen der Epics in kleinere User Stories statt.

Wenn also eine User Story Map aufgebaut wird, wird eine Geschichte erzählt, die einen sinnvollen zeitlichen Ablauf der Aktivitäten eines oder mehrerer Nutzerrollen enthält und eine priorisierte Liste an Anforderungen (User Stories) zeigt. Es gibt also zwei Dimensionen in denen eine Priorisierung und Strukturierung stattfindet. Wir erleben es häufig bei der Verwendung von User Story Maps, dass die Aktivitäten (Epics) und Schritte zum Ziel (Features) durchaus konstant bestehen bleiben, während die Details (User Story) sich durch neue Erkenntnisse verändern. Diese Erkenntnisse werden im Backlog Refinement (siehe Abschnitt 4.4) erlangt.

Erstellen einer User Story Map

Nehmen wir einmal folgendes einfache Beispiel an: Eine Konferenzbesucherin möchte einen besuchten Vortrag bewerten. Dies erfolgt in zwei Schritten, die als Aktivitäten bezeichnet werden:

1. Auswählen des zu bewertenden Vortrags
2. Bewerten des Vortrags

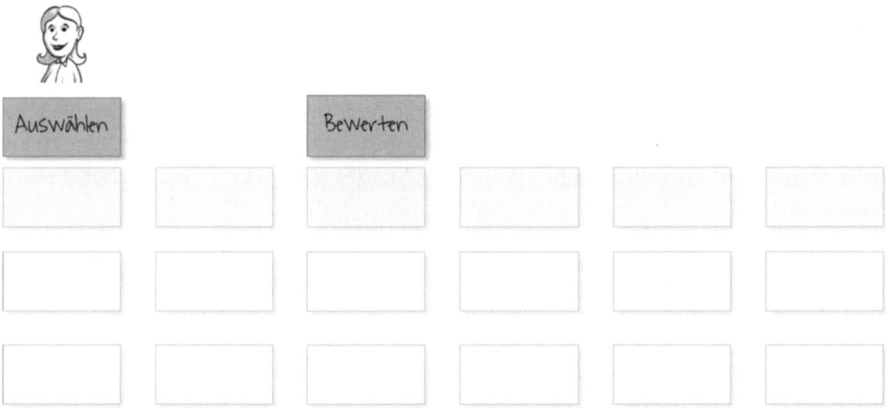

Abb. 4–9
Aktivitäten einer Nutzerin

Im nächsten Schritt wird überlegt, welche Schritte innerhalb dieser Aktivitäten ausgeführt werden, um zum Ziel zu gelangen (vgl. Abb. 4–10). Dabei geht es nicht um Details, sondern um eine sehr grobe Beschreibung. Diese Schritte werden unterhalb der Aktivitäten in einer Zeile dargestellt. Sie zeigen, wie die Reise der Benutzer durch das Produkt aussieht. Da sie im nächsten Schritt in User Stories heruntergebrochen werden, stellen diese Schritte die Epics dar.

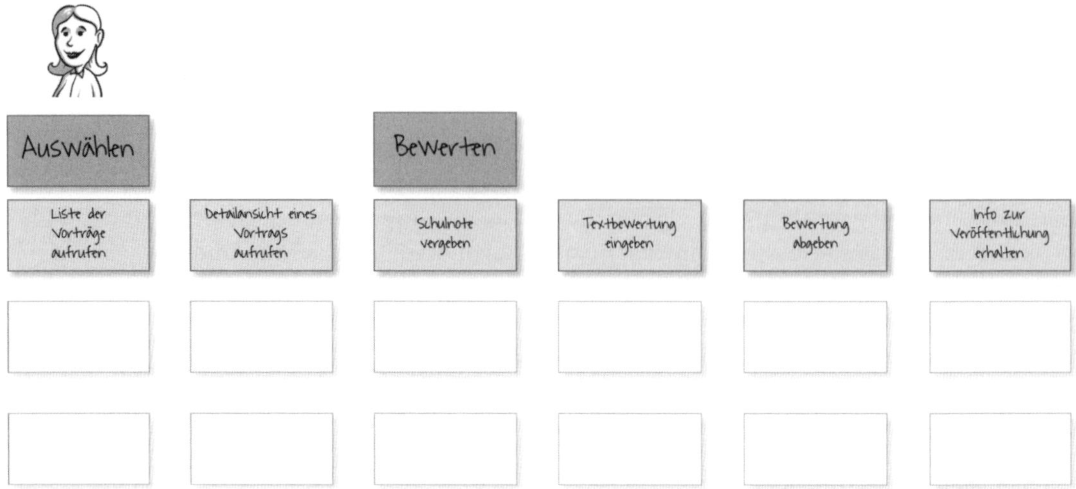

Abb. 4–10 *Schritte einer Nutzerin*

Im Anschluss werden die Epics in einzelne User Stories zerlegt. Die User Stories werden unterhalb der Epics angeordnet, sodass Spalten mit Epics als Spaltenüberschriften entstehen. Das Ergebnis sieht etwa so aus wie in Abbildung 4–11 gezeigt.

Jeff Patton vergleicht dieses Bild mit einer Wirbelsäule und davon abgehenden Rippen, daher hat sich für die Epic-Reihe der Begriff »Backbone« (Wirbelsäule) durchgesetzt.

Nun können die einzelnen User Stories priorisiert werden. Wir verwenden hierfür gerne das →MuSCoW-Prinzip, wobei die wichtigsten unverzichtbaren User Stories weiter oben angeordnet werden und die »Nice to have«-Stories weiter unten. Aus der Perspektive der Konferenzbesucherin konnten so die Aktivitäten und einzelnen Schritte in User Stories heruntergebrochen und priorisiert werden.

Durch die Visualisierung mithilfe einer User Story Map entsteht eine hervorragende Gesprächsgrundlage sowohl für den Dialog mit den Stakeholdern als auch innerhalb des Scrum-Teams. Zusammenhänge können auf einen Blick erkannt werden.

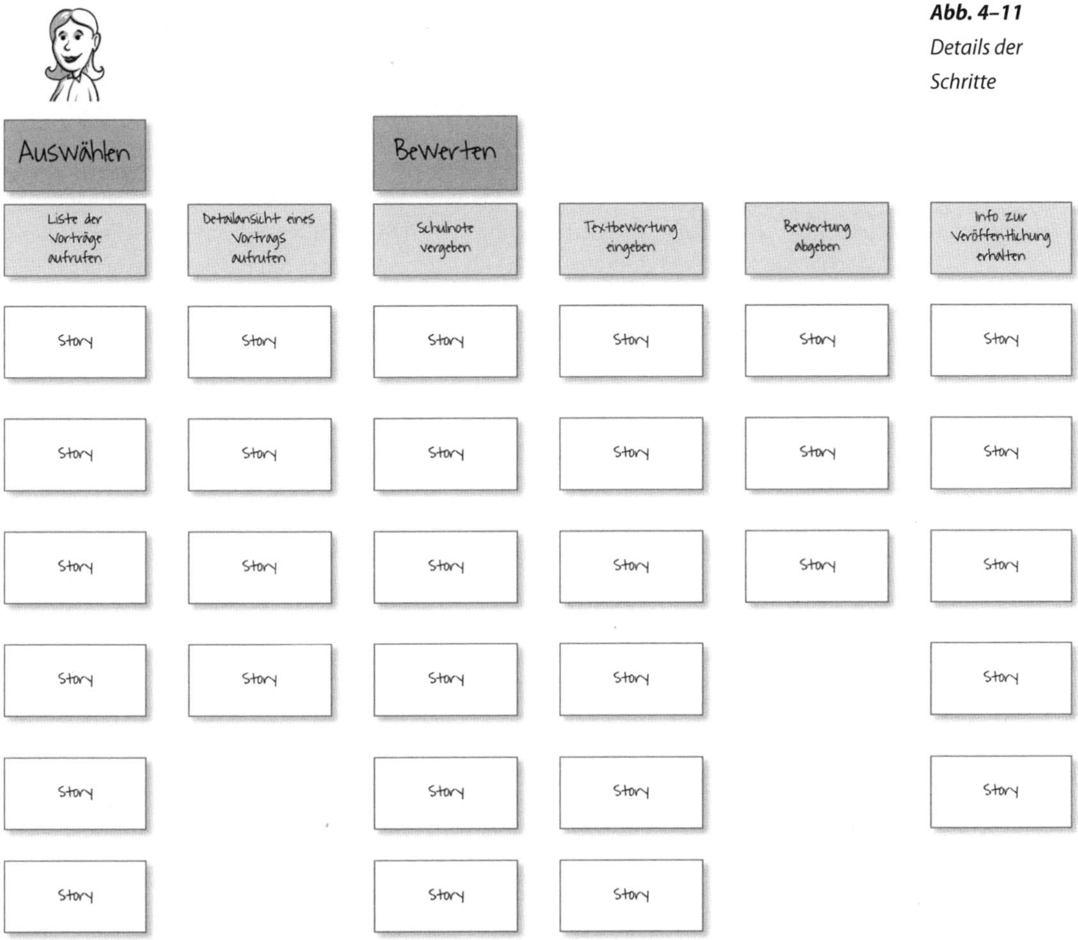

Abb. 4–11
Details der Schritte

In einem Fall aus unserer Praxis wurde vom Product Owner und vom Scrum Master gemeinsam ein erster Entwurf einer User Story Map erstellt und dem Auftraggeber vorgestellt. Hier zeigte sich der Wert dieser Form der Visualisierung: Da alle Themen übersichtlich aufbereitet waren, konnte der Auftraggeber Missverständnisse bzw. falsche Annahmen zurechtrücken. Einige User Stories, die für das erste Release vorgesehen waren, waren ihm gar nicht so wichtig, während andere, deren Dringlichkeit dem Product Owner nicht bewusst war, höher priorisiert werden sollten. Ohne die User Story Map wäre es sehr viel schwieriger gewesen, dieses wertvolle Feedback zu diesem frühen Zeitpunkt zu bekommen.

Wir erstellen die User Story Map oft gemeinsam zum Start eines Projekts mit internen und externen Stakeholdern, sodass alle beteiligt sind, alle Interessen gehört und das Gesamtbild und die nächsten Schritte verstanden werden. Dazu laden wir die Stakeholder zu einem gemeinsamen Workshop mit dem Scrum-Team ein und entwerfen die »Geschichte«, indem alle die User Story Map wie oben beschrieben Schritt für Schritt entwickeln. Alle Beteiligten sind aufgefordert, aktiv Vorschläge zu machen und Ideen zu äußern, sodass am Ende eine gemeinsam entwickelte User Story Map steht, mit der sich alle identifizieren können. Alternativ ist es auch möglich, dass der Product Owner mit einer bereits erstellten User Story Map die Anwesenden Schritt für Schritt durch die Geschichte führt und dann die Anwesenden mit einbezogen werden.

Product Owner können nach der Erstellung die User Story Map im Product Backlog abbilden. Die Story Map sollte öffentlich sichtbar oder elektronisch zugänglich gemacht werden. Auf diese Weise wird sie immer wieder für Feedback und Diskussionen sorgen und kann weiterentwickelt werden.

Nach dem Story Mapping kann mit der Ausarbeitung der Details der User Stories begonnen werden. Dabei stellt sich oftmals heraus, dass einige User Stories noch zu groß sind. Im folgenden Abschnitt stellen wir ein paar Techniken zur Zerlegung von User Stories vor, die bei der Einhaltung der INVEST-Kriterien helfen.

Eine öffentlich zugängliche Story Map, die gepflegt wird, kann ein sehr starkes Marketinginstrument für das Projekt darstellen und über den Fortschritt berichten, wenn nach jedem Sprint die erledigten User Stories in der Story Map als »Fertig« markiert werden.

4.2.5 Zerlegung von User Stories

Schneiden macht das Team glücklich

Im letzten Backlog Refinement hat Casper ein paar User Stories vorgestellt, die einfach zu groß waren, um vom Team geschätzt zu werden. Der Auftrag an Casper war klar: »Zerlege die Stories so in kleinere sinnvolle Einheiten, dass wir sie schätzen können und auch eine Chance haben, die Stories in einem Sprint umzusetzen.« Casper war zunächst völlig perplex, handelte es sich doch aus seiner Sicht um zusammenhängende Funktionalitäten, die man nicht weiter trennen kann. Auf Hinweis von Finn hat er sich jedoch ein paar Techniken zur Zerlegung von User Stories angeeignet und bittet nun das Team zu einem erneuten Backlog Refinement, damit alle gemeinsam an den Stories und den Akzeptanzkriterien arbeiten können.

Auch wenn es anfangs nicht so aussieht, können (zu) große User Stories fast immer in kleinere User Stories zerteilt werden. Dadurch erarbeitet sich ein Scrum-Team eine gewisse Flexibilität in der Umsetzung der Anforderungen und gewinnt an Geschwindigkeit bei der Lieferung von Wert.

Nachfolgend stellen wir verschiedene Techniken zur Zerlegung von User Stories vor, die wir an konkreten Beispielen erläutern. Sehr hilfreich ist auch die Übersicht in einem Artikel von Richard Lawrence [URL: Lawrence], die strukturiert verschiedene Möglichkeiten aufführt.

Vertikales Schneiden

Das vertikale Schneiden stellt eine übergeordnete Regel für das Schneiden von User Stories dar. Sie besagt, dass User Stories immer nach fachlichen Gesichtspunkten geschnitten werden sollten, um jederzeit eine nutzbare Funktionalität zur Verfügung zu haben.

Stellen Sie sich vor, Sie haben ein paar Freunde zum Grillen eingeladen. Erfahrungsgemäß ist der Grill zu klein, um alle eingekauften Köstlichkeiten gleichzeitig auf den Tisch zu bringen. Wenn Sie warten, bis alle Filetstücke, Spieße und Tofu-Würstchen fertig gegrillt sind, bevor Sie Ihren Gästen etwas zu essen anbieten, bekommen die meisten kaltes Grillgut. Was machen Sie also? Sie versuchen, allen Gästen mehr oder weniger gleichzeitig etwas Warmes zu essen anzubieten, indem Sie den Grill so bestücken, dass nach der ersten Iteration alle erst einmal etwas zu essen haben. Einige Gäste sind danach schon satt, andere nehmen gern noch ein zweites oder drittes Stück. Anstatt zu warten, bis alles fertig ist, und mit einem großen Knall auszuliefern, stellen Sie sicher, dass mit jeder Iteration verzehrfertiges Grillgut zur Verfügung steht und die Gäste (Stakeholder/Kunden) zufrieden sind.

SPIDR-Kriterien

In den letzten Jahren hat sich das Akronym SPIDR als Sammlung von Techniken zum Zerlegen von User Stories etabliert. Die einzelnen Buchstaben stehen für unterschiedliche Perspektiven, unter denen die User Stories betrachtet und ggf. heruntergebrochen werden. Diese Perspektiven stehen nicht für sich allein, sondern können oftmals miteinander kombiniert werden.

Abb. 4–12
SPIDR-Kriterien

S	Spikes (kleine Prototypen)
P	Paths (Pfade)
I	Interfaces (Oberflächen, Schnittstellen)
D	Data (Daten)
R	Rules (Regeln)

Prototypen

Bei Prototypen im agilen Kontext handelt es sich um eine Maßnahme, die durchgeführt wird, um Unsicherheiten und Unklarheiten genauer zu beleuchten und zu verstehen. Ein Spike besteht meist aus einem Prototyp oder einem Forschungsauftrag und liefert den Entwicklern entweder Informationen, wie die User Story in kleinere Stories aufgeteilt werden kann, oder reduziert das technische Risiko. Ein Spike liefert keinen Wert für Nutzerinnen und wird häufig als Aufgabe mit einer Timebox versehen.

Obwohl Spikes im Akronym an erster Stelle aufgeführt sind, sollten sie erst in Betracht gezogen werden, wenn die anderen Möglichkeiten nicht greifen. Ziel sollte es nach wie vor sein, eine User Story in einem Sprint zu erledigen.

Pfade

Manchmal ist eine User Story sehr umfangreich, weil es für die Nutzerinnen mehrere Wege zum Ziel geben kann. In diesem Fall empfiehlt es sich, diese »Pfade« einzeln zu betrachten und dafür eigenständige User Stories zu schreiben.

> *»Als Konferenzbesucherin möchte ich einen von mir besuchten Vortrag bewerten, um den Vortragenden Feedback zu geben.«*

Der Aufruf einer Bewertungsmöglichkeit eines Vortrags könnte auf mehreren Wegen erfolgen:

- durch Antippen einer Schaltfläche in der Detailansicht
- durch Antippen eines Icons in der Übersicht
- durch Wischen der Vortragsbeschreibung nach rechts

Jeder dieser Wege, die zum Ziel führen, könnte als eigenständige User Story abgebildet und als Pfad ausgewählt werden. Damit wäre die Funktionalität vorhanden und die anderen Pfade können später ergänzt werden.

Schnittstellen

Die Zerlegung nach Schnittstelle ist eine eher technische Betrachtung. Hier bietet es sich an, die User Stories nach technischen Gesichtspunkten zu zerlegen, wie z.B.:

- Desktop vs. Mobile
- Browserversion vs. Client
- Desktop-Betriebssysteme (Mac OS, Linux, Windows, ...)
- Mobile Betriebssysteme (iOS, Android, Windows Mobile, ...)
- Browserversionen (Safari, Chrome, Firefox, Opera, Edge, ...)

Bei all diesen Fragestellungen geht es darum, welche Entscheidung den größten Wert für die Nutzerinnen liefert. Haben unsere Kunden eher Android- als iOS-Geräte? Dann sollten wir unseren Fokus zunächst auf die Android-Variante legen.

> An den fünf Beispielen zu den Schnittstellen ist deutlich sichtbar, dass die Entscheidung nicht für genau eine Variante getroffen werden muss, sondern dass diese kombiniert werden können und sollten. Nach der Entscheidung »Desktop vs. Mobile« kann z.B. zusätzlich entschieden werden, ob ein nativer Client benötigt wird oder eine Browserversion ausreicht. Und selbst bei den Browsern kann später noch eine Einschränkung auf die meistgenutzten Browser vorgenommen werden. Auf diese Weise wird aus einer sehr komplexen User Story eine sehr konkrete.

Eine andere Variante aus der Pfad-Perspektive könnte es sein, zunächst eine einfache Benutzeroberfläche zu erstellen, die dann in weiteren User Stories sukzessive verfeinert und ergänzt wird. Die erste Version unterstützt beispielsweise kein Drag & Drop, diese Funktionalität wird durch eine nachfolgende Anforderung hinzugefügt.

Daten

Oft kann eine einfachere Version einer User Story mit einer Teilmenge von Daten implementiert werden. Nehmen wir folgende User Story als Beispiel:

> *»Als Vortragende möchte ich interessierten Konferenzbesuchern im Vorfeld Zusatzinformationen zu meinem Vortrag zur Verfügung stellen, sodass sie besser über eine Teilnahme an dem Vortrag entscheiden können.«*

Um welche Arten von Informationen geht es in diesem Fall? Es sollen ein paar PDF-Dateien, ein Videomitschnitt eines anderen Vortrags, die Präsentation an sich und eine sehr interessante Podcast-Folge zum Thema sein. Wie leicht zu sehen ist, wird diese User Story schnell sehr groß. Hier bietet es sich an, eine

Trennung nach Datentypen vorzunehmen, z.B. Textdokumente, Video- oder Audiodateien.

Selbst hier könnte noch ein weiterer Schritt folgen und z.B. nach verschiedenen Dateitypen oder Videoformaten unterschieden werden. Oft ist dies aber gar nicht nötig, und die verschiedenen Formate werden Bestandteil der Akzeptanzkriterien.

Falls es eine User Story gibt, die das Exportieren aller Bewertungen zur Weiterverarbeitung in anderen Programmen zum Inhalt hat, könnten daraus mehrere einzelne User Stories erstellt werden, die jede für sich ein eigenes Ausgabeformat bereitstellt, z.B. Word, Excel oder XML.

Regeln

Viele User Stories enthalten eine Vielzahl von Regeln, um die dazugehörige Funktionalität robust zu machen. Eine Option besteht darin, die Regeln für die erste User Story zu lockern und sie in einer nachfolgenden Story zu behandeln. Stellen wir uns einmal die folgende User Story vor:

> *»Als Konferenzbesucherin möchte ich besuchte Vorträge bewerten, um den Vortragenden und den Veranstaltern Feedback zu geben.«*

Zusätzlich wurde folgender Ablauf in den Akzeptanzkriterien dokumentiert:

> *»Die Benutzerin wählt einen zu bewertenden Vortrag aus und vergibt eine Schulnote von 1 bis 6. Wenn eine Benotung zwischen 3 und 6 eingegeben wird, ist zusätzliches Feedback als Freitext Pflicht, bei einer 1 oder 2 ist es optional. Um Missbrauch oder Beleidigungen vorzubeugen, werden die Bewertungen nicht sofort freigegeben, sondern vorher durch einen Administrator geprüft.«*

Mit diesem Kontext ist schnell klar, dass es sich nicht um eine kleine User Story handelt, sondern vermutlich sogar um ein Epic.

Das Schneiden einer User Story nach Regeln bedeutet, dass die User Story in Einzelschritte aufgeteilt wird, die den Workflow sukzessive vervollständigen. In diesem Fall wird eine initiale User Story erstellt, die eine Funktionalität ohne Workflowschritte abbildet.

In unserem Beispiel oben lautet diese erste User Story genau wie die originale User Story, aber die Akzeptanzkriterien werden dahingehend geändert, dass nur noch das Bewerten mit einer Schulnote stattfindet. Sobald diese User Story umgesetzt ist, steht eine einfache Funktionalität zur Verfügung, die Nutzern durchaus Mehrwert bietet.

User Story 1

> *»Als Konferenzbesucherin möchte ich besuchte Vorträge bewerten, um den Vortragenden und den Veranstaltern Feedback zu geben.«*

Akzeptanzkriterien:

- *Vorträge können mit einer Schulnote von 1 bis 6 bewertet werden.*
- *Eine einmal erfolgte Bewertung kann nicht mehr geändert werden.*

Anschließend wird diese Funktionalität sukzessive durch weitere User Stories ergänzt, wobei wichtig ist, dass mit jeder User Story wieder eine werthaltige Funktionalität zur Verfügung steht.

User Story 2

> *»Als Konferenzbesucherin möchte ich meine Bewertung durch ein individuelles Feedback ergänzen, um damit meine Bewertung zu begründen oder besondere Punkte herauszuheben.«*

Akzeptanzkriterien:

- *Bei der Eingabe der Bewertung soll es möglich sein, zusätzliche Informationen zur Bewertung hinzuzufügen.*
- *Diese Eingabe von Zusatzinformationen ist optional.*
- *Um die Anzahl der Klicks zu minimieren, soll die optionale Bewertung in der gleichen Ansicht wie die Eingabe der Schulnote erfolgen.*

Ein weiterer Schritt könnte sein, eine durchschnittliche Bewertung aus allen eingegangenen Bewertungen anzuzeigen:

User Story 3

> *»Als Konferenzbesucherin möchte ich durchschnittliche Bewertungen aller bewerteten Vorträge sehen, um zu erkennen, ob andere Teilnehmerinnen auch meiner Meinung sind.«*

Akzeptanzkriterien:

- *In der Vortragsübersicht soll die durchschnittliche Bewertung für alle Vorträge angezeigt werden, die fünf oder mehr Bewertungen erhalten haben.*
- *Außerdem sollen alle Bewertungen zu einem konkreten Vortrag in einer Übersicht angezeigt werden.*

User Story 4

> *»Als Konferenzbesucherin möchte ich eine Übersicht aller Bewertungen zu einem Vortrag sehen, um sie mit meiner vergleichen zu können.«*

Akzeptanzkriterien:

- *Es soll eine Übersicht geben, auf der alle Bewertungen zu einem Vortrag mit ihrer Überschrift und der Schulnote angezeigt werden.*
- *Bei Auswahl einer Bewertung sollen in einer Detailansicht der Bewertungstext und ggf. eingegebene Zusatzinformationen angezeigt werden.*

Wie zu erkennen ist, könnte die Aufteilung der ursprünglichen User Story noch viel weitergetrieben werden. Wichtig dabei ist, dass jede User Story für sich betrachtet ein Bedürfnis der Kunden oder Nutzerinnen erfüllt und damit einen Wert generiert.

Wenn sich ein Product Owner die vier Beispiele oben vergegenwärtigt, stellt er oder sie möglicherweise fest, dass z.B. die vierte User Story für den Anfang gar nicht so relevant ist, und kann diese im Product Backlog weiter unten einordnen. Durch das Aufteilen der ursprünglichen User Story auf vier User Stories verschafft sich ein Product Owner zunächst eine gewisse Flexibilität, da alle User Stories individuell priorisiert werden können. Außerdem stellt er vielleicht fest, dass die eine oder andere User Story gar nicht so relevant ist, sodass er sie entweder weiter unten einordnen oder sogar ganz streichen kann. So hat er neben der gewonnenen Flexibilität ggf. auch noch die Komplexität reduziert.

> Mit dem Schneiden nach Regeln wird möglicherweise die Unabhängigkeit aus den INVEST-Kriterien verletzt. Häufig wird jedoch in den anderen Kriterien so viel Sicherheit hinzugewonnen, dass dies durchaus akzeptabel sein kann. Es bleibt natürlich immer eine Einzelfallentscheidung, die aber leichter fällt, wenn sichtbar wird, was und warum etwas getan wird.

Zusätzlich zu den SPIDR-Kriterien gibt es weitere Perspektiven, unter denen User Stories betrachtet und zerlegt werden können. Einige davon stellen wir im Folgenden vor.

Zerlegen nach Komfort

> *»Als Konferenzbesucherin möchte ich mir eine Liste mit für mich interessanten Vorträgen erstellen, um nicht versehentlich einen davon zu verpassen.«*

Verwöhnten Nutzerinnen erscheint bei dieser User Story möglicherweise gleich ein Touchscreen vor dem geistigen Auge, auf dem Vorträge kategorisiert und sortiert werden können, um somit zu einer Liste von interessanten Vorträgen zu gelangen. Vielleicht ist das auch genau das Szenario, das der Product Owner in vorangegangenen Nutzertests extrahiert hat. Und vielleicht ist es auch mit den heutigen technischen Möglichkeiten so einfach, dass die Entwickler nur müde lächeln.

Aber nehmen wir einmal an, zumindest Letzteres wäre nicht der Fall. Welche Möglichkeiten gäbe es, die Funktionalität trotzdem in einer einfacheren Variante umzusetzen? Hier einige Vorschläge, die in jeder Ausbaustufe wertvoll und nutzbar sind:

- Notizblockfunktion, um interessante Vorträge zu notieren
- Setzen eines Lesezeichens auf einen interessanten Vortrag
- Markieren von Vorträgen in einer Liste als Favorit, Anzeige in der Favoritenliste
- Drag & Drop von Vorträgen aus der Programmübersicht in die Favoritenliste
- Drag & Drop von Vorträgen aus der Programmübersicht in einen Kalender, Warnung bei Terminüberschneidungen

Weitere häufig genutzte Komfortfunktionen sind das Suchen und das Filtern von Informationen. Jedes einzelne Such- oder Filterkriterium könnte eine eigene User Story darstellen, z.B. Vortragende, Vortragstitel, Kategorie, Dauer, Uhrzeit oder Bewertungen.

Zerlegen nach Komplexität

Manchmal gehen Product Owner mit einer vermeintlich simplen User Story in ein Gespräch mit den Entwicklern und sind völlig überrascht, welche Fragen plötzlich auftauchen. »Was ist mit X?«, »Hast du auch an Y gedacht?« und »Was soll passieren, wenn dies oder jenes getan wird ...?«, sind Fragen, die beantwortet werden wollen. Die einfache User Story wird plötzlich größer und größer, und ein Product Owner kann möglicherweise auch nicht alle Fragen aus dem Stegreif beantworten.

In diesen Fällen empfiehlt es sich, die ursprüngliche User Story in ihrer einfachsten Form beizubehalten und für die bisher nicht bedachten Variationen und Ergänzungen eigene User Stories zu schreiben.

> Es lohnt sich, wenn Sie die INVEST-Regeln zu Beginn eines Refinement wiederholt vorstellen und visualisieren.
>
> Fügen Sie der Darstellung ruhig Hinweise hinzu, um Akzeptanzkriterien richtig zu definieren, z.B. indem Sie Fragewörter »Was ist wenn ...?«, »Warum ...?«, »Wo ...?«, »Wann ...?« oder »Wie viel ...« ergänzen. Auch Vereinbarungen des Teams, wie z.B. »User Stories sollten nicht größer als 8 Story Points sein« oder »nur eine Anforderung pro User Story aufnehmen«, können dort als Hilfestellung und Erinnerung aufgeführt werden.

Zerlegen nach Performance

> *»Als Konferenzbesucherin möchte ich die Vorträge nach bestimmten Stichworten durchsuchen, um Vorträge für meine persönlichen Interessen zu finden.«*

Um die Komplexität aus dieser User Story herauszunehmen, kann sie unter Performance-Aspekten zerlegt werden:

- **langsam**
  Ein Ergebnis sollte spätestens nach zehn Sekunden erscheinen, in der Zwischenzeit wird eine Animation gezeigt.
- **schnell**
  Das Ergebnis steht nach spätestens zehn Millisekunden zur Verfügung.

Daumenregeln für die Zerlegung von User Stories

Es kann häufig sein, dass eine User Story nach mehreren der oben genannten Methoden geschnitten werden kann. Dann stellt sich die Frage, welche Aufteilung gewählt werden sollte. Wir richten uns nach den folgenden Daumenregeln:

- Wählen Sie die Aufteilung, die es ermöglicht, auf Teile der User Story zu verzichten. Die 80:20-Regel besagt, dass der größte Geschäftswert einer User Story aus einem relativ kleinen Teil der Funktionalität entsteht. Wenn eine Teilungsvariante geringwertige Funktionalität enthüllt und eine andere nicht, liegt der Verdacht nahe, dass Komplexität in den User Stories versteckt ist, die letztendlich den Kunden oder Nutzerinnen keinen Wert mehr bietet. In diesem Fall ist es meistens besser, die 80:20-Lösung zu wählen und auf einen Teil der Anforderungen zu verzichten.
- Wählen Sie die Aufteilung, die mehr ähnlich große User Stories liefert. Eine User Story mit acht Story Points in vier User Stories mit je zwei Story Points zu teilen ist besser als zwei User Stories mit drei und fünf Story Points. Product Owner erhalten so mehr Freiraum beim Priorisieren einzelner Teile der Gesamtfunktionalität.

Die richtige Einstellung

Wie in den oberen Beispielen aufgeführt, gibt es bei der Pflege des Product Backlog und der Product-Backlog-Einträge einiges zu beachten. Vor allem geht es uns in der Arbeit mit Scrum-Teams darum, dass diese Arbeit gemeinsam von allen Teammitgliedern durchgeführt wird. Dazu vermitteln wir in unserer Arbeit die Kriterien eines weiteren Akronyms: SWAT (siehe Abb. 4–13).

Abb. 4–13
SWAT-Kriterien

S	Shift focus from writing to talking (Verlagern des Fokus vom Schreiben auf das Sprechen)
W	Work with user on a daily basis (tägliche Zusammenarbeit mit Nutzern)
A	Aussume not knowing everything (davon ausgehen, nicht alles zu wissen)
T	Trust developers to find the „how" (Entwicklern vertrauen, das „Wie" zu ermitteln)

In der Abbildung 4–14 symbolisieren wir mithilfe eines Leuchtturms die bereits vorangegangenen Kriterien zur Pflege eines Product Backlog und von User Stories. Erste Priorität ist dabei, den Wert für Kunden oder Nutzerinnen zu erhöhen bzw. zu liefern. Die SWAT-Kriterien bilden dabei die Basis für alle Interaktionen des Scrum-Teams untereinander und mit den Stakeholdern des Projekts. Die Kriterien spiegeln zudem die Prinzipien und Werte des Agilen Manifests (*agilemanifesto.org*) wider:

- **Sprechen**
  User Stories sind keine leichtgewichtigen Anforderungen, die einfach den Entwicklern über den Zaun geworfen werden. Zuallererst geht es vor allem darum, dass gesprochene Wort zu bevorzugen anstelle der reinen Dokumentation von Anforderungen. User Stories sind dazu da, um kollaborativ Anforderungen zu erstellen. Dies geschieht vor allem durch Involvement und Austausch untereinander.
- **Zusammenarbeit**
  User Stories tragen es schon in ihrem Namen: Sie sind aus der Sicht von Nutzerinnen oder Kunden geschrieben. Von daher sollte es auch dazu gehören, dass diese eine Stimme erhalten und in die Erstellung mit einbezogen werden. Dies kann z.B. durch Nutzertests passieren oder durch eine enge Zusammenarbeit mit dem zuständigen Fachbereich.
- **Offenheit**
  Bei der Arbeit mit komplexen Problemstellungen ist zu beachten, dass nicht alle Bedürfnisse der Kundinnen, Anforderungen oder Lösungswege bekannt sind. Nicht nur Product Owner, sondern auch die Entwickler sollten anerkennen, dass nicht alles vorab bekannt ist und spezifiziert werden kann. Durch die kurzen Sprint-Zyklen erfährt ein Scrum-Team schnell Neues und kann damit weiterarbeiten.
- **Vertrauen**
  Oftmals tendieren Product Owner dazu, nicht nur das »Was?«, sondern auch das »Wie?« zu liefern und die Entwickler damit zu konfrontieren. Zusammengefasst aus den oberen drei Kriterien ist die Verantwortung aller im Scrum-Team, sich in Richtung des Produktziels zu bewegen. Die Anerkennung der Fähigkeiten jedes einzelnen Teammitglieds bildet die Basis für eine erfolgreiche Zusammenarbeit.

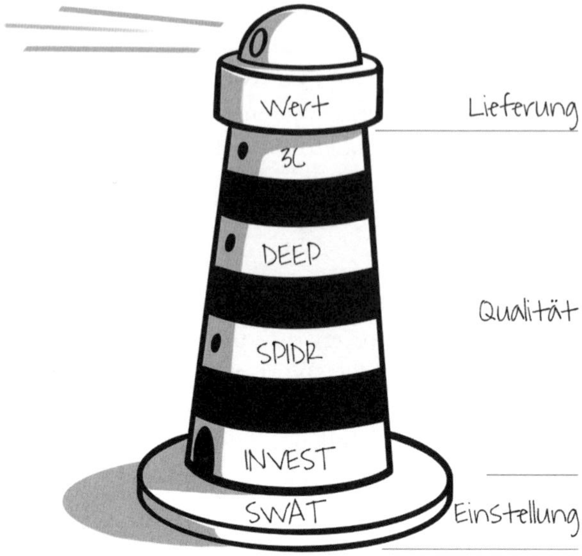

Abb. 4–14
Merkmale der Backlog-Pflege

4.2.6 Häufige Herausforderungen

Das Product Backlog ist nicht öffentlich sichtbar

Backlogs werden heutzutage elektronisch gepflegt, meist in einem Verwaltungstool wie z. B. Jira, manchmal aber auch in Excel-Listen. Für Stakeholder ist es allerdings oft schwierig, sich einen Überblick zu verschaffen. Manchmal fehlen ihnen die Berechtigungen, teilweise wissen sie nicht, welche Ansicht sie verwenden sollen, und oft sind sie auch nicht mit der Nutzung des eingesetzten Tools vertraut.

Damit ein Product Backlog seine Kraft entfalten kann, sollte es für alle einsehbar sein. Die Entwickler sollten jederzeit in der Lage sein, das aktuell in Arbeit befindliche Backlog Item im Kontext zu sehen und sich über geplante, möglicherweise beeinflussende Backlog Items zu informieren. Mindestens alle Stakeholder, besser noch alle im Haus, sollten das Product Backlog einsehen können.

> Die heutigen Verwaltungssysteme bieten oft eine Schnittstelle, um Daten dynamisch in anderen Systemen anzuzeigen. So ist es beispielsweise möglich, bestimmte Ansichten aus Jira im Schwestertool Confluence anzuzeigen. Nutzen Sie diese Möglichkeit, um z. B. die aktuell im Sprint befindlichen Backlog Items und die für die nächsten Sprints geplanten Backlog Items dort automatisch anzuzeigen.

Kollaboration findet nicht statt

Wir bemerken in nicht wenigen Fällen den Trend dazu, dass Product Backlogs eine hohe Ähnlichkeit zu Anforderungsdokumenten haben, die im Projektmanagement gefordert sind. Die Verwaltungstools werden dann oftmals mit unzähligen Attributen, Pflichtfeldern oder Eingabeanforderungen konfiguriert. Diese Art der Product-Backlog-Behandlung führt oftmals dazu, dass die Diskussionen miteinander in den Hintergrund treten. Es wird darauf beharrt, dass alle Informationen vorliegen müssen, bevor überhaupt miteinander gesprochen wird. Oder es wird dann eben auch nur das getan, was definiert worden ist, bzw. der Austausch an Informationen wird minutiös am Product Backlog Item dokumentiert, sodass als Ergebnis seitenlange Kommentare entstehen.

Eine unserer ersten Handlungen bei der Aufnahme der Arbeit in einem Scrum-Team ist es, dass wir uns den Zustand des Product Backlog ansehen. Sobald wir feststellen, dass es einen enormen Aufwand macht, Einträge im Product Backlog zu erstellen oder deren Inhalte nachzuvollziehen, suchen wir das Gespräch mit dem Scrum-Team und dessen Umfeld.

Es geht uns dabei vor allem um das Infragestellen für dieses Vorgehen und die Aufklärung darüber, dass Backlog Items bzw. User Stories eine Konversation miteinander anregen sollen. Wir stellen dabei den Unterschied zu traditionellen Methoden heraus, die den Schwerpunkt auf die Spezifikation und Dokumentation von Anforderungen legen, anstelle miteinander kollaborativ die Backlog Items zu ergründen. In Ergänzung machen wir deutlich, dass Scrum auf Lean Thinking basiert. Genauso wie das Pflegen eines sehr großen Product Backlog ist die aufwendige Pflege eines »überkonfigurierten« und »überdokumentierten« Product Backlog Verschwendung (engl. Waste).

> Machen Sie den Teammitgliedern deutlich, dass sie noch so viel dokumentieren können, um ein klares und gemeinsames Verständnis zu erzielen. Klarheit und Beteiligung werden sie nur über Gespräche miteinander erreichen.

Die Backlog Items sind zu detailliert beschrieben

Besonders in Organisationen mit einer Historie in traditionellen Projektmanagementmethoden tendieren die Entwickler oft dazu, vom Product Owner perfekt spezifizierte Anforderungen zu erwarten. Unerfahrene Scrum Master und Product Owner steuern oft nicht gegen, sodass an dieser Stelle die Kraft der Kommunikation und des schnellen Feedbacks verloren geht. Darüber hinaus verschanzen sich solche Teams oft hinter dem »geschützten Sprint« und verweigern das durch User Stories geförderte gemeinsame Finetuning mit Hinweis auf die Spezifikation.

Bei den User Stories wird es durch das mittlere »C« im Kürzel »CCC« sehr schön deutlich: Die stattfindende Konversation ist ein wesentlicher Bestandteil eines Backlog Item. Führen Sie Ihr Team durch die Grundlagen von Backlog Items, erläutern Sie, warum sie eben nicht komplett spezifiziert sein müssen. Verweisen Sie auch auf die Schätzungen, die ja per Definition nur relativ grob sind, eben weil in jedem Backlog Item eine gewisse Unsicherheit steckt.

Das Product Backlog ist nicht weit genug im Voraus durchdacht

Durch die iterative Vorgehensweise von Scrum werden neue Erkenntnisse und Feedback so früh wie möglich in den Entwicklungsprozess eingebracht und adaptiert, da zu Beginn eines Projekts noch nicht alle Anforderungen bis zum Projektende sauber durchdacht und formuliert sein können. Nichtsdestotrotz sollte das Backlog ausreichend vorbereitete Backlog Items (vgl. Abschnitt 4.1.2) für die nächsten zwei bis drei Sprints enthalten, um bei unerwarteten Hindernissen handlungsfähig zu sein und andere Backlog Items vorziehen zu können.

Erstaunlicherweise treffen wir oft auf Scrum-Teams, in denen gerade mal die Backlog Items für den aktuellen Sprint hinreichend vorbereitet wurden und das Scrum-Team sich so von Sprint zu Sprint hangelt. Die Gründe dafür sind vielfältig, sie gehen von »nur der Product Owner erstellt Product-Backlog-Einträge« über »Zusatzaufgaben in der Linie«, »unzählige Abstimmungsrunden« bis hin zu Doppelfunktionen (z.B. »Product Owner und Abteilungsleiter«).

Arbeiten Sie gemeinsam mit dem Product Owner, um Zeitfresser aufzudecken. Machen Sie diese transparent, zeigen Sie die Konsequenzen eines für die Entwickler nicht verfügbaren Product Owners auf und machen Sie klar, dass so die Vorteile eines Vorgehens mit Scrum nicht zur Geltung kommen. Verweisen Sie auf das Risiko, dass die Entwickler ohne entsprechende Vorbereitung durch den Product Owner möglicherweise demnächst nicht mehr effizient auf das Projektziel hinarbeiten können, was Auswirkungen auf den geplanten Releasetermin haben kann.

Veraltete Product-Backlog-Einträge

»*Was ist der Wert eines Backlog Item, das seit einem Jahr im Product Backlog steht?*« Mit dieser Frage konfrontieren wir Product Owner gerne, wenn wir feststellen, dass sehr große Product Backlogs mit vielen Einträgen gepflegt werden.

Der Punkt ist, dass das Product Backlog ein lebendiges Artefakt ist und ständig gepflegt wird. Wenn dabei laufend alte Product-Backlog-Einträge verwaltet werden müssen, ist dies ein unnötiger Overhead. Je mehr Einträge ein Product Backlog enthält, desto schneller besteht die Gefahr, dass sie veralten und die investierte Zeit in die Erstellung und das Refinement verschwendet war.

Von daher sollte ein Product Backlog nur das enthalten, wovon ein Product Owner oder das Scrum-Team überzeugt ist, dass es umgesetzt wird. Unnötiges zu beseitigen wird dazu führen, dass über das gesprochen wird, was wirklich relevant ist.

»Warum nicht entfernen?« Oftmals stehen die veralteten Backlog Items am Ende des Product Backlog, da durch Inspect & Adapt in Scrum schnell neue Erkenntnisse und damit neue Backlog Items entstehen. Besprechen Sie mit dem Scrum-Team, was ein sinnvoller Horizont für das Vorhalten von Backlog Items ist.

Wir halten einen Zeitraum von maximal drei Monaten für sinnvoll. Dies bedeutet, wenn ein Backlog Item es in drei Monaten nicht in einen Sprint geschafft hat, sollte es entfernt werden.

Eine Wunschliste für alles

In Gesprächen mit Product Ownern über ihr Product Backlog stellen wir oft fest, dass es alles enthält, was sich die Stakeholder wünschen. Es ist eine Wunschliste an Features, die über die Zeit nicht nur anwächst, sondern auch in den meisten Fällen viel Kapazität der Product Owner erfordert. Diese müssen nicht nur das anwachsende Product Backlog pflegen, sondern auch die Nachfragen der Stakeholder. In einigen Fällen geht es so weit, dass Stakeholder sich gegen die Arbeitsweise des Teams stellen, da ihre Wünsche keine Beachtung finden.

Die Frage, die wir in diesem Fall Product Ownern stellen ist: »*Welchen Beitrag leisten diese Backlog Items im Hinblick auf die Erreichung des Produktziels?*« Es ist also wichtig, dass ein Produktziel vorliegt und Product Owner es für die Entscheidung nutzen, ob sie Anforderungen weiterverfolgen oder nicht.

In dem beschriebenen Szenario könnte sich für einen Scrum Master auch das Gefühl herauskristallisieren, dass der Product Owner eine klare Ansprache gegenüber den Stakeholdern meidet, um diese beispielsweise nicht zu enttäuschen. Ermutigen Sie Product Owner dazu, unter Zuhilfenahme des Produktziels argumentativ auf Stakeholder zuzugehen und deutlich zu machen, dass die angebrachten Wünsche aktuell nicht umgesetzt werden können.

Aufteilung des Product Backlog

Manche Scrum-Teams entscheiden sich dafür, mehrere Product Backlogs zu erstellen. Dann gibt es z.B. ein Release Backlog, ein technisches Backlog oder »Tolle Ideen«-Backlog.

Nicht nur, dass der Pflegeaufwand steigt und die Übersichtlichkeit sinkt, sondern vor allem leidet oftmals die Kollaboration im Scrum-Team darunter.

Product Owner sind dann für das »Business« verantwortlich, während sich die Entwickler um die »Technik« kümmern.

Ein Product Backlog ist die einzige Quelle für alles, was mit der Produktentwicklung eines Scrum-Teams zusammenhängt. Es gibt ein einziges Product Backlog, für das der Product Owner verantwortlich ist, dessen Pflege jedoch vom gesamten Scrum-Team übernommen werden sollte. Wie dies geschieht, wird innerhalb des Scrum-Teams definiert.

Das Team ist nicht in die Erstellung der Backlog Items eingebunden

Manche Product Owner interpretieren ihre Verantwortlichkeit so, dass sie allein für das Product Backlog verantwortlich sind. Dies führt dazu, dass sie akribisch über das Product Backlog wachen und sämtliche Backlog Items allein schreiben. Dabei geht natürlich das Wissen der Entwickler nicht in das Produkt ein. Die Entwickler arbeiten täglich am Produkt, testen es, beschäftigen sich inhaltlich damit. Selbst wenn sie nicht zur späteren Zielgruppe gehören, können sie doch gute Hinweise zur Benutzbarkeit geben oder sogar eigene Produktideen vorschlagen.

> Weisen Sie in der beschriebenen Situation den Product Owner darauf hin, dass sich seine Verantwortung auf die Existenz und die Priorisierung des Product Backlog beschränkt und dass es durchaus sinnvoll ist, die Entwickler einzubinden. Führen Sie die oben beschriebenen Anforderungsworkshops durch (vgl. Abschnitt 4.2.2) und sorgen Sie für regelmäßig stattfindende Backlog Refinements.

Backlog Items enthalten keinen Wert für die Benutzerin

Wert für Nutzerinnen zu schaffen, ist eines der wichtigsten Ziele von Scrum. Daher sollte aus jeder Anforderung klar erkennbar sein, welchen Wert sie bietet. Oft wird aber auf den Nachweis des Wertes verzichtet, weil er sich vermeintlich von allein erschließt oder weil tatsächlich kein benennbarer Wert vorhanden ist.

> Ermutigen Sie die Entwickler, den Wert von Backlog Items für die Nutzerinnen zu hinterfragen. Wenn der Product Owner den Wert nicht darlegen kann, ist es völlig legitim, die Existenz des Backlog Items infrage zu stellen. Oft helfen hier auch die oben beschriebenen Zerlegungstechniken (vgl. Abschnitt 4.2.5).

Zu diesem Schwerpunkt finden Sie die Checkliste »Scrum-Vorbereitungen zum Start« unter *link.scrum-in-der-praxis.de/checklisten*.

4.3 Schätzung von Komplexität

Für den Product Owner sind Schätzungen eine hilfreiche Unterstützung, um seine Planung vorzubereiten und gegenüber Stakeholdern auskunftsfähig zu sein. Für das gesamte Scrum-Team ist das Besprechen der nächsten Schritte wichtig, denn es will auf ein gemeinsames Ziel hinarbeiten und Klarheit erhalten. Auch die Organisation oder der Kunde verlangt Transparenz, da sie daran interessiert sind, was als Nächstes umgesetzt wird und wann eine nächste Lieferung erfolgt. Dafür sind für den Product Owner zwei Werte interessant:

- *Die Komplexität der Backlog Items:* Es wird u.a. deutlich, welche Backlog Items noch unklar sind und in kleinere Einheiten zerlegt werden sollten.
- *Die Anzahl der Story Points*, die in einem Sprint bearbeitet werden können, die sogenannte →Velocity.

In Scrum liegt die Verantwortung für die Schätzungen bei den Entwicklern, die im Mittel ca. 5–10 % ihrer Kapazität für diese Planungsaufgaben einsetzen sollten. Da jedoch jedes Teammitglied das Prinzip »Selbstverantwortung« unterschiedlich schnell verinnerlicht, wirkt dieses Planen – mit dem viele Entwickler eigentlich gar nichts zu tun haben wollen – manchmal störend. Es kommt die Frage darüber auf, ob Schätzungen nicht Verschwendung sind, wenn Backlog Items eventuell gar nicht umgesetzt werden. Oder viel Zeit zum Debattieren darüber eingesetzt wird, um welche Nummer es gehen soll.

Wertvoll am Schätzen ist, wenn das Scrum-Team zusammenkommt und ein Gespräch führt. Dadurch erreicht es Folgendes:

- *Wie komplex ist eine Anforderung?*
  Durch die Klärung und das wiederholte Besprechen von Backlog Items erhalten alle ein gemeinsame Verständnis zur Komplexität.
- *Was müssen wir noch besser verstehen?*
  Wenn eine Anforderung zu groß ist, wird sie in kleinere Teile zerlegt, die innerhalb eines Sprints umsetzbar sind.
- *Welche Priorität hat eine Anforderung?*
  Durch die Angabe von Schätzungen kann das Product Backlog sortiert werden.

Stabile Rahmenbedingungen sind die Grundlage für die Einhaltung von Schätzungen. Die Komplexität, die gerade in der Produktentwicklung enorm ist, kann sich durch ein ständig wechselndes und instabiles Umfeld erhöhen. Daher ist es notwendig, für klare Strukturen zu sorgen, die den Entwicklern die Gewissheit geben, dass sie Vergleiche zu bereits umgesetzten Backlog Items herstellen können. Dieser Punkt ist sehr wichtig für das Funktionieren eines Scrum-Teams, da es sich für die Fertigstellung verpflichtet und für die Umsetzung der Backlog Items einsteht. Diese Rahmenbedingungen zu schaffen ist Aufgabe des Scrum Masters und der Organisation.

Am Anfang heißt es daher oft, Überzeugungsarbeit zu leisten und offene Fragen aus dem Weg zu räumen. Es gilt dann immer wieder in Erinnerung zu rufen, dass alle als verbundene Einheit für die Entwicklung des Produkts verantwortlich sind und damit also auch für die Planung.

Wer sich mit Schätzungen auseinandersetzt, sollte im Blick behalten, dass es sich nur um eine grobe Annahme auf Basis der verfügbaren Informationen handeln kann und niemals um eine konkrete Vorhersage der Zukunft.

4.3.1 Schätzungen

In früheren Versionen von Scrum war »Estimation« ein eigenes Event. In der Praxis wird es inzwischen im Rahmen des Backlog Refinement durchgeführt, dessen Struktur wir in Abschnitt 4.4 genauer beschreiben. Die Entwickler schätzen die Größe der vom Product Owner vorgestellten Backlog Items anhand der Komplexität. Der Termin sollte insbesondere seitens des Product Owners gut vorbereitet sein. Es ist eine Aufgabe des Scrum Masters, den Product Owner darin zu unterstützen, ein sortiertes und öffentlich zugängliches Product Backlog zur Verfügung zu stellen.

Das Schätzen von Backlog Items sollte nach Bedarf stattfinden, jedoch mindestens einmal in jedem Sprint. Hierzu ist eine Regelung mit dem Product Owner zu finden. In der Praxis haben sich zweiwöchige Sprints in vielen Scrum-Teams und Unternehmen durchgesetzt. Ein einstündiges Backlog Refinement pro Sprint-Woche ist eine gute Basis, um einen kontinuierlichen Informationsfluss, aktuelle Schätzungen und hinreichend Feedbackschleifen zu gewährleisten. Sollte Bedarf für weitere Backlog Refinements bestehen, können weitere Treffen eingeplant werden. Gerade in der Anfangsphase eines Projekts ist der Bedarf oft größer.

#NoEstimates

Es gibt seit einigen Jahren auch die #NoEstimates-Bewegung (*noestimates-book.com*), die auf die Abgabe von Schätzungen in jeglicher Form keinen Wert legt. Die Planung basiert auf der Erfahrung, wie viele Backlog Items innerhalb eines Sprints bearbeitet werden können. Dieser Durchsatz pro Iteration kann dann zur Planung genutzt werden.

Unserer Meinung nach sind Schätzungen weder gut noch schlecht. Es hängt davon ab, wie diese Informationen verwendet und wie viel Vertrauen in die Schätzungen gesetzt wird. Das Maß an Vertrauen, das gerechtfertigt ist, hängt vom Kontext ab, in dem sich ein Scrum-Team bewegt. Wenn komplexe Arbeit vor uns liegt, werden Schätzungen, egal wie viel ein Scrum-Team in den Vorgang des Schätzens investiert, falsch liegen. Dies bedeutet jedoch nicht, dass die Prognosen, die damit erstellt werden können, nicht hilfreich sind.

Wie oben beschrieben, ist letzten Endes nicht so sehr das Ergebnis selbst, sondern vielmehr das Ergebnis der Gespräche mit den richtigen Personen zur richtigen Zeit wichtig.

Sorgen Sie als Scrum Master dafür, dass alle pragmatisch mit Schätzungen umgehen. Verkomplizieren Sie den Prozess nicht. Unterbrechen Sie z.B. eine Diskussion zwischen Entwicklern, wenn es darum geht, ob es drei oder fünf Story Points sind. Nehmen Sie fünf. Oder, wenn Sie sehr viele Backlog Items zu schätzen haben, lassen Sie die Entwickler ganz einfach drei Stapel machen: »Haben wir verstanden, ist klein genug«, »Ist zu groß« und »Ich habe keine Ahnung«.

4.3.2 Schätzeinheiten

In der Literatur gibt es unterschiedliche Meinungen darüber, ob Aufwand oder Komplexität zum Schätzen verwendet werden sollte. Der Scrum Guide erwähnt hierzu (*scrumguides.org*):

> *»Das Refinement des Product Backlogs ist der Vorgang, durch den Product-Backlog-Einträge in kleinere, präzisere Elemente zerlegt und weiter definiert werden. Dies ist eine kontinuierliche Aktivität, wodurch weitere Details wie Beschreibung, Reihenfolge und Größe ergänzt werden. Die Attribute variieren oft je nach Arbeitsumfeld. Developer:innen, die die Arbeit erledigen werden, sind für die Größenbestimmung umsetzungsverantwortlich.«*

Wir bevorzugen das Schätzen von Komplexität anhand von Story Points aus folgenden Gründen:

- **Die Grundannahme für Schätzungen sind keine Aufwände, sondern die relative Komplexität von Backlog Items zueinander.**
  Es geht um die Aussage, wie komplex ein Backlog Item im Verhältnis zu einem anderen Backlog Item ist, also um das relative Verhältnis von Anforderungen zueinander. Für die Ermittlung der Velocity des Teams ist es letztendlich egal, in welcher Einheit man schätzt, solange sie in sich konsistent ist und von den Entwicklern gleichermaßen interpretiert wird und nicht mit der Velocity anderer Teams verglichen wird.
- **Menschen schätzen besser relativ als absolut.**
  Wenn beispielsweise eine Person am Strand steht und aufs Meer schaut, kann diese ziemlich leicht feststellen, ob eine Boje sich vor, hinter oder neben einem Schiff befindet. Jedoch kann diese kaum mit hinreichender Gewissheit sagen, ob sich Schiff oder Boje 500 Meter oder 700 Meter vom Strand entfernt befindet. Schätzungen in Story Points bieten einen impliziten Puffer, wogegen eine stundenbasierte Schätzung von 4 Stunden nach 4,5 Stunden oft bereits kritisch hinterfragt wird. Ergebnisse relativer Schätzungen, wie beispielsweise in Story Points, sind genauer als absolute Schätzungen in Personentagen.

- **Die Dauer der Umsetzung eines Backlog Item hängt stark davon ab, wer daran arbeitet.**
  In einem Scrum-Team verfügen in der Regel nicht alle Teammitglieder über die gleiche Erfahrung, sodass für eine Aufwandsschätzung bereits während der Schätzung festgelegt werden müsste, wer das Backlog Item umsetzen soll. Das allerdings widerspricht dem Gedanken der Selbstorganisation, kurzfristig in der Lage zu sein, sich anders als geplant aufzustellen. Eine Schätzung in Komplexität ist immer eine Schätzung des gesamten Scrum-Teams, nicht einer Einzelperson.
- **Die Komplexität eines Backlog Item ändert sich nicht.**
  Schätzungen nach Aufwand müssen über die Laufzeit angepasst werden, um abzubilden, wer an einem Backlog Item arbeitet. Ein Junior wird vermutlich mehr Zeit benötigen als ein Senior. Bei einer Schätzung der Komplexität bleibt diese konstant und zieht keine aufwendige Planungskorrektur nach sich.

> Das wirklich Wichtige an Schätzungen im Kontext von Scrum-Projekten ist, dass Prognosen durch das Schätzen erstellt werden können, diese jedoch immer vage bleiben.
> *»Wir können doch nicht 500.000 € investieren, ohne eine Schätzung zu haben, wie lange es dauert!«*, lautet oftmals das Argument von Kunden oder Organisationen. Wie ist es jedoch, wenn wir mit einem Projekt beginnen, das drei Monate dauert? Als Auftraggeberin fällt dabei erst einmal nur ein Investment von 50.000 € an. Gleichzeitig steht am Ende der Zeit ein gewünschtes Ergebnis zur Verfügung. Wenn dies nicht der Fall ist und es andere Erwartungen gab, dann kann eine neue Entscheidung getroffen werden.

Story Points

Story Points sind eine Bezeichnung für eine abstrakte Größe, die die Komplexität eines Backlog Item beschreibt. Man könnte einen beliebigen Begriff benutzen, solange er nichts Messbares beschreibt.

Die 2005 von Mike Cohn [Cohn 2005] eingeführte modifizierte Fibonacci-Reihe ist nach wie vor der Klassiker der Schätzskalen für Story Points. Sie lautet 0, 1, 2, 3, 5, 8, 13, 20, 40, 100. Es ist leicht zu sehen, dass die Abstände mit der Höhe der Werte immer weiter auseinanderliegen. Dies liegt daran, dass jede Zahl keinen absoluten Wert darstellt, sondern einen Bereich und dass mit steigender Komplexität auch das Risiko und die Unsicherheit größer werden.

Wenn ein Backlog Item auf acht Story Points geschätzt wird, bedeutet dies einfach, dass ihm die Zahl 8 zugeordnet wird. Alle Backlog Items, die ähnlich komplex sind, erhalten auch eine 8 als Schätzung. Eine 8 bedeutet dabei »irgendwo zwischen 5 und 13«, während eine 3 »irgendwo zwischen 2 und 5«

bedeutet. Ein Vorteil dieser numerischen Skala ist der, dass damit eine Velocity berechnet werden kann.

Die Fibonacci-Reihe ist unser Favorit, allerdings lassen wir die 0 komplett weg und überzeugen unsere Teams, sich auf Werte bis maximal 13, manchmal sogar nur bis 8 zu beschränken. Der Grund dafür liegt darin, dass eine 20 »irgendwo zwischen 13 und 40« bedeutet. Mit anderen Worten: Die Unsicherheit ist so groß, dass das Backlog Item möglicherweise doppelt so groß sein könnte. Das lässt letzten Endes keine sinnvolle Planung zu, daher bitten wir den Product Owner bereits an dieser Stelle um eine Zerlegung des Backlog Item.

Leider werden wir immer noch oft gefragt, wie viele Personentage oder -stunden denn eine 8 bedeutet. Dies kann nicht für ein konkretes Team beantwortet werden und schon gar nicht generell, da eine 8 für jedes Team etwas anderes bedeutet und auch innerhalb eines Teams eine gewisse Bandbreite vorhanden ist. Nach einigen Sprints kann oft eine Tendenz erkannt werden, dass ein Team beispielsweise zwischen 25 und 30 Story Points je Sprint umsetzt, aber selbst dies ist in Bezug auf Tage oder Stunden eine nicht verwertbare Information, da sich diese mit jeder Veränderung im Umfeld eines Scrum-Teams und der Anzahl der Netto-Sprint-Arbeitsstunden ändern kann.

> Fairerweise wollen wir nicht unerwähnt lassen, dass Ron Jeffries, der Erfinder von Story Points, schon seit einigen Jahren von der Verwendung abrät: »*Story Points wurden erfunden, um die Dauer zu verschleiern, damit bestimmte Manager das Team nicht aufgrund von Schätzungen unter Druck setzen*« [URL:Jeffries c].

Personentage oder -stunden

Aus dem traditionellen Projektmanagement sind noch die Schätzungen in Tagen oder sogar Stunden bekannt. Dabei wird für ein bestimmtes Arbeitspaket (in unserem Fall: Backlog Item) geschätzt, wie lange die Umsetzung dauern wird. Aus der Summe der Schätzungen wird anschließend der Gesamtaufwand berechnet.

> Das Problem der Schätzung in Tagen oder Stunden ist, dass sie den Anschein erwecken, es könne die Zukunft vorausgesagt werden. Hinzu kommt, dass Schätzungen oftmals zu einem Zeitpunkt verlangt werden, bei dem die Beteiligten am wenigsten Know-how besitzen: zu Beginn eines Projekts. Auf Basis dieser Zahlen werden Scrum-Teams dann oftmals »beim Wort« genommen. Es werden dann je nach Wichtigkeit und Kontext des Projekts alte Verhaltensweisen, wie z.B. Mikromanagement und Eingriffe ins Team, vorgenommen.

T-Shirt-Größen

Einige Teams ordnen den Backlog Items sogenannte T-Shirt-Größen zu, um sich komplett von Zahlen zu lösen. Dazu werden meist die folgenden Werte benutzt: XS, S, M, L, XL, XXL.

Dies ist eine schöne Variante, um zu verhindern, dass Zahlenwerte implizit doch wieder auf Personentage umgerechnet werden. Allerdings werden die Abstände zwischen den Schätzwerten nicht deutlich, und eine Velocity lässt sich auch nur berechnen, wenn man die T-Shirt-Größen wieder auf Zahlenwerte umrechnet.

> Die sechs Kategorien der T-Shirt-Größen lassen sich hervorragend auf die ersten sechs Elemente der Scrum-Fibonacci-Reihe projizieren. So wird ein XS zu einer 1, ein S zu einer 2 usw. Auf diese Weise können Sie ohne Zahlen schätzen lassen und trotzdem anschließend eine Velocity berechnen.

Es gibt viele Möglichkeiten, Schätzwerte für Backlog Items zu ermitteln. Eine sehr bekannte und weitverbreitete Methode ist Planning Poker, das von James Grenning als Erstem beschrieben und später von Mike Cohn [Cohn 2005] populär gemacht wurde. Planning Poker werden wir aufgrund seines hohen Bekanntheitsgrades nicht weiter vertiefen, es kann bei Henning Wolf und Stefan Roock [WolfRoock 2021] nachgelesen werden.

> Welche Skala Sie auch wählen, schränken Sie die Anzahl der verfügbaren Kategorien ein. Die Scrum-Fibonacci-Reihe beispielsweise kennt 10 unterschiedliche Schätzwerte, die unserer Erfahrung nach keinen Sinn ergeben, da insbesondere die großen Werte so sehr mit Unsicherheit und Risiken behaftet sind, dass sie wertlos sind. Wir haben gute Erfahrungen mit der Beschränkung auf vier bis maximal sechs Kategorien gemacht.

Beim Schätzen von Backlog Items geht es um das Erzielen eines Konsenses zwischen den Entwicklern. Schätzverfahren lassen sich im Wesentlichen in folgende Gruppen einordnen:

- **Zuordnung von Schätzwerten zu Backlog Items**
  Hier wird ein Backlog Item einzeln besprochen und von den Entwicklern mit einem Schätzwert versehen. Zu dieser Gruppe gehört z.B. *Planning Poker*.
- **Zuordnung von Backlog Items zu Schätzwerten**
  Bei dieser Gruppe liegen die Schätzwerte offen aus, und die Backlog Items werden ihnen zugeordnet. So funktioniert z.B. *Magic Estimation* [URL: Overeem].

- **Zuordnung von Backlog Items zu Backlog Items**
  Schätzwerte werden anfangs nicht genutzt, sondern die Backlog Items werden direkt zueinander in Relation gesetzt und die Gruppen erst am Ende mit Schätzwerten versehen. Das *Team Estimation Game* (siehe Abschnitt 4.3.3) ist ein Beispiel für diese Gruppe. Diese Gruppe liefert unseres Erachtens die beste Kombination aus Geschwindigkeit und Genauigkeit.

4.3.3 Initiale Schätzung

Schock im Kick-off

Gleich zu Beginn des Kick-offs präsentierte Casper sein Produktziel und schaffte es, dass das ganze Team Feuer und Flamme für die neue App war. Auch Casper selbst hatte sich in den letzten Tagen schon viele Gedanken gemacht und informierte alle, dass er bereits ein Product Backlog mit 60 Backlog Items vorbereitet hatte, die er möglichst bald mit dem Team verfeinern und schätzen wollte.

Schlagartig änderte sich die Stimmung im Raum. Die Euphorie war dahin. Finn bemerkte dies und hakte nach. Dabei kam heraus, dass die Teammitglieder bisher nur Planning Poker als Schätzverfahren kannten und schlechte Erfahrungen damit gemacht hatten. Schätzrunden arteten in Diskussionen aus, Teammitglieder hielten sich zurück, weil sie nicht mehr wussten, worum es ging, oder weil sie den Termin mit ihrer Beteiligung nicht unnötig verlängern wollten. Viele Schätzungen wurden nach zehn Minuten abgebrochen, weil die Teammitglieder sich nicht einigen konnten. Selbst mit einem gut strukturiert durchgeführten Backlog Refinement würden sie mit Planning Poker zwei bis drei Tage nur für das Schätzen benötigen. Und im Endeffekt wären die Schätzungen sowieso nur sehr grob und müssten später verifiziert werden, also warum sollten sie sich das antun?

Als erfahrener Scrum Master konnte Finn die Teammitglieder glücklicherweise beruhigen. Er versprach, dass sie für die initiale Schätzung kein Planning Poker nutzen würden und dass sie die 60 Backlog Items im Handumdrehen geschätzt haben würden. Die Teammitglieder vertrauten auf Finns Erfahrung, und das Kick-off konnte gut gelaunt fortgesetzt werden.

Achten Sie als Scrum Master darauf, wie sich Teammitglieder während des Schätzens verhalten. Festzustellen ist häufig, dass einige eher eine passive Rolle einnehmen und andere den aktiven Part. Schätzungen sollten im Konsens entstehen und nicht als aufgezwängt wahrgenommen werden. Suchen Sie ggf. das Gespräch mit passiven Teammitgliedern, um die Gründe für die Zurückhaltung zu erfahren.

Zu Beginn eines neuen Projekts kommt es oft vor, dass der Product Owner vorgearbeitet hat und ein umfangreiches Product Backlog präsentiert. Da es sich in den meisten Fällen um Backlog Items handelt, bei deren Erstellung die

Entwickler nicht eingebunden waren, sind diese Anforderungen in der Regel noch recht oberflächlich und auch noch nicht zu Ende durchdacht. Aus diesem Grund empfiehlt es sich, Schätzverfahren einzusetzen, die zügig zu einer ersten, gemessen an der aktuellen Qualität der Backlog Items guten Einschätzung der Komplexität führen.

Viele Scrum-Teams verwenden Planning Poker als universelle Schätzmethode. Dabei ordnen die Teammitglieder den vom Product Owner vorgestellten Backlog Items so lange Komplexitätspunkte (Story Points) zu, bis sich die Entwickler auf einen gemeinsamen Wert geeinigt haben. Zwischenzeitlich werden die Anforderungen immer wieder diskutiert. Dieses Verfahren ist per se gar nicht schlecht, weil es auf ein gemeinsames Verständnis des Backlog Item für alle Beteiligten abzielt.

Unter den oben beschriebenen Umständen halten wir Planning Poker nicht für eine geeignete Methode. Zum einen dauert das Schätzen eines umfangreichen Backlog sehr lange (4–7 Backlog Items pro Stunde sind ein erreichbarer Erfahrungswert), zum anderen haben die Anforderungen meistens noch nicht die Qualität, um sich detailliert mit ihnen auseinanderzusetzen. Warum auch sollte Zeit damit verschwendet werden, sich Gedanken über Anforderungen zu machen, die möglicherweise gar nicht oder durch zwischenzeitliches Feedback bzw. neue Erfahrungen stark verändert umgesetzt werden?

> Schätzungen sollten immer in einer →Timebox durchgeführt werden, damit die Konzentration erhalten bleibt und alle fokussiert mitarbeiten.
>
> Die Vorsortierung des Product Backlog durch den Product Owner sorgt dafür, dass stets die aktuell wichtigsten Backlog Items zuerst besprochen und geschätzt werden.

Wir stellen im Folgenden ein Verfahren vor, mit dem umfangreiche Product Backlogs sehr zügig und effektiv geschätzt werden können.

Team Estimation Game

Das Team Estimation Game wurde im Jahr 2008 von Steve Bockman [URL: Duan a] vorgestellt. Wir haben das Team Estimation Game mit verschiedenen Scrum-Teams durchgeführt und kommen im Schnitt auf eine Zeit von ungefähr einer Minute pro Backlog Item; oft geht es sogar deutlich schneller. Teammitglieder, die es gewohnt waren, Planning Poker zu spielen, reagieren sehr positiv auf dieses schnelle und kurzweilige Verfahren. Neulinge heben oft den Spaßfaktor hervor, denn es wird oft und viel gelacht, insbesondere wenn bei einem Backlog Item Uneinigkeit herrscht und es mehrfach hin- und zurückbewegt wird.

Vorbereitungen

Alle Backlog Items, die geschätzt werden sollen, werden auf separate Karten geschrieben und liegen verdeckt als Stapel auf dem Tisch. Es wird eine freie Fläche (z.B. ein (digitales) Whiteboard) benötigt.

Das Scrum-Team ist komplett vertreten. Der Scrum Master in seiner moderierenden Funktion informiert zu Beginn alle über die Regeln und legt eine Timebox für die Durchführung fest. Die Entwickler stellen sich in einer Reihe hintereinander auf, der Product Owner steht vor den Entwicklern mit dem Gesicht zum ersten Entwickler in der Reihe.

Neben den unten beschriebenen Regeln für die Einsortierung der Backlog Items gilt als wichtigste Vereinbarung, dass während der Durchführung alle Entwickler, die nicht gerade an der Reihe sind, still sind und aufmerksam zuhören.

> Bereiten Sie den Termin eng mit dem Product Owner vor und weisen Sie bereits im Vorfeld auf die Rolle während des Team Estimation Game hin.
>
> Falls das Verfahren noch nicht bekannt ist, schreiben Sie die Regeln auf und erläutern Sie diese den Beteiligten.
>
> Wenn möglich, bitten Sie die Entwickler, sich bereits vor dem Schätzen zumindest grob mit den zu schätzenden Backlog Items vertraut zu machen. Gegebenenfalls ergeben sich schon im Vorfeld grundsätzliche Fragen, die geklärt werden können.

Durchführung

Ein Entwickler fängt an und nimmt sich das oberste Backlog Item, liest die Anforderung laut vor und legt die Karte auf die Arbeitsfläche. Der Product Owner kann bei Bedarf um eine kurze Erläuterung des Backlog Items gebeten werden. An dieser Stelle ist das stille und aufmerksame Zuhören der Unbeteiligten besonders wichtig, um die Information zu nutzen, wenn sie selbst an der Reihe sind.

> Es hat sich bewährt, die Karte durch den Product Owner vorlesen zu lassen, weil die Stimme und die Lautstärke der Vortragenden gleich bleiben und die Beteiligten sich daran gewöhnen können. Die Teammitglieder sprechen oft unterschiedlich laut oder vergessen sogar manchmal, die Anforderung überhaupt vorzulesen. Zudem kann der Product Owner gleich einige Erläuterungen zu dem jeweiligen Backlog Item geben und die Akzeptanzkriterien nennen.

Das nächste Teammitglied nimmt die nächste Karte, liest sie laut vor und legt sie ebenfalls auf die Arbeitsfläche. Es gibt dabei drei Möglichkeiten:

- Das Backlog Item ist *weniger komplex* als das bereits vorliegende, die neue Karte wird über die bereits auf der Fläche liegende Karte gelegt.
- Das Backlog Item ist ähnlich komplex wie das erste. Dann wird die Karte neben die bereits auf der Fläche liegende Karte gelegt.
- Das Backlog Item ist *komplexer* als das bereits vorliegende, die neue Karte wird unter die bereits auf der Fläche liegende Karte gelegt.

Abb. 4–15 *Möglichkeiten der Komplexitätsschätzung*

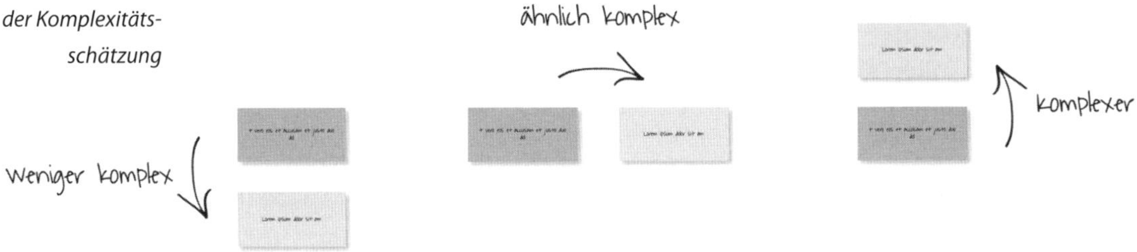

Ab der dritten Karte kann ein Teammitglied aus den folgenden Optionen wählen:

- **Schätzen** des nächsten Backlog Item wie oben beschrieben
- **Umlegen** einer bereits liegenden Karte, verbunden mit einer kurzen Erklärung – dabei sind keine Diskussionen erlaubt
- **Aussetzen**, weil das Teammitglied die Anforderung z.B. überhaupt nicht einschätzen kann

> **Umlegen:** Markieren Sie die Karte beim Umlegen (z.B. mit einem farbigen Punkt). Wenn eine Karte mehrfach umgelegt wird, wird sie schließlich aus dem Spiel genommen, da sie offensichtlich noch nicht hinreichend verstanden wurde.
>
> **Aussetzen:** Die Karte eines aussetzenden Teammitglieds sollte nicht einfach zu einem späteren Zeitpunkt neu verlesen werden, sondern sie sollte als »frei verfügbar« auf der Arbeitsfläche platziert werden. So kann die nächste Person, die an der Reihe ist, diese anstelle einer neuen Karte vom Stapel wählen.

Ende

Diese Runde ist beendet, wenn keine Backlog Items mehr verfügbar sind oder wenn die vorgesehene Timebox überschritten ist. Alle versammeln sich nun vor der Arbeitsfläche mit den Karten und begutachten das Ergebnis. Gemeinsam können nun noch Karten verschoben werden.

> Auch für diesen Schritt sollte eine Timebox vorgesehen und mitgeteilt werden, damit die Teammitglieder fokussiert bleiben und sich nicht in Diskussionen verlieren. Die Timebox kann je nach Größe des Backlog variieren, maximal 10 Minuten sind ein guter Erfahrungswert.

Nun ist sehr schnell ein Überblick über die Komplexität des gesamten Product Backlog entstanden. Am Ende des Spiels wird die Blockbildung der Karten sichtbar, die sich hervorragend auf die Fibonacci-Reihe projizieren lässt. Sollten es zu viele Blöcke sein, kann gemeinsam mit allen überlegt werden, ob und wie Blöcke zusammengefasst werden können, z.B. indem die beiden »kleinsten« zu einem Block zusammengefügt werden. Abbildung 4–16 zeigt ein Beispiel eines Ergebnisses des Team Estimation Game.

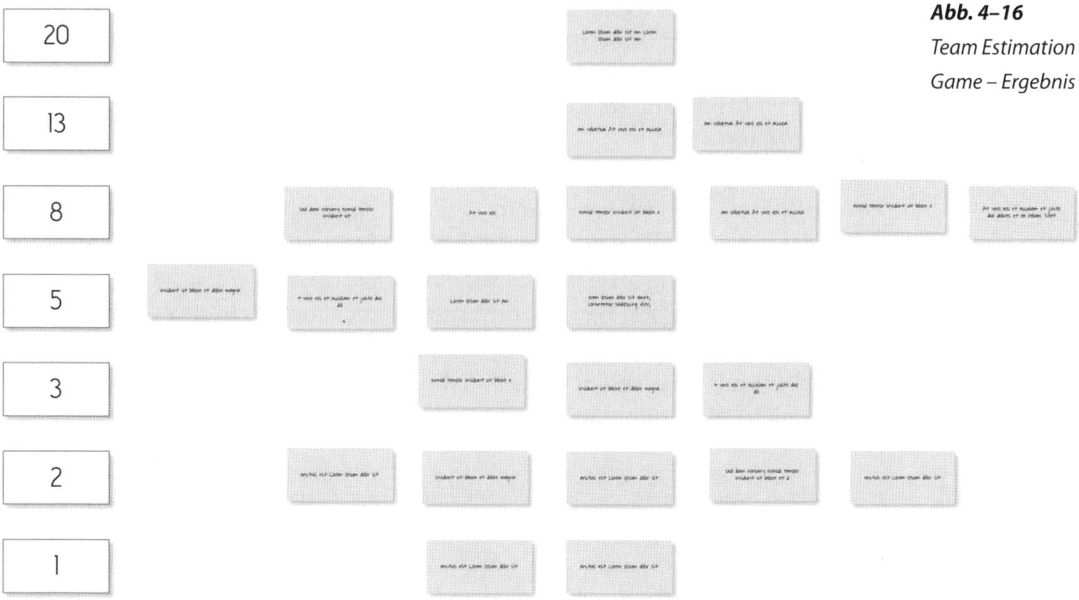

Abb. 4–16
Team Estimation Game – Ergebnis

> Falls Sie schon vor dem Schätzen die Kategorien der Scrum-Fibonacci-Reihe einschränken möchten, können Sie vorher mit Klebeband Markierungen anbringen. Erfahrungsgemäß sind (je nach Projekt) Backlog Items ab einer bestimmten Komplexität zu groß, um sinnvoll mit ihnen zu arbeiten. Die Größe kann nicht generell festgelegt werden, sie unterscheidet sich von Projekt zu Projekt.

Vorteile

Das Verfahren kommt extrem schnell zu einem Ergebnis, weil die Backlog Items nicht diskutiert werden, sondern die Einschätzung einer einzelnen Person erfragt wird. Der Fokus liegt auf der gemeinsamen Konzentration auf das Wesentliche (dem Schätzen) und nicht auf einer zu diesem Zeitpunkt nicht erforderlichen Detaildiskussion. Die bei einigen Backlog Items notwendige Perspektive anderer Teammitglieder ergibt sich durch die Möglichkeit, Karten umzuhängen oder sie im letzten Schritt zu diskutieren. Des Weiteren ist sichergestellt, dass sich alle Teammitglieder aktiv an der Schätzung beteiligen.

Nachteile

Das Verfahren funktioniert sequenziell, d.h., es ist immer nur ein Teammitglied aktiv. Obwohl das Verfahren recht zügig abläuft, kann es bei größeren Scrum-Teams etwas dauern, bis eine Person wieder an der Reihe ist. Manchmal führt dies dazu, dass Teammitglieder unkonzentriert sind und nicht zuhören, während andere an der Reihe sind, sodass sie ggf. wichtige Informationen verpassen.

Wir hören manchmal, dass durch das Weglassen der Diskussion bei diesem Verfahren die »Weisheit der Vielen« (engl. »Wisdom of the crowd«) nicht genutzt wird. Durch das abschließende gemeinsame Begutachten des Ergebnisses wird dies jedoch weitestgehend egalisiert.

Die Ergebnisse des Team Estimation Game sind nach unserer Erfahrung trotz der sehr viel schnelleren Vorgehensweise mindestens so gut wie die des sehr viel länger dauernden Planning Poker, sodass die Nachteile durch die Vorteile mehr als aufgewogen werden.

> Wir setzen das Team Estimation Game nicht nur für initiale Schätzungen zu Beginn eines Projekts oder für große Product Backlogs ein, sondern auch in einer abgespeckten Variante in unseren wöchentlichen Backlog Refinements. Dazu wählen wir einmalig gemeinsam mit den Entwicklern für jede Kategorie von Story Points ein Referenz-Backlog-Item. Diese →Referenz-Items legen wir auf dem Tisch aus. Wenn der Product Owner z.B. fünf neue Backlog Items schätzen lassen möchte, bitten wir die Entwickler, jedes neue Backlog Item in Relation zu den auf dem Tisch liegenden Backlog Items zu schätzen.

4.3.4 Things-that-matter-Matrix

Wie war das gleich noch mal?

Im Sprint Planning besprach das Team alle relevanten Backlog Items für den Sprint. Am Ende fragte Finn, welche Backlog Items das Team in den Sprint übernehmen will, und plötzlich ging es los: »Kannst du das Item XY noch mal kurz zeigen?«, »Gehörten da eigentlich die Designs dazu?«, »Für Item YZ war jetzt nur dies und das notwendig, richtig?«.

Glücklicherweise hatte Finn im Rahmen eines Big-Picture-Workshops zu Beginn des Projekts gemeinsam mit Casper und den Entwicklern alle Backlog Items besprochen und die für das Team wichtigen Informationen in einer Matrix festgehalten. Vor dem Sprint Planning hatte er die damals dokumentierten Informationen für die vorgesehenen Backlog Items auf einem Flipchart notiert. Auf einen Blick kann das Team nun erkennen, welche Backlog Items voraussichtlich einen besonders hohen Testaufwand haben, ob es externe Abhängigkeiten gibt und vieles mehr.

Während des Backlog Refinement fällt uns häufig auf, dass ein Team Backlog Items zum Vergleich heranzieht, über die wir gerade vor ein paar Minuten gesprochen haben. Das ist einerseits sehr gut, da die Backlog Items zueinander in Beziehung gesetzt werden, andererseits führt der permanente Wechsel zwischen den Backlog Items auch dazu, dass der Fokus verloren geht. Als visuelles Hilfsmittel haben wir die »Things-that-matter-Matrix« (TTM-Matrix) von James King schätzen gelernt [URL:King]. Sie strukturiert die Backlog Items in einer übersichtlichen Tabelle und hilft dabei, ein besseres Gefühl für die Backlog Items zu entwickeln und sie auf einer selbst definierten Ebene miteinander zu vergleichen. Wir benutzen die TTM-Matrix im Backlog Refinement zum Schätzen und Vergleichen neuer Backlog Items.

Vorbereitungen

Vor der ersten Nutzung der TTM-Matrix wird eine Tabelle auf ein Flipchart gezeichnet, und in die erste Spalte werden die IDs der Backlog Items eingetragen. Alle weiteren Spalten enthalten zunächst noch keine Überschriften. Der Scrum Master erklärt den Aufbau und das Ziel der Matrix und bittet das Team, sich für einige Kategorien zu entscheiden, die als Spaltenbeschriftungen eingetragen werden. Dies können z.B. Technologien, andere Teams oder fachliche oder technische Abstraktionsebenen sein, die dem Team helfen, die Komplexität der Items einzuschätzen. Abbildung 4–17 zeigt ein Beispiel einer leeren TTM-Matrix.

Abb. 4–17
Leere TTM-Matrix

ID	Backend	CSS	Javascript	Testing	UX / UI
165					
154					
133					
164					
172					
170					
169					

Durchführung

Die Backlog Items werden nun nacheinander vom Product Owner vorgestellt, und die Entwickler geben eine grobe Einschätzung der Komplexität der einzelnen Kategorien. Wir benutzen in der Regel die T-Shirt-Größen S, M, L (vgl. Abschnitt 4.3.2). Diese reichen häufig aus, da es sich nur um eine grobe Schätzung und Orientierung handelt.

ID	Backend	CSS	JavaScript	Testing	UX / UI
165	S			S	
154	S	S		S	S
133	M	L		L	
164	L	M		M	
172	M			M	M
170		S	S	M	L
169	S			S	

Abb. 4–18
TTM-Matrix mit T-Shirt-Größen

Wir benutzen die TTM-Matrix je nach Kontext unterschiedlich. Geht es um eine initiale Schätzung (vgl. Abschnitt 4.3.3), lassen wir die Entwickler zunächst alle Backlog Items nach den Kategorien bewerten. Wenn alle Backlog Items mit T-Shirt-Größen versehen sind, fangen wir wieder oben an und bitten das Team um eine Schätzung des ersten Backlog Item mit Story Points. Diesen Schritt wiederholen wir mehrmals, bis wir an einen Punkt kommen, an dem die Bewertung der Kategorien identisch oder sehr ähnlich mit einem bereits geschätzten Backlog Item ist. Nun stellen wir die folgende Frage:

> *Das Backlog Item oben habt ihr mit einer 5 geschätzt, das legt nahe, dass dieses Backlog Item auch mit einer 5 geschätzt werden kann. Ist das korrekt?*

In den meisten Fällen trifft das zu. Indem sich die Entwickler inhaltlich mit den Themen beschäftigen, fällt ihnen die Schätzung quasi in den Schoß, da ähnliche Konstellationen bereits geschätzt wurden.

Wir fügen oft noch eine zusätzliche Spalte am Anfang mit der Überschrift »Geschäftswert« ein. Nachdem der Product Owner die User Story vorgestellt hat, fragen wir die Entwickler als Erstes, ob alle den Wert der User Story verstanden haben. Falls nicht, bekommt der Product Owner eine weitere Chance, den Geschäftswert herauszustellen. Ist er danach immer noch nicht klar, kann man sich das Betrachten der weiteren Spalten sparen und mit der nächsten User Story fortfahren.

Auch wenn in einem Backlog Refinement nur ein paar wenige neue Backlog Items geschätzt werden, kommt die TTM-Matrix zum Einsatz. Wir hängen dazu die Flipcharts mit den bereits bewerteten und geschätzten Backlog Items gut sichtbar an die Wand, sodass die Entwickler sofort erkennen können, ob die gerade für das aktuelle Backlog Item besprochene Bewertung schon einmal vorkam und die Schätzung übernommen werden kann.

> Mit der Zeit kommt eine Menge Flipcharts zusammen, die nicht alle in jedem Backlog Refinement benötigt werden. In diesem Fall wählen wir einige repräsentative Backlog Items aus, sammeln sie auf einem Flipchart und benutzen nur noch dieses als Referenz.

4.3.5 Häufige Herausforderungen

Das Team möchte vorab eine Research Story

Vor allem Scrum-Teams, die vorher in einem traditionellen Kontext gearbeitet haben, tun sich oft mit dem Schätzen schwer. Sie sind es gewohnt, dass Schätzungen möglichst genau sein sollen, und kommen nicht gleich mit den Unsicherheitsbereichen der Story Points zurecht. Solche Scrum-Teams fragen oft nach sogenannten Research oder Forschungs-Stories, in denen der technische Weg erarbeitet und die anschließende Schätzung scheinbar genauer wird. In Ausnahmefällen ist solch ein Vorgehen legitim (vgl. Abschnitt 4.2.5, Prototypen), aber im Alltag sollten Research Stories keine Rolle spielen.

> Erläutern Sie den Entwicklern ggf. erneut das Prinzip von Story Points und der darin enthaltenen Unsicherheit bei höheren Schätzwerten. Vervollständigen Sie die Erläuterung mit der Herleitung der Velocity und der damit verbundenen Releaseplanung. Zeigen Sie so, dass es meist keinen Wert hat, möglichst exakt zu schätzen, weil die Unsicherheit schon eingeplant ist.

Schätzungen sind immer sehr hoch

In Abschnitt 4.3.2 haben wir uns die Scrum-Fibonacci-Reihe angesehen und dabei festgehalten, dass jedes Scrum-Team seinen eigenen Schätzmaßstab hat. Trotzdem treffen wir immer wieder auf Teams, die ausschließlich hohe Schätzungen haben, oft mindestens eine 8 oder mehr. Es kann natürlich mal vorkommen, aber generell sollte zumindest die Spanne zwischen 1 und 8 ausgenutzt werden.

> Oft liegt der Grund darin, dass die Entwickler sich nicht trauen, zu niedrig zu schätzen, und daher immer einen großzügigen Puffer einplanen. Finden Sie heraus, was der Grund dafür ist. Es könnte z.B. sein, dass die Entwickler schon mal Ärger bekommen haben, weil sie ihre Schätzung nicht eingehalten haben.

Story Points werden in Personentage umgerechnet

Selbst wenn mit Story Points geschätzt und damit die Velocity berechnet wird, gibt es immer wieder Versuche, die Story Points in Personentage umzurechnen: »*Ihr seid 8 Entwickler, ihr sprintet 10 Tage, macht 80 Tage. Eure Velocity ist 20 Story Points, also entspricht 1 Story Point 4 Tagen. Eine User Story mit 5 Story Points benötigt also 20 Tage Aufwand. Bingo!*«

Was für eine fatale Fehlannahme! Wer bei der Erklärung der Story Points aufgepasst hat, erinnert sich, dass Komplexität geschätzt wird und dass eine 5 »irgendwo zwischen 3 und 8« bedeutet. Wenn die obige Rechnung sinnvoll wäre, würde dies bedeuten, dass die User Story einen Aufwand zwischen 12 und 32 hat. Damit wird sich kein Projektcontroller zufrieden geben, der seinen Job ernst nimmt.

> Zeigen Sie die Fehleranfälligkeit der Umrechnung wie im obigen Beispiel auf und versuchen Sie herauszufinden, wozu diese Umrechnung dienen soll. Was ist das Ziel? Geht es um Planung, um Kosten oder etwas ganz anderes? Zeigen Sie dann, wie das Ziel auf andere Art erreicht werden kann, z.B. durch Nutzung der Velocity zur Releaseplanung (siehe Abschnitt 4.5).

Schätzungen werden als Vorhersage der Zukunft interpretiert

Im traditionellen Projektmanagement wird sehr viel Wert auf genaue Schätzungen gelegt und auch eine Menge Zeit dafür investiert. Dieses Denken wird häufig auf agile Projekte übertragen und daher herrscht oft die gleiche Erwartungshaltung an die Genauigkeit von Schätzungen. In agilen Projekten schätzen wir allerdings nur grob und verwenden die Zeit lieber dafür, schnell erste Ergebnisse zu liefern und daraus zu lernen.

> Arbeiten Sie auch mit dem Umfeld des Scrum-Teams und machen Sie immer wieder klar, wie geschätzt wird, warum auf diese Weise geschätzt wird und welche Vorteile diese Vorgehensweise hat.
>
> Oftmals ist die einzige Möglichkeit, sich dem Drang nach genauen Schätzungen zu erwehren, das laufende Liefern von Inkrementen. Dies bedingt dann eine Umkehr der Haltung von denjenigen, die Schätzung verlangen. Sie sind aufgefordert, mit Sorge dafür zu tragen, dass sich ein Scrum-Team auf seine Arbeit konzentrieren kann.

Zu diesem Schwerpunkt finden Sie unter *scrum-in-der-praxis.de/das-buch/checklisten/* die Checklisten »Estimation-Praxistipps« und »Schätzungen durchführen«.

4.4 Backlog Refinement

Durchkämmt die Wüste!

Regelmäßig traf sich das komplette Scrum-Team, um gemeinsam am Product Backlog zu arbeiten und die nächsten Schritte zu planen. Zunächst trugen alle das Feedback zusammen, das sie während des letzten Sprint-Reviews aufgenommen hatten. Einige Gäste des Sprint-Reviews hatten Casper nach dem Event auch persönlich angesprochen und Vorschläge gemacht. Alle gemeinsam besprachen die Punkte und prüften, ob sie einen Wert für das Produktziel besaßen. Einige Anregungen wurden in die Akzeptanzkriterien bestehender Backlog Items aufgenommen, einige wurden zu neuen Backlog Items entwickelt und einige wurden verworfen.

Nachdem das Feedback verarbeitet war, betrachtete das Scrum-Team gemeinsam die Backlog Items, die im Product Backlog weit oben standen. Ein sehr umfangreiches Backlog Item war noch nicht weiter unterteilt worden. Casper war sich noch nicht sicher, ob es überhaupt jemals umgesetzt werden sollte. Daher wurde es zunächst ignoriert. Alle erstellten gemeinsam die Akzeptanzkriterien für vier zukünftige Backlog Items, die in einem der nächsten Sprints erledigt werden sollten.

Im nächsten Schritt wurden die neuen und geänderten Backlog Items geschätzt bzw. erneut geschätzt. Finn hatte dazu ein paar bereits erledigte Backlog Items unterschiedlicher Größe aus den letzten Sprints mitgebracht, damit die Entwickler die neuen Backlog Items in Relation zu den erledigten schätzen konnten.

Zwei der neuen, eben erstellten Backlog Items waren auch dabei, weil sie sehr einfach umzusetzen waren. Mina hatte Einwände gegen ein Backlog Item, weil es nicht so einfach zu testen sei, wenn nicht ein anderes, für später vorgesehenes Backlog Item vorher erledigt würde. Casper überlegte kurz und entschied dann, dass das andere Backlog Item höher priorisiert wird und ein Kandidat für den nächsten Sprint sein würde. Lara wies darauf hin, dass die vorgesehenen Backlog Items noch ihre Zuarbeit als Designerin benötigen, und schlug vor, zunächst zwei andere Backlog Items vorzuziehen. Alva bot an, ihr bei den Designs zu helfen.

Zum Abschluss des Backlog Refinement aktualisierten alle gemeinsam den Releaseplan. Damit traf das Team gewissermaßen schon eine Vorauswahl für den nächsten Sprint. Auf Basis der Velocity wurden die nächsten Sprints grob mit Backlog Items befüllt.

Stellen Sie sich doch einmal folgendes Szenario vor. Seit einigen Wochen liegt Ihnen die Familie mit dem Wunsch in den Ohren, endlich mal wieder das Lieblingsessen der Familie zu kochen. Nun ist der Tag gekommen und Sie haben sich für den Abend vorgenommen, das Essen zuzubereiten. Sie wollen die Arbeit beginnen und stellen erschreckt fest, dass die Küche durch ein Kunstprojekt Ihrer Tochter belegt ist und diverse Zutaten fehlen. Ihr Plan löst sich in wenigen Minuten in Luft auf.

Wenn wir dieses Bild jetzt einmal für ein Scrum-Team verwenden, dann könnte es sein, dass erst im Sprint Planning deutlich wird, dass es nicht losgehen kann. Geholfen hätte ein Gespräch, das die Familie informiert sowie bei der Vorbereitung einbezieht, sodass der Zubereitung nichts im Wege steht. Letztendlich sorgt ein Backlog Refinement genau für diesen Zustand – ein Gefühl für die anstehende Arbeit zu erhalten und die Arbeit in kleine Einzelschritte zu zerlegen.

Wir Autoren fragen uns seit Langem, warum das Backlog Refinement immer noch keinen Einzug in den Scrum Guide als weiteres Scrum-Event gehalten hat. Er beschreibt jedoch (*scrumguides.org*):

> *»Das Refinement des Product Backlogs ist der Vorgang, durch den Product-Backlog-Einträge in kleinere, präzisere Elemente zerlegt und weiter definiert werden. Dies ist eine kontinuierliche Aktivität, wodurch weitere Details wie Beschreibung, Reihenfolge und Größe ergänzt werden. Die Attribute variieren oft je nach Arbeitsumfeld.«*

Der Formulierung des Scrum Guide folgend, empfehlen die meisten Scrum Master einem Scrum-Team, ein Backlog Refinement in die Sprints mit aufzunehmen.

4.4.1 Ziele

Der Zweck des Backlog Refinement ist es also, große Arbeitspakete in kleinere zu zerlegen. Daraus ergibt sich für die Bearbeitung eine schnellere Fertigstellung und somit frühzeitiges Feedback durch die Stakeholder.

Das Backlog Refinement gibt einem Scrum-Team die Möglichkeit, gemeinschaftlich am Produkt zu arbeiten und es aktiv mitzugestalten. Dabei erzeugt das Backlog Refinement ein gemeinsames Verständnis über die kommenden Schritte, die zu klärenden Fragen oder technischen wie organisatorischen Herausforderungen. Neben den Entwicklern profitieren vor allem Product Owner vom Backlog Refinement, da einerseits Feedback zu den Backlog Items durch die Entwickler erfolgt und somit andererseits die Entscheidungsfindung, was als Nächstes zu tun ist, unterstützt wird. Die Sortierung und die dadurch entstehende Priorisierung des Product Backlog bleibt weiterhin in der Verantwortung des Product Owners.

> Backlog Refinements sind eine gute Gelegenheit, um auch die Meinung und Unterstützung von Dritten mit einzubeziehen. Frühzeitig jemanden aus einem anderen Team einzuladen, damit diese Person die geplanten Maßnahmen mitnehmen und geeignete Maßnahmen planen kann, macht genauso Sinn, wie partiell Stakeholder einzuladen, die ihre fachlichen Anforderungen direkt einbringen.

In einem Artikel vergleicht John Sonmez sehr anschaulich das Product Backlog mit einer unaufgeräumten Wohnung, deren Bewohner umziehen möchte [URL:Sonmez]. Wenn nun die Umzugshelfer (Entwickler) am Tag des Umzugs (Sprint-Beginn) dieses Chaos (ungepflegtes Product Backlog) vorfinden, verschwenden sie wertvolle Zeit, weil sie warten müssen, bis der Bewohner (Product Owner) die Dinge so sortiert, dass sie umgezogen (entwickelt) werden können. Wäre dies vorher passiert (Backlog Refinement), würde der Umzug (Sprint) viel effizienter vonstattengehen.

Das Ergebnis des Backlog Refinement ist ein Product Backlog, das inhaltlich auf dem aktuellen Stand ist, soweit möglich sinnvoll geschätzte Backlog Items enthält und vom kompletten Scrum-Team mitgetragen wird. Darüber hinaus ergibt sich ein aktualisierter Releaseplan, der dem Scrum-Team und der Organisation einen Überblick über die voraussichtliche Verfügbarkeit von Funktionalitäten und über die nach heutigem Stand aktuelle Restlaufzeit des Projekts gibt.

Als Scrum Master sollten Sie Product Owner dabei unterstützen, dass das Product Backlog nicht ein Sammelbecken für Ideen und Anforderungen wird. Dies führt zu Unübersichtlichkeit und einem unnötigen Pflegeaufwand.

Product Owner sollten den nächsten Sprint gut mit den Entwicklern vorbereitet haben und gemeinsam in die darauffolgenden zwei Sprints blicken, ohne hier schon die Detailplanung fertig zu haben.

Bis vor einiger Zeit gab es anstatt des Backlog Refinement ein regelmäßiges Estimation. Man hat jedoch mehr und mehr festgestellt, dass es über das Estimation hinaus noch eine Menge zu besprechen und zu planen gibt und dass die Einbindung der Entwickler in die Entscheidungsfindung des Product Owners einen enormen Mehrwert für das Projekt darstellt. So ist aus dem ehemaligen Estimation das heutige Backlog Refinement geworden, das in der Regel ein Estimation als Teil der Agenda enthält.

Auch unterscheidet es sich deutlich von einem Sprint Planning, da das Scrum-Team im Backlog Refinement das Produkt oder Projekt gemeinsam mittelfristig auf einer strategischen Ebene plant, wohingegen es im Sprint Planning lediglich operativ die nächsten Schritte plant.

Ein Backlog Refinement umfasst schwerpunktmäßig folgende Aktivitäten:

- **Klärung von Backlog Items**
  Es werden diejenigen Backlog Items durch den Product Owner zur Klärung gebracht, die in naher Zukunft umgesetzt werden. Dazu gehört auch, dass Backlog Items in kleinere Backlog Items zerlegt und auftretende Abhängigkeiten oder offene Punkte angegangen werden.

- **Schätzen von Backlog Items**
  Auf Basis der vorherigen Klärung und wenn ausreichend Details zur Verfügung stehen, schätzen alle Entwickler die Komplexität.
- **Pflege des Product Backlog**
  Auf Basis der ausgetauschten Informationen können neue Backlog Items hinzugefügt, entfernt sowie neu angeordnet werden. Daraus resultiert eine Anpassung des Sprint- bzw. Releaseplans.

> Ermutigen Sie alle Beteiligten, sich über die regelmäßigen Backlog Refinements hinaus Gedanken zu den Backlog Items, zur Architektur und zum Design zu machen. Diese Gedanken und Gespräche finden quasi immer und überall statt.

4.4.2 Ablauf

Für das Backlog Refinement hat sich ein wöchentliches Treffen des kompletten Scrum-Teams bewährt, in dem die nächsten Backlog Items durchgegangen werden. Dies fördert eine Kultur des »selbstverwaltenden Mitentwickelns«. Da die Entwickler sich bereits hier intensiv mit den Backlog Items auseinandersetzen, gibt es den angenehmen Nebeneffekt, dass die Sprint Plannings sehr viel schlanker durchgeführt werden können.

Das Event fällt in den Verantwortungsbereich der Product Owner, die für das Stattfinden zuständig sind und das Arbeitstreffen einberufen. Die Dauer und Häufigkeit des Events hängen u.a. vom jeweiligen Projektkontext ab, insbesondere auch von der Sprint-Länge. Für zweiwöchige Sprints hat sich bei uns ein wöchentlicher Termin von einer Stunde bewährt, der im Einzelfall abgesagt werden kann, wenn sich nicht genügend Themen finden, die eine Unterbrechung der Entwicklung rechtfertigen würden. Das komplette Scrum-Team nimmt teil, ggf. bei Bedarf ergänzt um Personen mit Spezialwissen, die bei konkreten Fragestellungen behilflich sein können.

Product Owner können das Arbeitstreffen vorbereiten, indem sie:

- das Product Backlog anhand der letzten Erkenntnisse ordnen,
- die zu besprechenden Backlog Items vorbereiten auf Basis von Feedback, z.B. aus dem Sprint-Review, Gesprächen mit Stakeholdern, Umfragen oder Statistiken,
- Personen benennen bzw. einladen, die neben dem Kernteam anwesend sein sollen und etwas beitragen können.

Folgender Ablauf kann als Orientierung für die Durchführung dienen:

1. Check-in
   - Gesamtvorstellung der Product Backlog Items, die besprochen werden sollen
   - Wiederholung des Produktziels
   - Erzählen von Anekdoten, Feedback oder Kennzahlen
2. Vorstellung der Backlog Items (Timebox z.B. 7 Minuten) und Klärung der folgenden Fragen mit allen Entwicklern:
   - *Ist die Beschreibung vollständig und von allen verstanden?*
   - *Ist die Größe der Anforderung sinnvoll?*
   - *Sind Abhängigkeiten zu Dritten berücksichtigt?*
   - *Sind die Akzeptanzkriterien vollständig?*
   - *Sind Testfälle formuliert?*
   - *Sind benötigte Zuarbeiten oder notwendige Klärungen vorab bereits vorhanden oder angestoßen?*
   - *Ist die Definition of Ready erfüllt?*
   - *Wer übernimmt welche offenen Aufgaben bis zum nächsten Refinement oder Sprint Planning?*
3. Schätzung aller Entwickler nach gewählter Schätzmethode
4. Check-out
   - Wiederholung der offenen Aufgaben
   - Feedback zum Refinement

> Es kann natürlich auch sein, dass komplett neue Anforderungen durch den Product Owner präsentiert werden. In diesem Fall können ein Einsammeln eines ersten Feedbacks oder das gemeinsamen Schreiben der User Story oder Akzeptanzkriterien anfallen.
>
> Hierzu kann der Ablauf des Refinement angepasst und das Team in Kleingruppen aufgeteilt werden. Diese gehen dann ins Gespräch und verfeinern die Backlog Items. Nach Ablauf der Zeit werden die Ergebnisse und Fragen diskutiert und gemeinsam geklärt, was bis zum nächsten Refinement zu tun ist.

Schritt 2 und 3 wird für jedes Backlog Item wiederholt. Sobald die vereinbarte Timebox nicht ausreicht, wird gemeinsam entschieden, ob eine weitere Timebox genutzt wird.

Im Anschluss an das Refinement wird der Releaseplan (siehe Abschnitt 4.5) durch den Product Owner aktualisiert.

Versehen Sie die einzelnen Agendapunkte vor jedem Refinement mit einer Timebox. Die Dauer hängt natürlich vom aktuellen Stand des Projekts ab und variiert damit jedes Mal. Halten Sie diese Zeitbegrenzungen ein, sonst laufen Sie Gefahr, aus jedem Backlog Refinement ohne aktualisierten Releaseplan herauszugehen.

Für ein gezieltes Voranschreiten lohnt es sich auch, eine Timebox für das Besprechen und Schätzen von einzelnen Backlog Items festzulegen. Der Scrum Master hat diese Timebox im Blick und klärt nach Ablauf mit den Beteiligten, ob die auftretenden Fragen ausreichend beantwortet wurden oder das Backlog Item bis zum nächsten Refinement auf Nachbesserung warten muss.

Wie ein Backlog Refinement letztendlich durchgeführt wird, liegt im Ermessen eines Product Owners. Wir haben die Erfahrung gemacht, dass ein gleichbleibender Ablauf für Rhythmus und inhaltliche Orientierung sorgt.

Auch wenn wir bis hierher zentral Product Owner in der Pflicht gesehen haben, das Backlog Refinement vorzubereiten und einzuberufen, so gilt dies auch für Entwickler. Entwickler sollten Product Owner darüber informieren, wenn auch sie Backlog Items im Rahmen des Backlog Refinement besprechen möchten. Diese Anforderungen sollten schon im Vorfeld im Product Backlog vorhanden sein und von den Entwicklern gepflegt werden. Im Backlog Refinement erhalten dann alle, vor allem auch Product Owner, die notwendigen Informationen, um Entscheidungen für die Sortierung des Backlog Item treffen zu können.

Story Owner

Oftmals wird im Refinement deutlich, dass noch Aufgaben oder Fragen zu Backlog Items offen geblieben sind. Unsere Empfehlung lautet dann häufig, dass sich ein Entwickler pro Backlog Item findet, der sich um die Erledigung dieser offenen Punkte federführend kümmert. Diese Personen fungieren dann für Product Owner als direkte Ansprechpartnerinnen.

Wir gehen oft noch einen Schritt weiter und lassen neben dem Story Owner ein zweites Teammitglied aussuchen, das für den »Support« des Story Owners zuständig ist. Diese Person kommt z. B. im Falle der Abwesenheit des Story Owners als Kontaktperson infrage.

Oftmals ergibt sich aus dieser Konstellation ein Dreiergespann aus Product Owner, Story Owner und Supporter. Diese Art des Vorgehens macht auch Sinn, um z. B. die Entwickler zu mehr Zusammenarbeit zu bringen, Verantwortung schon zu einem frühen Zeitpunkt zu übernehmen und Wissen zwischen Story Owner und Supporter zu verteilen.

Die konkrete Ausprägung der Aufgaben eines Story Owners ist abhängig von der jeweiligen Definition innerhalb des Scrum-Teams. Folgende Tätigkeiten könnten z. B. dazugehören:

- *Erfüllung der DoR*
  Story Owner unterstützen Product Owner dabei, die offenen Fragen und Aufgaben zu klären, sodass ein Backlog Item »Sprint-ready« wird.
- *Höchste Priorität sicherstellen während des Sprints*
  Ein Story Owner, der am obersten Sprint Backlog Item arbeitet und bemerkt, dass jemand aus dem Team an weniger hoch priorisierten Sprint Backlog Items arbeitet, sollte diese Person um Mithilfe bitten, zunächst die Arbeit am höher priorisierten Sprint Backlog Item zu erledigen.
- *Überprüfung der DoD*
  Bevor das Sprint Backlog Item abgenommen werden kann, prüft der Story Owner, ob alle vereinbarten Rahmenbedingungen eingehalten wurden.
- *Einholen der Akzeptanz des Product Owners*

Achten Sie darauf, dass diese Aufgabe nicht zu viel Gewicht bekommt. Es handelt sich eher um eine »Patenschaft«. Erinnern Sie daran, alle im Scrum-Team sind ergebnisverantwortlich. Insbesondere bei Scrum-Teams mit wenig Erfahrung in der Selbstorganisation ist dies ein gutes Hilfsmittel, um den Fokus auf die notwendigen Aufgaben zu lenken und das Verantwortungsbewusstsein zu stärken.

4.4.3 Häufige Herausforderungen

Es wird nur geschätzt

Ein Scrum-Team ist nicht in der Lage, seine Commitments einzuhalten, und reißt einen Sprint nach dem anderen. Der Kunde der Agentur wird zunehmend unruhig und verlangt laufend ein erneutes Schätzen des gesamten Product Backlog. Da das Scrum-Team mittlerweile sehr verunsichert ist, da nicht nur der Druck vom Kunden wächst, sondern der Kunde auch immer Recht hat, folgen alle dieser Aufforderung.

Wie in diesem Beispiel dargestellt, wird von einigen Scrum-Teams verlangt, dass sie alles schätzen, was im Product Backlog steht. Vorrangig um Sicherheit zu erlangen. Das Problem dabei ist jedoch, dass komplexe Arbeit sich nicht durch Schätzung in Luft auflöst und besser beurteilt werden kann. Notwendig sind die direkte Arbeit an Lösungen und das Durchführen von kleinen Experimenten, die Entwicklung von Prototypen oder Fertigstellung von Produktinkrementen, die Inspect & Adapt ermöglichen. Das Refinement nur dafür zu verwenden, um Schätzungen durchzuführen, ist eine Beschäftigungsaufgabe und somit Verschwendung. Ganz davon abgesehen, dass ein Product Backlog lebt und sich ständig verändert.

> Wenn Sie früh im Projekt eine grobe Schätzung abgeben sollen, dann nutzen Sie die initialen Schätzverfahren aus Abschnitt 4.3.3 und »refinen« Sie danach das Product Backlog. Durch diese Arbeit erlangen die Beteiligten Klarheit für die nächsten zwei bis drei Sprints. Alles andere bleibt vorerst unberührt und rückt erst dann in den Fokus, wenn es relevant ist.
>
> Darüber hinaus hilft die Pflege eines Releaseplans (siehe Abschnitt 4.5.1), um Unsicherheiten zu minimieren.

Unvorbereitete Backlog Refinements

Backlog Refinement ist eine laufende Aktivität des gesamten Scrum-Teams. Product Owner sind diejenigen, die zum Arbeitstreffen einladen. Demnach ist es auch ihre Verantwortung, respektvoll mit der Zeit der Teilnehmenden umzugehen.

Scrum Master sollten den Mut haben, eine fehlende Vorbereitung eines Product Owners anzusprechen, und auf eine Verschiebung des Refinements drängen. Product Owner möchten das Wissen der Entwickler anzapfen, sodass sie gegenüber Dritten aussagekräftig sind und ihre Planung durchführen können. Daneben gilt es, die Entwickler so wenig wie möglich aus dem Arbeitsfluss während eines Sprints herauszuzerren und für Unterbrechung zu sorgen.

> Scrum Master sollten genau hinschauen, wenn Product Owner keine Zeit haben, am Product Backlog zu arbeiten. Prüfen Sie Indikatoren, ob es Grund zum Handeln gibt, wie z. B.: *Ist der nächste Sprint vorbereitet? Sind die User Stories vollständig? Ist das Product Backlog gepflegt? Sind Sprint- und Releaseplanung im Einklang?*
>
> Erinnern Sie vor dem Backlog Refinement die Teammitglieder an das Arbeitstreffen, sodass diese Zeit einplanen, um sich darauf vorzubereiten. Beziehen Sie Product Owner ein, sodass diese schon auf die Backlog Items hinweisen, die es zu besprechen gilt.

Nicht alle nehmen teil

Einige tendieren dazu, nicht alle Entwickler zum Backlog Refinement einzuladen, sondern nur einen Teil. Wir hingegen sind der Meinung, dass die Einberufung des Arbeitstreffens alle angeht, da alle an den Aktivitäten beteiligt sein sollten.

Gleichzeitig gehen so relevante Informationen oder (Vor-)Gespräche nicht verloren. Zudem könnte es die Tendenz geben, vorrangig besonders erfahrene Entwickler einzuladen. Dies könnte dazu führen, dass ein stärkeres Wissens-Ungleichgewicht entsteht, unerfahrene Entwickler sich zurückhalten oder den erfahrenen Entwicklern weitaus mehr Zeit von der Arbeit am Sprint-Ziel genommen wird.

Auch hierbei ist Pragmatismus gefragt, wenn z.B. einige Entwickler in der zweiten Sprint-Woche anderes vorhaben, als sich in ein Arbeitstreffen zu setzen. Grundsätzlich sehen wir es jedoch als gemeinschaftliche Aufgabe, deren Sinn alle verstehen sollten, die auf ein gemeinsames Ziel hinarbeiten.

Komplexität wird nicht anerkannt

Es entsteht oftmals der Eindruck, dass Backlog Refinement etwas ist, was weggelassen oder in einem einstündigen Termin während eines Sprints abgehandelt werden kann. Diese Annahme ist jedoch falsch und es ist ein Bewusstsein bei allen notwendig, dass für komplexe Herausforderungen nicht eben mal ein Meeting einberufen werden kann. Oftmals wird aus den Diskussionen erkenntlich, dass diese sich im Kreis drehen, sich wiederholen oder die Teammitglieder sich in Details verlieren.

Der Entwicklungsprozess einer Anforderung ist in den meisten Fällen mehrstufig und es wird eine wiederholte Auseinandersetzung mit einem Backlog Item notwendig. Ein Scrum-Team versucht auf diese Komplexität mit dem Know-how aus unterschiedlichen Disziplinen zu reagieren. Eventuell ist der oben beschriebene Ablauf und die Durchführung in einem beengten Meetingraum nicht der Ort, wo Kreativität auf Knopfdruck entstehen kann. Scrum Master sollten im Blick behalten, dass eventuell andere Wege und Formate genutzt werden sollten als ein Arbeitstreffen, das einmal in der Woche in einem Meetingraum stattfindet.

Unterstützen Sie Product Owner und Entwickler dabei, indem Sie den Raum für Kreativität öffnen. Sei es z.B. durch das Angebot eines begleiteten Ideenworkshops unter Verwendung von Design Thinking, die Unterstützung beim Zusammentragen und Visualisieren von Gedanken oder das Zusammenbringen mit Stakeholdern, wie Kunden oder Nutzerinnen.

Planen Sie während des Sprint Planning Zeit für die Auseinandersetzung mit neuen, unbekannten Anforderungen ein und sorgen Sie so dafür, dass das Refinement von Backlog Items laufend stattfindet.

Diskussionen ufern aus

Häufig ist es so, dass eine Anforderung noch so unspezifisch ist, dass die Diskussionen dazu ausschweifen. Oder die Entwickler starten einen Schlagabtausch, wie die Anforderung am besten umzusetzen sei, und halten ihre Variante für die jeweils beste.

Als Scrum Master können Sie hier moderierend eingreifen oder schon im Vorfeld Regeln definieren. Nutzen Sie eine Timebox für jedes Backlog Item und führen Sie die Entwickler mit Pragmatismus zur Verteilung der Aufgaben, die bis zum nächsten Backlog Refinement zu erledigen sind. Beispielsweise könnten sich zwei Entwickler mithilfe des Product Owners tiefer in das Thema einarbeiten und beim nächsten Refinement mit einem Vorschlag aufwarten.

Product Owner sollten klar formulieren, welche Art von Feedback sie sich von den Entwicklern wünschen. Wenn eine grobe Idee im Raum steht, dann ist vielleicht nur eine erste Meinung gefragt und nicht gleich die damit verbundene Aufgabe, eine Lösung zu finden. Mit der Vorstellung eines Backlog Item sollte also auch immer das gewünschte Ziel ausgesprochen werden.

Der Releaseplan wird nicht aktualisiert

Der Releaseplan enthält eine in Sprints gruppierte Liste aller Backlog Items bis zu einem Release. Aus ihm kann man grob ablesen, für welchen Sprint bestimmte Funktionalitäten geplant sind und wann mit einem Release zu rechnen ist. Er stellt also ein wichtiges Instrument für die Transparenz des Projekts im Unternehmen dar. Leider kommt es oft vor, dass er nur einmal zu Beginn eines Projekts erstellt wird, um die Frage des Managements nach der Dauer des Projekts zu beantworten.

Unterstützen Sie den Product Owner dabei, den Releaseplan als Kommunikationsinstrument zu nutzen, um die Erwartungshaltungen zu managen. Er sollte immer aktuell sein und regelmäßig als Grundlage für Diskussionen über die Laufzeit und über Veränderungen hinweg verwendet werden. Auch Scrum-Projekte verlaufen niemals exakt so, wie sie zu Beginn geplant wurden. Der Releaseplan ist ein gutes Medium, um Veränderungen transparent zu machen.

Alle sind zu beschäftigt

Manche Teams schaffen es, Backlog Refinements als unnütze Zusatzmeetings wegzudiskutieren, die ja nicht einmal zu den im Scrum Guide aufgeführten Scrum-Events gehören. Die Pflege des Product Backlog liegt doch sowieso beim Product Owner, und schließlich gibt es ja das Sprint Planning, in dem sich das Team mit den Backlog Items auseinandersetzt. Und das bisschen Schätzen kriegt man da auch noch unter.

Machen Sie den Unterschied zwischen einem Backlog Refinement und einem Sprint Planning klar, am besten an einem anschaulichen Beispiel wie dem oben beschriebenen Umzug. So begegnen Sie wirkungsvoll Fragen des Teams, warum dieses Event denn unbedingt stattfinden muss.

Zu diesem Schwerpunkt finden Sie die Checkliste »Backlog Refinement« unter *link.scrum-in-der-praxis.de/checklisten*.

4.5 Releaseplanung

Die Konferenz rückt näher

In den Anforderungsworkshops hatte Casper gemeinsam mit den Entwicklern Backlog Items erstellt und geschätzt. Diese ergaben in Summe 350 Story Points. In einem Gespräch mit Herrn Hold erwähnte Casper den aktuellen Stand. Herrn Hold interessierte aber nur, dass die Applikation bis zur Konferenz fertig wird: »Wann kann ich denn die App ausprobieren?« Auf diese Frage war Casper vorbereitet. Gemeinsam hatte das Scrum-Team eine initiale Velocity ermittelt, die zeigt, dass vermutlich 25 bis 35 Story Points pro Sprint umgesetzt werden können. Bis zur Konferenz waren noch acht Sprints vorgesehen, was bedeutete, dass von den insgesamt 350 Story Points zwischen 200 und 280 bis zum geplanten Konferenztermin umgesetzt werden konnten.

Herr Hold war zunächst entsetzt, hatte er doch damit gerechnet, alle Funktionalitäten bis zur Konferenz geliefert zu bekommen. Casper und Finn erklärten ihm das Zustandekommen dieser Werte; sie versicherten Herrn Hold, dass das Product Backlog immer wieder überprüft und optimiert wird und dass die wichtigsten Backlog Items immer als Nächstes umgesetzt würden, sodass man bis zur Konferenz die nach dem aktuellen Stand bestmögliche Applikation zur Verfügung hätte.

Trotzdem wollte Herr Hold noch wissen, wie lange es denn dauern würde, wirklich alle Backlog Items umzusetzen, denn die nächste Konferenz würde nicht lange auf sich warten lassen. Auch auf diese Frage war Casper vorbereitet. Mit der angenommenen Velocity würde es vermutlich zwischen zehn und 14 Sprints dauern, bis der komplette Umfang geliefert werden könnte, natürlich immer unter der Voraussetzung, dass er sich zwischenzeitlich nicht ändert.

4.5.1 Releaseplan

Ein Releaseplan ist kein offizielles Scrum-Artefakt, es gibt daher auch keine eindeutige Definition. Allgemein gesprochen ist der Releaseplan eine nach Sprints gruppierte Liste von relevanten Backlog Items.

Aus dem Releaseplan geht hervor, in welchem Sprint welche Backlog Items nach aktuellem Wissensstand voraussichtlich umgesetzt werden und zur Verfügung stehen.

Stellen Sie sich den Releaseplan als Product Backlog vor, in dem in regelmäßigen Abständen Trennstriche eingefügt wurden. Jeder Trennstrich stellt eine Abgrenzung zwischen zwei Sprints dar. Zwischen zwei Trennstrichen befinden sich die Backlog Items, die nach heutigem Stand für den jeweiligen Sprint vorgesehen sind.

Für die Erstellung eines Releaseplans werden folgende Informationen benötigt:

- Schätzungen für die zu planenden Backlog Items und
- die Velocity des Teams.

Für den Releaseplan werden die bereits geschätzten Backlog Items durch den Product Owner gemeinsam mit den Entwicklern so auf die folgenden Sprints verteilt, dass die aktuelle Velocity möglichst nicht überschritten wird. Der Product Owner versucht dabei, zusammenhängende User Stories nach Geschäftswert zu gruppieren, und die Entwickler weisen auf mögliche Abhängigkeiten hin.

> Wenn Sie nicht die Velocity des Scrum-Teams anhand von fertiggestellten Story Points berechnen, dann können Sie die Anzahl an fertiggestellten Aufgaben oder Sprint Backlog Items pro Sprint zur Ermittlung des Releaseplans annehmen.

Ein Scrum-Projekt läuft in der Theorie so lange, bis der bestmögliche Wert für die Kundschaft geschaffen wurde. In der Praxis ist es jedoch häufig so, dass entweder der Liefertermin oder aber der Umfang fix ist. Daher hilft der Releaseplan bei der Beantwortung der folgenden Fragen:

- **Fester Umfang**
  »Dies ist das Produkt mit den gewünschten Funktionalitäten. Wie lange wird es dauern?« (vgl. Abb. 4–19)
- **Fester Termin**
  »Wir müssen am ... pünktlich zur Messe fertig sein. Was kann bis dahin fertiggestellt werden?« (vgl. Abb. 4–20)

Die beiden Abbildungen zeigen das Szenario aus dem obigen Eingangstext:

Sprint	Story ID	Beschreibung	Größe
1	165	Eingabe persönlicher Daten	8
	154	Profilbild hochladen	8
2	133	Captcha integrieren	5
	164	Rechnung als PDF generieren	8
	172	Prototyp für Landingpage erstellen	3
3	169	Sicheres Bezahlen ermöglichen	8
	44	A-B-Test Landingpage einrichten	3
4	200	Chatfunktion implementieren	5
	201	Chat-Notifications einbauen	5
	203	Support Chat-Bot testen	5
...	...	...	...
		Gesamt	350

Abb. 4–19
Releaseplan mit festem Umfang

Abb. 4–20
Releaseplan mit festem Termin

	Story ID	Beschreibung	Größe
Release 1	165	Eingabe persönlicher Daten	8
	154	Profilbild hochladen	8
	133	Captcha integrieren	5
	164	Rechnung als PDF generieren	8
	172	Prototyp für Landingpage erstellen	3
	...	...	...
		Release 1	200
Release 2	169	Sicheres Bezahlen ermöglichen	8
	44	A-B-Test Landingpage einrichten	3
	200	Chatfunktion implementieren	5
	201	Chat-Notifications einbauen	5
	203	Support Chat-Bot testen	5
	...	...	...
		Release 2	150
		Gesamt	350

Wenn die Backlog Items geschätzt sind und die Velocity bekannt ist, kann der Product Owner diese beiden Fragen mit einem Releaseplan sehr schnell beantworten.

User Story Map

Die in Abschnitt 4.2.4 vorgestellte User Story Map eignet sich auch hervorragend, um die geplanten Releases zu visualisieren. Das Schöne bei dieser Übersicht ist, dass der Bezug zum Kunden oder den Nutzerinnen und deren Interaktion mit dem System sichtbar wird (vgl. Abb. 4–21).

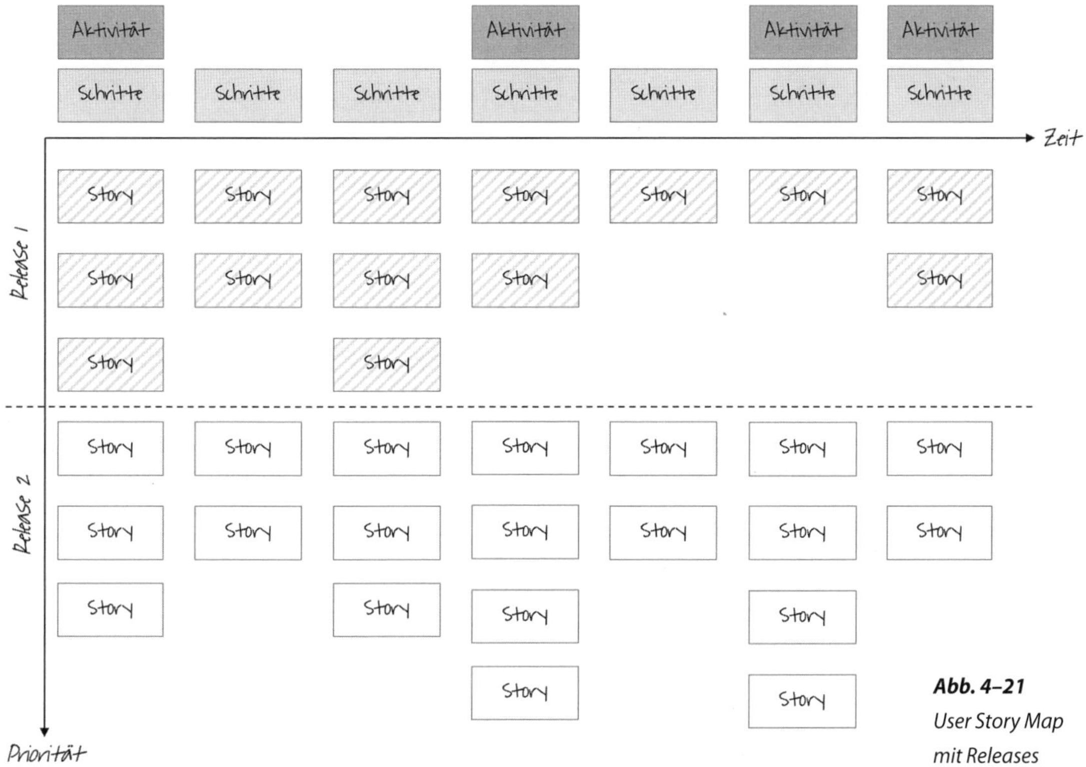

Abb. 4–21
User Story Map mit Releases

Neben der Übersicht der Releases kann eine User Story Map noch weitere hilfreiche Informationen enthalten, die zur Visualisierung des Fortschritts genutzt werden können. In Abbildung 4–22 zeigen wir beispielhaft die Erledigung von User Stories und die Vorausschau der geplanten Arbeit (die »2« steht symbolisch für den zweiten Sprint).

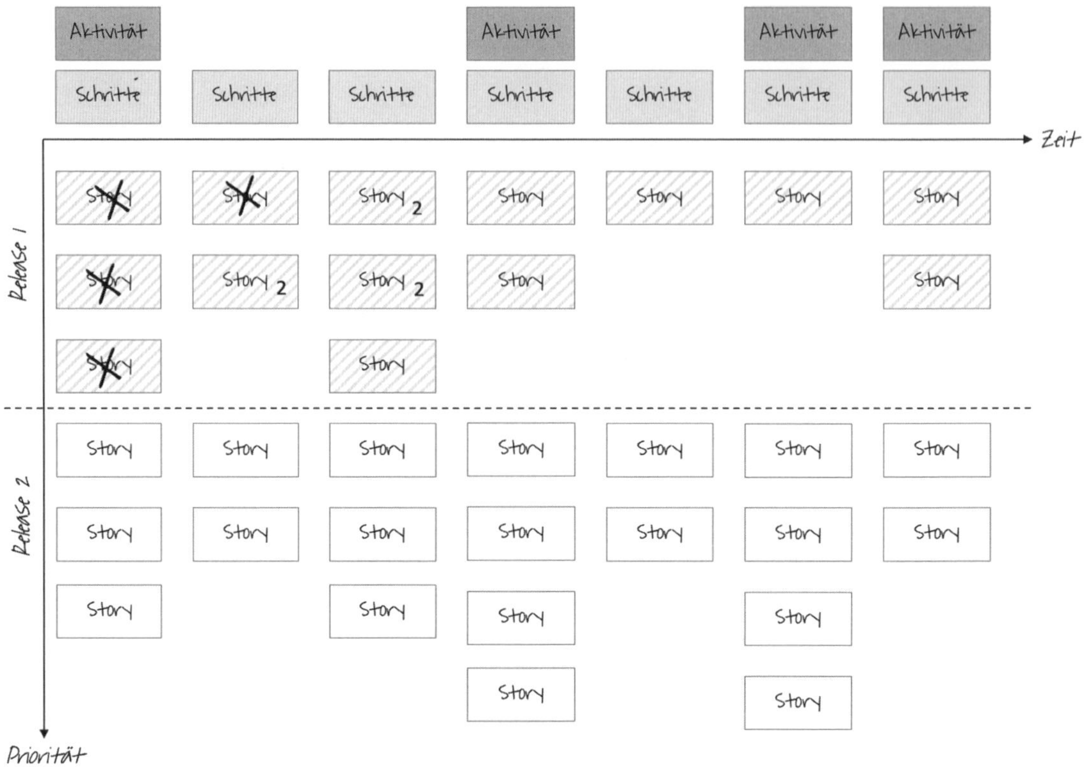

Abb. 4–22 *User Story Map mit Releaseübersicht und Sprint-Fortschritt*

Machen Sie bei jeder Veröffentlichung des Releaseplans deutlich, dass es sich dabei um eine Vorhersage handelt, die nach aktuellem Wissensstand abgegeben wurde. Es handelt sich um ein dynamisches Dokument mit einer Momentaufnahme und ausdrücklich nicht um einen Projektplan im herkömmlichen Sinne. Es ist durchaus möglich bzw. sogar sehr wahrscheinlich, dass sich Änderungen ergeben, weil neue Erkenntnisse gewonnen wurden. Dies spiegelt sich auch in einer schwankenden Velocity des Scrum-Teams wider. Faktoren für Schwankungen können sein:

- Ab- und Zugang von Teammitgliedern
- Unterschiedliche Level an Fähigkeiten
- Unbekannte Werkzeuge oder Aufgaben
- Arbeit an Altlasten
- Unerwartete technische Probleme
- Urlaube, Krankheitsausfälle
- Instabile Rahmenbedingungen der Organisation
- Verteilte Arbeit über Ländergrenzen hinaus

Von daher empfehlen wir, die Velocity als Durchschnitt der letzten vier bis acht Sprints zu berechnen.

Wir empfehlen, den Releaseplan gemeinsam im Scrum-Team im Backlog Refinement zu prüfen und ggf. anzupassen und ihn im Sprint-Review Stakeholdern vorzustellen. Dies erzeugt maximale Transparenz und kurze Feedbackschleifen. Dazu möchten wir auf folgendes Zitat aus dem Scrum Guide hinweisen (*scrumguides.org*), das die Verantwortlichkeit des gesamten Scrum-Teams (vgl. Kap. 3) hervorhebt:

> *»Das Scrum Team ist umsetzungsverantwortlich (responsible) für alle produktbezogenen Aktivitäten …«*

Implizit bedeutet dies, dass der Product Owner nicht allein über Releases entscheidet, sondern das gesamte Scrum-Team.

> Wie leicht zu erkennen ist, stellt ein Releaseplan ein sehr mächtiges Werkzeug dar, das auf sehr einfache Weise den Wunsch nach Planung und Vorausschau erfüllt. Leider wird der Releaseplan in der Praxis oft vernachlässigt. Probieren Sie den Releaseplan einmal für ein Quartal aus.

Releaseplanung zu Projektbeginn

Besonders in größeren Firmen wird zunächst eine Kosten-Nutzen-Analyse sowie eine voraussichtliche Projektlaufzeit erwartet, bevor ein Projekt freigegeben wird. Wie aber kann ein Plan erstellt werden, um damit u.a. Kosten zu ermitteln, wenn keine Erfahrungswerte vorhanden sind bzw. keine stabile Velocity vorliegt?

Überlegen wir doch mal, wie ein traditionelles Projekt bis zur Erstellung eines Projektplans (der ja die Zeitschätzung und damit implizit auch die Kostenschätzung enthält) abläuft: In der Anfangsphase hat jemand eine Idee für ein neues Feature oder Produkt. Es werden erste Dokumente (Grobkonzept) geschrieben und viele Diskussionen geführt. All das kostet Zeit und Geld. Es werden erste Schätzungen auf Managementebene eingeholt, die letztendlich mit der Realität sehr wenig zu tun haben. Das Konzept wird verfeinert, ein Projektleiter wird benannt, der entweder mit sehr vagen oder aber mit sehr detaillierten Anforderungen und Schätzungen einen Projektplan erstellt. Im ersten Fall ist der Projektplan aber wertlos, da zu wenig Informationen vorlagen, im zweiten Fall fließt eine Menge Zeit und Geld in die Erstellung des Projektplans.

> Fordern Sie die gleiche Zeit ein, die ein traditionelles Projekt für eine Planungsphase bekommt, wenn Sie mit dieser Frage konfrontiert werden. Verwenden Sie diese Zeit darauf, um erste nutzbare Inkremente zu entwickeln, das Product Backlog voranzutreiben und zu schätzen und letztendlich einen ersten Releaseplan zu erstellen.

Scrum-Projekten wird oft vorgeworfen, aufgrund ihrer Dynamik nicht planbar zu sein. Dieser Argumentation setzen wir entgegen, dass ein Scrum-Projekt, das die gleichen zeitlichen und finanziellen Mittel bekommt wie das oben beispielhaft beschriebene traditionelle Projekt, zum Zeitpunkt der Fertigstellung des ersten Projektplans schon viel mehr liefert als das traditionelle Vorgehen. Wenn dort gerade mal eine Planung erstellt wurde, stehen im Scrum-Projekt bereits erste Inkremente zur Verfügung und die Machbarkeit wurde bewiesen oder widerlegt. Das Scrum-Team hat sich z.B. schon gefunden, eingerichtet und kann nach den ersten drei bis vier Sprints, also nach circa sechs bis acht Wochen, die Entwicklungsgeschwindigkeit ableiten. Erste Unwägbarkeiten und Unsicherheiten wurden überwunden und das Scrum-Team ist nun in der Lage, mithilfe einer groben Einschätzung des Product Backlog und der Velocity eine auf aktuellen Erfahrungen und Fakten basierte Planung abzugeben. Somit kann aus den Kosten für das Scrum-Team mithilfe des Releaseplans eine Einschätzung der Gesamtkosten vorgenommen werden.

Wenn möglich zeichnen Sie anhand einer Beispielrechnung die Unterschiede zwischen den Projekten auf. Vielleicht ist es sogar möglich, Projekte über die gesamte Laufzeit gegenüberzustellen. So wird am Ende ggf. deutlich, dass die »genaue« Planung bei traditionellen Projekten keine besseren Ergebnisse liefert.

Und noch einmal zur Erinnerung: Scrum-Teams arbeiten häufig an komplexen Aufgabenstellungen in einem hochdynamischen Projektumfeld. Das Investment in eine lineare Gantt-Chart-Planung wird niemanden weiterhelfen bzw. ist schon bei der Erstellung falsch.

4.5.2 Release-Burndown-Chart

Ein Release-Burndown-Chart (→Burndown-Chart) ist ähnlich wie ein Sprint-Burndown-Chart (vgl. Abschnitt 5.1.2) aufgebaut. Nachdem ein Releaseplan erstellt und die voraussichtliche Anzahl Sprints bis zum geplanten Termin oder Umfang ermittelt wurde, kann ein einfaches Release-Burndown-Chart wie in Abbildung 4–23 erstellt werden.

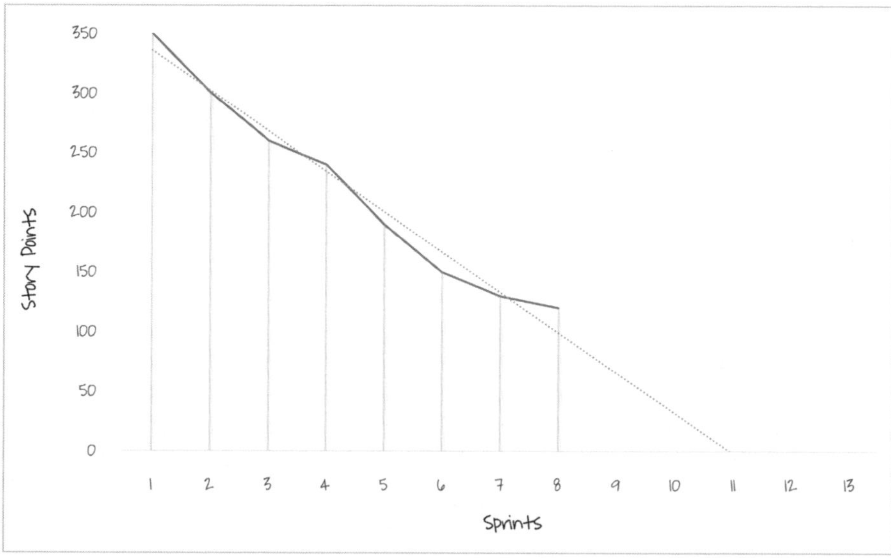

Abb. 4–23 *Einfaches Release-Burndown-Chart*

Die gestrichelte Gerade zeigt den linearen Verlauf, die durchgezogene Linie die nach jedem Sprint noch offenen Story Points. Anhand der Abweichung kann festgestellt werden, ob das Produktziel nach aktueller Planung erreicht werden kann.

Korridor

Wenn, wie im Eingangsbeispiel des Abschnitts erwähnt, ein Scrum-Team zwischen 25 und 35 Story Points pro Sprint liefert, ergibt sich ein Korridor zwischen dem besten und dem schlechtesten Fall. Mit den tatsächlich gelieferten Story Points pro Sprint kann der Verlauf mit den aktuellen Daten ergänzt und somit früh erkannt werden, ob das Release aus dem Ruder zu laufen droht (vgl. Abb. 4–24).

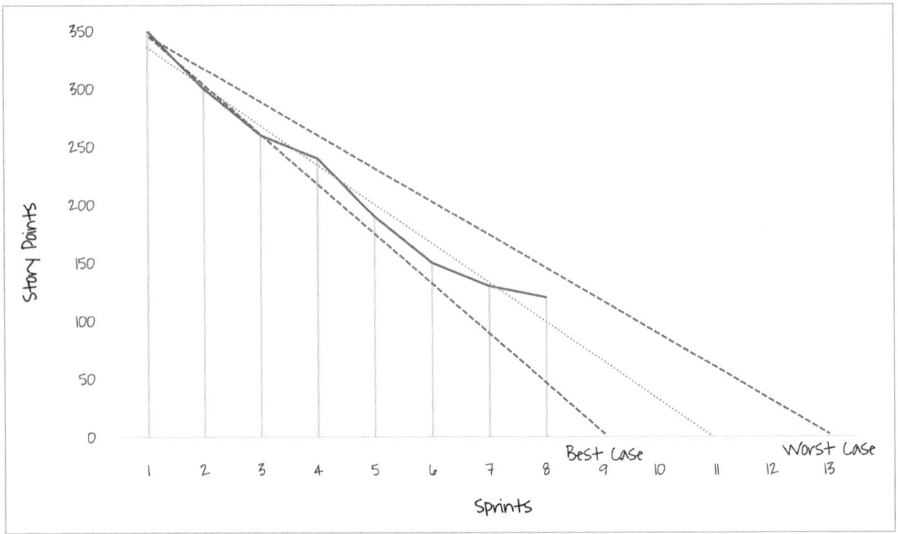

Abb. 4–24
Release-Burndown-Chart mit Korridor

> Heutige Verwaltungssoftware bietet neben dem Sprint- oder Release-Burndown-Chart viele verschiedenartige grafische Darstellungsformen an. Häufig werden anstatt des Liniendiagramms auch Balkendiagramme verwendet. Hilfreich ist es, wenn diese Diagramme die Veränderung des Umfangs im zeitlichen Verlauf anzeigen können und beispielsweise sichtbar wird, welche Abweichungen es zur initialen Planung gibt und ob diese Aufgaben etwas mit dem Produktziel zu tun haben.

Die oben angesprochenen Werkzeuge sollen dabei helfen, Entwicklungen früh zu erkennen und ggf. gegenzusteuern. Sie unterstützen dabei, Transparenz zu schaffen, sind als Blick nach vorn gedacht und sollten auch so genutzt werden. Vermeiden Sie daher, sie als Rechtfertigung heranzuziehen:

> *»Wir konnten die Funktionalität nicht rechtzeitig liefern, weil ja so viel anderes hinzugekommen ist.« Besser wäre: »Wenn wir die zusätzlichen, ungeplanten Anforderungen betrachten, ist es sehr unwahrscheinlich, dass wir die Funktionalität zum gewünschten Zeitpunkt liefern können. Lasst uns gemeinsam sehen, was wir ändern müssen, damit wir es hinbekommen.«*

4.5.3 Release-Sprint

Sofern ein Scrum-Team ein nicht bereits veröffentlichtes Produkt betreut und regelmäßig nach jedem Sprint neue Funktionalitäten zur Verfügung stellt, kommt es erst nach einigen Sprints zur Veröffentlichung der ersten Produktversion. Im Idealfall sollen alle dafür notwendigen Arbeiten wie Trainings, Marketingaktionen etc. bereits in den Sprints zuvor stattgefunden haben. Allerdings sieht auch hier die Praxis häufig anders aus als die Theorie, sodass wir in diesem Kapitel einen *Release-Sprint* beschreiben, der diese Tätigkeiten bündelt.

Glanzpolitur

Alle wichtigen Funktionalitäten wurden zielgerichtet umgesetzt. Es war noch eine Woche Zeit bis zur Konferenz. Die App wurde als Betaversion zum Download freigegeben und bereits einige Male heruntergeladen. Das Scrum-Team hatte sich für die kommende Woche vorgenommen, das Feedback der Benutzer zu analysieren und auftretende Fehler zu beheben. Außerdem sollte Werbung für die App gemacht werden, damit sie zum Start der Konferenz von möglichst vielen Konferenzteilnehmerinnen genutzt würde.

Als Herr Hold hörte, dass in der letzten Woche vor der Konferenz keine neue Funktionalität mehr eingebaut werden sollte, rief er sofort Casper zu sich. Herr Hold forderte in einem Vieraugengespräch noch weitere Features, die ihm in Aussicht gestellt worden waren. Casper konnte ihn jedoch überzeugen, dass diese Woche für den letzten Feinschliff und die Einweisung aller Personen benötigt wurde. Außerdem würden neue Features nicht mehr hinreichend getestet werden können, und die Gefahr bestünde, dass sich Fehler einschleichen, die dazu führen können, dass die App gar nicht erst benutzt wird oder schlechte Bewertungen erhält. Herr Hold kannte Casper inzwischen gut genug, um zu erkennen, dass die Argumentation durchaus Hand und Fuß hatte. Er verließ sich auf Caspers Urteil.

Im Laufe der Woche legten alle Hand an, um die App noch einmal auf Hochglanz zu polieren und nichts dem Zufall zu überlassen. Zum Start der Konferenz stand eine sauber getestete, mit den wichtigsten Funktionen versehene und mit interessanten Inhalten gefüllte Applikation zur Verfügung.

In vielen Projekten wird der Fehler gemacht, bis zur letzten Minute noch irgendwelche Funktionen zu implementieren. Dabei ist allgemein bekannt, dass Produktentwicklung unter Zeitdruck deutlich fehleranfälliger ist. Außerdem fehlt dadurch meist die Zeit für einen ausreichenden Test. Im schlimmsten Fall wird in den letzten Tagen etwas kaputt gemacht, was Auswirkungen auf die gesamte Anwendung haben und ggf. sogar den Veröffentlichungstermin gefährden kann.

Ein Release-Sprint ist kein Sprint für Aufräumarbeiten, in dem angehäufte technische Schulden oder Fehler im Produktionssystem bereinigt werden sollen, sondern er dient einzig und allein der Vorbereitung des Release. Achten Sie darauf, dass er nicht missbraucht wird, und machen Sie Sinn und Zweck des Release-Sprints transparent.

Ein Release-Sprint kann vor jedem größeren Release stattfinden. Er dient dazu, alle losen Enden zu identifizieren und zu befestigen. Auch wenn der Name es vermuten lässt, sollte die Dauer eines Release-Sprints nicht zwingend der Dauer eines regulären Sprints entsprechen. Er kann je nach Projekt und Produkt länger oder kürzer als ein regulärer Sprint sein. Es ist in der Regel aber unerheblich, ob vorher zwölf Sprints oder nur drei Sprints stattgefunden haben, der Release-Sprint sollte in der Dauer kaum variieren.

Die Durchführung eines Release-Sprints wird in der Community unterschiedlich gesehen. Gegenstimmen führen an, dass dann am Ende der Sprints kein »Potentially Shippable Code« entstanden sein kann. Sogar Ken Schwaber spricht sich gegen Release-Sprints aus und begründet es damit, dass funktionierende Teams über ein automatisiertes Releasemanagement verfügen. Unserer Meinung nach ist dies ein absolut erstrebenswertes Ziel, das wir in der Praxis jedoch in den seltensten Fällen umgesetzt vorgefunden haben. Wir betrachten Release-Sprints daher als einen Schritt, der unseren Teams auf diesem Weg weiterhilft.

Je konsequenter in den vorangegangenen Sprints funktionsfähige Inkremente geliefert und immer wieder integriert und getestet wurden, desto geringer ist die Notwendigkeit eines Release-Sprints. Sobald ein Produkt erstmalig veröffentlicht wurde, sollte sowieso nach jedem Sprint ein Release möglich sein, sodass spätestens von diesem Zeitpunkt an kein Release-Sprint mehr benötigt werden sollte.

Die Notwendigkeit eines Release-Sprints bedeutet keineswegs, dass während der regulären Sprints unsauber gearbeitet wurde. Im Gegenteil, man sollte sich vor Augen führen, dass das von Scrum geforderte »potenziell auslieferbare Inkrement« nicht immer eine komplette fachliche Produktlösung darstellt, die Kunden oder Nutzerinnen zur Verfügung gestellt wird bzw. werden kann. Vielmehr kommt es darauf an, in sich abgeschlossene Schritte hin zu einer Produktlösung bereitzustellen, sodass aus fachlicher Sicht jederzeit entschieden werden könnte, dass das Produkt veröffentlicht wird. Zu diesem Zeitpunkt sollten keine weiteren Arbeiten mehr nötig sein.

Wenn es sich um ein technisches Produkt handelt, arbeiten Sie mit sogenannten »Feature Flags«. Dies sind Schalter, mit denen eine Funktionalität ein- oder ausgeschaltet werden kann. So können Sie z.B. die App oder die Website nach jedem Sprint technisch ausliefern, die Funktionalität aber erst dann freischalten, wenn alle Voraussetzungen stimmen.

Folgende Tätigkeiten sind typischerweise Bestandteil eines Release-Sprints, sofern sie für das jeweilige Projekt zutreffen:

- Finales Bereitstellen des Codes in der Produktivumgebung
- Finales Testen in der Produktivumgebung oder einer produktionsnahen Umgebung
- Datenmigration aus Altsystemen
- Aufsetzen und Konfigurieren von administrativen Systemen
- Vorbereitung der Veröffentlichung
- Aktualisierung der Systemdokumentation
- Übergabe des Systems an den operativen Betrieb
- Implementierung von Prozessänderungen in der Organisation
- Training der Anwender und des Supports
- Anstoß von Kommunikations- und Marketingmaßnahmen

Darüber hinaus kann es je nach Projekt weitere Themen geben, die während des Release-Sprints erledigt werden sollten.

In seiner Struktur ist ein Release-Sprint ein Sprint wie jeder andere auch. Führen Sie ein Sprint Planning durch, halten Sie Daily Scrums ab, benutzen Sie ein Scrum-Board. Je nach Art der Aufgaben kann es sein, dass das Team für den Release-Sprint um Personen aus anderen Fachbereichen erweitert werden sollte.

4.5.4 Häufige Herausforderungen

Hardening Sprint

Viele Scrum-Teams verwenden in der Praxis den Release-Sprint als sogenannten »Hardening Sprint«. Dieser ist lediglich dafür da, z.B. aufgeschobene Arbeiten durchzuführen oder technische Schulden zu beseitigen. Schon in dieser Formulierung wird klar, dass es einen Hardening Sprint in diesem Sinne nicht geben kann, denn das Ziel eines jeden Sprints ist es, ein wertvolles prinzipiell auslieferbares Inkrement zu liefern, das die Kriterien der Definition of Done erfüllt.

Wenn ein Hardening Sprint also notwendig wird, wurde konsequent gegen dieses Prinzip verstoßen und nicht auf die erforderliche Qualität geachtet. Dies kann vielerlei Gründe haben. Am häufigsten erleben wir das Nichtleben der agilen Prinzipien und Scrum-Werte (vgl. Kap. 2) und damit eine fehlende Autonomie und Selbstverwaltung des Scrum-Teams (vgl. Kap. 3). Dies wirkt sich dann beispielsweise so aus, dass ein Scrum-Team unter Druck gesetzt wird, einen bestimmten Umfang zu einem (nicht selten willkürlichen) Termin einzuhalten. Die Konsequenz daraus ist nicht nur eine mangelnde Qualität, sondern vor allem enttäuschte Kunden oder Nutzerinnen sowie als Resultat, dass nach dem Release erneut Zeit in Aufräumarbeiten und Fehlerbehebung gesteckt werden muss.

> Ein solches Vorgehen missachtet konsequent die Prinzipien des →Lean Thinking. Nicht nur der Hardening Sprint selbst ist reine Verschwendung (engl. Waste), sondern auch die angehäuften oder daraus resultierenden Fehler.
>
> Von daher ist es Ihre Aufgabe als Scrum Master, permanent auf die Lieferung des Scrum-Teams und die Einhaltung der Definition of Done zu achten sowie ein Umfeld zu schaffen, in dem das Scrum-Team in die Lage versetzt wird, die Ergebnis- und Umsetzungsverantwortung zu übernehmen.

Vergleich mit traditionellen Projekten

»Wieso könnt ihr nicht sagen, wie lange es dauern wird, andere Projekte können das doch auch?«

Diese Herausforderung haben wir schon bei der Erstellung des Releaseplans (vgl. Abschnitt 4.5.1) angesprochen. Eine konstruktive Antwort auf die provokante Frage wäre:

»Gebt uns die gleiche Zeit, die ihr einem traditionell geführten Projekt für die Planungsphase geben würdet, dann können wir mit mindestens der gleichen Genauigkeit sagen, wie lange es dauern wird. Außerdem werden wir bis dahin zusätzlich echten Wert generiert haben.«

Wenn der Auftraggeber überzeugt werden kann, den oft immensen Aufwand für die Planungsphase eines traditionellen Projekts lieber in den Projektstart eines Scrum-Projekts zu stecken, wird er erkennen, dass er spätestens nach der gleichen Zeit ebenso belastbare Zahlen für eine Projektentscheidung erhält. Der Vorteil bei Scrum-Projekten besteht darüber hinaus darin, dass

- das Projektteam schon als Team zusammen an dem Produkt gearbeitet hat und sich finden konnte,
- in der Zeit etwas Fertiges, bereits Nutzbares herausgekommen ist und
- man im Zweifelsfall das erarbeitete Ergebnis verwerfen könnte, um mit der gewonnenen Erfahrung von Neuem zu starten.

Fester Umfang und fester Termin

Immer wieder treffen wir auf Projekte, die Umfang und Termin vorgeben, obwohl es doch inzwischen allgemein bekannt ist, dass dies in den seltensten Fällen funktioniert. Wer hier argumentativ nicht weiterkommt, kann versuchen, den Umfang nicht zu detailliert festzulegen, sodass innerhalb eines gewünschten Features noch Potenzial zur Kürzung besteht. Indem zunächst die wichtigsten Eigenschaften eines Features implementiert und veröffentlicht werden, kann durch das frühzeitige Feedback darauf reagiert werden.

In einem solchen Fall ist es hilfreich, mit User Stories zu arbeiten. Die Kommunikation mit Stakeholdern erfolgt in der Regel über den Titel der Story und nicht über die Akzeptanzkriterien. Dies bietet Product Ownern einen gewissen Entscheidungsspielraum bei der konkreten Ausgestaltung der Inhalte.

Um größtmögliche Transparenz zu erzeugen, hat sich →Story Mapping im Zusammenspiel mit der →MuSCoW-Priorisierung bewährt (vgl. Abschnitt 4.2.4).

Releaseplan wird nur nach Story Points erstellt

Der Releaseplan ist nicht nur ein Instrument zur Berechnung eines potenziellen Projektendtermins, sondern soll auch zeigen, wann eine bestimmte Funktionalität voraussichtlich zur Verfügung steht. Dies gilt insbesondere dann, wenn tatsächlich nach jedem Sprint ein Inkrement ausgeliefert werden kann. Aus diesem Grund ist es wichtig, den Releaseplan nicht unter dem Gesichtspunkt einer optimierten Story-Point-Auslastung zu erstellen, sondern es sollten Abhängigkeiten und sinnvolle Gruppierungen von Backlog Items berücksichtigt werden, und natürlich sollte er der Priorisierung des Product Owners folgen.

Nutzen Sie das Backlog Refinement (siehe Abschnitt 4.4), um den Releaseplan gemeinsam zu aktualisieren.

Release-Sprint nicht geplant

Die wenigsten Teams sind aber so perfekt, dass sie ein Produkt tatsächlich ohne einen Release-Sprint veröffentlichen können, sodass im letzten Sprint plötzlich Hektik ausbricht. Kleinere Änderungen müssen noch eingebaut, plötzlich auftretende Fehler noch behoben werden, und es tauchen Fragen auf, wie »Hat mal jemand an die Performance gedacht?« oder »Wissen die im Betrieb überhaupt, dass sie für das Release eine Nachtschicht einlegen müssen?«.

Zu Beginn eines Projekts macht sich oft niemand Gedanken über die Veröffentlichung des Produkts, sondern berechnet die reine Entwicklungszeit. Da jedoch während des Projekts immer wieder unvorhergesehene Dinge passieren, entsteht unter Umständen Konfliktpotenzial mit dem Auftraggeber.

Planen Sie von Anfang an mit einem Release-Sprint. Planen Sie ihn selbst dann ein, wenn Sie zu Beginn noch nicht exakt sagen können, was genau in diesem Sprint zu tun ist. Sie werden im Laufe des Projekts so viel dazulernen, dass Sie den Sprint später problemlos mit notwendigen Aufgaben füllen können.

Zu diesem Schwerpunkt finden Sie die Checkliste »Releaseplanung durchführen« unter *link.scrum-in-der-praxis.de/checklisten*.

5 Die Scrum-Events

Wenn alle Vorbereitungen abgeschlossen sind, startet der eigentliche Scrum-Prozess (siehe Abb. 5–1). Dieser Teil stellt gewissermaßen das Herzstück eines Scrum-Projekts dar, denn er wird wie ein rhythmischer Herzschlag so lange wiederholt, bis das Produktziel erreicht ist.

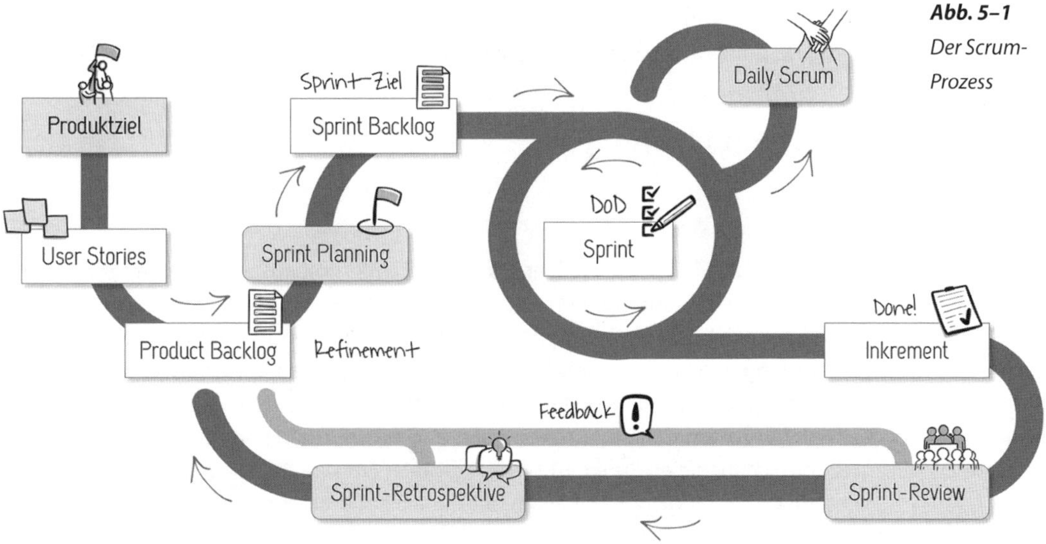

Abb. 5–1
Der Scrum-Prozess

Ein Sprint selbst ist auch ein Scrum-Event, das unmittelbar nach dem Abschluss des vorherigen Sprints beginnt. Während eines Sprints werden laut Scrum Guide (*scrumguides.org*):

- *keine Änderungen vorgenommen, die das Sprint-Ziel gefährden würden;*
- *nimmt die Qualität nicht ab;*
- *wird das Product Backlog nach Bedarf verfeinert; und*
- *kann der Scope (Inhalt und Umfang) geklärt und mit dem:der Product Owner:in neu vereinbart werden, sobald mehr oder neue Erkenntnisse vorliegen.*

Sprints sollten nicht über vier Wochen hinausgehen. Zur Dauer formuliert der Scrum Guide (*scrumguides.org*):

> *»Sprints ermöglichen Vorhersagbarkeit, indem sie mindestens jeden Kalendermonat eine Überprüfung und Anpassung der Fortschritte in Richtung eines Produkt-Ziels gewährleisten. Wenn der Horizont eines Sprints zu lang ist, kann das Sprint-Ziel hinfällig werden, die Komplexität kann steigen und das Risiko kann zunehmen. Kürzere Sprints können eingesetzt werden, um mehr Lernzyklen zu generieren und das Risiko von Kosten und Aufwand auf einen kleineren Zeitrahmen zu begrenzen.«*

Wir beginnen den Sprint mit dem Sprint Planning (siehe Abschnitt 5.1) und gehen dann über in die tägliche Synchronisation des Scrum-Teams, die im Daily Scrum stattfindet (siehe Abschnitt 5.2). Dieses kurze Treffen bietet erstaunliches Potenzial, aber auch jede Menge Stolperfallen, die wir ansprechen. Nachdem wir die Vorteile eines gut vorbereiteten und interessant gestalteten Sprint-Reviews herausgestellt haben (siehe Abschnitt 5.3), stellen wir Ihnen drei Varianten für die Durchführung einer Sprint-Retrospektive vor (siehe Abschnitt 5.4).

5.1 Sprint Planning

Ready, Steady, Go!

Montagmorgen, kurz vor 9:30 Uhr. Das Team kam erholt aus dem Wochenende und traf sich voller Tatendrang zum Sprint Planning für den anstehenden Sprint. Während Finn noch letzte Vorbereitungen erledigte, erzählten die anderen von ihren Unternehmungen am Wochenende. Sergio war am Samstag auf einer Party und war erst so spät zu Hause, dass er den ganzen Sonntag im Bett verbracht hatte. Mina und Lara waren zusammen im Kino gewesen und schwärmten von dem Film mit ihrem Lieblingsschauspieler. Punkt 10 Uhr unterbrach Finn freundlich die Gespräche und wies auf die Timebox hin. Das Team hatte maximal drei Stunden für das Sprint Planning eingeplant.

Zu Beginn fragte Finn die Verfügbarkeit der Teammitglieder ab. Lara plante ein verlängertes Wochenende und stünde daher zwei Tage weniger zur Verfügung. Jordi hatte einen Zahnarzttermin, ging aber davon aus, dass es keine Nachwirkungen gäbe, sodass er voll zur Verfügung stünde. Sergio merkte an, dass er im übernächsten Sprint eine ganze Woche Urlaub plane. Die von den Teammitgliedern genannten Verfügbarkeiten notierte Finn auf einer Sprint-Übersicht für die kommenden zwei Wochen, die Finn vorbereitet hatte.

→

Als Nächstes stellte Casper den Entwicklern die von ihm gewünschten Anforderungen für den Sprint vor. Da die Anforderungen bereits im Backlog Refinement besprochen worden waren und alle die Definition of Ready erfüllten, gab es keine Überraschungen. Bei der Priorisierung hatte Casper darauf geachtet, dass die ersten Anforderungen die Grundfunktionalität beschrieben, während durch die folgenden Stories nur noch Ergänzungen hinzugefügt wurden.

Nach jedem Backlog Item fragte Casper, ob dieses im nächsten Sprint umgesetzt werden könne. Bis zur sechsten Story nickten alle Teammitglieder einhellig und nahmen die Anforderungen ins Sprint Backlog auf. Beim sechsten Backlog Item wendete Lara ein, dass es hier noch eine gewisse Unsicherheit im Design gäbe und sie deshalb kein Commitment abgeben kann. Das Team beschloss, es bei den sechs Stories zu belassen. Casper war glücklich, konnte er doch davon ausgehen, dass bis auf ein kleines Extra nach dem Sprint ein komplett neues Feature zur Verfügung stehen würde. Im letzten Schritt einigten sich alle zusammen auf das Sprint-Ziel und fanden eine griffige Formulierung.

Das Sprint Planning kennzeichnet den Beginn eines Sprints. Zunächst vereinbaren Product Owner und Entwickler das »Was» für den neuen Sprint. Dies wird durch das Sprint Backlog während des Sprints abgebildet. Der Plan für den Sprint wird *vom gesamten Scrum-Team* erstellt.

Oft beginnen Sprints an einem Montag, vermutlich weil der Montag sowieso den Beginn einer Arbeitswoche symbolisiert. Es gibt aber keine Vorschrift, einen Sprint immer an einem Montag beginnen zu lassen. Manchmal gibt es äußere Rahmenbedingungen (z.B. 4-Tage-Wochen, keine Verfügbarkeit wichtiger Stakeholder), die einen anderen Wochentag sinnvoller erscheinen lassen. Finden Sie gemeinsam mit dem Team den für die gegebene Situation idealen Wochentag.

Am besten planen Sie gemeinsam mit dem Team das Sprint Planning zum frühestmöglichen Termin am Vormittag ein, zu dem das komplette Team anwesend ist. Dadurch vermeiden Sie Leerlauf und Nachmittagsmüdigkeit.

Wichtigste Voraussetzung ist eine gute Vorbereitung. Je besser die Vorbereitung während der Backlog Refinements (siehe Abschnitt 4.4) war, desto einfacher ist es für die Entwickler, Anforderungen in den Sprint zu ziehen. Im Idealfall stehen nicht nur die Backlog Items für den anstehenden Sprint, sondern auch ein gut durchdachter und priorisierter Releaseplan (siehe Abschnitt 4.5.1) zur Verfügung, Dieser sollte alle zum jetzigen Zeitpunkt bekannten Backlog Items bis zum nächsten Release enthalten.

Wir haben Scrum-Teams gesehen, die an einem Vormittag den Sprint mit einem Sprint-Review und einer Sprint-Retrospektive beendet haben, um am gleichen Tag nachmittags mit einem neuen Sprint zu starten. Dadurch entsteht aber ein Gefühl der Dauerbelastung. Es bleibt keine Zeit, zwischen den Sprints innezuhalten und zu verschnaufen. Sollten in der Sprint-Retrospektive Maßnahmen beschlossen worden sein, die Einfluss auf den kommenden Sprint haben, fehlt möglicherweise die Zeit zur Vorbereitung. Wir empfehlen, zwischen zwei Sprints einen klaren zeitlichen Schnitt zu machen.

Das Team sollte im Sprint Planning nicht mit komplett neuen Anforderungen konfrontiert werden. Wir ermutigen Scrum-Teams dazu, solche Backlog Items nicht in den Sprint zu übernehmen. Das Risiko ist einfach zu groß, dass damit in ein zurzeit nicht erkennbares Wespennest gestochen wird. Das Sprint Planning ist dazu da, bekannte Backlog Items erneut zu besprechen, das gemeinsame Verständnis zu verifizieren und sie für den Sprint einzuplanen. Für die inhaltliche Arbeit gibt es Backlog Refinements (siehe Abschnitt 4.4).

Das Sprint Planning ist auf maximal acht Stunden für einen 4-wöchigen Sprint beschränkt. Die tatsächliche Länge kann jedoch variieren, da z.B. die Vorbereitung durch Backlog Refinements oder die Eingespieltheit der Beteiligten Einfluss darauf haben. Wichtig ist, dass in der Timebox die nachfolgend aufgeführten Ziele des Events erreicht werden.

Es ist nichts dagegen einzuwenden, wenn Product Owner im Sprint Planning noch Ergänzungen anfragen, die offensichtlich klein und unkritisch sind. Sollte es sich um ein neues Backlog Item handeln, dann ist dies im Sprint Planning noch zu schätzen und es ist auf die Einhaltung der DoR zu achten (siehe Abschnitt 4.1.4). Oft können solche Anforderungen auch als Akzeptanzkriterium in ein bereits bestehendes Backlog Item integriert werden. Fragen Sie in dem Fall die Entwickler, ob sich dadurch die ursprüngliche Schätzung ändert und ob sie die Änderung akzeptieren.

5.1.1 Ziele

Es gibt drei wesentliche Ziele für das Sprint Planning und es geht dabei um die Beantwortung der folgenden Fragen (*scrumguides.org*):

1. *Warum ist dieser Sprint wertvoll?*
2. *Was kann in diesem Sprint abgeschlossen (Done) werden?*
3. *Wie wird die ausgewählte Arbeit erledigt?*

Sprint-Ziel

Zu jedem Sprint Planning gehört das Festlegen eines Sprint-Ziels durch das Scrum-Team. Das Sprint-Ziel ist das Maß, an dem das Scrum-Team am Ende des Sprints gemessen wird. Selbst wenn ein niedriger priorisiertes Backlog Item nicht erledigt werden konnte: Solange das Sprint-Ziel erreicht wurde, gilt der Sprint als erfolgreich.

Ein Sprint-Ziel beschreibt, warum der Sprint für Stakeholder wertvoll ist. Es stellt gewissermaßen eine Zwischenetappe auf dem Weg zum Produktziel dar. Des Weiteren hilft es den Entwicklern, sich während des Sprints auf das Wesentliche zu fokussieren und Anforderungen bzw. Ergänzungen, die keinen Einfluss auf das Sprint-Ziel haben, in Absprache mit dem Product Owner niedriger zu priorisieren. Der Scrum Guide formuliert zum Sprint-Ziel (*scrumguides.org*):

> *»Der:die Product Owner:in schlägt vor, wie das Produkt im aktuellen Sprint seinen Wert und Nutzen steigern könnte. Das gesamte Scrum Team arbeitet dann zusammen, um ein Sprint-Ziel zu definieren, das verdeutlicht, warum der Sprint für die Stakeholder:innen wertvoll ist. Das Sprint-Ziel muss vor dem Ende des Sprint Plannings finalisiert sein.«*

In der Praxis ist es meist so, dass der Product Owner sich vor Beginn des Sprint Planning ein Sprint-Ziel überlegt und die Priorität der Backlog Items entsprechend anpasst. Sollte sich im Verlauf des Sprint Planning ergeben, dass das Sprint-Ziel nicht erreichbar ist, passen der Product Owner und die Entwickler es gemeinsam an.

> Bringen Sie Product Owner zu Beginn des Sprint Planning dazu, den Entwicklern zu erläutern, welchen Wert und Nutzen der Sprint für das Produktziel hat. Machen Sie dies zu einem festen Bestandteil des Sprint Planning. Diese Ausführungen helfen dem Scrum-Team, sich auf die wirklich wichtigen Dinge zu konzentrieren und sogenanntes »Goldplating«, also das für den Geschäftswert unwichtige Aufpolieren, zu vermeiden.

Achten Sie bei der Erstellung der Sprint-Ziele darauf, dass diese den SMART-Kriterien entsprechen (vgl. Abb. 5–2). »Die nächsten fünf Backlog Items umsetzen« ist ein sehr schlechtes Sprint-Ziel. Der folgende Aufbau hilft dabei, gemeinsam ein tragfähiges Sprint-Ziel zu erstellen:

> *»Am Endes des Sprints sind <<Zielgruppe>> in der Lage, <<Aktivitäten>> durchzuführen, sodass folgender <<(Geschäfts)Wert>> entsteht.«*

»Am Ende des Sprints können Nutzerinnen direkt ihre Tickets online bezahlen und ausdrucken« hingegen erfüllt die SMART-Kriterien.

Abb. 5–2
SMART-Kriterien

S	Spezifisch und konkret, sodass alle dasselbe Verständnis haben
M	Messbar durch definierte Kriterien (bspw. doppelt so schnell)
A	Akzeptiert von Product Owner und Entwicklern
R	Relevant mit Auswirkung auf das Produktziel
T	Terminiert und somit bis zum Ende des Sprints erreichbar

Drucken Sie das Sprint-Ziel in großer Schrift über mehrere DIN-A4-Seiten aus (Banner) und hängen Sie es über das Scrum-Board. So kann es sehr einfach für Diskussionen und Entscheidungen herangezogen werden. Sofern Sie über einen großen TV-Monitor verfügen, der z.B. über rotierende Browser-Tabs den Systemzustand darstellt, zeigen Sie das Sprint-Ziel auch dort mit an.

Eine Produkt(teil)lösung muss nicht gleich von Anfang an mit allen Komfortfunktionen ausgestattet sein. Es reicht z.B. aus, in einem Sprint eine Bezahlfunktion via Vorkasse anzubieten, um das Sprint-Ziel »Am Ende dieses Sprints können unsere Kunden ihre Onlinebestellungen bezahlen« zu erfüllen. In folgenden Sprints können dann Überweisung, PayPal oder Kreditkarten angeboten werden. Hier ist Fingerspitzengefühl vom Product Owner gefragt, der die Backlog Items entsprechend schneiden sollte (siehe Abschnitt 4.2.5).

Kommunizieren Sie mit den Stakeholdern auf Basis des Sprint-Ziels, nicht auf der Detailebene des Sprint Backlog. Leider kommt es häufig vor, dass ein nicht erledigtes Backlog Item mehr Aufmerksamkeit erhält und länger diskutiert wird als ein erreichtes Sprint-Ziel.

Halten Sie diese Einflüsse gemeinsam mit dem Product Owner fern von den Entwicklern und sorgen Sie anhand der Releaseplanung für Transparenz zum weiteren Vorgehen.

Sprint Backlog

Das Sprint Backlog spiegelt den Plan für die Entwickler während des Sprints wider (*scrumguides.org*):

> *»Das Sprint Backlog besteht aus dem Sprint-Ziel (Wofür), den für den Sprint ausgewählten Product-Backlog-Einträgen (Was) sowie einem umsetzbaren Plan für die Lieferung des Increments (Wie).«*

Dieser Plan wird im Laufe des Sprints durch die Entwickler aktualisiert und zeigt somit den aktuellen Fortschritt der Arbeit. Diese Aktualisierung findet im Daily Scrum statt (siehe Abschnitt 5.2). Um eine Überprüfung durchführen zu können, sollte es einen ausreichenden Detaillierungsgrad der anfallenden Aufgaben geben.

Wir erleben es oftmals in der Praxis, dass das Scrum-Team die Formulierung der Sprint-Ziele nicht ernst nimmt. Es wird dann der Einfachheit halber nach einem Motto gesucht und z.B. ein Filmname oder Songtitel gewählt. Das Sprint-Ziel lautet dann eben »Matrix« oder »We Can Work it Out«. Dies mag vielleicht zur Abgrenzung zu anderen Teams und einem Showeffekt beitragen, mehr aber auch nicht.

Sorgen Sie als Scrum Master dafür, dass sich alle mit dem »*Wozu?*« auseinandersetzen. »Wofür gibt es diesen Sprint und was hat sich danach für die Stakeholder wertstiftend verändert?« macht es jederzeit möglich, den Fortschritt im Daily Scrum abzugleichen, und trägt verantwortungsvoll zur Transparenz des Scrum-Teams bei.

5.1.2 Ablauf

Verfügbare Kapazität

Zu Beginn des Sprint Planning ist es wichtig, dass alle Teammitglieder über die Verfügbarkeit der anderen Teammitglieder informiert sind. So kann im Nachgang auf Basis der aktuell angenommenen verfügbaren Kapazität eine bessere Einschätzung des Sprint-Umfangs getroffen werden. Wenn beispielsweise der einzige Entwickler mit Erfahrung in einem bestimmten Segment während des Sprints für eine Woche im Urlaub ist und kein anderer Entwickler einspringen kann, sollte dem Rechnung getragen werden, indem Sprint Backlog Items mit weniger komplexem Mobile-Anteil ausgewählt werden.

Wir erfragen die Verfügbarkeit mit einer Granularität von einem halben Tag, da dies als Überblick vollkommen ausreicht.

Neben Urlaub kann es viele Gründe für geplante Abwesenheiten geben, z.B. Schulungen, Arzttermine oder Feiertage. Diese Abwesenheiten im Sprint sollten zu Beginn des Sprint Planning offengelegt werden. Sollte im Sprint ein Teammitglied mit Spezialisten-Know-how fehlen, sollte dies schon vorher bekannt sein, damit Product Owner dies in der Sprint-Vorbereitung berücksichtigen können. Scrum Master können bei längerfristigen Abwesenheiten von Entwicklern bei der Suche nach temporärer Kompensation unterstützen.

> Führen Sie zusätzlich zum Sprint-Kalender einen Jahres-Teamkalender, der offen zugänglich für die Teammitglieder ist. Markieren Sie auf dem Kalender die Sprints sowie wichtige Termine wie z.B. geplante Releases, Teamworkshops oder Nutzertests. Bitten Sie die Teammitglieder, alle Abwesenheiten dort einzutragen. Auf diese Weise können die Informationen frühzeitig in die Sprint- und Releaseplanung einfließen.

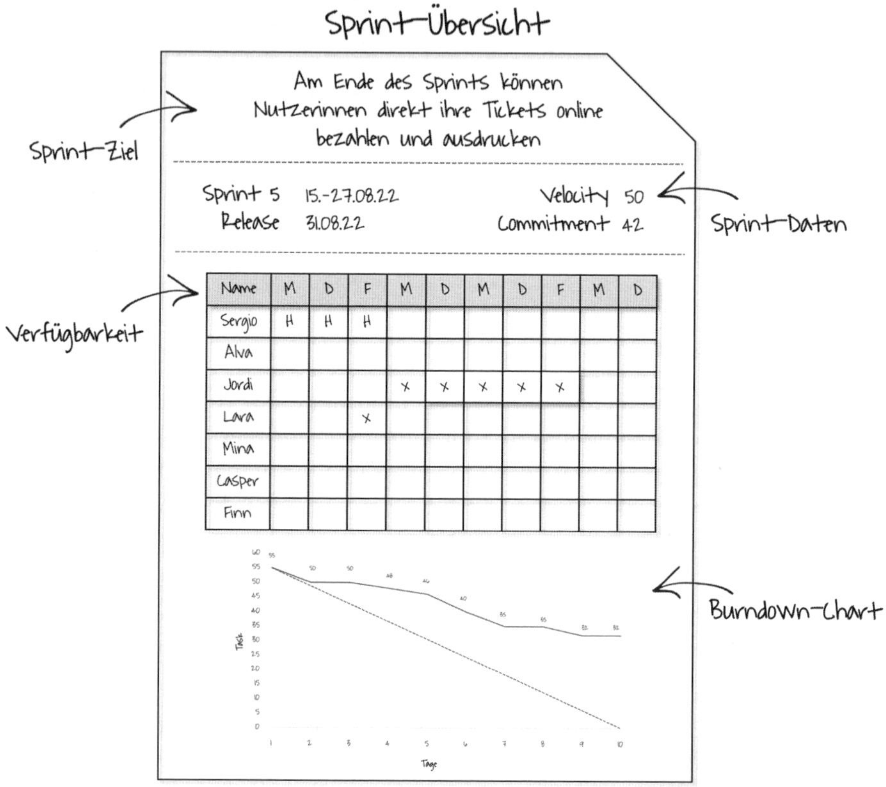

Abb. 5–3
Sprint-Übersicht

In einer »Sprint-Übersicht« (vgl. Abb. 5–3) werden zu Beginn des Sprint Planning die geplanten Abwesenheiten für den Sprint in einem Kalender visualisiert und anschließend für die Teammitglieder an einen definierten Ort abgelegt. Jedes Teammitglied sollte sich verantwortlich dafür fühlen, den Kalender während des Sprints sowohl für sich selbst als auch für andere zu aktualisieren. Ergänzt wird diese Übersicht um Informationen, wie die aktuelle Sprint-Nummer, das Sprint-Ziel, das Releasedatum, die aktuelle Velocity sowie das Commitment für den Sprint.

Tatsächliche Kapazität

Sie haben sicher auch schon einmal von einer Führungsperson gehört: »Ihr seid doch acht Personen, das muss doch schneller gehen!« Die Sprint-Übersicht wurde vom Scrum-Team erstellt, und alle sehen nun, wann welches Teammitglied zur Verfügung steht. Dies ermöglicht somit ein erstes Gefühl für die Entwickler. Es sagt jedoch nichts über die tatsächliche Kapazität aus.

Erfahrungsgemäß stehen die Teammitglieder nie zu 100 % ihrer Anwesenheit für den Sprint zur Verfügung. Je nach Unternehmen liegt die Verfügbarkeit meist zwischen 50 % und 80 %. Bei der nicht für den Sprint verfügbaren Zeit kann es sich z.B. um Teammeetings aus der Linie, Termine mit der Führungsperson oder Gespräche mit neuen Bewerbern handeln.

> In der Arbeit mit Scrum-Teams gehen wir immer von 75% Verfügbarkeit für alle Teammitglieder aus. Wir halten die verfügbare Zeit von sechs Stunden realistischer als die Annahme, jede Person ist in der Lage, acht Stunden Leistung zu erbringen.
>
> Verschaffen Sie sich ein Gefühl dafür, mit welchen Einflüssen die Teammitglieder während des Sprints zu tun haben. Bitten Sie die Teammitglieder, während des Sprints alle Aufwände und Ablenkungen zu notieren, die nichts mit dem Sprint zu tun haben. Achten Sie auch während des Daily Scrum auf Formulierungen wie »*Ich konnte nicht an dem Thema arbeiten, weil ...*«. So kommen Sie Hindernissen auf die Spur, und die Auflistung bietet Ihnen eine gute Argumentationsgrundlage, um die Verfügbarkeit zu erhöhen.

Nicht selten haben Scrum-Teams zusätzliche Aufgaben, wie z.B. Wartungsaufgaben oder die Verantwortung für den operativen Betrieb. Dies sind alles Aufwände, die nichts mit dem Sprint zu tun haben und die daher von der Verfügbarkeit der Teammitglieder abgezogen werden sollten. Wenn Sie sich die Mühe machen, diese Zeiten und Aufwände zu erfassen, wird deutlich, wie wenig Zeit tatsächlich noch für die Entwicklung neuer Inkremente zur Verfügung steht.

> Eine weitere gute Möglichkeit, Störungen zu identifizieren, besteht darin, die Teammitglieder am Ende des Sprints nach ihrer tatsächlichen Verfügbarkeit im Sprint zu fragen. Liegt diese niedriger als die geplante Verfügbarkeit, besteht Handlungsbedarf für den Scrum Master. Entweder sollten die Störungen beseitigt werden oder die tatsächliche Kapazität sollte transparent dargestellt werden.

Wenn man über ein achtköpfiges Scrum-Team verfügt, das aber nur zu 50 % am Sprint arbeiten kann, hat man rechnerisch lediglich vier Personen zur Verfügung, Diese Situation sollten Sie unbedingt als Hindernis behandeln. Die Fokussierung der Entwickler wird stark beeinträchtigt, wenn die anderen Tätigkeiten spontan und ungeplant auftreten (z.B. User Support).

Machen Sie die tatsächliche Verfügbarkeit z.B. in Sprint-Reviews immer wieder transparent. So beugen Sie Nachfragen des Managements vor, warum das (vermeintlich) achtköpfige, teure Scrum-Team denn so langsam sei und nur so wenig Ergebnisse liefere.

Hängen Sie eine »Zeitfresser«-Übersicht auf. Dies ist eine einfache Tabelle der Wochentage, in die Teammitglieder Post-its mit Störungsursachen und der dafür aufgewendeten Zeit hängen. Spätestens im Daily Scrum sollte diese Übersicht aktualisiert werden. Die dadurch entstehende Dokumentation wird genutzt, um wiederkehrende oder sehr zeitintensive Themen anzugehen und transparent zu machen.

Sonderaufgaben

Wir treffen oft auf Scrum-Teams, die neben den Entwicklungsaufgaben noch weitere regelmäßige Aufgaben haben, z.B. den produktiven Betrieb des eigenen Produkts zu überwachen. Es hat sich bewährt, diese Aufgaben klar zu identifizieren und bereits im Sprint Planning zu entscheiden, wer sich darum kümmert.

Wenn immer dieselben Teammitglieder eine bestimmte Aufgabe erledigen, entstehen Wissensinseln. Schlagen Sie den Entwicklern vor, die Aufgaben rotieren zu lassen. Dies hilft auch dabei, eintönige Aufgaben gerecht im Team zu verteilen.

Planung anhand der Velocity

Viele Sprint Plannings laufen nach folgendem Schema ab:

1. Der Product Owner gibt allen einen Überblick darüber, welchen Einfluss dieser Sprint auf das Produktziel hat.
2. Der Product Owner stellt die anhand der bestehenden Velocity ausgewählten Backlog Items für den Sprint vor.
3. Nacheinander werden die Backlog Items inspiziert und Inhalt sowie Schätzung überprüft.
4. An einer bestimmten Stelle merken die Entwickler an, dass der Umfang für den Sprint ausreichend ist.
5. Es wird gemeinsam ein Sprint-Ziel formuliert.
6. Die Entwickler gehen zum Herunterbrechen der Tasks über und klären, wie sie die Arbeit erledigen.
7. Am Ende geben sie eine Rückmeldung, ob nach dem aktuellen Kenntnisstand alle Backlog Items umgesetzt werden können oder nicht.

In diesem Szenario wird auf die aktuelle Velocity des Scrum-Teams geschaut, die als Indiz dafür herangezogen wird, wie viel die Entwickler in einem Sprint umsetzen können. Zu beachten ist, dass die Velocity oftmals starken Schwankungen ausgesetzt ist, selbst wenn der Durchschnitt der vorangegangenen drei Sprints angenommen wird.

Einige nutzen zur Bestimmung der Velocity auch den Durchschnitt der letzten fünf oder acht Sprints.

Planung anhand der Kapazität

Wir haben gute Erfahrungen mit einer leicht abgewandelten Form des Sprint Planning gemacht:

1. Gemeinsame Erstellung der Sprint-Übersicht
2. Der Product Owner gibt allen einen Überblick darüber, welchen Einfluss dieser Sprint auf das Produktziel hat.
3. Der Product Owner stellt das wichtigste Backlog Item vor.
4. Die Entwickler diskutieren das Backlog Item und brechen es in Tasks herunter.
5. Die Entwickler committen sich dazu, das Backlog Item im Sprint umzusetzen.
6. Danach werden die nächsten Backlog Items wie in den Schritten 3–5 inspiziert.
7. An einer bestimmten Stelle merken die Entwickler an, dass der Umfang für den Sprint ausreichend ist.
8. Es wird gemeinsam ein Sprint-Ziel formuliert.
9. Durch den Scrum Master wird die Anzahl an Story Points der einzelnen Backlog Items aufsummiert.

Der Vorteil dieser Vorgehensweise ist, dass die Velocity erst einmal in den Hintergrund und das Commitment der Entwickler in den Vordergrund rückt. Erst in Schritt 9 wird zur Kontrolle die Summe der gewählten Backlog Items mit der aktuellen Velocity überprüft.

Es kann vorkommen, dass die Summe der gewählten Backlog Items *unter* der Velocity liegt. Die Entwickler können sich nun fragen, ob sie während der vorangegangenen Diskussionen weitere Erkenntnisse hatten, die zur Steigerung der Komplexität – gegenüber der vorherigen Schätzung des Backlog Item – geführt haben. Eventuell sind sogar weitere Aufgaben deutlich geworden oder die Aufgaben wurde bisher einfach unterschätzt.

Auf der anderen Seite kann die Summe der gewählten Backlog Items auch über der Velocity liegen. Im Abgleich mit den vorliegenden Informationen kann nun ermittelt werden, ob wichtige Aufgaben von den Entwicklern während der vorherigen Gespräche vergessen wurden.

Ziehen von Backlog Items

Letzten Endes ist es eine Entscheidung der Entwickler, welche Backlog Items mit in den Sprint gezogen (engl. pull) werden, wir sprechen hier vom →Pull-Prinzip. Dabei gilt die Regel, dass die vom Product Owner am höchsten priorisierten Backlog Items als Erstes gezogen werden und dass Backlog Items, die die Definition of Ready nicht erfüllen, von den Entwicklern abgelehnt werden können.

> Wir haben gute Erfahrungen damit gemacht, den Entwicklern während des Sprint Planning die Story Points der Backlog Items nicht zu zeigen, sondern sie allein aufgrund fachlicher Inhalte und einer gesunden Portion Bauchgefühl entscheiden zu lassen.

Die Velocity eines Scrum-Teams berechnet sich über die Teamleistung vergangener Sprints. Diese Teamleistung schwankt und wird durch die Berechnung der Velocity ausgeglichen. Da die Schätzungen der Backlog Items nur sehr grob sind und eine Menge Unsicherheit enthalten, hat es keinen Sinn, im Sprint Planning bis zur exakten Erreichung der Velocity zu planen.

Ein Team mit einer Velocity von 30 Story Points, das im Sprint Planning Backlog Items mit einer Summe von z.B. 27 Story Points auswählt, sollte nicht aufgefordert werden, noch ein weiteres Backlog Item mit drei Story Points auszuwählen. Das Aufaddieren der Story Points der Backlog Items bis zum Erreichen der Velocity gaukelt an dieser Stelle eine vermeintliche Planungspräzision vor, die de facto aber nicht vorhanden ist. Erinnern wir uns an das Schätzen (vgl. Abschnitt 4.3): Jedes Backlog Item enthält eine gewisse Unsicherheit, die umso größer wird, je komplexer das Backlog Item ist. Wenn sich die 27 Story Points in obigem Beispiel aus drei mal acht Story Points und einmal drei Story Points zusammensetzen, bedeutet dies genau genommen »irgendwo zwischen 17 und 44 Story Points«. Es ist also nicht sinnvoll, die Velocity »bis zum Anschlag« auszureizen.

> Achten Sie darauf, ob es während des Sprint Planning Versuche seitens des Product Owners (manchmal aber auch von den Entwicklern) gibt, weitere, oft auch kleine Backlog Items zusätzlich noch mit in den Sprint zu nehmen. Wenn Sie den Eindruck haben, dass sich jemand damit unwohl fühlt, thematisieren Sie dies mit der obigen Argumentation.

Akzeptanzkriterien (How to demo)

In Abschnitt 4.2.3 haben wir die Wichtigkeit von Akzeptanzkriterien ausführlich besprochen. Im Sprint Planning können alle nun die Früchte guter Vorarbeit ernten.

Im Rahmen des Sprint Planning sind gute Akzeptanzkriterien in zweierlei Hinsicht hilfreich. Zum einen unterstützen sie Entwickler dabei, gute fachliche Testfälle zu schreiben. Zum anderen können sie genutzt werden, um sich einen Ablauf zu überlegen, wie die Funktionalität zunächst dem Product Owner und später im Sprint-Review den Stakeholdern gezeigt werden kann. Das Ergebnis ist ein kleiner Workflow aus der Sicht einer Nutzerin, der beispielsweise folgendermaßen aussehen könnte:

- User Story
  - Als Konferenzbesucherin möchte ich interessante Vorträge markieren und als Zeitplan anzeigen, um sie später schnell wiederzufinden.
- Akzeptanzkriterien
  - Markierungsmöglichkeit in der Vortragsliste
  - Falls parallel liegende Vorträge ausgewählt werden, soll eine Warnmeldung erscheinen.
  - Es soll einen Zeitplan geben, der die markierten Vorträge in der Reihenfolge ihres Stattfindens anzeigt.
- How to demo
  - App aufrufen
  - Sechs Vorträge auswählen, davon zwei, die sich mit anderen überschneiden
  - Warnung bei der Auswahl der sich überschneidenden Vorträge anzeigen
  - Zeitplan aufrufen, die sich überschneidenden Vorträge anzeigen lassen
  - Entscheiden für einen der parallelen Vorträge und Löschen des jeweils anderen
  - Zeigen des Zeitplans ohne Überschneidungen

Wie zu erkennen ist, wird plötzlich das Löschen eines Elements erwähnt, was jedoch nicht in den Akzeptanzkriterien stand. Das Ändern der Perspektive hilft dabei, solche Dinge bereits im Sprint Planning aufzudecken.

Jetzt geht es in die Details

Bisher hatte das Sprint Planning aufgrund der guten Vorbereitung im Backlog Refinement lediglich eine halbe Stunde gedauert. Finn fragte das Team, ob es nach einer kurzen Pause gleich mit dem Herunterbrechen der Tasks weitermachen und sich in fünf Minuten vor dem Scrum-Board treffen wolle. Casper ging zurück an seinen Schreibtisch, bot aber an, bei Fragen gern zur Verfügung zu stehen.

→

Jordi hatte freundlicherweise die Story- und Taskkarten des letzten Sprints vom Scrum-Board entfernt, sodass es wieder verwendet werden konnte. Finn hatte alle ausgewählten Sprint Backlog Items mit den relevanten Informationen ausgedruckt und in die erste Spalte gehängt. Nun besprachen die Entwickler ein Backlog Item nach dem anderen und überlegten sich Lösungen für die Erfüllung der Akzeptanzkriterien. Diese Lösungen brachen die Teammitglieder anschließend in einzelne Tätigkeiten herunter und schrieben sie auf Taskkarten, die in die Spalte »Offen« des Scrum-Boards gehängt wurden. Beim dritten Sprint Backlog Item ergab sich eine Nachfrage an Casper, die aber schnell geklärt werden konnte.

Am Ende einer weiteren Stunde war das Scrum-Board gut gefüllt. Finn bat das Team, noch einmal für eine Minute in sich zu gehen und zu beurteilen, ob die Planung realistisch sei und alle bereit waren, den Umfang als Vorhersage für den Sprint an Casper zu melden. Alle bejahten dies. Alva zählte 55 Tasks im Status »Offen« und erstellte ein Sprint-Burndown-Chart (siehe Abschnitt »Sprint-Burndown-Chart«, Seite 231). Anschließend gingen alle gemeinsam zum Mittagessen, um nachmittags gleich mit der Entwicklung loszulegen.

Nachdem zu Beginn des Sprint Planning das »Was« zwischen den Entwicklern und dem Product Owner vereinbart wurde, wird anschließend das »Wie« unter den Entwicklern geklärt. Leider ist die Meinung, dass das Sprint Planning lediglich das Herunterbrechen der Backlog Items in einzelne Aufgaben (Tasks) bedeutet, immer noch weit verbreitet. Es gibt jedoch in Scrum keine explizite Konzeptionsphase, daher ist das Sprint Planning der richtige Zeitpunkt dafür. Aber Achtung: Es ist nicht das Ziel des Sprint Planning, ein perfektes Design oder eine perfekte Planung zu erstellen. Ziel ist ein Konzept, das klar genug ist, sodass gestartet werden kann, es aber noch genügend Raum zum Lernen und Anpassen gibt.

Jetzt geht es also darum, dass sich *alle* Entwickler auf eine Lösung für die fachlichen Anforderungen einigen. Die Tasks beschreiben alle zum jetzigen Zeitpunkt bekannten Aufgaben, um ein Backlog Item in den Status »Done« zu überführen. Product Owner sind in diesem Teil des Sprint Planning nicht zwingend notwendig, sollten jedoch für Rückfragen zur Verfügung stehen.

Falls es Rückfragen von den Entwicklern gibt, achten Sie als Scrum Master auf inhaltliche Details. Diese sind oft ein Indiz dafür, ob die Anforderungen und Akzeptanzkriterien im Vorfeld ausreichend besprochen worden sind.

Drucken Sie die Akzeptanzkriterien mit auf die Karten für die Backlog Items. Dies erleichtert es den Teammitgliedern, die Kriterien zur Überprüfung heranzuziehen und sich auf das Wesentliche zu konzentrieren.

Tasks

Unter Tasks verstehen wir alle Aufgaben, die zur Fertigstellung eines Sprint Backlog Item notwendig sind. Dabei handelt es sich nicht nur um technische Aufgaben. Wenn beispielsweise die Erstellung einer Benutzerdokumentation zu den Akzeptanzkriterien oder zur Erfüllung der Definition of Done gehört, ist dies auch eine Aufgabe, die vom Team erledigt wird und damit einzuplanen ist. Auch die Bereitstellung von Grafiken, die Übersetzung von Texten oder das Training von Nutzerinnen stellen nicht selten Aufgaben dar, die im Rahmen des Sprints zu erledigen sind. Bei der Arbeit mit Taskkarten gibt es ein paar Dinge zu beachten, die wir im Folgenden aufzeigen möchten.

Taskkarten

Die einzelnen Aufgaben, die zur Erledigung des Sprint Backlog Item führen, werden durch die Entwickler festgelegt und auf Taskkarten festgehalten. Scrum Master sollten anfänglich diesen Prozess begleiten und darauf Wert legen, dass alle Teammitglieder mitarbeiten und zu Wort kommen.

> Bitten Sie die Entwickler, beim Schreiben der Taskkarten Verben zu verwenden und die Tasks als konkrete Handlungsaufforderungen zu schreiben. Ein Task »Datenbanktabelle für Aufträge anlegen« ist verständlicher als »DB-Tabelle«.

Größe der Tasks

Wir empfehlen als maximale Größe eines Tasks die Durchführbarkeit innerhalb eines Tages. Auf diese Weise sind die Aufgaben feingranular genug, sodass jedes Teammitglied versteht, was zu tun ist. Außerdem erkennen das Team und der Scrum Master so leichter, wenn eine Taskkarte länger als einen Tag im Status »Work in Progress« verbleibt und ggf. Aufmerksamkeit benötigt.

> Es geht hier nicht um die Genauigkeit eines Tages, sondern um das Bauchgefühl. Entwickler eines Scrum-Teams bekommen über die Zeit ein gutes Gefühl dafür, was ungefähr einem Arbeitstag entspricht.

Schätzungen von Tasks

Gelegentlich trifft man noch auf Teams, die nicht nur Backlog Items, sondern auch Tasks schätzen. Die Schätzung von Tasks ist ein Relikt aus der Vergangenheit und gehört auch der Vergangenheit an.

Lassen Sie die Entwickler keine Taskkarten schätzen. Dies bringt einen erhöhten Planungsaufwand mit sich, verbessert dabei aber keineswegs die Planungssicherheit. Wenn Entwickler konsequent auf die Einhaltung der Ein-Tages-Einschränkung für Tasks achten, stellt dies bereits eine mehr als hinreichende Feinplanung dar.

Farbcode

Für das Herunterbrechen der Tasks stellen wir den Entwicklern einen einfarbigen Satz von Post-its zur Verfügung, der für die Beschreibung der Tasks benutzt wird. Idealerweise bleibt die Farbe über die Sprints hinweg konstant. Auf diese Weise kommt zunächst optisch eine gewisse Ruhe auf das Scrum-Board.

Lassen Sie die Entwickler alle Tasks, die nach dem Sprint Planning ergänzt werden, auf Post-its in einer anderen Farbe schreiben. Die Anzahl der eindeutig zu erkennenden, neu hinzugekommenen Taskkarten im Verhältnis zu den ursprünglich geplanten gibt wichtige Aufschlüsse:

- *Wie gut konnten Entwickler die anfallenden Aufgabe abschätzen?*
- *Wie sicher sind die Entwickler mit der Materie?*
- *Gibt es eine nachträgliche Anpassung der Sprint Backlog Items?*
- *Gibt es Störungen von außerhalb?*

Diese Informationen helfen dabei, Hindernisse und Möglichkeiten zur Verbesserung aufzudecken und anzugehen.

Peer Review

Qualitätsbewusste Scrum-Teams verankern in der Regel ein →Peer Review in ihrer Definition of Done und führen dieses durch, bevor sie Lösungen oder einzelne Teillösungen freigeben.

Manche Entwickler belassen es beim →Pair Programming, andere führen vielleicht noch ein finales Peer Review durch. Fast alle planen aber lediglich die Umsetzung ein und vernachlässigen oftmals den Aufwand für →Codereviews und daraus resultierende mögliche Nacharbeiten.

Schlagen Sie vor, für die Durchführung des Peer Review einen eigenen Task zu planen. Dieser wandert erst dann in den Status »Done«, wenn es keine Beanstandungen mehr gibt. So wiegt man sich nicht in der vermeintlichen Sicherheit, dass keine Aufgaben mehr für ein Sprint Backlog Item anstehen.

Nachverhandeln

Es kann vorkommen, dass die Entwickler während des Herunterbrechens der Tasks feststellen, dass ein Sprint Backlog Item in diesem Sprint nicht oder nicht im gewünschten Umfang umzusetzen ist. Dafür kann es verschiedene Gründe geben, z.B. eine vorher nicht erkannte technische Abhängigkeit, eine falsche Annahme oder Unterschätzung der technischen Komplexität.

In diesem Fall sollten Entwickler Rücksprache mit Product Ownern suchen. Gemeinsam prüfen sie die Auswirkung auf das Sprint-Ziel und entscheiden die nächsten Schritte. Sofern das Sprint-Ziel nicht beeinträchtigt wird, könnte das Sprint Backlog Item einfach aus dem Sprint genommen oder durch ein anderes ersetzt werden. Eventuell kann es auch in seinem Umfang reduziert oder in zwei Backlog Items aufgeteilt werden. Möglicherweise ist das Sprint-Ziel anzupassen. Wichtig ist, Transparenz zu schaffen und gemeinsam zu einer Entscheidung zu gelangen.

> Insbesondere unerfahrene Scrum-Teams neigen dazu, auch die oben beschriebenen Backlog Items zu planen und umzusetzen, obwohl sie bereits im Sprint Planning erkennen, dass es möglicherweise Probleme geben wird. Ermutigen Sie aktiv dazu, Bedenken zu äußern und die Probleme zu besprechen.

Sprint-Burndown-Chart

Ein Sprint-Burndown-Chart ist ein Werkzeug für Entwickler. Es gibt innerhalb eines Sprints Aufschluss über den Fortschritt und bietet dem gesamten Scrum-Team ein Frühwarnsystem. Es sollte gut sichtbar direkt neben dem Scrum-Board aufgehängt werden und in jedem Daily Scrum (siehe Abschnitt 5.2) aktualisiert werden.

Bis zur Version 2011 des Scrum Guide war das Sprint-Burndown-Chart ein Pflichtelement in Scrum, inzwischen ist es optional. In unserer Praxis hat sich diese Art der teaminternen Fortschrittsmessung jedoch bewährt, daher legen wir unseren Scrum-Teams auch heute noch nahe, dieses Instrument zu nutzen.

Sprint-Burndown-Charts gibt es in den unterschiedlichsten Ausprägungen. Es gibt auch Burnup-Charts, die die Information aus einer anderen Perspektive darstellen. Shane Duan [URL:Duan b] hat einen interessanten Artikel darüber geschrieben.

Das klassische Burndown-Chart wird durch ein Liniendiagramm dargestellt. Es fängt bei einem gegebenen Maximum (z.B. Anzahl offener Tasks nach dem Sprint Planning) an und protokolliert jeden Tag den aktuellen Wert. Verglichen mit einem angenommenen linearen Verlauf kann so der aktuelle Fortschritt visualisiert und ggf. steuernde Maßnahmen eingeleitet werden. Abbildung 5–4 zeigt ein regulär verlaufendes Burndown-Chart am Ende eines zweiwöchigen Sprints.

Abb. 5–4
Sprint-Burndown-Chart

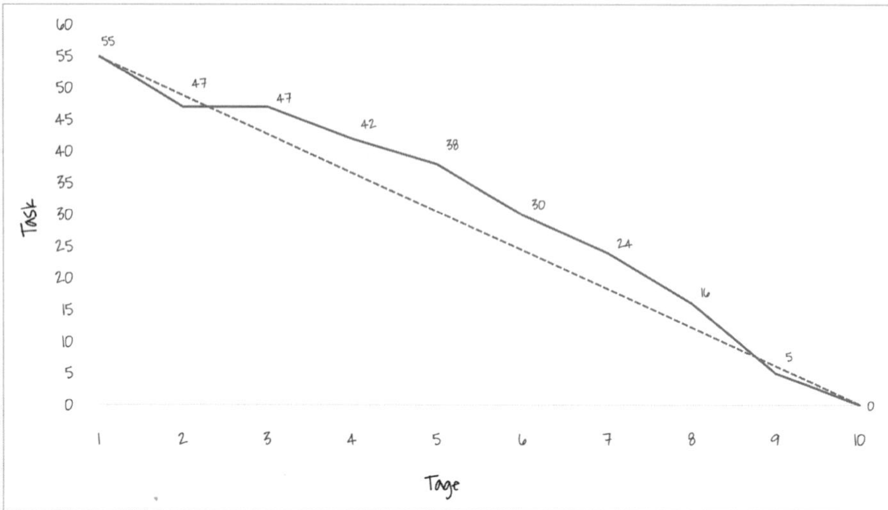

Wie in der Abbildung zu sehen ist, bewegt sich die tatsächliche Erledigung von Tasks um die lineare Ideallinie herum. Dies spricht für eine gute Planung des Scrum-Teams, das offensichtlich gute Vorarbeit geleistet und eine störungsarme Umgebung geschaffen hat.

Wenn nach dem Sprint Planning Tasks hinzukommen, ist dies nicht ohne Weiteres zu erkennen. Lassen Sie die Entwickler daher bei jedem Daily Scrum die neu hinzugekommenen Taskkarten zählen und die Anzahl entweder mit einer neuen Trendlinie visualisieren oder dem jeweiligen Linienpunkt des Tages hinzurechnen.

Der Anfang vom Ende

Im Sprint Planning hatten die Entwickler die ausgewählten Backlog Items in 55 Tasks heruntergebrochen und anschließend gleich mit der Arbeit begonnen. Nach der ersten Sprint-Woche waren jedoch erst neun Tasks erledigt. Bereits an Tag 3 des Sprints sprach Finn die Anwesenden am Ende des Daily Scrum auf den langsamen Fortschritt an. »Ja«, sagte Jordi, »das liegt daran, dass wir uns zunächst mit der Anbindung an die Datenbank beschäftigt haben, das hat ziemlich viel Zeit gekostet. Ist aber kein Problem, die anderen Tasks sind viel kleiner.« Als erfahrener Scrum Master kannte Finn solche Argumente, entschied sich aber dafür, noch nicht einzugreifen.

Als jedoch am vierten Tag immer noch 48 Tasks unerledigt waren, äußerte er offen seine Bedenken über den Verlauf des Sprints. Die Teammitglieder waren zerknirscht, hatten sie doch tatsächlich am Vortag erneut viel Zeit mit der Datenbankanbindung verbracht. Auf Finns Frage, ob das Sprint-Ziel überhaupt noch zu erreichen sei, verwiesen die Teammitglieder auf mehrere bereits in Arbeit befindliche Tasks und erklärten, dass es aus ihrer Sicht noch zu früh sei, Gegenmaßnahmen zu ergreifen. Das Sprint-Ziel sei nicht gefährdet.

→

Finn ließ sich überzeugen. Und tatsächlich wurden zu Beginn der zweiten Sprint-Woche einige Taskkarten erledigt. Entgegen seinem Bauchgefühl entschied Finn, das Team lediglich darauf hinzuweisen, dass die Anzahl der noch offenen Tasks nach wie vor deutlich über der Ideallinie liegt. Mina äußerte ebenfalls Bedenken, weil sie befürchtete, dass am Ende nicht mehr genügend Zeit zum Testen zur Verfügung stehen würde, aber die anderen versprachen ihr, sie tatkräftig zu unterstützen. Spätestens beim Daily Scrum des siebten Tages wurde allerdings allen klar, dass das Erreichen des Sprint-Ziels in weite Ferne gerückt war. Letztendlich wurden 32 von 55 Taskkarten nicht erledigt und fünf Sprint Backlog Items konnten nicht fertiggestellt werden.

Abbildung 5–5 zeigt einen Sprint-Verlauf wie in obigem Beispiel. Rückwirkend betrachtet ist zu erkennen, dass der Sprint schon sehr früh aus dem Ruder gelaufen ist, es aber versäumt wurde, entsprechende Maßnahmen einzuleiten.

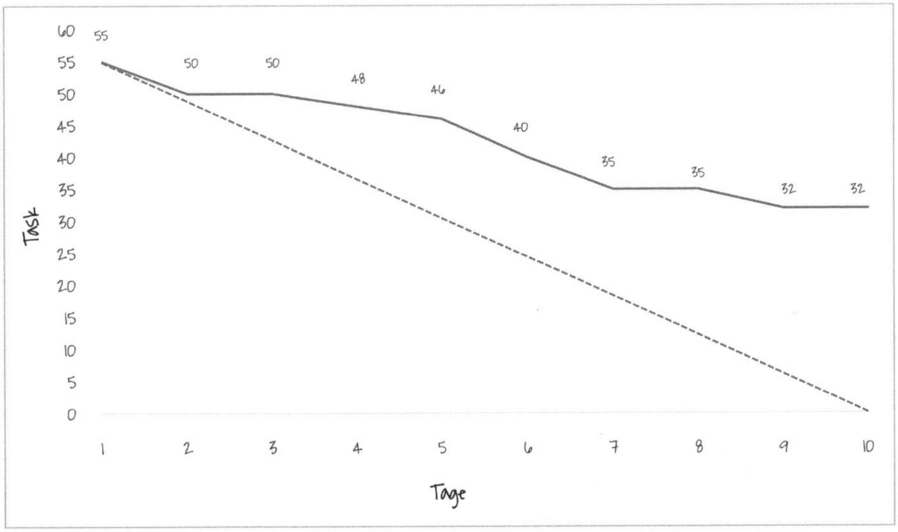

Abb. 5–5
Sprint läuft aus dem Ruder.

Bereits am dritten Tag hätten in diesem Beispiel erste Alarmglocken läuten sollen. Am vierten Tag scheint es einen Fortschritt gegeben zu haben, jedoch konnte die anfangs verlorene Zeit nicht wieder aufgeholt werden.

Gehen Sie als Scrum Master potenziellen Problemen sofort nach. Gewiss, der Grat zwischen Vertrauen (»Das ist kein Problem, das kriegen wir hin«) und einem echten Problem kann sehr schmal sein. Vertrauen Sie jedoch nicht blind, sondern behalten Sie die Situation im Auge und bringen Sie es zur Sprache. Prüfen Sie mögliche Optionen, die im Falle der Stagnation infrage kommen.

Das Team hat einen Lauf

Im Sprint Planning hatten die Entwickler die ausgewählten Backlog Items in 55 Tasks heruntergebrochen und anschließend gleich mit der Arbeit begonnen. Nach der ersten Sprint-Woche waren bereits über die Hälfte der Tasks erledigt. Beschwingt durch den Erfolg und den Spaß an der Arbeit setzte sich dieser Trend fort, und bereits im Daily Scrum am sechsten Tag signalisierte das Team Casper, dass er am folgenden Tag vermutlich Backlog Items nachliefern kann. Unglücklicherweise war Casper darauf jedoch nicht vorbereitet, sodass das Team an den letzten Tagen ein paar überfällige Pflegearbeiten erledigte.

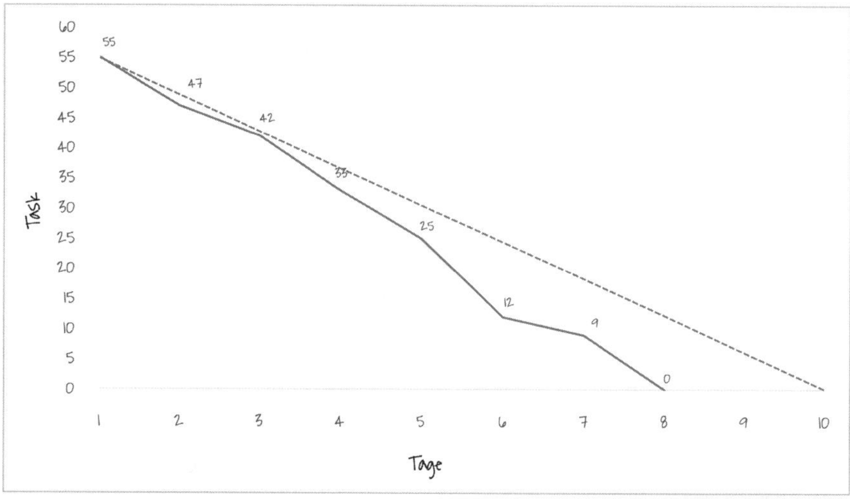

Abb. 5–6
Sprint-Ziel vorzeitig erreicht

Manchmal kommt es vor, dass die Entwickler viel schneller fertig werden, als ursprünglich erwartet wurde (vgl. Abb. 5–6). Dies scheint auf den ersten Blick erfreulich zu sein, schließlich können weitere Backlog Items umgesetzt werden. Wenn es sich um einen Einzelfall handelt, kann es in der Regel auch bei dem Erfolg belassen werden.

Diese Situation kann aber auch bedeuten, dass die Entwickler unsicher sind und mit Störungen im Sprint rechnen. Diese Beeinträchtigungen gilt es offenzulegen und das Vertrauen in die Schutzfunktion des Sprints durch den Scrum Master zu stärken.

Es kann auch sein, dass die Entwickler die Backlog Items nicht gut genug kennen und sich ihrer eigenen Schätzungen nicht sicher sind. In diesem Fall sollte früher angesetzt und die Zusammenarbeit der Entwickler und des Product Owners im Backlog Refinement verbessert werden.

Falls es jedoch häufiger vorkommt, sollte ein Blick hinter die Kulissen geworfen und geprüft werden, woran es liegt: *Haben die Entwickler Angst vor dem Scheitern? Wird ein »Puffer« in die Schätzungen aufgenommen? Fühlen sie sich inhaltlich unsicher? Gibt es Druck von außerhalb? Befürchten sie Störungen von außerhalb?*

In der Regel liegen die Ursachen tiefer. Nutzen Sie zum Beispiel »Fearless Journey« [URL:Hartmann Preuss], um die Beteiligten spielerisch andere Lösungsmöglichkeiten aufdecken zu lassen.

5.1.3 Häufige Herausforderungen

Sprint-Ziel nicht möglich

Wir erleben nicht selten, dass Scrum-Teams damit konfrontiert sind, einen bunten Strauß an unterschiedlichsten Anforderungen innerhalb eines Sprints zu erledigen. Es kann eventuell keine Verbindung zum Produktziel hergestellt und schon gar kein Sprint-Ziel abgeleitet werden.

Scrum-Teams, die wir begleitet haben und die keinen klaren Fokus setzen konnten, unterliegen häufig einer Dysfunktion der Organisation. Eventuell hat das Scrum-Team zu viele Nebentätigkeiten, wie z.B. Pflege des Altsystems oder Fehlerbehebung, auf dem Tisch oder arbeitet gar ganz ohne Orientierung aufgrund fehlender Ausrichtung an Zielen. Die Folge ist dann häufig, viele Themen gleichzeitig zu bearbeiten.

Als Scrum Master sollten Sie diesen Zustand zeitnah zur Sprache bringen und schnell an einer Lösung für die Ursache arbeiten.

Bedenken Sie auch, dass nicht jedes Backlog Item Teil des Sprint-Ziels ist. Nehmen wir an, dass z.B. von zehn Sprint Backlog Items nur drei auf das Sprint-Ziel einzahlen. Mit Blick auf das nächste Release oder das übergeordnete Produktziel sollte ein Scrum-Team in der Lage sein, ein Sprint-Ziel zu formulieren.

Wenn die Arbeit gut vorangeht, kümmern sich die Entwickler gemäß der Priorität um die Erledigung aller Sprint Backlog Items. Sollte es nicht so laufen, dann sind für alle nur die drei Sprint Backlog Items, die auf das Sprint-Ziel einzahlen, relevant.

Undone

Wir beobachten häufig, dass ein Backlog Item von Entwicklern als »Done« betrachtet wird, ohne dass eine finale Überprüfung der Akzeptanzkriterien oder der Definition of Done stattgefunden hat. Die Tasks wurden alle erledigt, und jedes Teammitglied verlässt sich darauf, dass ein anderes Teammitglied die Punkte noch einmal geprüft hat. Bei der Vorstellung des Sprint Backlog Item beim Product Owner oder gar beim Sprint-Review wird plötzlich deutlich, dass noch etwas fehlt.

Es kann hilfreich sein, schon im Refinement einen »Story Owner« zu benennen. Allgemein gesprochen sorgt diese Person dafür, dass ein Sprint Backlog Item unter Beachtung aller vereinbarten Rahmenbedingungen in den Status »Done« überführt wird (vgl. Abschnitt 4.4.2).

Ausnutzung der DoR

Eine Definition of Ready (vgl. Abschnitt 4.1.2) ist ein Mittel, um einige Probleme schon im Vorfeld nicht eintreten zu lassen. Sie ist aber nicht dazu gedacht, sie dogmatisch zu verfolgen und jedes Backlog Item, das nicht zu 100% der Definition entspricht, abzulehnen. In diesem Fall besteht die Gefahr eines sequenziellen Prozesses, der von den Entwicklern initiiert wird.

Nehmen wir an, eine wichtige Aufgabe wird mit in das Sprint Planning gebracht. Die Entwickler haben sie vorher noch nicht gesehen und der Product Owner erklärt die Umstände der Notwendigkeit. Jetzt dieses Backlog Item abzulehnen, da es nicht der DoR entspricht, würde dem Prinzip »Wichtige Anforderungsänderungen, selbst spät in der Entwicklung, sind willkommen« widersprechen.

> Um nicht in die Verlegenheit zu geraten, einen sequenziellen Prozess zu etablieren, der dazu führt, dass die Arbeit nicht mehr fließt, achten Sie darauf, dass kein Dogma entsteht. Wenn im Sprint Planning lediglich ein Prototyp anstatt des fertigen Designs vorhanden ist, sollten die Anwesenden entscheiden, ob die Lieferung des Designs im Laufe des Sprints ausreicht. Es gilt, einen gesunden Mittelweg zu wählen, denn ein gut funktionierendes Scrum-Team würde die Verantwortung zur Erstellung der Backlog Items nicht auf den Product Owner abwälzen.

Nichtsdestotrotz tun sich Entwickler keinen Gefallen damit, Backlog Items einfach zu akzeptieren. Denn im schlimmsten Fall sorgen die ungeklärten Punkte im Sprint für Verzögerung oder Diskussionen und können letztendlich sogar dazu führen, dass das Sprint-Ziel nicht erreicht wird.

Sorgen Sie für Verständnis bei allen, dass derartige Backlog Items nur unter Kenntnis dieser Konsequenzen aufgenommen werden sollten.

> Achten Sie darauf, dass die Regeln nicht eine 100%ige Erfüllung verlangen, sondern offener formuliert sind. Anstatt »Das Backlog Item ist nicht größer als acht Story Points« formulieren Sie lieber »Das Backlog Item sollte nicht größer als acht Story Points sein«.

Intransparente Restarbeiten

Es kann der Fall eintreten, dass ein Sprint Backlog Item in einem Sprint nicht erledigt werden konnte. Diese Backlog Items werden oft ohne weitere Besprechung mit in den folgenden Sprint übernommen, da es sich ja in der Regel nur noch um Restaufwände handelt. Oft sind diese jedoch noch ganz schön umfangreich und sorgen dafür, dass neue Backlog Items nicht fertig werden.

> Bitten Sie den Story Owner (vgl. Abschnitt 4.4.2), die noch ausstehenden Aufgaben kurz für alle zu erläutern, damit alle Teammitglieder auf dem gleichen Stand sind und diese bei der Auswahl neuer Backlog Items berücksichtigen können.

Anteilige Story Points bei Restarbeiten

Manchmal wurde ein großes Backlog Item im letzten Sprint nicht abgenommen und auch nicht gezeigt, weil es noch nicht 100 % »Done« war. Manche Scrum-Teams erwarten, dass die bereits geleistete Arbeit dem letzten Sprint in Form von Story Points anteilig zugerechnet und im anstehenden Sprint nur mit den restlichen Story Points geplant wird. Dies widerspricht aber dem Konzept der Velocity, denn konsequenterweise fließen die Story Points eines Backlog Item erst dann in die Velocity des Teams ein, wenn das Backlog Item komplett gelöst und damit auch der Geschäftswert bereitgestellt wurde. Die Berechnung der Velocity ist so ausgelegt, dass solche Schwankungen ausgeglichen werden.

> Vermeiden Sie die Verwendung anteiliger Story Points. Erläutern Sie den Teammitgliedern stattdessen die Berechnung der Velocity anhand von Beispielen und zeigen Sie den Ausgleich über die Zeit auf.

Viele große Backlog Items

Wenn ein Sprint nur aus großen Backlog Items besteht, erhöht dies das Risiko, dass das letzte Sprint Backlog Item in der Liste nicht mehr umgesetzt werden kann und damit möglicherweise sogar das Sprint-Ziel verfehlt wird. Außerdem implizieren große Backlog Items in der Regel mehr Kommunikation, Nachbesserungen, Abhängigkeiten etc.

> Unsere Erfahrung zeigt, dass große Backlog Items sich in der Regel noch weiter zerlegen lassen. Mehrere kleine Backlog Items haben gegenüber einem großen Backlog Item den Vorteil, dass sie für eine größere Flexibilität sorgen. Arbeiten Sie mit allen daran, Backlog Items so klein wie möglich zu schneiden (vgl. Abschnitt 4.2.5).
>
> Schlagen Sie vor, einige kleinere Backlog Items mit aufzunehmen, deren Nichterledigung keinen Einfluss auf das Sprint-Ziel hat. Machen Sie dabei aber klar, dass die Vorhersage auch diese Backlog Items beinhaltet.

Ungleichmäßige Auslastung der Entwickler

Die Auswahl der Backlog Items für den Sprint sollte in erster Linie nach dem zu erwartenden Wert erfolgen. Wenn dies allerdings dazu führt, dass alle Entwickler die Unterstützung des erfahrensten Entwicklers benötigen, besteht die Gefahr, dass es sich dann nur in Ansätzen um die Themen kümmern kann und viele Änderungen und Nachbesserungen nötig werden.

> Prinzipiell steht die Wertschöpfung bei der Auswahl der Backlog Items für einen Sprint im Vordergrund und alle Entwickler sollten etwas dazu beitragen, auch wenn es bedeutet, dass Aufgaben außerhalb ihres fachlichen Schwerpunkts liegen. Trotzdem ist es oft sinnvoll, auch ein Auge auf die Verfügbarkeit und Kompetenz der Entwickler zu haben, um das bestmögliche Ergebnis zu erzielen. Setzen Sie z.B. die TTM-Matrix (vgl. Abschnitt 4.3.4) ein, um allen eine Entscheidungshilfe zu geben.

Deployment nicht geplant

Nicht selten enden Sprints an einem Freitagnachmittag mit einem Sprint-Review und einer Sprint-Retrospektive. Das vorgestellte Inkrement noch am gleichen Tag bereitzustellen ist vielen Firmen zu riskant und wird oftmals in der Folgewoche durchgeführt. Insbesondere bei kleinen Firmen sind die Entwickler gleichzeitig diejenigen, die das Deployment durchführen, sodass die dafür benötigte Zeit sowie die Zeit für eventuell auftretende Herausforderungen vom nächsten Sprint abgeht. Dieser Aufwand wird in der Regel nicht geplant oder in die Verfügbarkeit eingerechnet. Dies hat jedoch den Nachteil, dass der Aufwand damit »unsichtbar« wird.

> Nehmen Sie ein separates Backlog Item für die Vorbereitung und die Durchführung des Deployment in den Sprint auf. Dieses wird ebenso mit Tasks am Scrum-Board geplant wie alle anderen Backlog Items.

Dominante Teammitglieder

Manchmal trifft man auf sehr dominante Teammitglieder, die einen Task geradezu diktieren, während ein anderes Teammitglied ihn notiert und an die Wand hängt. Der Rest der Beteiligten schweigt. Auf diese Weise geht die »Weisheit der Vielen« verloren, und letzten Endes werden lediglich die Ideen weniger Teammitglieder umgesetzt.

In dieser Situation sollten Sie zweigleisig vorgehen. Suchen Sie zunächst das Gespräch mit den dominanten Teammitgliedern und bitten Sie sie, auch stillere Teammitglieder mit einzubeziehen. Sprechen Sie außerdem mit den ruhigeren Personen und ermutigen Sie diese, sich aktiv einzubringen und auch mal eine andere als die vorherrschende Meinung zu äußern.

Zu große Tasks

Wenn die Tasks zu groß sind, also die Bearbeitungsdauer von einem Tag überschreiten und damit länger im Status »Work in Progress« bleiben, wird es am Scrum-Board schnell unübersichtlich. Tasks ziehen sich in die Länge, schnelles Feedback verzögert sich und das Risiko des Scheiterns wird erhöht. Im Extremfall kann es sogar passieren, dass ein Sprint-Ziel nicht erreicht wird, weil sich das Team unnötig lange mit einem Task aufgehalten hat.

Falls Sie im Daily Scrum feststellen, dass eine Taskkarte im Status »Work in Progress« verbleibt, haken Sie sofort nach. Sollte noch ein signifikanter Aufwand anfallen, drängen Sie darauf, dass der Task in kleinere Einheiten zerlegt wird.

Parallele Planung

Relativ häufig beobachten wir, dass Teammitglieder schon mal »ihre« Tasks für ein Backlog Item aufhängen, anstatt gemeinsam die Lösung zu erarbeiten. Dies ist nicht im Sinne von Scrum, denn das gesamte Scrum-Team ist ergebnis- und umsetzungsverantwortlich. Dafür ist es wichtig, dass alle Teammitglieder die Zusammenhänge kennen und auch wissen, was in den Bereichen gemacht wird, die nicht zu ihrem Spezialgebiet gehören.

Wenn Sie diese Form der Planung bemerken, sollten Sie unbedingt vermittelnd eingreifen. Legen Sie den Nutzen der gemeinsamen Planung dar, stellen Sie die Vorteile heraus. Als häufige Dysfunktion vieler Scrum-Teams ist dies ein Aspekt, bei dem kein Platz für Kompromisse ist.

Fehlende Realitätsprüfung

Gegen Ende des Sprint Planning werden Teammitglieder oft ungeduldig. Alles scheint geplant und sie wollen endlich loslegen. In der Regel gehen dann alle auseinander und starten die Arbeit am ersten Backlog Item. Allerdings wird meist vergessen, den Sprint als Ganzes auf Machbarkeit zu überprüfen.

> Bitten Sie die Teammitglieder am Ende des Sprint Planning, kurz in sich zu gehen und jeder für sich zu bewerten, ob die Planung realistisch ist. Wenn das nicht der Fall ist, sollten Zweifel und Argumente auf den Tisch gelegt und nach Lösungen gesucht werden. Als letzter Schritt der Realitätsprüfung sollte die finale Vorhersage der Entwickler hinsichtlich des Sprint-Ziels und der ausgewählten Backlog Items stehen.

Cherry Picking

Auch wenn die Backlog Items aus dem Product Backlog ins Sprint Backlog übergegangen sind, gilt nach wie vor die Priorität. Das bedeutet, dass die oben stehenden (wichtigen) Backlog Items zuerst erledigt werden sollten, bevor weniger wichtige angefangen werden.

Menschen werden durch kurzfristige Belohnungen motiviert. Einen Task zu programmieren, fühlt sich besser an, als ein Codereview für eine Kollegin zu machen. Also wird lieber etwas Neues, Spannendes angefangen, als im Team das Angefangene zu Ende zu bringen.

> Adressieren Sie diese Beobachtung während der Retrospektive. Zeigen Sie auch auf, warum es wichtig ist, Themen erst fertigzustellen, bevor man als Team etwas Neues anfängt. Vielleicht hilft auch ein kleines gemeinsames Ritual oder eine Belohnung nach jedem Backlog Item, das den Status »Done« erreicht hat.

Goldplating

Wenn man sich das Scrum-Board etwas genauer ansieht, findet man nach dem Herunterbrechen oft Tasks, die nicht zum besprochenen Umfang des Sprints gehören. Grundsätzlich ist es zu begrüßen, wenn die Entwickler sich Gedanken zu Verbesserungen des Produkts machen, jedoch sollten sie mit dem Product Owner abgesprochen sein und im Backlog Refinement besprochen werden, anstatt sie einfach im Sprint umzusetzen.

> Warten Sie in diesem Fall nicht auf die Retrospektive, sondern sprechen Sie die Situation im Anschluss an ein Daily Scrum an. Stimmen Sie sich vorher mit dem Product Owner ab. Wertschätzen Sie aber das Engagement der Entwickler und leiten Sie die Energie in die richtigen Bahnen.

5.2 Daily Scrum

Herstellen der Ordnung

Casper war ein sehr engagierter Product Owner, der voll hinter dem Produkt stand und den Anwendern zum geplanten Veröffentlichungstermin so viele praktische Funktionen wie möglich zur Verfügung stellen wollte. Sergio hatte sehr lange in traditionell geführten Projekten gearbeitet und musste sich immer noch an die agile Arbeitsweise und die Selbstorganisation gewöhnen. Das führte dazu, dass er während des Daily Scrum immer wieder Blickkontakt zu Casper aufnahm, da er ihn als eine Art »Chef« betrachtete, an den er berichtete. In seinem Eifer nutzte Casper diese Gelegenheit, indem er während des Daily Scrum auf Sergio einging, ihm Fragen stellte und Vorschläge zur weiteren Vorgehensweise machte, die von Sergio wiederum als Anweisungen interpretiert und akzeptiert wurden.

Finn hatte dies mit beiden bereits besprochen, dennoch trat die Situation von Zeit zu Zeit immer noch auf. Da sich alle gut verstanden und immer für einen Spaß zu haben waren, griff Finn beim nächsten Mal zu einer »drastischen« Maßnahme.

Als Casper wieder auf Sergio einging, fasste er ihn von hinten an den Schultern, drehte ihn um und führte ihn aus dem Kreis. Er stellte ihn vor einer Wand ab, sodass kein Blickkontakt zum Team mehr möglich war. Die Aktion zog großes Gelächter nach sich, und Casper kam später zu Finn, um sich zu bedanken: »Ich weiß, du hast ja recht, es tut mir auch leid. Ich will ja nur helfen. Aber danke, dass du mich noch mal so deutlich darauf hingewiesen hast.«

Das Daily Scrum ist ein tägliches Scrum-Event der Entwickler. Es wird aber vom gesamten Scrum-Team wahrgenommen, da alle gemeinschaftlich verantwortlich sind. Es sollte immer am gleichen Ort und zur gleichen Zeit stattfinden, um die Komplexität zu reduzieren. Idealerweise findet es vor dem Scrum-Board statt, da so alle die inhaltliche Arbeit vor Augen haben und Aktualisierungen vornehmen können.

Leider haben wir schon sehr oft die Erfahrung gemacht, dass die Herausforderungen (siehe Abschnitt 5.2.3) dazu geführt haben, dass dieses Event nicht seinen Sinn und Zweck erfüllt. Als Konsequenz aus der Belanglosigkeit oder Langatmigkeit wird dann ganz auf das Daily Scrum verzichtet.

Machen Sie sich und den Teammitgliedern bewusst: Gut durchgeführte Daily Scrums machen andere Meetings überflüssig. Sie sind zur Verbesserung der Kommunikation untereinander, zum Identifizieren von Hindernissen sowie zur schnellen Entscheidungsfindung da.

5.2.1 Ziele

Der Scrum Guide formuliert das Ziel des Daily Scrum wie folgt (*scrumguides.org*):

> *»Der Zweck des Daily Scrums besteht darin, den Fortschritt in Richtung des Sprint-Ziels zu überprüfen und das Sprint Backlog bei Bedarf anzupassen, um die bevorstehende geplante Arbeit zu justieren.«*

Das Daily Scrum fungiert als Taktstock während eines Sprints und unterstützt das Scrum-Team beim Selbstmanagement. Die Entwickler sollten das Event aktiv nutzen, um sich neu auszurichten und der Verantwortung für das Sprint-Ziel gerecht zu werden. Product Owner sollten für Entscheidungen und Fragen zur Verfügung stehen und dabei helfen, wichtige Informationen zu teilen. Scrum Master sollten dafür Sorge tragen, dass es stattfindet, und können bei der Moderation und Durchführung unterstützen.

> Für Scrum Master ist das Daily Scrum der Indikator für den Zustand des Scrum-Teams. Es ist wie ein Blick in eine Mannschaft, die sich in einer Spielpause zusammenfindet und sich auf den Fortlauf des Spiels einstellt. Scrum Master achten auf Aspekte wie z.B. *»Managen sich die Beteiligten selbst?«, »Findet Kollaboration statt und fühlen sich alle gleich verantwortlich für die anstehenden Aufgaben?« oder ganz generell »Ist die Stimmung so, dass wir am Ende das Spiel gewinnen werden?«.*

5.2.2 Ablauf

Das Daily Scrum ist grundsätzlich offen für alle Interessierten. Es handelt sich dabei aber keineswegs um eine öffentliche Debatte, denn lediglich die Entwickler dürfen sprechen. Alle anderen haben den Status interessierter Gäste, die im Anschluss Fragen stellen dürfen. Das Daily Scrum ist ein Termin zur Synchronisation und nicht zum Reporting gedacht – weder an Personen innerhalb, noch außerhalb des Teams.

> Sogar erfahrene Teammitglieder neigen immer wieder dazu, sich beim Sprechen einen Fixpunkt zu suchen, der meist im Scrum Master oder Product Owner gefunden wird.
>
> Wenn Sie beobachten, dass Teammitglieder an den Scrum Master oder den Product Owner »berichten«, weisen Sie freundlich darauf hin, dass die Entwickler die Empfänger der Information sind. Fordern Sie die Sprechenden auf, Blickkontakt zu den anderen Teammitgliedern aufzunehmen. Unterstützen Sie diese Aussage mit einer öffnenden Bewegung mit beiden Armen in Richtung Team. Das hilft zumindest kurzfristig weiter.

Da es sich um ein sogenanntes Standup-Meeting handelt, erfolgt der Austausch im Stehen und innerhalb einer Timebox von maximal 15 Minuten. Darüber hinaus treffen sich die Entwickler bei Bedarf zusätzlich mehrmals am Tag, um sich abzustimmen. Es ist also egal, ob es ein 3- oder 9-köpfiges Scrum-Team ist – die Timebox bleibt die gleiche und sorgt für den Fokus auf das Wesentliche.

> Um die Bedeutung der Synchronisierung untereinander für die Entwickler zu unterstreichen, bitten Sie alle anderen Teilnehmer (auch Product Owner und Scrum Master), sich außerhalb des Kreises der Entwickler zu stellen.

Damit die Timebox eingehalten werden kann, ist das Daily Scrum sehr straff organisiert. Bis zur vorletzten Version des Scrum Guide wurde dort empfohlen, dass jedes Teammitglied nacheinander die folgenden drei Fragen beantwortet:

- *Was habe ich gestern erreicht, das dabei hilft, das Sprint-Ziel zu erreichen?*
- *Was nehme ich mir heute vor, das dabei hilft, das Sprint-Ziel zu erreichen?*
- *Was hindert mich daran, dabei zu helfen, das Sprint-Ziel zu erreichen?*

> Lenken Sie den Fokus auf das, was *erreicht* wurde, und nicht darauf, was *getan* wurde. Die Teammitglieder fangen sonst lediglich an, ihre Zeiten zu rechtfertigen, anstatt sich zielgerichtet zu synchronisieren.

Die ersten beiden Fragen sind sowohl für die Entwickler im Hinblick auf Abhängigkeiten oder notwendige Unterstützung interessant als auch für den Scrum Master. Er kann den Fortschritt beobachten, kann prüfen, ob die Tasks klein genug sind, und implizite Hindernisse erkennen. Die Antworten auf die dritte Frage sind oftmals Aspekte, um die sich der Scrum Master kümmert bzw. die Entwickler dazu ermutigt, die Blockaden selbst anzugehen.

> Konzentrieren Sie sich als Scrum Master auf die zweite und dritte Frage, nicht auf die erste. Die erste Frage ist zwar auch wichtig, aber noch wichtiger ist die Fokussierung auf die Zukunft und die Hindernisse, die es zu beseitigen gilt.

Walk the Board

Durch die Erwähnung der drei Fragen in den vorherigen Versionen des Scrum Guide bildet dies aktuell den Status quo vieler Scrum-Teams ab. Wir setzen jedoch seit vielen Jahren einen anderen Ablauf ein.

Wenn wir uns das obere Szenario einmal für ein Team von mehreren Personen vorstellen, läuft es häufig so ab: Irgendjemand startet mit der Beantwortung der drei Fragen. Danach beginnt die nächste Person mit der Beantwortung usw. Was hier nicht passiert, ist eine Synchronisation der Teammitglieder, sondern eher ein Nacheinander-Abhaken der drei Fragen. Dabei sind die Teammitglieder, die noch nicht gesprochen haben, in den meisten Fällen mehr damit beschäftigt, sich ihre Antworten zurechtzulegen, als den Teammitgliedern zuzuhören.

Daher bevorzugen wir, den direkten Blick auf die Sprint Backlog Items am Scrum-Board. Der Startpunkt ist das wichtigste Sprint Backlog Item, das vom hinteren Teil des Scrum-Boards durch die Teammitglieder vorgestellt wird, die daran arbeiten. »Von hinten« bedeutet beispielsweise: *Welche Tasks wurden gestern fertiggestellt? Was ist gerade in Bearbeitung und was passiert als Nächstes?* Dabei werden Blockaden aufgezeigt oder nach Hilfe gefragt. Sobald das erste Sprint Backlog Item fertig ist, geht es mit den nachfolgenden weiter. Dieses Vorgehen führt dazu, dass vom Wichtigsten ausgehend sich jeder auf das Gesagte konzentrieren kann.

Am Ende des Daily Scrum können dann noch Einzelheiten für den Tag geklärt, Ankündigungen, wie z.B. Abwesenheiten, angesprochen oder die Frage zur Zielerreichung des Sprints gestellt werden. Danach werden die Sprint-Übersicht und das Sprint-Burndown-Chart aktualisiert.

Zielerreichung

Insbesondere bei eingespielten Scrum-Teams, die ohnehin sehr eng zusammenarbeiten, können die Daily Scrums sehr zügig über die Bühne gehen. Oft passiert es dabei, dass Hindernisse nicht mehr explizit benannt werden, sondern irgendwo im Grundrauschen verschwinden. So entsteht der Eindruck, dass alles prima läuft. Am Ende des Sprints kann dann das böse Erwachen kommen.

Ein erfahrener Scrum Master erkennt im Daily Scrum, wenn der Sprint entgleitet. Um dem entgegenzusteuern, gibt es eine vierte Frage, die der Scrum Master jedem einzelnen Teammitglied am Ende des Daily Scrum stellen kann:

> *»Wie schätzt du auf einer Skala von eins (unrealistisch) bis zehn (sicher) die Wahrscheinlichkeit ein, dass wir das Sprint-Ziel erreichen werden?«*

Auf diese Weise erhalten Scrum Master von jedem Teammitglied eine persönliche Einschätzung der Lage. Die daraus resultierenden Diskussionen helfen oftmals, eine Kehrtwende zu ermöglichen. Erfahrungsgemäß kommen hier bisher unentdeckte oder als unlösbar angenommene Hindernisse ans Licht, die der Scrum Master umgehend auf sein Impediment Backlog (vgl. Abschnitt 3.3.1) nehmen und bearbeiten kann.

Alternativ stellen Sie die vierte Frage dem gesamten Scrum-Team und bitten um gleichzeitige Abstimmung mit dem Daumen. Daumen hoch bedeutet »ja«, Daumen runter bedeutet »nein«, Daumen waagerecht bedeutet »Ich bin mir nicht sicher«.

Ein weiterer Vorteil ist der, dass auf diese Weise Hindernisse aktiv besprochen werden. Möglicherweise stellt sich dann auch heraus, dass sie längst gar keine Hindernisse mehr sind:

> *»Die Zugriffsrechte sind kein Hindernis mehr, ich habe heute Morgen mit Bruno von der IT gesprochen, wir bekommen den Zugang noch heute Vormittag. Ich stelle die Zugangsdaten dann ins Wiki ein.«*

Mit dem Impediment Backlog wird dem Team deutlich signalisiert, dass sich jemand um die Hindernisse kümmert, sodass die Einschätzung im Normalfall beim nächsten Daily Scrum besser wird.

Natürlich ist die vierte Frage nicht auf genau die oben beschriebene Frage beschränkt. In seinem Blog erwähnt Chris Sims [URL:Sims] weitere Möglichkeiten, das Daily Scrum mit einer vierten Frage zu variieren:

- *»Was hast du gestern dazugelernt?«*
- *»Was hat dich gestern überrascht?«*
- *»Haben wir neue technische Schulden aufgebaut?«*
- *»Wie hat sich gestern dein Leben verändert?«*

Wie angeführt können letztendlich beliebige offene Fragen gewählt werden.

> Stellen Sie einmal einen Sprint lang jeden Tag eine andere vierte Frage. Variieren Sie dabei zwischen ernsten fachlichen Fragen und nicht ganz so ernsten Fragen. So kommen Sie spielerisch an interessante Informationen, und das Team erwartet mit Spannung die »Frage des Tages«.
>
> Wenn Sie mit einem Scrum-Team verteilt zusammenarbeiten, finden Sie ergänzende Hinweise in Abschnitt 6.2.2.

Stimmungsbild

Manchmal kommt es vor, dass man als Scrum Master oder als Teammitglied so ein merkwürdiges Gefühl hat, dass irgendetwas nicht stimmt. Man kann es nicht an einem konkreten Sachverhalt festmachen, aber irgendeine Art Stimmung ist da, die einem seltsam vorkommt. Da man es weder einordnen noch beschreiben kann, kann man das Team auch nichts anderes fragen als: »Fällt euch das nicht auch auf?«

In solch einer Situation könnte ein Scrum Master mit einem Stimmungsbild arbeiten. Dazu wird eine einfache Tabelle sichtbar neben das Scrum-Board gezeichnet. Die Spalten bilden die einzelnen Sprint-Tage ab und die Zeilen die Stimmung anhand von einem fröhlichen, neutralen und frustrierten Smiley. Nun stimmt jedes Teammitglied täglich mit einem Klebepunkt ab, das der jeweiligen Stimmungslage entspricht. So bekommen alle sofort mit, wenn jemand unzufrieden ist, und können nachfragen und darauf reagieren. Außerdem erhält das Team ein Dokument der Stimmung über den Sprint, das es z.B. als Artefakt in der Sprint-Retrospektive verwenden kann.

> Als Scrum Master können Sie die Frage für das Stimmungsbild auch in Richtung Erreichung des Sprint-Ziels lenken: »Wie schätzt du die Wahrscheinlichkeit ein, dass wir das Sprint-Ziel erreichen werden?«
>
> In Kombination mit dem Sprint-Burndown-Chart erhalten Sie dadurch gute Indikatoren für den Zustand des Sprints.

5.2.3 Häufige Herausforderungen

Bei einem 15-minütigen, klar strukturierten und täglich stattfindenden Event glaubt man zuerst nicht, dass es Herausforderungen geben kann. Dabei kann selbst bei einer scheinbar so simplen Veranstaltung eine Menge schiefgehen.

> Fragen Sie als Scrum Master ruhig am Ende des Daily Scrum: »*Wie wars?*« Holen Sie sich Feedback ein. Beteiligen Sie die Teammitglieder bei der Lösungsfindung und setzen Sie die Veränderungen direkt im nächsten Daily Scrum um.

Verspätungen

Verspätungen stören das Daily Scrum sowohl durch die Unterbrechung als auch weil die Person Informationen verpasst, die wiederholt werden müssen. Es kann schon einmal vorkommen, dass jemand zu spät kommt. Wenn es aber zur Regelmäßigkeit wird, sollte der Scrum Master präsent sein und agieren.

> Schildern Sie Ihre Beobachtung und was es mit Ihnen oder mit den Teammitgliedern macht. Regen Sie Teammitglieder dazu an, es Ihnen gleich zu tun und ihre Wünsche zur Veränderung zu äußern.
>
> In der Literatur werden oft bei Verspätungen Strafen vorgeschlagen, z.B. Backen eines Kuchens für das Team. Wir versuchen eher, den Sinn und Zweck des Daily Scrum nahezubringen, und setzen dabei auf Überzeugung.

Es gibt tatsächlich den Fall des chronischen Zuspätkommers, der einfach nicht anders kann. Und wenn es nur dreißig Sekunden sind, er kommt im Regelfall immer dann dazu, wenn das Team schon steht und jemand spricht. Eine schnelle Verurteilung hilft in diesen Fällen nicht, da es diverse Gründe sein können, die denjenigen vom pünktlichen Erscheinen abhalten können. Hier sind Experimente, Aufmerksamkeit und Einfallsreichtum gefragt.

Egal ob späterer Beginn des Daily Scrum oder gemeinsame Verabredung mit einem Teammitglied für den Hinweg – finden Sie mit allen Teammitgliedern eine Lösung und beziehen Sie die betroffene Person dabei mit ein.

Achten Sie darauf, dass es nicht in eine Bestrafung ausartet, sondern ein hilfreich gedachter Ansatz bleibt, die Person zu unterstützen und ihr zu zeigen, dass sie Teil einer eingeschworenen Einheit ist, die sich um alle kümmert.

Es kann immer vorkommen, dass die Bahn Verspätung hat oder dass man im Stau steht. Es darf aber nicht passieren, dass das Daily Scrum »irgendwann zwischen 9 und 10 Uhr« anfängt, »wenn alle da sind«.

1. Lassen Sie alle gemeinsam einen Zeitpunkt für das Daily Scrum bestimmen. Auf diese Weise kann niemand später geltend machen, dass der Zeitpunkt unpassend ist.
2. Stellen Sie allen Teammitgliedern das Daily Scrum mit einer Erinnerung fünf Minuten vor dem Start in den Kalender und ermutigen Sie zur Vorbereitung auf den Austausch.
3. Achten Sie darauf, dass das Daily Scrum pünktlich beginnt, damit sich nicht schon bei kleinen Dingen ein Disziplinmangel einschleicht, der sich später auf andere Themen wie z.B. das Einhalten von Zusagen überträgt. Stehen Sie am besten selbst schon ein bis zwei Minuten vor dem Daily Scrum auf und rufen laut »Stand up!«, spielen Sie Bob Marleys »get up, stand up« oder AC/DCs »Hells Bells«, damit Sie nicht alle Teammitglieder einzeln zusammentrommeln müssen.
4. Starten Sie, auch wenn noch nicht alle da sind.

Abwesenheiten

In einem Scrum-Team zu arbeiten, bedeutet Commitment zum Team selbst sowie zum Produktziel. Das heißt auch, dass relevante Arbeitstreffen zur Erreichung des Sprint-Ziels Vorrang vor anderen Terminen haben. Es mag durchaus vorkommen, dass jemand mal ein Daily Scrum verpasst, weil ein Arztbesuch ansteht. In diesem Fall sollte das Teammitglied sich vorher bei den anderen Teammitgliedern abmelden und einem anderen Teammitglied die für das Daily Scrum relevanten Informationen im Vorfeld mitgeben.

Wir empfehlen unseren Scrum-Teams, Abwesenheiten vom Daily Scrum kurz vorher an den teaminternen Verteiler zu senden und auch die für das Daily Scrum relevanten Informationen gleich mitzuschicken.

Unvorbereitete Teammitglieder

Das Daily Scrum findet täglich statt, es kommt nicht überraschend, also kann man sich durchaus darauf vorbereiten. Nichts ist anstrengender als Teammitglieder, die erst einmal nachdenklich an die Decke starren: »Ja, was habe ich denn eigentlich …?«

Vereinbaren Sie gemeinsam mit dem Team, welche Informationen im Daily Scrum ausgetauscht werden sollen, und machen Sie Vorschläge, wie diese vorbereitet werden können, wie z.B.:

- Abgearbeitete Tasks kurz vorher reflektieren
- Notizen aus Gesprächen mit Dritten durchsehen
- Hindernisse vorher identifizieren
- Nächste Aufgaben planen

Einige Teammitglieder fanden u.a. den Tipp hilfreich, sich in einem Notizbuch die wesentlichen Punkte der Geschehnisse eines Tages zu dokumentieren. Während des Daily Scrum kann diese Dokumentation genutzt werden, ohne wichtige Details zu vergessen.

Detailtiefe

Manche Entwickler neigen dazu, zu sehr ins Detail zu gehen. Andere können dann teilweise den Ausführungen nicht mehr folgen, verlieren das Interesse und verpassen damit möglicherweise etwas Wesentliches für die eigene Arbeit. Oder es kommen Rückfragen auf, deren Beantwortung den Rahmen des Daily Scrum sprengen würde.

Bitten Sie darum, die Diskussionen zu Details nach dem Daily Scrum in kleinerer Runde zu führen. Blocken Sie zu diesem Zweck nach dem Daily Scrum eine weitere halbe Stunde in den Kalendern der Teammitglieder, damit keine anderen Termine in diesem Zeitraum geplant werden. Dieser Zeitraum kann zudem für Diskussionen mit hinzugezogenen Dritten genutzt werden.

Ermutigen Sie alle Teammitglieder dazu, freundlich auf Irrelevantes aufmerksam zu machen und der sprechenden Person zurück zum Fokus des Events zu verhelfen.

Manchmal beschreibt ein Teammitglied ein Problem und ein anderes Teammitglied kennt die Lösung. Es reicht vollkommen aus, wenn das Problem kurz genannt wird und der andere mit »Komm auf mich zu, ich kann dir weiterhelfen« antwortet. Oftmals ist die Lösung nicht von allgemeinem Interesse. Wenn doch, dann werden sich die Interessierten melden und sich im Anschluss zusammenfinden.

> Wenn Sie beobachten, dass die Entwickler im Daily Scrum Lösungen diskutieren, weisen Sie auf den Synchronisierungs- und Planungscharakter des Events hin und bitten Sie die Entwickler, die Lösungsansätze im Nachgang zu besprechen.

Überziehen

Wenn wir ein neues Scrum-Team übernehmen und mit den Teammitgliedern sprechen, beklagen diese sich häufig darüber, dass Daily Scrums nicht innerhalb der Timebox von 15 Minuten stattfinden, sondern sich über eine halbe Stunde oder noch länger hinziehen. Die Akzeptanz des Daily Scrum sinkt und die Sinnhaftigkeit wird hinterfragt.

> Achten Sie darauf, dass das Daily Scrum zielgerichtet und in der vorgegebenen Zeit durchgeführt wird. Kern ist die Synchronisierung der Entwickler untereinander und die konkrete Planung des Tages, alles andere kann später in kleinerer Runde direkt zwischen den Beteiligten besprochen werden. Unterstützen Sie die Entwickler moderierend in diesem Fall. Sammeln Sie die Diskussionspunkte ein und grenzen Sie die Diskussion von der Synchronisation der Teammitglieder ab.

Inhaltslosigkeit

Teammitglieder, die aus welchen Gründen auch immer seit dem letzten Daily Scrum keinen Fortschritt im Projekt erreichen konnten, neigen oft dazu, diverse Dinge aufzuzählen (Teammeetings, Telefoninterviews, ...), mit denen sie ihre Zeit verbracht haben. Diese Aspekte haben jedoch kein Platz im Daily Scrum, da sie mit Blick auf die Erreichung des Sprint-Ziels keine Relevanz haben. Wenn Sie als Scrum Master beobachten, dass ein Teammitglied sich lediglich dafür rechtfertigt, wie beschäftigt es ist, greifen Sie moderierend ein.

Rechtfertigung

Alva hatte seit dem letzten Daily Scrum keinen Fortschritt hinsichtlich des Sprint-Ziels erreicht. Es war ihr unangenehm, das so direkt zuzugeben, also rechtfertigte sie sich, indem sie aufzählte, was sie gestern alles machen musste:

»Also, morgens hatte ich zuerst das wöchentliche Meeting mit den Architekten. Das hat eine halbe Stunde länger gedauert als geplant, deshalb hat es sich bis zum Mittag nicht mehr gelohnt, irgendwo tiefer einzusteigen, also habe ich Mails beantwortet. Nach der Mittagspause war ich mit Jordi zum Pair Programming verabredet, aber dann rief die Personalabteilung an, ob ich spontan eine Stunde mit in ein Bewerbungsgespräch gehen kann, weil Jonas sich krankgemeldet hat. Anschließend war Teammeeting, und dann kam der User Support auf mich zu, weil es ein Problem aus meinem letzten Projekt gab. Heute werde ich mich zusammen mit Jordi um die Story mit den Lesezeichen für interessante Vorträge kümmern.«

→

Finns Ohren wurden beim Zuhören immer größer. Als Alva fertig war, sagte er: »Alva, bitte lass uns gleich im Anschluss über die ganzen Störungen sprechen, da zeichnen sich gleich mehrere Hindernisse für mich ab.« Beim nächsten Daily Scrum bat er das Team gleich zu Beginn, sich auf das Erreichte im Sinne des Sprint-Ziels zu beschränken.

Sie sollten auf jeden Fall das Gespräch mit der Person suchen, denn es kann viele versteckte Dysfunktionen geben. Eine Dysfunktion selbst kann ja der Fall sein, dass ein Teammitglied nichts zum Sprint-Ziel beiträgt und die anderen Teammitglieder dies einfach hinnehmen. Das Ziel Ihrer Arbeit sollte es sein, dass schon frühzeitig die Teammitglieder selbst die Alarmglocken läuten und sich gegenseitig darauf aufmerksam machen bzw. bei Ihnen nach Unterstützung fragen.

Selbstdarsteller

Es kommt vor, dass es Personen im Scrum-Team gibt, die sich gern in den Vordergrund stellen. Ein gutes Indiz dafür ist die häufige Verwendung des Wortes »ich« und die Herausstellung der eigenen Arbeitsergebnisse. Ein gutes, selbstorganisiertes Team spricht diesen Punkt offen an, häufig ist das aber mit zumindest temporärer Missstimmung verbunden. Es gilt dafür zu sorgen, dass alle gleichberechtigt beteiligt sind und der Zielführung des Events folgen.

Stellen Sie intern und gegenüber Dritten immer wieder das Scrum-Team und die Verantwortung in den Vordergrund. Meistens reicht das schon aus, um Selbstdarsteller wieder einzubinden oder die Selbstdarstellung zu vermeiden. Sollte dies nicht helfen, versuchen Sie, neben einem persönlichen Gespräch mit dem Teammitglied, auch die paarweise Zusammenarbeit zu fördern.

Sit-in anstatt Standup

Das Daily Scrum ist ein Standup-Meeting, das bedeutet, es wird komplett im Stehen abgehalten. Dies dient dazu, es kurz und knapp zu halten und fokussiert zu bleiben. Außerdem bewirkt das Stehen eine bessere Konzentration sowie aktivere Gehirntätigkeit.

Wenn Teammitglieder auf ihren Stühlen sitzen bleiben oder sich vor dem Scrum-Board auf Tische setzen, fordern Sie sie mit einer freundlichen Handbewegung (beide Hände mit den Handflächen nach oben bewegen) zum Hinstellen auf und erläutern Sie ggf. noch einmal den Sinn des Stehens im Anschluss.

Jeder macht seins

Teams, die aus einem eher traditionellen Kontext kommen, sind es gewohnt, dass jeder Entwickler an seinem eigenen Arbeitspaket arbeitet. Dies kann dazu führen, dass kurz nach dem Sprint Planning an allen Backlog Items gearbeitet wird. Dies ist aber nicht im Sinne von Scrum, wo es um Zusammenarbeit, Wissensverteilung, gemeinsame Ziele und frühes Feedback geht. In der beschriebenen Situation läuft man Gefahr, dass im Extremfall am Ende des Sprints alle Backlog Items angefangen wurden, aber keines beendet wurde.

> Wir haben mal eine Methode gewählt, die zunächst für viel Verblüffung gesorgt hat: Wir haben nach dem Sprint Planning alle Backlog Items und Tasks außer der ersten Zeile mit einem Bettlaken abgedeckt. Dann haben wir die Entwickler aufgefordert, nur an diesem einen Backlog Item zu arbeiten. Falls jemand der Meinung war, wirklich gar nichts zu diesem Backlog Item beitragen zu können, haben wir gemeinsam mit dieser Person überlegt, wie sie dem Team beim Erreichen des Sprint-Ziels helfen kann. Und erst wenn wirklich keiner mehr eine Idee hatte, haben wir das Bettlaken um eine Zeile weiter heruntergeschoben. Die Botschaft kam an und das Bettlaken ging in die Lagerfeuergeschichten dieses Teams ein.

Störende Gäste

Natürlich freut man sich, wenn Gäste das Daily Scrum besuchen, zeigt es doch deren Interesse am Fortschritt des Projekts. Es darf aber nicht dazu kommen, dass die Gäste den Ablauf stören oder gar dominieren. Es handelt sich nach wie vor um ein Event der Entwickler.

> Es ist egal, aus welcher Ebene der Hierarchie Ihres Unternehmens ein Gast das Daily Scrum des Scrum-Teams stört. Gäste sollten sich rücksichtsvoll benehmen. Sie benötigen den Mut, Gästen die Regeln und den Rahmen des Daily Scrum zu erläutern. Am besten sind die Regeln für alle sichtbar.

Unübersichtlichkeit

Im Daily Scrum werden mindestens die Tasks besprochen, die am Scrum-Board im Status »Work in Progress« stehen. Je nach Anzahl dieser Tasks verliert man leicht den Überblick, welche Tasks noch nicht angesprochen wurden.

> Markieren Sie Taskkarten im Status »Work in Progress«, die besprochen wurden, aber im Status bleiben, mit einem Punkt. Bei diesen Karten zeichnen sich mögliche Hindernisse ab. Es sollten nur Karten im Status »Work in Progress« verbleiben, die entweder während des Daily Scrum aus dem Status »Offen« verschoben oder tatsächlich nicht angesprochen wurden.

→

Führen Sie das Daily Scrum temporär storyzentriert anstelle von personenzentriert durch (vgl. Abschnitt »Walk the Board«, Seite 243). Wenn niemand an den wichtigsten Backlog Items arbeitet oder am Ende des Daily Scrum jemand gar nichts gesagt hat, sollte darauf reagiert werden.

Sprechreihenfolge

Oft treffen wir auf Teams, die vom Scrum Master eine Ansage erwarten, wer beginnen soll. Meist geht es danach im Uhrzeigersinn weiter. Sollte jemand zu spät zum Daily Scrum erscheinen, hängt es von seiner Platzierung im Halbkreis ab, ob er noch im Rahmen des Uhrzeigersinns an der Reihe ist oder am Schluss spricht. Allerdings ist das ein – wenn auch nur kleiner – Eingriff in die Selbstorganisation des Teams, wenn der Scrum Master den ersten Sprecher festlegt.

Moderieren Sie nicht, sondern warten Sie, bis jemand anfängt. Stellen Sie den Teilnehmenden ggf. ein »Talking Stick« zur Verfügung. Die Person mit dem Talking Stick in der Hand ist die Person, die gerade an der Reihe ist und sprechen darf.

In Abschnitt 6.2.2 erhalten Sie Anregungen zur Durchführung von Daily Scrums mit verteilten Teams. Zu diesem Schwerpunkt finden Sie die Checkliste »Daily Scrum« unter *link.scrum-in-der-praxis.de/checklisten*.

5.3 Sprint-Review

Das Grande Finale

Tag 9: Für morgen war der Showdown, das Sprint-Review, vorgesehen. Das gesamte Team freute sich schon, weil alle sehr stolz auf das Erreichte waren. Fast alle Sprint Backlog Items waren bereits erledigt und von Casper akzeptiert, die letzten zwei waren Kleinigkeiten, die heute Nachmittag, spätestens aber morgen Vormittag fertig würden. Finn hatte heute im Daily Scrum noch mal an das Sprint-Review erinnert und alle gebeten, sich entsprechend vorzubereiten. Jordi hatte sich bereit erklärt, sich um die Vorbereitungen zu kümmern. Finn würde nachmittags noch eine Erinnerung an den bereits eingeladenen Teilnehmerkreis schicken.

Tag 10: Die Teammitglieder hatten sich eine halbe Stunde vor dem Beginn des Sprint-Reviews getroffen und die technische Umgebung geprüft. Casper hatte die Eckpunkte des Sprint-Reviews als Agenda auf ein Flipchart geschrieben. Einige unterschiedliche mobile Testgeräte standen zur Verfügung. Der Raum füllte sich.

→

Casper eröffnete das Sprint-Review pünktlich und begrüßte die Anwesenden. Er stellte die Agenda vor und lobte die Entwickler für das Erreichen des Sprint-Ziels. Abschließend übergab er an die Entwickler, um das erste neue Feature vorzustellen. Sergio demonstrierte das Feature auf einem der mobilen Testgeräte, das er mit einem Kabel an den Projektor angeschlossen hatte, damit alle zusehen konnten. Die Gäste waren beeindruckt, stellten viele Fragen und schlugen Ergänzungen vor. Alle im Team freuten sich sehr über das positive Feedback. Einmal wurde Lara ein wenig rot, als ein Vorstandsmitglied das besonders gelungene Design ansprach. Wann immer möglich antworteten die Entwickler, ansonsten war Casper der Ansprechpartner. Casper notierte sich alle Vorschläge aus dem Plenum.

Weiter ging es mit dem nächsten Feature, das von Mina vorgestellt wurde. Nach und nach wurden so alle Features aus dem Sprint demonstriert, wobei sie untereinander darauf achteten, dass jedes Teammitglied aktiv beteiligt war. Am Ende des Sprint-Reviews war noch etwas Zeit übrig und die Interessierten konnten die neuen Funktionen an den Testgeräten ausprobieren. Einige benutzten sogar ihre eigenen Geräte, weil die Zugangsdaten für das Demosystem gut sichtbar im Raum platziert waren.

Finn hatte die ganze Zeit gut aufgepasst, ob es Verbesserungsmöglichkeiten für den Ablauf des Sprint-Reviews gab. Er hatte bemerkt, dass das Umstecken der Kabel, um die Geräte an den Projektor anzuschließen, etwas umständlich war und dies als Aufgabe festgehalten.

Am Ende des Sprint-Reviews dankte Casper allen für ihr Feedback und gab noch einen kurzen Ausblick, was in naher Zukunft geplant war. Das Sprint-Review wurde pünktlich beendet.

Das Sprint-Review ist die Ziellinie eines Sprints. Das Scrum-Team arbeitet mit Hochdruck auf die Erledigung des Sprint-Ziels hin und kann anschließend durchatmen. Es ist ein Arbeitstreffen des Scrum-Teams mit Stakeholdern, in dem das Ergebnis des Sprints mit der Vorhersage aus dem Sprint Planning verglichen und überprüft wird. Dabei ist das Erreichen des übergeordneten Sprint-Ziels mit seinem Beitrag zum Produktziel wichtiger als die Umsetzung jedes einzelnen Backlog Item in allen Details.

Viele Sprint-Reviews sind aus unserer Sicht zu rein informativen Events geworden, in denen lediglich neue Funktionen für eine Gruppe von Menschen präsentiert werden. Die schlimmsten Versionen sind Sprint-Reviews, in denen PowerPoint-Folien gezeigt werden oder vom Misserfolg eines Sprints mit einem Prototyp abgelenkt wird.

Als Scrum Master sollten Sie dafür Sorge tragen, dass die Stakeholder mit dem Scrum-Team in diesem Event zusammenarbeiten und sich alle aktiv beteiligen.

5.3.1 Ziele

> *»Zweck des Sprint Reviews ist es, das Ergebnis des Sprints zu überprüfen und künftige Anpassungen festzulegen.«*

Der Scrum Guide (*scrumguides.org*) macht einerseits deutlich, dass es sich nicht um ein informelles Event handelt, sondern um ein Arbeitstreffen, und andererseits, dass es nicht zur Abnahme von Inkrementen dient:

> *»Das Sprint Review sollte niemals als Barriere zur Lieferung von Wert angesehen werden.«*

Der aktuelle Scrum Guide stärkt damit die Verantwortung des gesamten Scrum-Teams. Ein Sprint-Review verfolgt zwei wesentliche Zielsetzungen: Zum einen stellt das Scrum-Team vor, was es seit Beginn des Sprints erreicht hat. Zum anderen geben die Stakeholder wertvolles Feedback, das wiederum in die Verbesserung des Produkts einfließen kann.

Vorstellung der Arbeitsergebnisse

> *»Das Scrum Team stellt die Ergebnisse seiner Arbeit den wichtigsten Stakeholder:innen vor, und die Fortschritte in Richtung des Produkt-Ziels werden diskutiert.«*

Diese Grundlage dient dazu, dass alle gemeinsam daran arbeiten, was als Nächstes zu tun ist. Als Ergebnis aus dieser Arbeit kann die Anpassung des Product Backlog resultieren (*scrumguides.org*).

Wichtig für das Vorstellen der Arbeitsergebnisse ist immer, dass neben der reinen Vorstellung der neuen Funktionalität auch der Grund für die Umsetzung mit angegeben wird. Die Begründung liefert den wichtigen Kontext für die Anwesenden und bietet gleichzeitig noch einmal die Basis zur Reflektion der umgesetzten Funktionalität.

> Zu einem guten Sprint-Review gehört auch die Erwähnung besonderer Hürden, die im Laufe des Sprints genommen wurden. Möglicherweise befindet sich unter den Zuhörenden auch Personen, die Hindernisse dauerhaft beseitigen können oder auch davon betroffen sind.

Generell sollten die Teammitglieder folgende Grundgedanken für das Event verinnerlichen:

- **Wertstiftend**
  Es sollte für die Teilnehmenden klar werden, welchen Wert die Inkremente besitzen und wie diese Kunden oder Nutzerinnen helfen.
- **Kontextuell**
  Um neue Funktionalitäten besser zu verdeutlichen, sollte ausreichend Kontext geliefert werden, z.B. durch die Verwendung von Szenarien (siehe Abschnitt 5.3.2).
- **Unterhaltend**
  Ein Sprint-Review benötigt eine gute Vorbereitung und Durchführung, um Teilnehmenden, die sich extra die Zeit nehmen, eine gute und bleibende Erfahrung zu bieten.
- **Abgeschlossen**
  Alles, was vorgestellt wird, sind ausschließlich Inkremente, die vollkommen der Definition of Done entsprechen.

> Erinnern Sie die Entwickler daran, dass die Stakeholder in der Regel aus dem Fachbereich kommen, also meist mit technischen Informationen wenig anfangen können. Es kommt also darauf an, die fertiggestellte Funktionalität so darzustellen, dass der fachliche Nutzen erkennbar wird. Lassen Sie den Wert für echte Kundensituationen zeigen und achten Sie darauf, dass alle Gäste adressiert werden, nicht nur die Geschäftsführung.

Feedback

Ein wesentliches Ziel des Sprint-Reviews ist es, Feedback von den Stakeholdern zu erhalten. Je früher ein Scrum-Team erfährt, dass die Richtung stimmt, desto selbstbewusster geht es den eingeschlagenen Weg weiter. Oder aber andersherum: Je früher erkannt wird, dass der eingeschlagene Weg nicht die Erwartung der Stakeholder trifft, desto früher kann durch das Feedback der Weg korrigiert werden.

> Nicht immer kommt aktives Feedback von den Stakeholdern. Nutzen Sie die Chance, dass an Ihrem Produkt interessierte Personen anwesend sind, und fragen Sie nach Feedback.
>
> Stellen Sie z.B. mögliche Erweiterungen dar, bei denen Sie selbst noch nicht ganz sicher sind, ob und wie sie umgesetzt werden sollen. Aktivieren Sie die Gäste, bieten Sie an, auch später gern noch Feedback entgegenzunehmen, wenn die ersten Eindrücke verarbeitet wurden.

Ein Scrum-Team sollte nicht ohne Feedback aus einem Sprint-Review herausgehen, sonst hat sich der Aufwand nicht gelohnt. Im Zweifelsfall ist harte Kritik besser als Schweigen, denn mit der Kritik kann gearbeitet werden.

> Sprint-Reviews sollten gut moderierte Arbeitstreffen mit einer klaren Struktur für den Austausch und die Aufnahme von Feedback sein. Als Scrum Master sorgen Sie für diese Struktur, sodass das Event zielgerichtet und wertstiftend durchgeführt werden kann.

5.3.2 Ablauf

Der Scrum Guide sieht für einmonatige Sprints ein Sprint-Review von maximal vier Stunden vor. Für kürzere Sprints ist das Event entsprechend zu kürzen (*scrumguides.org*). Die Dauer hängt von verschiedenen Faktoren ab, wie z.B. der Größe des Teams, dem Umfang an fertigen Inkrementen, der vorherigen Einbeziehung der Stakeholder oder dem Ablauf des Events.

> Wir regen Product Owner immer dazu an, laufende Treffen mit den relevantesten Stakeholdern durchzuführen und diese aktiv frühzeitig in die Geschehnisse sowie die Produktentwicklung einzubeziehen.

Vorbereitung

Das Sprint-Review sollte idealerweise immer zur gleichen Zeit und immer im gleichen Raum stattfinden, es ist Bestandteil des Herzschlagrhythmus von Scrum. Der Scrum Master sollte dazu eine Serieneinladung verschicken und den Raum langfristig im Voraus buchen.

Die Vorbereitung des Sprint-Reviews darf keine zusätzliche Belastung für das Team darstellen, sondern sollte sich idealerweise direkt aus dem Arbeitskontext ergeben. Da funktionierende Inkremente gezeigt werden, fällt das Vorbereiten von aufwendigen Präsentationen komplett weg. Trotzdem sollten sich die Entwickler vor dem Sprint-Review kurz abstimmen.

> Nutzen Sie das letzte Daily Scrum vor dem Sprint-Review, um das Sprint-Review gemeinsam mit den Entwicklern vorzubereiten. Was wird gezeigt, in welcher Reihenfolge und wer zeigt es?

Der Weckruf

In den letzten beiden Sprint-Reviews war die Teilnehmerzahl zurückgegangen. In Gesprächen mit den nicht erschienenen Gästen fand Finn heraus, dass zwei von ihnen den Serientermin gar nicht in ihrem Kalender hatten, sondern von einem Kollegen daran erinnert wurden. Zwei weitere hatten das Sprint-Review unter der Last des Tagesgeschäfts einfach vergessen und ein anderer Kollege hatte den Serientermin versehentlich komplett gelöscht, als er einmal einen einzelnen Termin absagen wollte. Alle waren sehr zerknirscht, da sie sich gern über die Fortschritte des Projekts informieren ließen und auch ihr eigenes Feedback das eine oder andere Mal umgesetzt wurde.

Finn beschloss daraufhin, am Tag vor dem Sprint-Review den Kalendereintrag zu aktualisieren. Damit die Einladung nicht in der täglichen E-Mail-Flut unterging, wählte er eine etwas unkonventionelle Ansprache:

> *»Sie leiden unter Schlaflosigkeit, weil Sie so aufgeregt sind, was dieses großartige Scrum-Team beim nächsten Sprint-Review zeigen wird? Sie können sich schon gar nicht mehr auf Ihre eigene Arbeit konzentrieren? Vielleicht können wir Ihr Leiden etwas lindern. Am kommenden Freitag findet um 15 Uhr im Raum ›Florenz‹ das nächste Sprint-Review statt.*
>
> *Sie werden sehen, wie eine Konferenzbesucherin sich ihre persönliche Favoritenliste erstellt und eine Mitteilung erhält, falls sich an einer Veranstaltung auf ihrer Favoritenliste etwas ändert. Wir werden Ihnen zeigen, dass der komplette Workflow zur Bewertung eingebaut wurde und hervorragend funktioniert. Und zur Krönung des Ganzen werden wir Sie mit Testgeräten ausstatten, sodass Sie die neuen Features selbst ausprobieren können.*
>
> *Bis morgen, wir freuen uns auf Sie!*
>
> *Ihr SidP-Team«*

Wenn vor längerer Zeit einmal ein Serientermin für das Sprint-Review eingestellt wurde, gerät dieser manchmal in Vergessenheit oder wird von vermeintlich wichtigeren Terminen verdrängt. Außerdem ist noch nicht klar, was im nächsten Sprint-Review gezeigt wird. Aus diesem Grund empfiehlt es sich, am Tag vor dem Sprint-Review noch einmal den Kalendereintrag zu aktualisieren oder eine E-Mail mit einer Erinnerung zu versenden, die einen Ausblick auf die zu erwartenden Funktionalitäten gibt. Schreiben Sie die E-Mail ruhig einmal in einem etwas forscheren, wachrüttelnden Ton oder machen Sie einen Scherz. Natürlich moderat, in Ihre Firmenkultur passend, sodass das Sprint-Review nicht etwa ins Lächerliche gezogen wird. Die Empfänger sollten aber merken, dass sie zu einer besonderen Veranstaltung eingeladen werden.

Reservieren Sie den Raum bereits für ca. 30 Minuten vor Beginn des Events, sodass alles vorbereitet und eingerichtet werden kann. Bitten Sie die Teammitglieder, das Sprint-Review so vorzubereiten, dass während des Events keine

Verzögerungen eintreten. Das bedeutet, dass z. B. Programme oder Webseiten bereits geöffnet werden, dass Zugangsdaten bekannt bzw. die Testuser bereits eingeloggt sind usw. Außerdem sollten alle spätestens fünf Minuten vor dem Beginn des Events anwesend sein. Für die Stakeholder gibt es nichts Langweiligeres, als auf die Teammitglieder zu warten.

Durchführung

Eine typische Agenda bei unseren Sprint-Reviews sieht folgendermaßen aus:

- Begrüßung (Scrum Master)
  - Freundliches Willkommenheißen der anwesenden Gäste und Einstimmung auf die gemeinsame Zeit
  - Wiederholung des Ablaufs und der Regeln
  - Einladung zum aktiven Mitmachen und späteren Feedback
  - Übergabe an Product Owner
- Produktziel und Sprint-Ziel (Product Owner)
  - Vorstellung des Sprint-Ziels und des »*Warum?*« für das Ziel
  - Einordnung des Sprints in den Kontext des Produktziels
  - Wiederholung des Produktziels und Vorstellung relevanter und neuer Erkenntnisse sowie Metriken
  - Ankündigung der im Anschluss zu sehenden Funktionalität und Übergabe an Entwickler
- Inkremente (Entwickler)
  - Zeigen der entstandenen Funktionalität und des »*Warum?*« für die Umsetzung
  - Erzählen von Anekdoten, Herausforderungen und deren Lösungen
  - Beantwortung von Fragen und Einsammeln von Ideen
- Releaseplan (Product Owner)
  - Vorstellung des aktualisierten Releaseplans
  - Ausblick auf den nächsten Sprint und ggf. das Release
- Fragen und Feedback der Gäste (Product Owner)
  - Zusammenfassung des Gesagten
  - Klärung offener Fragen
- Verabschiedung der Gäste (Scrum Master)
  - Dankeschön für die Teilnahme
  - Einholen von Feedback zum Sprint-Review

> Bei reiferen Scrum-Teams und der gelernten Durchführung des Events kann die Rolle der Moderation auch durch den Product Owner übernommen werden. Dieser übernimmt dann die o.a. Aufgaben des Scrum Masters. Der Scrum Master kann dann als stiller Beobachter fungieren und hilfreiches Feedback im Scrum-Team teilen.

Sprint-Reviews mit mehreren Teams

In Organisationen, bei denen die Produktentwicklung durch mehrere Scrum-Teams erfolgt, haben wir mit der Zeit eine gewisse Review-Müdigkeit beobachtet. Bedingt durch die große Anzahl an Sprint-Reviews, die um die wertvolle Arbeitszeit der Stakeholder buhlen, besuchen diese mit der Zeit nur noch einige ausgewählte Sprint-Reviews. Das bedeutet einerseits, dass sie nicht mehr alle Entwicklungen mitbekommen oder zumindest nicht mehr aktiv beeinflussen können, und andererseits, dass immer weniger Gäste die Sprint-Reviews besuchen, sodass bei den Scrum-Teams der Eindruck von Desinteresse entsteht. In der Folge fragen sich die Betroffenen, warum sie sich eigentlich immer so viel Mühe mit dem Herausputzen machen, »wenn es eh keinen interessiert« [URL:Wiechmann b].

Um dieser Entwicklung zu begegnen, schlagen wir vor, die Sprint-Reviews mehrerer Teams zu einem gemeinsamen Sprint-Review zusammenzufassen. In diesem Zusammenhang haben sich die folgenden beiden Formate bewährt.

Company Review

Bei diesem Review-Format gibt es einen gemeinsamen längeren Termin, an dem alle beteiligten Teams nacheinander ihre Arbeitsergebnisse vorstellen. Dadurch haben die Stakeholder die Möglichkeit, an allen Vorstellungen teilzunehmen, und die Arbeit aller Teams wird gleichermaßen wertgeschätzt.

Der Name »Company Review« ist aus einem Kundenprojekt entstanden, in dem tatsächlich alle zehn Scrum-Teams der Firma ein gemeinsames Review durchgeführt haben. In großen Organisationen kann das Review auch unter anderem Namen auf Bereichsebene o.Ä. durchgeführt werden.

Die Dauer des Termins hängt von der Anzahl der Teams ab. Aufgrund unserer Erfahrung schlagen wir vor, dass jedes Team etwa 15 Minuten Zeit für die Vorstellung und erstes Feedback erhalten sollte. Damit alle Teams an die Reihe kommen, unterliegen die Zeitabschnitte einer harten Timebox.

> Wir empfehlen, für ein Company Review eine übergeordnete Moderationsrolle festzulegen, die von der Begrüßung der Gäste über die Anmoderation der einzelnen Teams und das Timeboxing bis hin zur Verabschiedung die organisatorischen Tätigkeiten übernimmt. Dies könnten z.B. die Scrum Master der einzelnen Teams in einem rollierenden Zyklus sein.

Die harte Timebox führt dazu, dass die Teams nicht mehr jedes Detail ihrer Arbeit vorführen und erläutern können, sondern sich auf die für die Teilnehmenden wesentlichen Dinge fokussieren müssen. Das bedeutet auch, dass detailliertes Feedback der Stakeholder etwas untergeht. Dafür gewinnen alle jedoch einen verbindlichen und verbindenden Termin, der die Menschen zusammenbringt.

> Bieten Sie den Stakeholdern die Möglichkeit, im Nachgang zum Review detailliertes Feedback zu geben. Dabei kann es sich z.B. um einen Slack-Channel handeln oder einen zusätzlichen Termin in einem Videocall, zu dem man sich jederzeit zuschalten oder auch wieder rausgehen kann.

Zu Beginn begrüßt die Moderatorin die Anwesenden und stellt kurz die Agenda vor. Anschließend übergibt sie an den Product Owner des ersten Teams. Das Review des ersten Teams inklusive des ersten Feedbacks wird nun durch das Team selbst gestaltet. Dabei zeigt das jeweilige Team den Stakeholdern auch die möglichen anschließenden Feedback-Möglichkeiten auf.

Die Moderatorin des Company Review achtet auf die Timebox und gibt ggf. einen Hinweis, zum Schluss zu kommen. Um einen reibungslosen Ablauf zu gewährleisten, übergibt das erste Team den Staffelstab direkt an das zweite Team usw.

Nachdem alle Teams ihr Review durchgeführt haben, übernimmt die Moderatorin wieder, bedankt sich bei allen und verabschiedet die Gäste.

- **Vorteile**
  - Alle Scrum-Teams können ihre Ergebnisse zeigen und erfahren so eine gewisse Wertschätzung.
  - Stakeholder bekommen einen Überblick über alle Themen.
- **Nachteile**
  - Die Intensität des Stakeholder-Feedbacks kommt ggf. zu kurz.
  - Scrum-Teams können möglicherweise nicht alle ihre Ergebnisse zeigen oder müssen auf Details verzichten.

> Bei diesem Review-Format ist es besonders wichtig, dass die Entwickler gut vorbereitet sind, um die Zeit effizient zu nutzen. Außerdem ist noch mehr darauf zu achten, dass die Darstellung des Erreichten allgemein verständlich ist, da jetzt vermutlich auch Gäste aus anderen Unternehmensbereichen teilnehmen, die ggf. nicht so tief in der Materie stecken.

Basar

Eine Alternative zum Company Review stellt der Basar dar. Er funktioniert folgendermaßen: In einem großen Raum (z.B. ein Besprechungsraum oder auch das Großraumbüro der Teams) werden »Marktstände« aufgebaut. Ein Marktstand repräsentiert den Bereich eines Teams, in dem das Review dieses Teams durchgeführt wird.

Nach der Begrüßung verteilen sich die Teilnehmenden auf die verschiedenen Marktstände. Dabei ist es unerheblich, an welchem Marktstand man beginnt, denn das Prinzip des Basars ist es, dass jedes Sprint-Review der Scrum-Teams mehrmals stattfindet. Nachdem die Moderatorin die Timebox gestartet hat, wird an jedem Stand ein Review mit den dort anwesenden Gästen durchgeführt.

Nach Ablauf der Timebox gibt die Moderatorin ein Zeichen, dass die Reviews vorbei sind, und die Stakeholder gehen zu einem anderen Marktstand. Auf Zeichen der Moderatorin beginnt die nächste Timebox, und an den Marktständen werden erneut die Reviews mit den jetzt dort befindlichen Stakeholdern durchgeführt.

Die Dauer eines Basars orientiert sich an der Anzahl der teilnehmenden Teams. Alle Teilnehmenden des Basars sollten die Möglichkeit haben, jedes Scrum-Team einmal zu besuchen.

- **Vorteile**
  - Durch die geringe Teilnehmerzahl an den Marktständen kann ein intensiver Dialog zwischen dem Scrum-Team und den Stakeholdern entstehen.
  - Stakeholder haben in relativ kurzer Zeit die Möglichkeit, sich detailliert mit allen Reviews zu beschäftigen.
  - Stakeholder-Feedback kommt sofort, nicht nachgelagert.
- **Nachteile**
  - Jedes Scrum-Team muss die erreichten Ergebnisse mehrfach vorstellen.
  - Es sind ggf. nicht immer alle Teammitglieder für Diskussionen am eigenen Marktstand präsent, weil sie an einem anderen Marktstand ein Review besuchen.

Natürlich handelt es sich bei beiden Ausprägungen um Kompromisse im Vergleich mit »echten« Reviews, jedoch halten wir beide unter Berücksichtigung der jeweiligen Rahmenbedingungen für gut und sinnvoll.

Der oben beschriebene Ablauf für ein Sprint-Review ist keineswegs durch den Scrum Guide vorgegeben, es handelt sich vielmehr um eine bewährte Praxis, die man oft wiederfindet. Für ein neues Scrum-Team oder ein Unternehmen, das sich noch in der Einführungsphase von Scrum befindet, ist dieser Quasi-Standard oft die beste Wahl. Wie auch bei den anderen Scrum-Events kann man aber auch bei den Sprint-Reviews gelegentlich etwas Abwechslung hineinbringen.

- **Interaktives Sprint-Review**
  Damit ein Sprint-Review keinen Vorlesungscharakter bekommt, weil einer spricht und alle anderen zuhören, können die Gäste auch aktiv eingebunden werden. Die Sprechende kann jemanden aus dem Teilnehmerkreis die PC-Tastatur übergeben und diese Person bitten, bestimmte Eingaben zu machen, bestimmte Dinge anzuklicken usw., während sie selbst an der Projektionswand steht und mit einem Laserpointer auf interessante Aspekte hinweist.

- **Gesprächsrunde**
  Manchmal kommt es vor, dass etwas Besonderes in der Firma passiert, z.B. die Ankündigung einer Fusion mit einem Mitbewerber, die Vorstellung einer neuen Person im Vorstand o.Ä. In so einem Fall sind die Gedanken der Teammitglieder oft eher bei diesen Themen als bei der Zusammenarbeit im letzten Sprint, sodass es hier hilfreich sein kann, diesen Themen einen Raum im Sprint-Review zu geben. Dabei kann es darum gehen, was dieses Vorkommnis für das Scrum-Team bedeutet und welche Erwartungen oder auch Befürchtungen damit verbunden sind.
- **Rollenspiel**
  Bei dieser Variante denkt sich das Scrum-Team eine fiktive Situation aus, z.B. dass sich zwei Freunde auf der Straße treffen oder zwei Geschäftspartner auf dem Golfplatz. Einer von ihnen hat ein Problem, für das er eine Lösung sucht, und der andere hat die »Produktlösung« parat. Er schwärmt dem anderen in den höchsten Tönen davon vor und zeigt ihm gleich die neuen Funktionen. Dieser zeigt sich mehr und mehr begeistert und stellt Fragen, die natürlich abgestimmte Steilvorlagen für Ersteren sind und so von Inkrement zu Inkrement führen. Die Darstellung kann problemlos erweitert werden, um alle einzubinden. Vielleicht stellt sich das Scrum-Team vor, eine Gang zu sein, die sich mit jedem neuen Feature gegenseitig das Handy aus der Hand reißt. Der Kreativität sind hier kaum Grenzen gesetzt. Man sollte lediglich darauf achten, dass es den Gästen auf unterhaltsame Weise einen Nutzen liefert.

> Es ist nicht der Sinn eines Sprint-Reviews zu zeigen, dass die Inkremente funktional sind, sondern dass sie nützlich sind und einen Wert stiften. Kontext durch Rollenspiele oder die Erläuterung verschiedener Szenarien liefern den Teilnehmenden ein besonderes Erlebnis und sorgen für Aktivität auf beiden Seiten.

5.3.3 Häufige Herausforderungen

Inspect & Accept

Viele Sprint-Reviews laufen nach dem Schema ab, dass lediglich Sprint Backlog Items präsentiert werden. Das Review wird somit als Präsentationstermin und nicht als Arbeitstermin genutzt. Damit wird die Chance verpasst, gemeinsam mit Stakeholdern »Inspect & Adapt« zu leben und einen wichtigen Austausch der Beteiligten zu fördern.

Als Scrum Master sollten Sie Sorge dafür tragen, dass es nicht nur um das reine Herunterbeten der fertigen Inkremente und ein »Abnicken« geht, sondern um einen interaktiven, interessanten und moderierten Austausch.

Scrum-Team sieht keine Relevanz

Wir haben schon diverse Diskussionen mit Teammitgliedern geführt, die ein Sprint-Review für überflüssig empfunden haben. Argumente dafür waren z.B., dass im Sprint nur technische oder »versteckte« Themen (z.B. Softwarefunktionalität im Backend) bearbeitet wurden oder sowieso kontinuierlich ausgeliefert wird (→Continuous Delivery).

Denken Sie daran, dass es viele Gründe gibt, um ein Sprint-Review durchzuführen. Es ist für die Stakeholder sehr wichtig, zu verstehen und zu erkennen, welchen Einfluss diese Tätigkeiten auf das Produktziel haben. Zudem kommen in diesem Event auch weitere wichtige Informationen zur Sprache, wie z.B. Veränderungen am Markt oder der Produktstrategie, neue Zahlen und Fakten oder direktes Feedback der Kunden.

Lassen Sie anstelle der Entwickler die Stakeholder bzw. Gäste des Sprint-Reviews eine Einschätzung darüber geben, wie relevant die Informationen waren.

Entwickler sprechen zum Product Owner

Die Informationsempfänger im Sprint-Review sind eindeutig die Gäste, die die Stakeholder repräsentieren. Manchmal versucht der Product Owner mit gut gemeinten Fragen das gerade sprechende Teammitglied in eine bestimmte Richtung zu lenken, was wiederum dazu führen kann, dass das Teammitglied beginnt, an den Product Owner zu berichten.

> Meist handelt es sich in der beschriebenen Situation um ein unsicheres Teammitglied, das der Product Owner unterstützen will und das sich dankbar an den zugeworfenen Rettungsring klammert. Sprechen Sie Ihre Beobachtung im Nachgang an und bieten Sie Unterstützung dabei an, das Teammitglied an das Sprechen vor Publikum heranzuführen. Dies kann durch kleine Spezialthemen geschehen, die innerhalb des Scrum-Teams vorgestellt werden, oder durch Mitnehmen des Teammitglieds in eine Besprechung mit dem Management. Erwägen Sie nicht, das Teammitglied nie mehr präsentieren zu lassen, sondern unterstützen Sie es beim Verbessern dieser Fertigkeit.

Product Owner ist überrascht

Es dürfte eigentlich nicht passieren, kommt aber trotzdem öfter vor, als man denkt: Ein Entwickler zeigt eine Funktionalität, die der Product Owner zum ersten Mal sieht und das auch deutlich zum Ausdruck bringt: »Ach, so habt ihr das umgesetzt, das wollte ich ja eigentlich anders haben.«

> Die beschriebene Situation zeigt eindeutig, dass etwas in der Kommunikation und Abstimmung zwischen Entwicklern und Product Owner nicht stimmt. Mehr noch, durch die unverhohlene Überraschung des Product Owners wirkt dies auch noch unprofessionell auf die Gäste.
>
> Wenn diese Situation eintritt, sollte der Product Owner Haltung bewahren und seine Überraschung nicht zeigen. Im Nachgang sollte untersucht werden, warum es dazu kommen konnte und wie die Kommunikation zwischen Entwicklern und Product Owner verbessert werden kann.

Product Owner steht nicht zu seinen Entscheidungen

Es ist inakzeptabel, wenn der Product Owner ein Sprint Backlog Item gemäß den Akzeptanzkriterien akzeptiert hat, im Sprint-Review aber bei der kleinsten Kritik einknickt und anerkennt, dass die Anforderung nicht korrekt umgesetzt wurde. Product Owner sollten zu ihren Entscheidungen stehen und sie vertreten können. Diese Situation zeigt, dass das Backlog Item entweder schlecht vorbereitet wurde oder aber die Entscheidungsbefugnis fehlt. In beiden Fällen ist dies eine ernste Herausforderung, die unbedingt adressiert werden sollte.

Vorstellung von Bugs während des Sprint-Reviews

Nicht selten haben wir erlebt, dass Scrum-Teams während eines Sprint-Reviews auch die behobenen Fehler vorstellen. Es gibt hier oftmals das Missverständnis, dass Fehler zum Ergebnis eines Sprints zählen oder die Auflistung von den Stakeholdern gewünscht wird. Ein Sprint-Review dient jedoch lediglich der Vorstellung fertiger, abgenommener und einsatzbereiter Inkremente.

> Lassen Sie die Entwickler nur die Behebung wirklich großer, wichtiger Fehler im Sprint-Review zeigen. Sollte tatsächlich mal eine größere Menge an Fehlern behoben worden sein, sollte dies erwähnt werden, ohne weiter ins Detail zu gehen. Verschicken Sie nach dem Sprint-Review eine Release-E-Mail mit den Links zum Ticketsystem.

Nicht erledigte Sprint Backlog Items im Sprint-Review

Wenn die Definition of Done erfüllt ist, ist es letzten Endes der Product Owner, der über die Akzeptanz eines Backlog Item und damit über die Präsentation im Sprint-Review entscheidet. Wenn der Scrum Master aber feststellt, dass Product Owner oder Entwickler Sprint Backlog Items ins Sprint-Review nehmen möchten, die noch nicht fertig im Sinne der Definition of Done sind, ist es seine Pflicht, hier zu intervenieren.

Als unerfahrene Scrum Master haben wir einmal unfertige Backlog Items für ein Sprint-Review zugelassen und uns dabei die Finger verbrannt. Diese vermeintlich fertigen Backlog Items haben in den Folge-Sprints noch so viel Aufwand für die tatsächliche Fertigstellung nach sich gezogen, dass andere, für die Folge-Sprints zugesagte Backlog Items nicht umgesetzt werden konnten und daher das Sprint-Ziel verfehlt wurde. Die ganze Situation hat schließlich zu einer Verzögerung des Release geführt.

> Lassen Sie keine unfertigen Backlog Items zu. Achten Sie auf bestimmte Reizwörter im Daily Scrum, z.B. »nur noch«, »fast«, »eigentlich«, »99%«, »so gut wie«, »rein theoretisch«. Schreiben Sie diese Wörter auf Post-its, streichen Sie sie durch und hängen Sie sie neben das Scrum-Board.
>
> Wenn in der Vorbereitung des Events Sätze wie »Auf meiner Maschine läuft es«, »Gerade hat es noch funktioniert« oder »Da ist nur noch ein kleiner Fehler drin« fallen, erfüllen die betroffenen Backlog Items offensichtlich nicht die Done-Kriterien. Legen Sie als Scrum Master ein Veto ein, wenn Product Owner oder Entwickler diese Backlog Items im Sprint-Review zeigen wollen.

Zu diesem Schwerpunkt finden Sie die Checkliste »Sprint-Review« unter *link.scrum-in-der-praxis.de/checklisten.*

5.4 Sprint-Retrospektive

Im Gegensatz zu den anderen Scrum-Events fällt die Sprint-Retrospektive etwas aus der Reihe. Sie ist rückwärtsgerichtet und dient dazu, sich über die Zusammenarbeit im vergangenen Sprint auszutauschen. Inkrementelles und iteratives Arbeiten profitiert von der ständigen Überprüfung der Zusammenarbeit und fordert laufend Feedback ein, um sich stetig zu verbessern. In der Sprint-Retrospektive wird ein Kernelement der empirischen Produktentwicklung deutlich. Durch das Inspizieren der gemeinsamen Zusammenarbeit während des Sprints und das Finden von Lösungsansätzen für bestehende Herausforderungen bilden sich erfolgreiche Scrum-Teams heraus.

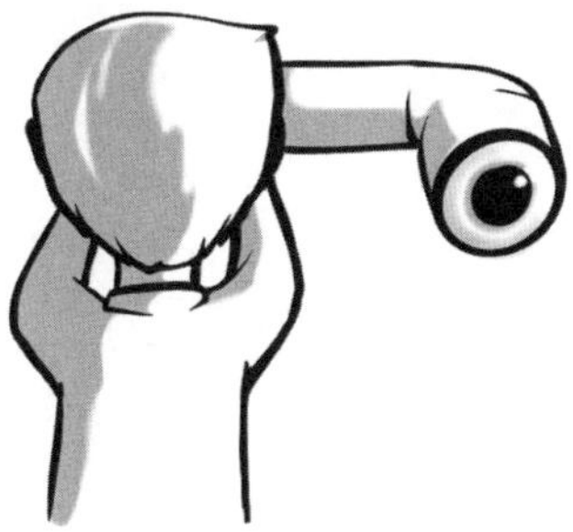

Abb. 5–7 *Der Blick zurück, um voranzukommen*

Die erfolgreiche Arbeit eines Scrum Masters zeigt sich darin, dass Retrospektiven aktiv und zielführend durch die Teammitglieder genutzt werden, um Verbesserungen herbeizuführen. Um zu diesem Ergebnis zu kommen, ist die Schaffung eines Rahmens durch den Scrum Master notwendig, der alle Beteiligten dazu bringt, verantwortlich im Sinne von »sich ständig verbessern wollen« (→Kaizen) zu agieren. Die Retrospektive als Event an sich ist ein moderierter Raum, der zeigt, wie dieser Rahmen von den Teammitgliedern genutzt wird.

Es bedarf jedoch einer sorgfältigen Vorbereitung durch den Scrum Master, damit dieses Event zielführend, lösungs- und ergebnisorientiert durchgeführt werden kann. Als Bestandteil des Agilen Manifests (vgl. Abschnitt 2.2) spielen Sprint-Retrospektiven eine Schlüsselrolle im Streben nach ständiger Verbesserung:

> *»In regelmäßigen Abständen reflektiert das Team, wie es effektiver werden kann und passt sein Verhalten entsprechend an.« (https://agilemanifesto.org/iso/de/principles.html)*

Retrospektiven werden als Abschlussevent eines jeden Sprints durchgeführt und sind wie alle anderen Scrum-Events nicht verhandelbar. An einer Sprint-Retrospektive nehmen ausschließlich die Mitglieder des Scrum-Teams teil. Für das Event sollte sich das Team für einen zweiwöchigen Sprint circa 60–90 Minuten Zeit nehmen.

Ihr Scrum-Team arbeitet harmonisch und wunderbar? Die Teammitglieder stellen die Retrospektive infrage, da ja alles »so gut« läuft? Lassen Sie sich nicht auf einen Pfad führen, den Sie schwer wieder verlassen können. Einmal eine Retrospektive ausgesetzt, kann den Beginn des Infragestellens durch Teammitglieder bedeuten, gerade wenn es »so gut« läuft. Für uns ist es ein sogenannter »Smell« (engl. Geruch, im Sinne von »da stinkt etwas«), wenn ein Scrum-Team keine Notwendigkeit für eine Retrospektive sieht. Werden Sie als Scrum Master kreativ und konfrontieren Sie z.B. die Beteiligten mit der Frage: »Wenn es ein mögliches Thema für die Retrospektive gäbe, welches könnte es sein?« oder teilen Sie Ihre Hypothesen und Beobachtungen mit und inspizieren Sie gemeinsam, bei welchen Themen Potenzial für Verbesserung besteht.

Moderation

Ausschlaggebend für eine ergebnisorientierte und zielgerichtete Durchführung von Sprint-Retrospektiven ist die gute Vorbereitung durch den Scrum Master. Wir strapazieren diesen Punkt bewusst, da wir aus der Praxis wissen, dass der Vorbereitung von Sprint-Retrospektiven oftmals wenig Aufmerksamkeit geschenkt wird. Sei es aus Zeitmangel oder der fehlenden Auseinandersetzung mit dem Thema Sprint-Retrospektive im Allgemeinen oder dem Scrum-Team an sich. Der Nutzen von Sprint-Retrospektiven kann in diesen Fällen mit zunehmender Dauer des Projekts sinken und ein Türöffner für schlechte Stimmung sein. Damit verliert man ein starkes Mittel zur Verbesserung der Teammoral, der Leistungsfähigkeit oder des Vertrauens in die Optimierung der Zusammenarbeit.

> Wenn Sie ein schlagkräftiges Scrum-Team auf die Beine stellen wollen, dann priorisieren Sie die Retrospektive für sich hoch ein. Für eine gezielte Vorbereitung helfen das offene Auge während des Sprints sowie das Sammeln von Daten und Fakten. Ein Zeitblocker oder eine Erinnerung im Kalender unterstützen dabei, sich einen Freiraum für die konzentrierte Vorbereitung der Sprint-Retrospektive zu schaffen.

Eine Sprint-Retrospektive sollte zielgerichtet gestaltet sein. Sprint-Retrospektiven können mit der Zeit ihre Effektivität verlieren. Dann werden sie als langweilig empfunden und das Ausfüllen der Post-its wird zur Routine. In diesen Fällen ist der Einsatz von variierenden Methoden denkbar. Hierbei ist jedoch auf eine gute Balance zu achten, da ansonsten ein gegenteiliger Effekt erzielt wird. Gerade bei noch unerfahrenen Scrum-Teams sollte darauf verzichtet werden, von Beginn an zu variieren, da ansonsten das Ergebnis darunter leidet und die Anwesenden eher überfordert sind. Wir empfehlen bei den ersten Sprint-Retrospektiven dem gleichen Schema zu folgen. Der spätere Einsatz von unterschiedlichen Methoden bedarf sowohl einer vorherigen Auseinandersetzung und Vorbereitung als auch der zielgerichteten Auswahl der Techniken. Entscheidend dafür sind die Teamstimmung, das erwartete Ergebnis und das Stadium (neu vs. produktiv vs. problembehaftet), in dem sich ein Scrum-Team befindet.

> Machen Sie sich bewusst, dass die Retrospektive nicht dazu da ist, mit den Anwesenden herumexperimentieren zu können, um die nächste tolle Übung oder Technik auszuprobieren. Es geht nicht darum, die Teammitglieder zu beschäftigen und mit Übungen Ergebnisse zu produzieren, sondern gezielte Maßnahmen zu ergreifen, die die Beteiligten dabei unterstützen, eigenverantwortlich und lösungsorientiert Verbesserungen in Angriff zu nehmen. Hinterfragen Sie sich und das Event stetig, ob dieser Raum wertstiftend von allen genutzt wird.

Scrum Master, die Teammitglieder dazu bringen, sich eigenverantwortlich um die Verbesserung und Belange des gesamten Scrum-Teams zu kümmern, haben einen erfolgreichen Job gemacht. Im Voranschreiten des Projekts kann die Verantwortung für das Event gerne auch immer mehr an die Entwickler übergehen und der Scrum Master unterstützend agieren. Dies erfordert eventuell ein standardisiertes Vorgehen, das den Beteiligten Sicherheit bei der Durchführung gibt. Dafür kommt beispielsweise das unten vorgeschlagene Lean-Coffee-Format infrage (siehe Abschnitt 5.4.4).

Wir empfehlen jedem Scrum Master, sich in diesem Bereich stark zu engagieren und weiterzuentwickeln. Die Erfahrungen aus verschiedenen Sprint-Retrospektiven, unter Anwendung diverser Techniken, sind ein wichtiger Grundstein für eine effektive Durchführung. Es gibt mittlerweile mannigfaltige Literatur zum Thema Kreativitäts-, Visualisierungs-, Workshop- und Moderationstechniken. Sie finden unter *link.scrum-in-der-praxis.de/empfehlungen* zahlreiche Empfehlungen zu Spielen, Methoden und Literatur.

Psychologische Sicherheit

Stellen Sie sich vor, Sie sprinten mit Ihrem Scrum-Team entlang einer Straße. Sonnenschein und Regenschauer wechseln sich ab, Sie weichen Passanten und im Weg stehenden E-Scootern aus und versuchen, Schlaglöcher zu vermeiden und die nächste Ampel noch in der Grünphase zu überqueren. Ziemlich turbulent, oder? Und jetzt stellen Sie sich vor, dass Sie mit Ihrem Scrum-Team zurückkehren an einen Ort der Ruhe und unbeschwerten Möglichkeit, dies alles zu reflektieren, abzuschütteln und nach besseren Wegen Ausschau zu halten.

Wichtig für psychologische Sicherheit (vgl. Kap. 3) sind vor allem Vertrauen und Respekt, sodass jedes Teammitglied authentisch sein kann. Das Ergebnis einer sicheren sozialen Umgebung ist, dass im Gehirn eines Menschen andere Regionen angesprochen werden: Abstraktes Denken, Erinnerungen, Sprachen, Empathie oder Kreativität können abgerufen und genutzt werden. Ist die Stimmung angespannt oder herrscht Misstrauen vor, schalten sich unsere Urinstinkte oder Überlebensinstinkte ein: Kampf, Flucht und Starre [URL:Edmondson]. Offenheit als einer der Scrum-Werte sollte hier spürbar werden. Mit dem Finger auf andere zu zeigen oder Themen aus der Retrospektive nach außen zu tragen, sind Dinge, die gegen die Gemeinschaft des Scrum-Teams arbeiten.

Ob das notwendige Vertrauen bei den Anwesenden vorhanden ist, kann durch eine schnelle anonyme Abstimmung herausgefunden werden. Für Sprint-Retrospektiven ist die »Prime Directive« von Norman Kerth [Kerth 2001] sinnvoll, auf die ein Scrum Master explizit (wiederholt) hinweisen sollte:

> »*Wir gehen davon aus, dass egal was passiert ist, jeder mit dem Wissensstand, Fähigkeiten und Möglichkeiten, die zu diesem Zeitpunkt vorhanden waren, das Beste getan hat. Mit diesem Verständnis wird die Vergangenheit reflektiert und versucht, daraus Maßnahmen für die Zukunft zu erarbeiten.*«

> Ergründen Sie als Scrum Master, ob die Teammitglieder in einer Arbeitsatmosphäre arbeiten, in der negative Konsequenzen keine Rolle spielen. Gibt es ein harmonisches Miteinander? Werden Fehler angesprochen und dafür Verantwortung übernommen oder abgetan? Kommen unangenehme Wahrheiten auf den Tisch und ist z.B. Verletzlichkeit oder Wut sichtbar und können gemeinsam ausgehalten und bearbeitet werden?

5.4.1 Ziele

Der Scrum Guide (*scrumguides.org*) definiert folgendes Ziel für Sprint-Retrospektiven:

> *»Der Zweck der Sprint Retrospektive ist es, Wege zur Steigerung von Qualität und Effektivität zu planen. Das Scrum Team überprüft, wie der letzte Sprint in Bezug auf Individuen, Interaktionen, Prozesse, Werkzeuge und seine Definition of Done verlief. Die überprüften Elemente variieren oft je nach Arbeitsdomäne. Annahmen, die das Team in die Irre geführt haben, werden identifiziert und ihre Ursprünge erforscht. Das Scrum Team bespricht, was während des Sprints gut gelaufen ist, auf welche Probleme es gestoßen ist und wie diese Probleme gelöst wurden (oder auch nicht).«*

Ein Scrum-Team schaut auf sich, ohne mit dem Finger auf sich oder Dritte zu zeigen. Die Selbstreflexion dient dazu, Lerneffekte zu erzielen und gemeinsame Aktivitäten zu identifizieren, die in den kommenden Sprint aufgenommen werden. Beim Treffen von Vereinbarungen am Ende der Sprint-Retrospektive zählt nicht die Verpflichtung der Anwesenden, möglichst viele Verbesserungen umzusetzen, sondern gezielt *eine bis zwei* Maßnahmen auszuwählen.

> Es kann sinnvoll sein, die Sprint-Retrospektive gezielt für die Verbesserung von Scrum-Events und die Überarbeitung von Teamvereinbarungen zu nutzen oder gezielt Backlog Items nach Verbesserungspotenzial zu inspizieren.

5.4.2 Vorbereitung

Es ist nicht zielführend, generell Verbesserungen erzielen zu wollen. Auch wenn das auf den ersten Blick komisch klingen mag, stellt es jedoch heraus, dass es vordergründig um einen zu erzielenden Lerneffekt bei den Teammitgliedern geht. Das bedeutet manchmal ein Wachrütteln oder eine Teambildungsmaßnahme, die Türen öffnet und ein Bewusstsein für notwendige Änderungen schafft. Eine Sprint-Retrospektive benötigt einen Fluss, damit diese stimmig ist und von Anfang bis Ende einem roten Faden folgt. Wir haben gute Erfahrungen damit gemacht, wenn sich ein Scrum Master im Vorfeld mit Themenschwerpunkten auseinandersetzt, die er während des Sprints oder über eine längere Periode beobachtet hat. Dabei helfen ihm seine Gespräche mit Personen, Notizen oder die Artefakte und Ergebnisse aus dem Sprint. Wichtig ist es, den Fokus für das Thema zu bestimmen und anhand dessen die Sprint-Retrospektive aufzubauen. Dies bedeutet nicht, dass die Inhalte nicht mehr von den Teammitgliedern kommen, sondern dass ein unterstützender Rahmen gebildet wird, in dem sie sich dann bewegen und gezielt Verbesserungspotenziale ergründen können.

> Wenn Sie einen Fahrplan für eine Sprint-Retrospektive entwickeln, planen Sie auch Absicherungen ein, falls etwas nicht so funktionieren sollte. Methodenkenntnis und einen Alternativplan zu haben, wird Sie über die eine oder andere Schwierigkeit hinwegretten.
>
> Sollten Sie das Gefühl bekommen, dass etwas nicht so funktioniert, wie Sie es sich von vornherein gedacht haben, fragen Sie die Anwesenden offen: »Ist das hilfreich für euch?«, und wechseln Sie ggf. zur Alternative.

Neben dem Verfassen einer ansprechenden Einladung, der Buchung eines adäquaten Raums oder der Auswahl eines passenden Ortes (z.B. ein Park) ist auch die Beschaffung notwendiger Utensilien wichtig. Um beispielsweise die Kreativität zu fördern, nutzen einige Scrum Master Pfeifenreiniger, die gebogen und zu Figuren zusammengesteckt werden können, oder Sprint-Retrospektiven-Cookies, Glückskekse [URL:Weisbart], die Fragen für die Anwesenden enthalten. Für die Ausgestaltung von Remote-Sprint-Retrospektiven finden Sie in Abschnitt 6.2.4 einige weitere nützliche Hinweise.

Für die Durchführung, egal ob in Präsenz oder vor dem Bildschirm, hat sich seit Jahren das von Esther Derby und Diana Larsen vorgestellte Schema bewährt [DerbyLarsen 2018]. Dieses untergliedert die Retrospektive in folgende fünf Phasen:

1. Startphase
2. Informationen zusammentragen
3. Einsichten gewinnen
4. Entscheidungen herbeiführen
5. Abschlussphase

Eine Methode aus der Sammlung von Methoden und Kommunikationstechniken des NLP (Neurolinguistisches Programmieren) ist VAKOG. Das Akronym spiegelt die Aneinanderreihung der ersten Buchstaben der menschlichen Sinneskanäle wider: Visuell (sehen), Auditiv (hören), Kinästhetisch (fühlen), Olfaktorisch (riechen) und Gustatorisch (schmecken). Für die Aktivierung aller Anwesenden denken Sie daran, möglichst viele der fünf Repräsentationssysteme anzusprechen.

5.4.3 Ablauf

In der *Startphase* werden die Anwesenden darauf vorbereitet, was sie erwartet. Vorrangige Aufgabe ist es, die Atmosphäre für die Sprint-Retrospektive zu schaffen, bereits festgelegte Regeln zu wiederholen oder neue Regeln für das Event zu vereinbaren. Im nächsten Schritt *sammeln alle Informationen* zur vergangenen Iteration. Diese können subjektiver und objektiver Natur sein. Wichtig ist, ein möglichst umfassendes Bild zu erlangen, um die Erinnerung der Teammitglieder anzuregen. Aus diesem Überblick gilt es nun, unter Zuhilfenahme verschiedenster Methoden *Einsichten zu gewinnen*. Diese Informationen dienen als Basis, um *Entscheidungen für Verbesserungen* des Arbeitsprozesses und der Zusammenarbeit abzuleiten – dazu gehört, wie diese Verbesserungen erzielt werden können und wer die Verantwortung für die Umsetzung übernimmt. Zum *Abschluss* werden die Ergebnisse zusammengetragen, wiedergegeben und die Vereinbarungen wiederholt. Dieser Schritt dient zudem dazu, das Erreichte zu reflektieren und Rückmeldungen über die Durchführung der Sprint-Retrospektive einzuholen.

Phase 1: Startphase

Am besten wird der Raum schon einige Minuten vor dem eigentlichen Beginn gebucht, um notwendige Vorbereitungen treffen zu können. Hierzu zählen das Anbringen erforderlicher Artefakte aus dem Sprint (z.B. Sprint-Überblick, Backlog Items, Sprint-Burndown-Chart), das Bereitlegen notwendiger Arbeitsmaterialien, die Überprüfung der Hardware oder das Arrangement der Stühle und Tische. Sollte die Sprint-Retrospektive online durchgeführt werden (siehe Abschnitt 6.2.4), ist im Vorfeld entsprechend ein Online-Whiteboard oder anderes Kooperationstool einzurichten. Scrum Master sollten als erste angemeldete Person an der Videokonferenz teilnehmen und notwendige Vorkehrungen treffen sowie Einstellungen vornehmen, sodass der Ablauf nicht gestört wird.

Zu Beginn einer Sprint-Retrospektive geht es um die Einstellung und Einstimmung der Beteiligten auf die gemeinsame Zeit miteinander. Hier wird der Ablauf vorgestellt, die Regeln besprochen bzw. erneut ins Gedächtnis gerufen sowie auf die »Prime Directive« verwiesen (siehe am Ende von Abschnitt 5.4). Während des Kick-offs oder der ersten Retrospektive sollte die Vereinbarung über die gemeinsamen Regeln für die Sprint-Retrospektive festgelegt werden.

Wir haben gute Erfahrungen damit gemacht, diese zu Beginn von allen unterzeichnen zu lassen. Wichtig ist jedoch, dass es ein lebendiges Artefakt ist und bei Bedarf angepasst werden kann. Eine Vereinbarung für das Event könnte folgende Punkte enthalten:

- *Alle Perspektiven und Meinungen sind valide.*
- *Wir gehen ehrlich und respektvoll miteinander um.*
- *Wir lassen alle ausreden.*
- *Wir trennen Personen von der Sache.*
- *Wir senden »Ich«-Botschaften.*
- *Wir verallgemeinern nicht und sind konkret.*
- *Wir sind neugierig und aktiv.*
- *Alles, was wir besprechen, wird nicht ohne Zustimmung nach außen getragen.*

> Sorgen Sie am Anfang dafür, dass die Teilnehmenden ankommen und sich auf das Thema konzentrieren. Lockern Sie die Atmosphäre mit einem kurzen Spiel, einer Frage, einer Geschichte oder einer Anekdote aus dem letzten Sprint auf.

Phase 2: Informationen zusammentragen

Im nächsten Schritt werden die Daten der Iteration zusammengetragen, damit alle ein einheitliches Bild erhalten und die Perspektiven der Anwesenden besser verstehen. Grundlagen können Daten wie beispielsweise das Scrum-Board, Burndown-Chart, Stimmungsbilder, Arbeitsvereinbarungen, Sprint Backlog Items oder andere Ereignisse wie beispielsweise Sprint-Workshops sein.

Abb. 5–8 *Die aktive Teilnahme aller Beteiligten fördern*

Hilfreich ist es, wenn die Teammitglieder nicht nur aufgefordert werden, Post-its zu schreiben und diese vorzustellen, sondern auch aktiv und kreativ tätig zu werden. Die Aktivierung beider Gehirnhälften führt zu einer besseren Aufnahme des Gesagten und Geschriebenen. Mitunter führt es auch zu besseren Ergebnissen durch die kreativen Denkstrategien und öffnet verschlossene Personen.

Am Ende dieser Phase sollten die Ergebnisse noch einmal vom Scrum Master zusammengefasst, Besonderheiten diskutiert und der Übergang in den nächsten Schritt eingeleitet werden.

Sie sollten in dieser Phase unbedingt zu Beginn auf die Maßnahmen zu sprechen kommen, die sich das Scrum-Team während der letzten Retrospektive vorgenommen hat:

- Waren die Maßnahmen erfolgreich?
- Ist die Ursache beseitigt?
- Sind die Ergebnisse in Fleisch und Blut übergegangen?
- Welche Erfahrungen wurden gemacht?
- Welche Aspekte funktionieren noch nicht so gut und sollten weiter im Auge behalten werden?
- Wer kümmert sich bis wann um die offenen Punkte?

Die Betrachtung zu Beginn ist notwendig, da Sie so feststellen können, ob die Verantwortung zur Verbesserung von den Beteiligten übernommen wurde. Daneben bedeuten offene Maßnahmen auch, dass diese in Phase 4 bei der Entscheidung für neue Maßnahmen mitbedacht werden sollten.

Phase 3: Einsichten gewinnen

In diesem Schritt erfolgt die Klärung des »Warum?«. Ziel ist es, bei allen Klarheit darüber zu schaffen, welche Ursachen die aktuellen Herausforderungen haben. Daraus abgeleitet können Maßnahmen identifiziert werden, die eine Lösung des Problems ermöglichen. Die Teammitglieder werden aufgefordert, die Ergebnisse aus Phase 2 zu priorisieren und in Themenbereiche zu gruppieren. Anschließend werden Ideen generiert, welche Maßnahmen zur Behebung von Problemen und damit zur Verbesserung der Arbeit denkbar wären. Dabei ist darauf zu achten, dass vorgeschlagene Lösungen wertgeschätzt, aber hinterfragt werden. Oftmals sind die Lösungen offensichtlich, aber nicht zielführend, um zum Kern des Problems vorzustoßen.

Phase 4: Entscheidungen herbeiführen

Steht fest, welche Themen am wichtigsten für alle sind, geht es in dieser Phase um die Entscheidung, welche Maßnahmen im nächsten Sprint umgesetzt werden. Wichtig für die Selbstorganisation der Teammitglieder ist es, die Maßnahmen beeinflussen zu können. Jede Maßnahme sollte eine Treiberin oder Zuständige haben. Die ausgewählte Maßnahme sollte Teil des Product Backlog werden und nach den →SMART-Kriterien formuliert werden. Es ist sehr wichtig, dass Sie hier auf die sinnvolle Ausgestaltung der Maßnahmen achten und dass klar ist, was verbessert werden soll. »Mehr Spaß bei der Arbeit«, »Wir müssen mehr kommunizieren« oder »enger zusammenarbeiten« wird das Scrum-Team nicht weiterbringen. Auch keine lange Bulletpoint-Liste mit Themen, die aus den vorherigen Diskussionen entstanden sind, wird zu erfolgreichen Veränderungen führen. Gehen Sie tiefer und nutzen Sie Fragen oder Übungen, die die Anwesenden in die Reflexion bringen.

> Achten Sie in den Phasen 3 und 4 auf die Beteiligung aller und aktivieren Sie Personen, die sich nicht an der Diskussion oder Erarbeitung beteiligen. Vielleicht wird eine wichtige oder nützliche Information zurückgehalten, aus der eine andere oder weitere Maßnahme zur Verbesserung abgeleitet werden kann. Vielleicht liegt sogar ein versteckter Konflikt dahinter.

Phase 5: Abschlussphase

Die Ergebnisse werden am Ende zusammengefasst. Zudem wird definiert, wie diese dokumentiert und kommuniziert werden. Zum Abschluss der Sprint-Retrospektive ist das kurze Einholen von Feedback über Aufbau, Inhalt und Durchführung der Sprint-Retrospektive wertvoll, um auch daraus Verbesserungen abzuleiten.

> Nutzen Sie als Scrum Master das Feedback, um sich persönlich und die Sprint-Retrospektive weiterzuentwickeln, aber auch um die Wichtigkeit des Events zu unterstreichen.

Wir werden uns im Folgenden an die fünf Phasen halten und Ihnen drei verschiedene Varianten vorstellen. Viele Autorinnen haben sich nach dem Buch von [DerbyLarsen 2018] dem Schwerpunkt der Retrospektive gewidmet. Aus diesem Grund möchten wir nachfolgend den Fokus auf die Methoden und Variationen legen, die wir in der Praxis erfolgreich am häufigsten nutzen und die vor allem vom Prinzip Einfachheit (vgl. Abschnitt 2.2) geprägt sind.

5.4.4 Varianten

Der Vertrag

Unser Scrum-Team traf sich an einem sehr sonnigen und heißen Tag zu einer Sprint-Retrospektive. Kurz zuvor hatte das Sprint-Review stattgefunden, in dem das Team die Ergebnisse des erfolgreichen Sprints präsentierte. Finn, der sich als Scrum Master Gedanken über die Ausgestaltung der Sprint-Retrospektive gemacht hatte, konnte sich schon denken, dass die Motivation, jetzt noch eine aktive Sprint-Retrospektive abzuhalten, nicht gerade hoch war. Daher überlegte er sich kurzerhand etwas, das allen gefallen und trotzdem noch einen Nutzen haben würde.

Als alle jammernd aufgrund der Hitze und erschöpft vom anstrengenden Sprint den Meetingraum betraten und Finn unmissverständlich zu verstehen gaben, dass eine Sprint-Retrospektive jetzt das Letzte sei, was sie tun wollten, blieb seine Miene versteinert und ernst. Dies gehörte zur Taktik, und er wollte sich den Spaß nicht nehmen lassen. »So, dann lasst uns mal die letzten zwei Wochen reflektieren«, sagte er und fragte in die Runde, nachdem alle ihren Platz gefunden hatten: »Wie fühlt ihr euch denn heute?« »Nehmt euch bitte Post-its und Stifte und lasst uns beginnen.« Alva meldete sich mit einem gequältem »Och, muss das wirklich sein, es ist doch so warm!« zu Wort. Finn konnte nun doch nicht länger an sich halten, ließ nun locker und weihte das Team ein: »Okay, ich hab mir etwas überlegt ...«, kurze Gedankenpause seinerseits, »... wir machen es heute etwas anders. Ihr schließt heute einen Vertrag mit euch selbst. Wer fertig ist, darf sich aus dem Tiefkühlschrank nebenan gerne ein Eis seiner Wahl nehmen und gehen.«

Auf einzelnen Gesichtern war Freude und auf einigen ein Fragezeichen zu sehen. Finn hatte vor der Sprint-Retrospektive für das Eis gesorgt und es in einem Kühlschrank in der Nähe des Meetingraums platziert. Zudem hatte er ein Blatt mit der Überschrift »Vertrag« für jeden ausgedruckt. Er instruierte während des Austeilens der Verträge: »Ihr seht hier einige Fragen im Vertrag, die ihr bitte im Rückblick auf die vergangenen zwei Wochen ausfüllt.« Finn hatte folgende sieben Fragen formuliert, die jedes Teammitglied für sich selbst beantworten sollte:

- *Was mir besonders gut gefallen hat in diesem Sprint ...*
- *Was mir gar nicht gut gefallen hat in diesem Sprint ...*
- *Was ich im nächsten Sprint nicht mehr tue ...*
- *Was ich im nächsten Sprint anfange zu tun ...*
- *Wer mich dabei unterstützen könnte ...*
- *Was mich bei der Umsetzung hindern könnte ...*
- *Wie ich diesen Hindernissen begegnen will ...*

Nach etwa 15 Minuten hatten alle ihre Fragen beantwortet. »Fügt bitte Datum und Unterschrift hinzu, steckt den Vertrag in den Briefumschlag, verschließt ihn und schreibt bitte euren Namen darauf«, forderte er die Anwesenden auf. »Ihr erhaltet die Verträge in einigen Wochen zurück, dann könnt ihr sehen, ob ihr eurem Vertrag treu geblieben seid.« Alle in der Runde lachten, aßen ihr Eis und saßen im Anschluss noch einige Zeit zusammen, um sich zu unterhalten.

→

Die Verträge teilte er nach zwei weiteren Sprints zu Beginn der Sprint-Retrospektive aus. Finn bat anschließend die Teammitglieder, die Punkte auf Karten zu schreiben, die sich jeder Einzelne vorgenommen hatte, die jedoch nicht umgesetzt wurden. Diese Karten wurden Teil der Sprint-Retrospektive und mit den anderen Ereignissen des Sprints besprochen.

Wir stellen Ihnen nachfolgend drei unterschiedliche Versionen einer Sprint-Retrospektive vor, die auch remote funktionieren und leicht adaptiert werden können. Die folgenden Sprint-Retrospektiven eignen sich für Teamgrößen von 3 bis 10 Mitgliedern inklusive Product Owner. Wir setzen die Formate am häufigsten für zweiwöchentlich stattfindende Events ein, die meist 60 bis 90 Minuten dauern.

Lean Coffee

Eines unserer beliebtesten Formate ist über die letzten Jahre Lean Coffee geworden. Lean Coffee (*leancoffee.org*) ist im Ursprung ein Format, um Meetings zu strukturieren, und basiert auf den Prinzipien des →Lean Thinking. Der Einsatz von Lean Coffee hat sich in vielen anderen Meetings (z.B. Teammeetings) schon etabliert und ist somit leicht für die Sprint-Retrospektive zu adaptieren. Wir stellen Ihnen eine Version vor, für die Sie 60 Minuten einplanen können.

Wir nutzen dieses Format häufig mit verteilten Scrum-Teams, da es auch im Vorfeld eine leichte Abfrage der Themen ermöglicht. Zum Beispiel haben wir in einem für die Teammitglieder geschützten Wiki-Bereich eine Tabelle vorbereitet, in der alle vorab Themen festhalten können. Dazu werden sie mit der Einladung zum Event gebeten. Damit bleibt nicht nur während der Sprint-Retrospektive mehr Zeit für die Diskussion der Themen, sondern es wird auch transparent gemacht, welche Themen eine Rolle spielen, sodass sich alle darauf vorbereiten können.

Startphase

Minute 0–10: Nachdem die Teilnehmenden durch die Moderation herzlich empfangen und die gemeinsamen Meetingregeln wiederholt wurden, werden die Beteiligten gebeten, sich in die anderen Teammitglieder einzufühlen. Mit der Frage »Wie geht es deiner Nachbarin?« leiten Sie die Übung ein. Danach werden alle gebeten, sich in einer festgelegten Reihenfolge in die Person nebenan zu versetzen. Es können Fragen oder Aussagen verwendet werden, die sich auf den Sprint oder die allgemeine Zusammenarbeit im Team beziehen. Hier einige Beispiele:

- *Ich fühle mich aktuell …*
- *Meine Meinung zum letzten Sprint ist …*
- *Worauf ich besonders stolz bin …*
- *Wenn ich zum letzten Sprint etwas hervorheben sollte, dann wäre das …*
- *Ich bin dankbar für …*

Die Fragen werden von den einzelnen Teammitgliedern nach bestem Wissen beantwortet. Die Person, die mit der Einschätzung gemeint ist, kann im Nachgang klarstellen, ob die Einschätzung zutraf und wenn nicht, welche Aussage sie getroffen hätte. Die Übung ist beendet, wenn alle eine Aussage für ein Teammitglied getroffen haben.

Online haben Sie die Möglichkeit, die Reihenfolge vorab im Chat festzulegen. Bitten Sie einfach eine Person, ihren Vornamen in den Chat zu schreiben und dazu einen weiteren eines Teammitglieds. Dieses Teammitglied schreibt nun den nächsten Vornamen auf usw., bis alle Namen im Chat stehen (siehe Kap. 6).

Informationen zusammentragen

Minute 10–25: Nach der Vorstellung wie Lean Coffee funktioniert, bitten Sie die Teilnehmenden, sich über Themen Gedanken zu machen, die sie besprechen möchten. Jedes Thema sollte auf einem separaten Post-it stehen. Ihre Aufforderung könnte beispielsweise so lauten: »Was ist *(sind) die eine (zwei oder drei) Sache(n), die wir unbedingt besprechen sollten, um unsere gemeinsame Zusammenarbeit zu verbessern?*« Sie können natürlich auch ohne Beschränkung in diesem Schritt vorgehen. Wir möchten damit bezwecken, dass sich die Teilnehmenden auf die Dinge fokussieren, die wirklich relevant sind und sie im Sinne des →Lean Thinking mit »Vermeidung von Verschwendung« handeln.

Geben Sie für die Sammlung der Themen etwa fünf Minuten Zeit. Die gesammelten Themen werden auf einem Board in einer von drei Spalten mit der Überschrift »Zu diskutieren« gesammelt. Die Spalten der anderen zwei Arbeitsschritte können Sie beispielsweise »In Diskussion« und »Fertig« betiteln. Wenn keiner mehr schreibt oder die fünf Minuten vorbei sind, bitten Sie die Teilnehmenden, ihr Thema kurz innerhalb einer Minute vorzustellen. Bei der Vorstellung werden Überschneidungen zu anderen Teammitgliedern deutlich. Gruppieren Sie gerne diese Themen in dem Schritt.

Nachdem alle Themen vorgestellt wurden, geben Sie den Teilnehmenden eine Anzahl an Punkten für die Bewertung, welches Thema als Erstes besprochen werden soll. Die Beteiligten können z. B. drei Punkte für ein Thema vergeben oder die Punkte nach Belieben verteilen. Seien Sie bei gleich priorisierten Themen pragmatisch und bringen Sie diese in eine Reihenfolge.

Einsichten gewinnen

Minute 25–50: Nun beginnen Sie der Reihe nach die Themen zu diskutieren. Sie ziehen das Thema mit höchster Priorität in den Arbeitsschritt »In Diskussion«. Bevor Sie dies tun, vergeben Sie jedoch eine Timebox von 7–10 Minuten, die für die Diskussion eines Themas verwendet wird. Wir zeigen die verbleibende Zeit für alle sichtbar an und verwenden eine Timebox von 7 Minuten. Wenn diese Zeit abgelaufen ist, fragen Sie die Teilnehmenden, ob diese eine weitere Timebox verwenden oder zum nächsten Thema übergehen möchten. Die Abstimmung könnte per Dot-Voting oder mit dem Daumen erfolgen.

- *Daumen hoch*
  Ich möchte eine weitere Timebox nutzen.
- *Daumen seitlich*
  Wir können das Thema weiter diskutieren oder ein neues Thema nehmen.
- *Daumen runter*
  Wir haben das Thema ausreichend besprochen.

Bei einer Überzahl an Daumen, die zur Seite gerichtet sind, tendieren Sie zum Abschluss des Themas und Übergang zum Neuen.

Während der Diskussion sollte das Gespräch durch eine Person (z.B. Scrum Master) moderiert werden. Wir haben online wie offline gute Erfahrungen damit gemacht, wesentliche Punkte oder sogar Lösungsansätze direkt mitzuschreiben. Darauf aufbauend können im nächsten Schritt leichter die Maßnahmen abgeleitet werden.

> Sollten sich die Beteiligten für eine zweite Timebox entschieden haben, können Sie eine dritte Timebox anbieten oder auch als Maßnahme einen separaten Termin vorschlagen. In diesem Fall kann das Thema ausführlich von den Interessierten vorbereitet und besprochen werden.

Sobald Sie mit einem Thema durch sind, verschieben Sie es auf »Fertig«, gehen zum nächsten Thema über und wiederholen dies, bis alle Themen besprochen wurden. In unserem Beispiel haben Sie ca. 25 Minuten Zeit für das Besprechen von Themen. Wenn Sie mit einer Timebox von 7 Minuten arbeiten, dann sind 2–5 Themen durch die Variation der Länge denkbar. Manchmal wird eine weitere Timebox für ein Thema verwendet, manchmal ist ein Thema in 3 Minuten abgehandelt.

> Es ist Ihnen überlassen, ob Sie in die Timebox die Abstimmung von Maßnahmen mit aufnehmen oder im Nachgang (wie oben beschrieben) mit den Beteiligten die Maßnahmen festlegen. Wir haben die Erfahrung gemacht, dass es gesünder für die Diskussionskultur ist, nicht ständig zu unterbrechen und darauf hinzuweisen, dass die verfügbare Zeit gleich abgelaufen ist.

Entscheidungen herbeiführen

Der Vorteil des Lean Coffee liegt darin, dass im Vorfeld schon eine Priorität durch die Beteiligten festgelegt wird und somit die wichtigsten Themen zuerst besprochen werden. Der Schritt *Entscheidungen herbeiführen* wird wie oben beschrieben eigentlich für jedes Thema direkt abgehandelt. Legen Sie Wert darauf, dass die Maßnahmen →SMART definiert sind.

Sie fragen sich sicherlich, was mit den Themen passiert, die nicht besprochen wurden? Diese Themen wurden von den Beteiligten niedriger priorisiert und werden eventuell erneut in einer Sprint-Retrospektive auftauchen. Für den Moment haben alle die investierte Zeit am sinnvollsten genutzt.

> Sie können bei der Planung der Agenda auch mehr Zeit einräumen und den Teilnehmenden im Anschluss an die Diskussionen der Themen direkt Zeit für das Konkretisieren der Maßnahmen geben.

Abschlussphase

Minute 50–60: Am Ende der Sprint-Retrospektive sollte noch Zeit für eine kurze Zusammenfassung der Ergebnisse und die Durchführung von nächsten Schritten eingeplant werden. Anschließend bitten Sie die Teilnehmenden erneut, sich wie beim Check-in in der Startphase in ein anderes Teammitglied hineinzuversetzen. Dafür können Sie die abgestimmte Reihenfolge erneut nutzen, aber eventuell die Reihenfolge umkehren. Bitten Sie die Teammitglieder, für die Person nebenan ein Zitat mit Bezug auf die Retrospektive zu formulieren: »Wenn nach dem Event auf Twitter ein Zitat deiner Nachbarin zur *Sprint-Retrospektive stehen würde, welches wäre das?«* Im Anschluss können die betroffenen Personen gerne wieder kurz etwas dazu sagen. Es ist aber auch in Ordnung, wenn das Gesagte im Raum stehen bleibt. Denkbar ist auch, dass Fragen oder Aussagen zur Durchführung oder dem Ergebnis der Sprint-Retrospektive wie zu Beginn verwendet werden.

Futurespective

»Der Blick zurück« erhält in einer Futurespective eine ganz andere Dimension. Die Teammitglieder stellen sich in diesem Format vor, sie hätten bereits ein Ziel in der Zukunft erreicht und schauen nun zurück, welche Aspekte in Bezug auf die Zusammenarbeit dafür wichtig waren. Wenn dieses Format in einer Sprint-Retrospektive eingesetzt wird, blickt das Scrum-Team gemeinsam in die Zukunft und betrachtet einen erfolgreichen nächsten Sprint. Die Erfahrungen, die im aktuellen oder vorherigen Sprint gemacht wurden, fließen dabei ein. Das Format erlaubt es den Beteiligten, Bedenken und Befürchtungen zu untersuchen, mit denen sie eventuell konfrontiert werden, und proaktiv Lösungen zu finden.

> Das Format eignet sich neben der Vorhersage eines Sprints zudem für den Start eines neuen Projekts oder eines neuen Zeitabschnitts (z.B. zu Beginn eines Quartals, an dessen Ende ein Release geplant ist). Unter *link.scrum-in-der-praxis.de/futurespective* finden Sie weitere Futurespective-Formate.

Startphase

Minute 0–10: Als Vorbereitung auf den gemeinsamen Zeitsprung lassen Sie die Teammitglieder doch mit einer gezielten Frage darüber reflektieren, was »Marty McFly« oder »Dr. Brown« (als Anspielung auf den 1985 erschienenen Film »Zurück in die Zukunft«) über das Scrum-Team berichten würden, wenn sie zurück ins Jahr 1985 reisen. Was haben die Anwesenden zu berichten über beispielsweise:

- *die Zusammenarbeit im Scrum-Team*
- *die Qualität des Produkts*
- *das Ergebnis des Sprints*
- *die eingesetzten Werkzeuge*
- *die Werte & Prinzipien des Scrum-Teams*

Der Film hat damals schon viele technologische Errungenschaften beinhaltet, die heute zum Alltag gehören. Versetzen Sie die Beteiligten in die Lage, ihre Errungenschaften zu benennen.

> Nutzen Sie online wie offline Bilder, Filmausschnitte oder Accessoires für die Einstimmung auf die Retrospektive. Oder stellen Sie für alle eine Miniatur des DeLoreans (Auto, das im Film als Zeitmaschine genutzt wurde), eine Kaffeetasse oder ein anderes der unzähligen Accessoires als Erinnerung in den Meetingraum.

Informationen zusammentragen

Minute 10–25: Ein gelungener Einstieg für eine Futurespective ist es, sich ein passendes Szenario Ihres Scrum-Teams zu überlegen, mit dem sich die Teammitglieder identifizieren können. Zum Beispiel:

> *»Ich möchte euch auf eine kleine Zeitreise mitnehmen. Stellt euch vor, wir haben alle den kommenden Sprint schon durchlaufen und finden uns gerade auf einer gemeinsamen Party wieder. Konfettiregen, wir prosten uns zu, liegen uns in den Armen, geben uns High five und sind wirklich stolz auf den erfolgreichen Sprint, den wir gerade hinter uns gebracht haben. Die Qualität unserer Sprint Backlog Items ist fantastisch, die Zusammenarbeit lief Hand in Hand und wir konnten sogar einige Verbesserungen im Arbeitsprozess realisieren, die uns zukünftig noch flexibler und schneller machen.«*

Das Gesagte sollte kurz im Raum stehen bleiben, um bei allen wirken zu können. Eine Sprechpause und ein Blick in die Gesichter der Beteiligten, um anschließend zum Klatschen, High five oder gemeinsamen Jubel aufzufordern, helfen, um sich schon einmal in die Situation hineinzuversetzen.

Im nächsten Schritt sind alle aufgefordert, sich über die Frage Gedanken zu machen: »Wie haben wir diesen Erfolg möglich gemacht?« Wir nutzen in diesem Schritt gerne Kleingruppen von 2–4 Personen, um sich über die Erfolgskriterien klar zu werden. Nach circa 5–7 Minuten stellt jede Gruppe dann circa eine Minute die auf Post-its notierten Kriterien kurz vor.

Einsichten gewinnen

Minute 25–35: Diese gesammelten Erfolgskriterien sind die Basis dafür, um im folgenden Schritt weiter ins Detail zu gehen. Holen Sie die Beteiligten wieder ins Hier und Jetzt und übertragen Sie die Post-its bzw. gesammelten Ideen in eine Spalte »Erfolgskriterien«. Die zweite Spalte trägt die Bezeichnung »Effekt« und die dritte »Herzblut«. Bitten Sie nun jedes Teammitglied, in der Spalte »Effekt« eine Punktebewertung durchzuführen. »Was hat aus persönlicher Sicht den größten Einfluss auf die Verbesserung bzw. den Erfolg des Sprints bzw. unseres Teams?« [URL:Larsen b]. Je nach Anzahl der Themen sind pro Teammitglied 2 bis 4 Punkte sinnvoll. Sobald alle Punkte verteilt wurden, werden diese zusammengerechnet und das Ergebnis notiert. Darauffolgend erhalten alle einen Punkt für die Bewertung der Frage: »In welches Erfolgskriterium würde ich persönlich mein Herzblut (meine Energie) investieren?« Auch dieses Ergebnis wird summiert. Sie schauen dann nach den Ideen mit dem maximalen Effekt und besprechen diese im nächsten Schritt. Sollten mehrere Ideen beim »Effekt« gleich auf sein, wählen Sie diejenige aus, für die die Teammitglieder ihr Herzblut einsetzen.

Entscheidungen herbeiführen

Minute 35–55: Anschließend fokussieren Sie sich auf die ersten ein bis drei höchstbewerteten Erfolgskriterien und lassen die Teammitglieder SMART-Maßnahmen dazu erarbeiten, was im nächsten Sprint noch getan werden muss, um dieses Erfolgskriterium wahr werden zu lassen. Sie können hierfür wieder Kleingruppen wie zu Beginn verwenden oder das Plenum nutzen.

> Sie können in dieser Phase auch eine gemeinsame Zielvereinbarung oder Regeln der Zusammenarbeit auf Basis der Erfolgskriterien erstellen lassen.

Abschlussphase

Minute 55–60: Zum Ende erfragen Sie die Wahrscheinlichkeit, dass die vorweggenommene Zukunft auch eintreten wird: »Nachdem wir in die Zukunft gereist sind und uns gerade darauf vorbereitet haben, wie sehr glaubst du daran, dass es so eintreffen wird?« Visualisieren Sie das Feedback nach ihren Wünschen und sammeln Sie Feedback zur Durchführung dieser zukunftsweisenden Sprint-Retrospektive ein und bedanken Sie sich für die Teilnahme.

> Wenn Sie die Sprint-Retrospektive online durchführen (siehe Abschnitt 6.2.4), können Sie die Frage als Umfrage erstellen und die Teilnehmenden abstimmen lassen. Oder Sie stellen die Frage und lassen alle auf ein abgestimmtes Signal hin (z.B. »Ich zähle bis drei«) gleichzeitig im Chat antworten.

Liberating Structures

Die aktuell 33 Methoden der Liberating Structures haben in den vergangenen Jahren einen enormen Zuspruch erhalten und dürfen heutzutage in keinem Moderationskoffer fehlen. Liberating Structures (*liberatingstructures.com*) sind kleine Strukturen, die vor allem eines zum Ziel haben: die Beteiligung aller Anwesenden. Treiber dieser Bewegung sind Keith McCandless und Henri Lipmanowicz, die 2014 mit ihrem Buch »The Surprising Power of Liberating Structures: Simple Rules to Unleash A Culture of Innovation« die Gestaltung von Meetings revolutionierten [LipmanowiczMcCandless 2014].

Für eine einstündige Retrospektive haben wir Ihnen nachfolgend einen »String« aus verschiedenen Strukturen erstellt. String bezeichnet das Aneinanderfügen von Liberating Structures, die aufbauend zu einem Ergebnis führen bzw. die vorherigen Erkenntnisse vertiefen.

> Diese und die nachfolgenden Strukturen können auch sehr gut online in sogenannten »Breakout-Räumen« durchgeführt werden (siehe Kap. 6). Teilnehmende, die zum ersten Mal Liberating Structures verwenden, merken häufig an, dass die Zeit zu knapp bemessen sei. Die kurzen Zeitspannen sind jedoch gewollt und sollen dazu führen, sich beim Gesagten auf das Wesentliche zu fokussieren und nicht abzuschweifen.

Startphase

Minute 0–10: Nach dem Ankommen und Überprüfen der Verbesserungen aus der letzten Retrospektive dient *Impromptu Networking* einem entspannten Einstieg bzw. Ankommen. Im Sinne eines Smalltalks werden hier Fragen in Paaren beantwortet, auf die im Nachgang nicht weiter eingegangen wird. Einladungen an die Teammitglieder zur Beantwortung einer Frage könnten beispielsweise lauten:

- *Welche Herausforderungen bringst du mit in diese Sprint-Retrospektive?*
- *Wie empfindest du unsere Zusammenarbeit? Wobei kann uns die Sprint-Retrospektive helfen?*

- *Mit welchem Teammitglied hast du am wenigsten zusammengearbeitet? Woran liegt das? Wie kannst du das ändern?*
- *Wie bin ich gerade präsent? Was erhoffe ich mir von der Sprint-Retrospektive?*
- *Wo leben wir unsere Werte und Prinzipien? Wo nicht? Worauf sollten wir besonders Wert legen?*
- *Was sollten wir auf jeden Fall im nächsten Sprint auf die Reihe kriegen?*

Sobald eine Einladung ausgesprochen wurde, sind die Teilnehmenden aufgefordert, sich eigenständig eine Person für einen 2–3-minütigen Austausch zu suchen. Sobald die Zeit um ist, wird dieses Gespräch noch zweimal mit jeweils einer anderen Person zur selben Frage wiederholt. Entscheiden Sie, ob das Besprochene bei den Paaren bleibt oder ob Sie dazu auffordern, »Nennens- oder Bemerkenswertes« freiwillig zu teilen.

> Impromptu Networking kann nicht nur für Fragen, sondern auch für das Entwickeln von Ideen genutzt werden. Die Struktur setzt voraus, dass die gemeinsame Zeit untereinander aufgeteilt wird. Teilnehmende, die bisher noch keine Erfahrung mit der Struktur haben, lassen wir in der ersten Runde einmal erspüren, wie sich das anfühlt. In vielen Fällen beginnt die zweite Person dann kurz vor dem Ablauf der Zeit mit der Beantwortung der Frage. Wir nutzen dies, um auf den Fokus-Aspekt und die gleichberechtigte Beteiligung einzugehen.

Informationen zusammentragen & Einsichten gewinnen

Minute 10–45: Der Fokus auf den direkten Austausch ebnet den Weg, um die Teilnehmenden für die Sprint-Retrospektive vorzubereiten und über Verbesserungen nachzudenken. Im folgenden Schritt gehen Sie dazu über, *TRIZ* als nächste Struktur anzukündigen. TRIZ ist ein russisches Akronym und bedeutet sinngemäß »Theorie zur Lösung erfinderischer Probleme«. Die Struktur sorgt dafür, dass Elefanten im Raum auf den Tisch kommen, und regt die kreative Auseinandersetzung mit kontraproduktiven Aktivitäten oder Verhaltensweisen an. Nachfolgend einige Anregungen für Fragestellungen, denen sich die Anwesenden widmen könnten:

- *Erstellt eine Liste mit Dingen, die wir tun können, um garantiert den schlechtesten Sprint aller Zeiten hinzulegen!*
- *Was können wir dafür tun, damit garantiert ist, dass wir unser nächstes Ziel nicht erreichen werden? Erstellt eine Liste.*
- *Was muss alles passieren, damit diese Retrospektive ein echter Misserfolg wird und wir im nächsten Sprint uns an nichts mehr erinnern oder dazugelernt haben?*

In den nächsten drei Schritten ist eine weitere Liberating Structure eingebettet. Anhand des Formats »1-2-4-All« werden folgende circa 10-minütige Phasen durchlaufen:

1. Jede Kleingruppe, bestehend aus vier Personen, erstellt eine Liste mit all den Dingen, die dafür Sorge tragen, dass das unerwünschte Ergebnis erreicht wird. Jede Person macht sich dabei zuerst allein Gedanken (1 Minute), dann zu zweit (2 Minuten) und anschließend zu viert (4 Minuten). Die einzelnen Aspekte werden jeweils auf einem Post-it festgehalten und in den Gesprächen ergänzt oder zusammengeführt. Der »All«-Teil kann bei mehreren Kleingruppen genutzt werden, um ganz kurz das Ergebnis vorzustellen.
2. »Was tun wir aktuell, was den Dingen der Liste schon ähnelt?« Im nächsten Schritt sind die Kleingruppen gefragt, in sich zu gehen und eine weitere Liste mithilfe von 1-2-4-All zu erstellen. Das Vorgehen ist identisch mit Schritt 1.
3. »Was kann ich, was können wir tun, um dieses Verhalten zu stoppen?« Mit Blick auf die Ergebnisse aus Schritt 2 sollen die Teilnehmenden nun erste Ideen und Maßnahmen entwickeln, die dabei helfen, die Zusammenarbeit zu verbessern.

Wenn Sie z.B. eine Teilnehmerzahl von sechs Personen haben, können Sie auch zwei Kleingruppen Ergebnisse erarbeiten lassen. Es kommen dann nicht vier Personen, sondern nur drei Personen in der dritten Runde zusammen. Wenn Sie zehn Teilnehmende haben, dann können Sie zwei Kleingruppen bilden und im zweiten Schritt eine 2er- und 3er-Gruppe sprechen lassen und im dritten Schritt eine 5er-Gruppe (anstelle von vier Personen).

Entscheidungen herbeiführen

Minute 45–55: Dieses Ergebnis wird nun kurz vorgestellt. Aus unserer Erfahrung haben die Beteiligten hier schon einen guten Fokus auf das Wesentliche gelegt. Sie können das Ergebnis in diesem Schritt priorisieren lassen, sodass klar wird, auf welche Maßnahmen sich die Teammitglieder im nächsten Sprint fokussieren. Legen Sie auch hier den Fokus auf wenige SMART-Maßnahmen.

Sie könnten Ihren String in diesem Schritt um die Liberating Structure »15% Solutions« (Dauer circa 20 Minuten) erweitern. Diese Struktur fordert die einzelnen Teammitglieder dazu auf, sich Gedanken darüber zu machen, welche – noch so kleinen – Aufgaben sie selbst unternehmen könnten, um der Lösung einen Schritt näher zu kommen: »Was sind deine *15%-Lösungen? Was kannst du ohne fremde Hilfe, ohne um Erlaubnis zu fragen und ohne zusätzliche Ressourcen tun?«*

Abschlussphase

Minute 55–60: Zum Abschluss bitten Sie die Teilnehmenden, unterschiedliche Facetten des Events zu bewerten. Dafür bauen Sie eine Matrix auf, die auf der linken Seite vertikal die zu betrachtenden Dimensionen wie z.B. »Atmosphäre«, Zufriedenheit mit den »Ergebnissen« oder eingesetzten »Methoden« bzw. »Tools« enthält. Horizontal könnten Sie anstatt mit einer Skala von 1 bis 10 zu arbeiten auch passende und amüsante Bilder wie Smileys oder Memes verwenden. Die Teilnehmenden geben dann jeweils ihr Feedback durch ein Post-it oder einen Punkt.

> Ergänzend oder alternativ könnten Sie zum »Danke sagen« einladen. Entweder durch die Nutzung von *kudobox.co* oder das Verteilen von »Kudo-Karten« während eines Treffens in Präsenz.

5.4.5 Häufige Herausforderungen

So vielfältig wie die Gestaltung und die Ergebnisse von Sprint-Retrospektiven sein können, so vielfältig sind auch die Herausforderungen, die dabei entstehen können.

Sprint-Retrospektiven aussetzen

Manchmal sehen Teammitglieder keinen Sinn in der Sprint-Retrospektive, nehmen sie nicht ernst oder haben keine Lust darauf. Manche verzichten dann auf die Durchführung oder es nehmen nicht alle teil. Es gibt eventuell von den Teammitgliedern viele berechtigte Argumente dafür, die Sinnhaftigkeit infrage zu stellen.

Als Scrum Master sollten Sie es sich in jedem Fall zur ersten Priorität machen, diese Schieflage in Ordnung zu bringen. Für viele ist die Sprint-Retrospektive nicht umsonst das wichtigste Event des Rahmenwerks. Es fällt leicht, die Entscheidung zu treffen, eine Sprint-Retrospektive nicht stattfinden zu lassen. Nüchtern betrachtet hat dies erst einmal kleinen Einfluss. Zumindest wenn man den direkten Vergleich mit dem Sprint Planning wagt. Nicht zu planen würde das Scrum-Team ins Stocken geraten lassen. Es hätte wohl eine spürbare kurzfristige Auswirkung für alle. Retrospektiven sind eine Investition in ein zukünftig funktionierendes Scrum-Team. Sie nicht durchzuführen, bedeutet gleichzeitig, Probleme nicht zu bearbeiten und deren Aufarbeitung zu verschieben.

Ein weiteres Argument, das wir nicht selten hören, ist, die Investition in die gemeinsame Reflexion ist teurer als die Resultate, die hervorgebracht werden. Beispielsweise könnte ein Scrum-Team von sechs Personen in einer einstündigen Sprint-Retrospektive 360 Minuten »verbrennen«. Anders ausgedrückt, das Investment der Beteiligten von 360 Minuten muss zumindest eine äquivalente Maßnahme hervorbringen, die dieses Investment wieder ausgleicht. Sie werden gegenüber Ihren Scrum-Teams sehr leicht argumentieren können, dass dieses Investment sich schnell auszahlt, wenn z. B. Wartezeiten durch das Auflösen von strukturellen Abhängigkeiten eingespart werden können oder die Qualität der Produktentwicklung so gesteigert wird, dass Fehler seltener auftreten.

Eine weitere typische Situation, für ein Aussetzen der Sprint-Retrospektive zu plädieren, ist, wenn die Entwickler Druck verspüren. Häufig ist dies der Fall, wenn auf einen Termin hingearbeitet wird. Etwas amüsant ist an diesem Argument, dass ein Scrum-Team gerade in diesen Situationen das Gespräch und die Reflexion benötigt. Speziell in heißen Phasen sind kurze Abstimmungen wertstiftend. Wenn Sie damit konfrontiert werden, fühlen Sie auf den Zahn, *warum* keine Zeit da ist. Ergänzende Fragen könnten lauten:

- *Was könnten wir verpassen, wenn wir uns keine Zeit für die Sprint-Retrospektive und Verbesserungen nehmen?*
- *Woher kommt der hohe Druck, den ihr spürt?*
- *Was fangt ihr mit der Zeit an, die wir nicht damit verbringen, über Verbesserungen unserer Zusammenarbeit zu sprechen?*
- *Wiegt diese Zeit den Wert auf, den wir in die Verbesserung unserer Zusammenarbeit oder die Qualität des Produkts fließen lassen können?*
- *Gibt es keine Sache, die wir zwischenmenschlich, arbeitstechnisch oder produktbezogen verbessern können?*
- *Was wäre die eine Sache, die uns davon abhalten könnte, ein erfolgreiches Release auf die Beine zu stellen?*

Wenn Sie sich mit Fragen dem Team nähern, ist es fast so, als führten Sie eine kleine Reflexion mit den Teammitgliedern durch. Sich nicht die Zeit von 60 bis 90 Minuten nach zehn Tagen gemeinsamer Zusammenarbeit zu nehmen, ist wirklich an falscher Stelle gespart. Es ist fast so, als wenn Ihnen jemand sagen würde: »Ich bin so beschäftigt, ich habe keine Zeit, etwas zu essen.« Wie lange meinen Sie wird das funktionieren?

> Die Durchführung einer Sprint-Retrospektive ist nicht optional, sondern ein Kernelement von Scrum. Vermitteln Sie die Wichtigkeit der empirischen Prozesskontrolle und von Inspect & Adapt. An den Grundsäulen von Scrum sollten Sie als Scrum Master festhalten und keine Zweifel aufkommen lassen.
>
> Hinterfragen Sie sich und holen Sie im direkten Gespräch mit den Teammitgliedern Feedback ein. Suchen Sie zu Nörglern oder Verweigerern den direkten Kontakt und finden Sie heraus, welche Ursachen die aktuelle Haltung hat. Wenn möglich, holen Sie sich als Scrum Master Unterstützung durch einen →Agile Coach.

Fehlende Verantwortungsübernahme

»*Wir wissen doch, wo unsere Probleme liegen, wir haben sie bisher nicht gelöst, daran ändert die Sprint-Retrospektive auch nichts*!« Wenn das Team in einer Sprint-Retrospektive nichts lernt, entstehen keine Ergebnisse. Das führt zur Frage nach dem Sinn und Zweck des Events. Anders gesagt, kann es auch daran liegen, dass keine Verantwortung übernommen wird. Die Probleme sind zwar deutlich und sichtbar, die getroffenen Maßnahmen, Entscheidungen und Lösungen werden jedoch nicht konsequent verfolgt. Die Ergebnisse sollten in Form von Sprint Backlog Items im Sprint Planning aufgenommen und Teil des Sprint Backlog werden. Dies führt unweigerlich zu einer Fokussierung und Umsetzung innerhalb einer Iteration.

> Überprüfen Sie in jeder Sprint-Retrospektive gemeinsam mit dem Team, welche Ergebnisse und Verbesserungen erzielt wurden. Manchmal lohnt sich auch ein zusammenfassender Blick auf die Ergebnisse vergangener Sprint-Retrospektiven im Vergleich zu Verbesserungen im aktuellen Sprint.
>
> Achten Sie darauf, dass sich die Teammitglieder nicht nur auf Themen einigen, die außerhalb des Einflussbereichs der Teammitglieder liegen.

Fehlende Offenheit

Kommen kritische Themen nicht auf den Tisch oder beschleicht Sie das Gefühl, dass kein offenes und ehrliches Feedback untereinander gegeben wird? Eine offene Atmosphäre zu schaffen, in der sich alle Beteiligten vertrauen und wissen, dass sie in einem geschützten Raum agieren, ist essenziell für das Vertrauen untereinander. Egal ob sich jemand Luft über die Kolleginnen einer anderen Abteilung verschafft, es bleibt im Raum. Es sollte für alle Teilnehmenden klar sein, dass diese Entladung, in welcher Art und Weise auch immer, nie in der betreffenden Abteilung ankommt. Wichtig ist, deutlich zu machen, dass die Meinung gehört wurde und im Raum bleibt. Und auch, dass der Fingerzeig und das Beschweren über »die« anderen eine Ausnahme darstellen sollte. Stetiges Jammern führt zu einer Negativspirale und dazu, dass der Raum einer Retrospektive nicht zielführend genutzt wird, da sich ja sowieso nichts ändert. Durch dieses Gefühl sinkt die Beteiligung und es ist keine offene Auseinandersetzung mehr möglich.

> Leben Sie als Scrum Master vor, was Sie sich von den Beteiligten wünschen. Seien Sie offen und ehrlich und scheuen Sie sich nicht, unangenehme Dinge auf den Tisch zu bringen. Wenn Ihnen Fehler passieren, geben Sie diese offen zu. Kritik an etwas ist ihrerseits immer konstruktiv und setzt niemanden herab. Es gehört auch zur herausfordernden Aufgabe als Scrum Master, Emotionen auszuhalten, einzufangen und auf die Sachebene zurückzuführen.

Der unterschätzte Zeitfaktor

Auch für Sprint-Retrospektiven gilt die Timebox. Oftmals sehen wir in der Praxis die Unterschätzung des Zeitfaktors. Auf der einen Seite führt die Überziehung der Zeit zu einer angespannten und gehetzten Atmosphäre, in der kein gezielter Austausch mehr stattfindet. Der Blick gilt dann häufig nur noch der Uhr, um die Zeit nicht noch weiter zu überziehen. Auf der anderen Seite führt ein abruptes Beenden dazu, dass Ergebnisse nicht ordnungsgemäß ermittelt und festgehalten werden. Meistens wird dann im Anschluss eine E-Mail versendet, in der vieles genannt wird, was besprochen wurde, aber keine konkreten Maßnahmen enthalten sind. Auch eine zu enge Taktung der einzelnen Elemente während der Retrospektive können dazu führen, dass der Raum für eine tiefergehende Auseinandersetzung nicht wahrgenommen werden kann. Diese Fälle sind natürlich sehr unglücklich, da sie die gesamte Vorbereitung zunichtemachen, die Nachhaltigkeit verloren geht und das Event eventuell sogar infrage gestellt werden kann.

Wichtige Faktoren für die richtige Dauer einer Sprint-Retrospektive sind die Abstände, in denen die Sprint-Retrospektiven stattfinden, die Teilnehmerzahl und die Schwere der Ereignisse, die zu einem Problem geführt haben (z.B. Events, Veränderungen). Planen Sie lieber mehr Zeit ein und beenden Sie dann frühzeitiger oder vereinbaren Sie den vernünftigen Abschluss der Sprint-Retrospektive zu einem neuen Zeitpunkt (z.B. am folgenden Tag).

Gruppendynamik

Die Dynamiken in einem Scrum-Team können sich vom kollektiven Beschweren über »*Ich orientiere mich an den anderen und warte ab*« bis hin zu »*Der Erfahrenste oder Lauteste sagt etwas, dem alle anderen zustimmen*« erstrecken. Menschen versuchen immer, sich an etwas zu orientieren oder auszurichten, und tragen ein Bedürfnis nach Konformität in sich. Dies spiegelt sich dann z.B. darin wider, dass alle warten, bis jemand anfängt, etwas zu tun, anstatt selbstständig über eine gestellte Frage nachzudenken. Oder aber auch Teammitglieder denken und warten ab, dass »die anderen« schon das kritische Thema ansprechen werden.

Je nachdem, was Sie in Ihrem Kontext feststellen, können kleinere Maßnahmen hilfreich sein. Vielredner können Sie durch eine gezielte Moderation zum Schweigen bringen und anderen Teammitgliedern zu ihrer Stimme verhelfen. Lassen Sie den Beteiligten Zeit, um eine Frage wirken zu lassen. Machen Sie deutlich, dass mehrfache Nennungen wünschenswert sind, da sie die Relevanz eines Themas verdeutlichen. Bilden Sie wechselnde Kleingruppen, in denen sich Personen eventuell eher öffnen und zu Wort kommen.

Lustlosigkeit

Vielleicht kennen Sie das: Ihre Partnerin hat einen neuen Lieblingshit entdeckt und hört diesen rauf und runter. Anfänglich war es noch in Ordnung, dass Sie ständig vom Mitsingen des Textes oder dem Summen der Melodie umgeben waren. Auch, wenn Ihre Partnerin spontan zum Tanzen aufforderte, machten Sie mit. Mit der Zeit verlieren Sie jedoch immer mehr die Lust daran, den Titel zu hören, und Sie sagen: »*Können wir nicht mal was anderes hören?*« Wir finden nichts Schlechtes daran, wenn der Aufbau einer Retrospektive gleich ist. Oben beschreiben wir auch ein Korsett, das dabei hilft, effektive Events durchzuführen. Die Wiederholung der immer gleichen Übungen und Fragen kann jedoch schnell zu einer sinkenden Teilnahme führen. Dies wird häufig verstärkt, wenn das Scrum-Team nicht lernt und besprochene Maßnahmen versanden. Es ist ähnlich, wie mit bekannten und immer gleichen Mitteln zu versuchen, ein komplexes Problem zu lösen. Wie oben beschrieben sollten Variationen bewusst eingesetzt werden und nicht nur dem Entertainment der Teilnehmenden dienen, sondern dem Blick auf die Steigerung von Effektivität und Qualität.

Nutzen Sie gerne den von Ihnen bevorzugten Aufbau der Retrospektive. Variieren Sie hierbei einfach die Fragestellungen und die Art, wie Fragen gestellt werden bzw. formuliert sind. Schon ein wechselnder Check-in kann dafür sorgen, dass die Beteiligung steigt.

Fehlender Product Owner

Nicht zu selten nehmen sich Product Owner jedoch aus der Pflicht, an Retrospektiven teilzunehmen, da sie zu beschäftigt sind oder es als »Sache des Teams« (womit dann die Entwickler gemeint sind) abtun. »*Das Scrum Team überprüft …*« steht im Scrum Guide geschrieben und enthält somit auch alles, was dazu gesagt werden muss. Das gesamte Scrum-Team ist umsetzungs- und ergebnisverantwortlich (*scrumguides.org*). Nicht an einer Sprint-Retrospektive teilzunehmen, bedeutet eine verpasste Chance, Verbesserungen zu bewirken und in einem geschützten Rahmen zusammen mit den Beteiligten Herausforderungen aus dem Weg zu räumen.

Fehlendes Zurücktreten

Weiter oben haben wir beschrieben, dass Sprints sehr vielfältig ablaufen können und Scrum-Teams fordern. Am Ende eines Sprints wirkt dies häufig noch nach, wenn auf einmal vom Arbeitsmodus Abstand genommen und das Geschehene reflektiert werden soll. Von daher ist es essenziell, für eine Atmosphäre zu sorgen, die den Beteiligten ermöglicht, sprichwörtlich vom »Sprinten« in einen »Spaziergang« umzuschalten, der Raum für gemeinsame Reflexion zulässt.

Achten Sie vor allem auf den Einstieg in die Retrospektive. Machen Sie etwas anders, sodass eine andere Atmosphäre herrscht als in den vorangegangenen Events. Spielen Sie Musik ab, lesen Sie eine kontextbezogene Passage eines Artikels oder Buchs vor, teilen Sie Fotos oder Videos, die Sie während des Sprints gemacht haben.

Zu diesem Schwerpunkt finden Sie die Checklisten »Erste Sprint-Retrospektive«, »Sprint-Retrospektive mit verteilten Teams«, »Sprint-Retrospektive Vor- & Nachbereitung« sowie »Sprint-Retrospektiven Praxistipps« unter *link.scrum-in-der-praxis.de/checklisten.*

Daneben stellen wir Ihnen einige weitere Varianten unter *link.scrum-in-der-praxis.de/retrospektiven* zur Verfügung.

Im Scrum Flow ist das ständige Überprüfen auf Verbesserungen durch das Scrum-Team innerhalb der Sprint-Retrospektiven schon integriert. Zum Ende eines Scrum-Projekts wird leider oftmals nicht darauf geachtet, die gesammelten Erfahrungen festzuhalten, zumindest zu besprechen und sogenannte »Lessons Learned« für nachfolgende Projekte abzuleiten.

Unter *link.scrum-in-der-praxis.de/lessonslearned* finden Sie unsere Gedanken zum Thema »Lessons Learned«.

Weiterführende Empfehlungen zum Kapitel und Thema »Durchführung« stellen wir unter *link.scrum-in-der-praxis.de/empfehlungen* zur Verfügung.

6 Remote Scrum

Ein neues Vorhaben

Herr Hold erwähnte in einer Ansprache vor der gesamten Firma vor einigen Wochen, dass es ein großes und wichtiges strategisches Projekt geben wird. Dieses Projekt wurde federführend am Standort in Mailand durchgeführt und durch die dort ansässigen Entwickler umgesetzt. Neu war, dass Casper als Product Owner und Finn als Scrum Master das Scrum-Team komplettierten. In dieser Konstellation wurden Projekte in der SIDP GmbH bisher noch nicht durchgeführt. Casper und Finn gingen mit gemischten Gefühlen an die neue Aufgabe heran.

Als es um den Start und die Vorbereitung des Kick-offs ging, zeigte sich Herr Hold sperrig, als Finn das Thema Reisen ansprach. »Es ist ganz besonders wichtig, dass Casper und ich für den Startschuss nach Mailand fliegen. Es wäre sogar noch besser, wenn Sie als Auftraggeber und somit wichtiger Stakeholder mitkommen würden!« Herr Hold versuchte Finn davon zu überzeugen, dass er dies für nicht so wichtig und für zu teuer hielt und er sich per Video zuschalten könnte. Außerdem ergänzte Herr Hold, dass es mit dem Reisen jetzt auch nicht überhandnehmen dürfe.

Das sah Finn ganz anders. Und obwohl er sich innerlich noch fragte, wie blauäugig sein Chef war, holte er tief Luft und argumentierte: »Überlegen Sie sich doch einmal Folgendes: Das Projekt hat aktuell ein Investitionsvolumen von 300.000 €. Und ich gehe jetzt einmal nicht auf den Wert ein, den das Projekt am Ende einspielen wird. Sicherlich wird der Wert das 10-Fache ausmachen.« Finn schaute dabei zu Casper herüber, der zustimmend nickte. Finn fuhr fort: »Nehmen wir mal an, ein Flug nach Mailand und zurück kostet inklusive Hotel für eine Woche 1.000 €, dann sind dies 0,3 Prozent der gesamten Projektkosten. Diese investieren Sie direkt in das Team. Es wird Vertrauen aufgebaut und gestärkt, es wird Effekte auf die Zusammenarbeit haben, die weitaus höher sind als 0,3 Prozent.«

Finn ließ die Aussage nachwirken und schaute Herrn Hold in die Augen, den diese Perspektive sichtlich zum Nachdenken gebracht hatte. Schließlich gestand er ein, dass da was dran sei und gab Finn und Casper den Auftrag, sich über das Reisebudget für das Projekt inklusive der Frequenz und Menge Gedanken zu machen.

Nachdem das Projekt angelaufen war, erkannte Herr Hold, dass er die richtige Entscheidung getroffen hatte. Irgendwie imponierte ihm auch, dass sich alle so ins Zeug legten, sich auf die Reisen freuten und das Team schnell zusammengefunden hatte.

Abb. 6–1 *Remote-Zusammenarbeit ist anders.*

Es ist heutzutage fast schon vorherrschend, dass viele Scrum-Teams gar nicht mehr an einem Standort in Präsenz zusammenarbeiten, sondern einen hybriden Ansatz verfolgen. Die vor Jahren gestellte Forderung, dass die Teammitglieder im besten Falle alle gemeinsam in einem Teamraum sitzen sollten, ist verklungen und mutet wie ein Relikt aus veralteten Zeiten an. Unternehmen erwägen aus unterschiedlichen Gründen den Einsatz verteilter Teams. Möglicherweise sind die Personalkosten im Ausland niedriger, der Markt an qualifizierten Mitarbeitern in Deutschland abgegrast oder es wurde eine Firma im Ausland hinzugekauft, deren Belegschaft integriert werden soll.

Wer verteilt zusammenarbeitet, hat mit einer Vielzahl an nicht trivialen Herausforderungen zu tun. Um einige Beispiele zu nennen:

- Beziehungsaufbau zwischen den Teammitgliedern, die nicht vor Ort in einem Büro zusammenarbeiten
- Koordination von Beteiligten über verschiedene Zeitzonen hinweg
- Zusammenführung von verschiedenen (Arbeits-)Kulturen
- Identifikation mit der Unternehmenskultur
- Modularer Aufbau der Produktarchitektur, um eine standortübergreifende autonome Produktentwicklung zu gewährleisten

Aus diesem Grund möchten wir uns in diesem Kapitel dediziert diesem wichtigen Thema widmen, da es eine Vielzahl an Ansprüchen an die betroffenen Personen und Organisationen stellt. Grundsätzlich kann festgehalten werden, dass es aus unserer Erfahrung nicht den einen richtigen Weg gibt, Scrum verteilt durchzuführen. Dieses Kapitel zeigt einige hilfreiche Aspekte und Fallstricke auf, die Sie in Ihrem Kontext voraussichtlich nicht eins zu eins anwenden können. Inspizieren Sie daher Ihr Vorgehen und passen Sie es an, wenn notwendig.

6.1 Remote-Zusammenarbeit

Wir verwenden in diesem Kapitel den Ausdruck »Remote Scrum«, der die gemeinsame Zusammenarbeit von Menschen und Teams, egal ob remote aus dem Homeoffice oder Büro heraus, über verschiedene Standorte hinweg charakterisieren soll. Die Definition für ein verteiltes Scrum-Team könnte lauten: *Es arbeiten verschiedene Menschen in einem Scrum-Team, aber an unterschiedlichen Standorten.* In einem verteilt arbeitenden Unternehmen ist jedes Scrum-Team ein Remote-Team. Wenn Sie mehr Klarheit über die Art des verteilten Arbeitens in Ihrer Organisation haben möchten, empfehlen wir den Artikel von Martin Fowler [URL:Fowler a]. Alle müssen sich anpassen und lernen, wie sie Aufgaben zwischen den Standorten aufteilen, effektiv kommunizieren und eine konsistente Kultur über geografische Regionen hinweg aufbauen können. Die erfolgreichsten Teams pflegen eine »Wir«- anstatt eine »Wir gegen die anderen«-Kultur.

Die Entscheidung, verteilt zu arbeiten, bedeutet gleichzeitig, einen Budget-Topf einzurichten, der das Reisen der Beteiligten möglich macht, ohne jedes Mal intern um jeden Euro verhandeln zu müssen. Machen Sie dies als Scrum Master im Vorfeld deutlich und setzen Sie sich für ein ausreichendes Budget ein.

Berücksichtigen Sie dabei auch die Kosten für ein vernünftiges Setup privater Arbeitsplätze zu Hause und in Konferenzräumen sowie steigende Ausgaben für Online-Kooperationssoftware und -Tools, wie z.B. Whiteboards für kollaboratives Arbeiten.

Verteilt zu arbeiten bedeutet eben auch, einen Vertrauensvorschuss zu gewähren und offen gegenüber dieser Art und Weise der Zusammenarbeit zu sein.

Mit Blick auf die agilen Werte und Prinzipien gibt es zwei wesentliche Schwerpunkte, die beim verteilten Arbeiten besonders wichtig sind: Vertrauen und Kommunikation.

Sie finden auf der Website *wertehelden.de* eine Reihe an spielerischen Übungen, um Werte und Prinzipien für Teams zu erarbeiten und erlebbar zu machen.

Vertrauen

Wichtiger denn je für die verteilte Arbeit ist das folgende Prinzip aus dem Agilen Manifest (*agilemanifesto.org*): »*Errichte Projekte rund um motivierte Individuen. Gib ihnen das Umfeld und die Unterstützung, die sie benötigen und vertraue darauf, dass sie die Aufgabe erledigen.*« Vor der Coronakrise, Anfang 2020, gab es in vielen Unternehmen immer noch die Herausforderung, Menschen oder Teams Vertrauen zu schenken, die tagtäglich Seite an Seite mit allen anderen in einem gemeinsamen Gebäude arbeiteten. Der dann notwendig gewordene schnelle Übergang zum Homeoffice zur damaligen Zeit machte vielen deutlich, dass Vertrauen aufzubauen auch bei Remote-Arbeit möglich ist. Viele konnten sich während dieser Zeit davon überzeugen, dass die Arbeit auch ohne direkte Kontrolle von Tür zu Tür erledigt wurde. Selbst wenn der Alltag während der Pandemie viel von allen Beteiligten abverlangte.

Fragen Sie zu Beginn jedes Mitglied eines verteilten Teams für ein besseres gegenseitiges Kennenlernen: »Was sind die drei Dinge, die du schätzt?« Bitten Sie alle, einen Gegenstand, eine Beziehung und eine Idee zu nennen, um die Frage zu beantworten. Die Antworten werden dazu führen, dass sich die Beteiligten besser kennenlernen und sich öffnen.

Kombinieren Sie die Frage eventuell mit dem Aufbau einer »persönlichen Landkarte«. Dafür nutzen Sie ein Online-Whiteboard und bitten alle, einen Avatar von sich darauf zu zeichnen und weitere Aspekte von sich (z. B. Hochladen von Fotos) mit den anderen zu teilen. Alle werden so die anderen Teammitglieder besser kennenlernen: Worauf legt eine Person besonders Wert? Welche Themen spielen neben der Arbeit eine wichtige Rolle?

Der Umstand, dass Vertrauen auch bei Remote-Arbeit möglich ist und diese Erfahrung kollektiv gemacht wurde, ist ein Segen für viele Menschen gewesen. Es entspricht in einer Art dem agilen Prinzip, etwas auszuprobieren, um dann im Sinne von Inspect & Adapt mit tatsächlichen Fakten, sprich Erfahrungen, diskutieren oder argumentieren zu können.

Wie oben schon erwähnt hat der Aufbau von Vertrauen bei der Remote-Arbeit für das alltägliche Online-Miteinander eine hohe Relevanz. Fehlkommunikation, Missverständnisse, kulturelle Unterschiede, unterschiedliche Arbeitsverhältnisse am jeweiligen Standort und eine Reihe unvorhergesehener Herausforderungen werden eine starke Vertrauensbasis benötigen [URL:Zak].

Setzen Sie sich als Scrum Master unbedingt dafür ein, dass es einen regelmäßigen Rhythmus gibt, in dem sich die Teammitglieder (und die wichtigsten Stakeholder) auch physisch treffen. Wesentlich ist hier, dass nicht nur eine Partei reist, sondern dass die Reisen zwischen den beteiligten Teams paritätisch aufgeteilt werden, sodass alle sich mit den Gegebenheiten vor Ort auseinandersetzen und die Menschen in ihrer alltäglichen Umgebung erleben können. Wir halten einen Rhythmus von drei bis vier Monaten und den Aufenthalt von mindestens einer Sprint-Woche für wertvoll. Eventuell können Sie sich als Scrum Master bei den Einladungen an den Releaseplan und die Erreichung von Teil- oder Quartalszielen des Scrum-Teams orientieren.

Relevant für jedes Zusammenkommen ist, dass es ein klares Ziel für die gemeinsam verbrachte Zeit gibt. Geht es darum, sich untereinander besser kennenzulernen, einen (Teil-)Sprint gemeinsam zusammenzuarbeiten oder themenspezifische Workshops durchzuführen? Je nachdem, was das Ziel ist, sind diese gemeinsamen Tage im Vorfeld vorzubereiten und die Zeit für ein privates Kennenlernen ist dabei nicht zu vernachlässigen.

Wird dem nicht Rechnung getragen und entstehen Spannungen zwischen Standorten, ist es im Nachhinein sehr schwierig, eventuell entstandene Vorurteile über die »Unzuverlässigen«, die »nicht Vertrauenswürdigen« oder die »Nichtskönner« wieder aus den Köpfen der Teammitglieder zu bekommen. In einer solchen Situation ist die Produktivität des Scrum-Teams stark in Gefahr und auch jedes Event oder Zusammentreffen wird anstrengend. Als Ergebnis wird oftmals auf die direkte Kommunikation verzichtet, E-Mails geschrieben oder Backlog Items überspezifiziert. Alles, um sich nicht mehr persönlich austauschen zu müssen.

Dementsprechend ist es sinnvoll, früh in eine vertrauensvolle Zusammenarbeit zu investieren. So bestimmen nicht Vorurteile und Ängste den Alltag, sondern die Teammitglieder können sich faktenbasiert und unter Kenntnis der jeweiligen Situation aller oder Einzelner ein besseres Bild über die Situation machen.

In der Arbeitswelt ist oftmals noch vorherrschend, dass sich alles um die Arbeit drehen muss und dementsprechend ein produktives Ergebnis erwartbar ist. Wenn »Belanglosigkeiten« wie z.B. das Gespräch über das Wetter oder Wohlbefinden in Ihrem Umfeld verpönt sind, gehen Sie als Scrum Master darüber hinweg. Fördern Sie den informellen Austausch innerhalb des Scrum-Teams, wo es nur geht. Dieser gibt der Vertrauensbildung einen Schub und sorgt dafür, dass die sachbezogenen Themen mit mehr Herzblut erledigt werden.

→

Lassen Sie die Menschen sich kennenlernen. Bauen Sie spielerische Icebreaker ein und wenn die Beteiligten sich geöffnet haben und ein offenes Arbeitsklima aufgebaut ist, fragen Sie sie, ob sie Einblicke in ihr häusliches Umfeld oder den Homeoffice-Arbeitsplatz gewähren oder themenbezogene Fotos teilen, vielleicht auch die anderen über eine Videoaufnahme auf einen Spaziergang in der Mittagspause mitnehmen oder Familienmitglieder und Haustiere vorstellen möchten.

Das Fundament

Casper machte sich zunehmend Sorgen um das neue Projekt in Mailand. Als Product Owner hatte er aufgrund der Gegebenheiten des Projekts und der hohen Anforderungen an alle Beteiligten ein flaues Gefühl in der Magengegend. Dieses Gefühl wurde noch dadurch verstärkt, dass die Entwickler in Mailand in keiner Weise Bedenken darüber äußerten, dass sie sich auf neuem technologischem Terrain bewegten. Casper hatte den Eindruck, dass dies für die Entwickler kein Problem darstellte und sie davon ausgingen, dass es schon irgendwie funktionieren würde. Er teilte diese Einschätzung allerdings nicht und war verunsichert, dass niemand dies ansprach.

Caspers Bedenken wurden jedoch von den Beteiligten geteilt. Sie trauten sich jedoch nicht, darüber mit Casper zu sprechen, weil sie befürchteten, dass er sich bei Herrn Hold beschweren und das Projekt dann abgebrochen werden könnte.

Casper konfrontierte die Entwickler in einem Gespräch über eine Online-Plattform mit seinen Sorgen: »Wisst ihr, ich mache mir wirklich Sorgen über eine Sache ...«, er holte tief Luft und sprach weiter. »In jedem Gespräch mit euch höre ich 'das wird schon klappen', aber ich bin mir nicht sicher, ob ihr die Risiken des Projekts wirklich realistisch einschätzt.« Er fuhr fort: »Ich frage mich, ob ich der Einzige bin, den das beunruhigt?« Es war merklich zu spüren, dass Casper durch seine Worte für die Teammitglieder in Mailand etwas Relevantes angesprochen hatte. Die erfahrenste Entwicklerin meldete sich zögerlich zu Wort: »Du bist mit deinen Bedenken nicht allein!« Er vernahm von ihr, dass die Entwickler tatsächlich die Sorge hatten, dass die Cloud-Integration nicht so einfach zu realisieren war, wie zunächst angenommen. Es gab eine Vielzahl von ungelösten Enden, für die sie bisher noch keine ausreichende Expertise aufgebaut hatten.

Als Casper dies hörte, ärgerte er sich erst sehr, dass er nach zehn Wochen gemeinsamer Zusammenarbeit zum ersten Mal von diesen Problemen hörte. Und dies auch nur, weil er nachgefragt hatte. Er folgte jedoch nicht seinem ersten Impuls, seinen Unmut darüber kundzutun, sondern fokussierte sich auf die Lösungsfindung. »Ich finde es schon mal gut, dass wir alle die gleichen Bedenken haben und dies nun offen auf dem Tisch liegt. Was sollten wir im nächsten Sprint tun, damit wir diese Unklarheiten schnellstmöglich aus dem Weg räumen können?«

Kommunikation

»Wir hier sind nicht alle!« Eine oft anzutreffende Konstellation eines Scrum-Teams ist die Zusammenarbeit von einem Teil der Teammitglieder an einem Ort. Bei verteilt arbeitenden Teams ist es eine der wesentlichen Aufgaben des Scrum Masters, allen zu verstehen zu geben, dass noch weitere Mitglieder zum Scrum-Team dazugehören.

Eine wesentliche Änderung der Arbeit von verteilt arbeitenden Teams betrifft die Kommunikation. Wenn wir uns nicht mehr von Angesicht zu Angesicht im Büro besprechen können, ändert sich die Kommunikation und somit das Miteinander grundsätzlich. Das Küchengespräch oder der Flurfunk fällt weg, auch der gemeinsame Weg zum Mittagessen. Workshops haben eine andere Atmosphäre, wenn sie am Bildschirm stattfinden, als wenn alle gemeinsam vor Ort die Energie im Raum förmlich spüren können.

> Stellen wir uns kurz vor, Sie arbeiten von Deutschland aus mit einem Team in Asien zusammen. In Asien ist es vorherrschend, dass die Äußerung von schlechten Nachrichten in verharmlosende Botschaften gepackt wird. Zum Beispiel könnte ein risikobehaftetes Problem dann in einer Aussage der Entwickler an den Product Owner gerichtet lauten: »Wir sind etwas beunruhigt über ...« Der Product Owner denkt sich bei dieser Aussage eventuell, dass es sich um ein kleines Problem handelt, das keine weitere oder größere Aufmerksamkeit oder Diskussion benötigt.
>
> In einem anderen Fall verschafft sich der Product Owner Luft und trifft die Aussage, »dass die Qualität des Features eine Zumutung ist«. Damit wollte er oder sie ausdrücken, dass Qualität ein Thema sein sollte, auf das sich alle fokussieren und diesbezügliche Probleme aus der Welt schaffen sollten. In Übersee kommt diese Aussage ggf. einer gefühlten Kündigung der Zusammenarbeit gleich.
>
> Die Beispiele zeigen, dass es sinnvoll ist, einen starken Wert darauf zu legen, dass alle im Team die länderspezifischen Unterschiede verstehen und sich auf klare Regeln in der Kommunikation einigen. Nutzen Sie ggf. einen vorher klar definierten »Level of Urgency«, der eine Aussage darüber enthält, ob etwas kritisch oder nicht so kritisch ist und welche Maßnahmen daraus resultieren.

Im Agilen Manifest (*agilemanifesto.org*) finden wir die Forderung nach Kommunikation schon in zwei von vier Leitsätzen: »Durch diese Tätigkeit haben wir diese Werte zu schätzen gelernt: *Individuen und Interaktionen mehr als Prozesse und Werkzeuge* und »*Zusammenarbeit mit dem Kunden mehr als Vertragsverhandlung.*« Dieser Aspekt spiegelt sich im Wesentlichen in den folgenden Prinzipien hinter dem Agilen Manifest wider: »*Die effizienteste und effektivste Methode, Informationen an und innerhalb eines Entwicklungsteams zu übermitteln, ist im Gespräch von Angesicht zu Angesicht*« sowie »*Fachexperten und Entwickler müssen während des Projektes täglich zusammenarbeiten*«.

Abb. 6–2
Remote-Kommunikation braucht Pflege.

Die Kommunikation von einem Standort zu einem anderen ist meist mit Qualitätseinbußen verbunden. Sie kann z.B. entscheidend dafür sein, ob eine wertstiftende Produktlösung geliefert wird. Gleichzeitig ist es auch aufwendiger, eine gute Kommunikation zu erreichen. Beispielsweise sollten alle Beteiligten Klarheit darüber haben, wann und wie ein Teammitglied am besten erreicht werden kann. In vielen Fällen wird über E-Mail kommuniziert. E-Mails ermöglichen es, Zeitunterschiede auszugleichen und wesentliche Inhalte zu dokumentieren. Auf der anderen Seite der Medaille stehen aber viele Nachteile. Das Verfassen von E-Mails ist sehr zeitintensiv. Der Inhalt kann vom Empfänger falsch interpretiert oder auch gar nicht gelesen werden. Dies führt ggf. zu unnötigen Wartezeiten und zum »Beschäftigt sein« der Beteiligten, da sie viel Mühe und Zeit in das Verfassen von E-Mails stecken.

Bringen Sie die Teammitglieder dazu, im Sinne von »Working out Loud« jeden Schritt zu kommunizieren. Leben Sie es als Scrum Master vor und kommunizieren Sie z.B. im Chat mit »Hallo« und »Tschüss«, als ob Sie ins Büro kommen oder wieder nach Hause gehen würden. Teilen Sie laufend die Fortschritte Ihrer Arbeit oder des Projekts mit, die Sie machen, und fragen Sie bei Problemen nach Hilfe oder bieten Sie anderen Unterstützung an. Zeigen Sie durch die genutzten Tools den aktuellen Status Ihrer Tätigkeiten an, sodass alle Teammitglieder wissen, ob Sie gerade anwesend, im Meeting, in der Pause sind oder fokussiert arbeiten und Ihre Ruhe brauchen.

Da in der Remote-Situation nicht das Gespräch von Angesicht zu Angesicht erfolgen kann, nutzen viele den Chat, das Telefon oder ein Videokonferenzsystem. Wichtig ist, dass ein Scrum Master sich dafür einsetzt, dass möglichst viel Kommunikation in direktem Austausch über eine Videokonferenzplattform stattfindet. Auch dies kann Teil von Teamvereinbarungen sein. Relevant ist, dass ein direktes Gespräch per Video oder Telefon Vorrang vor einer Chatnachricht oder einer E-Mail hat. Alle im Scrum-Team sollten demnach die Kontaktdaten aller zur Verfügung haben. Diese könnten in einem gemeinsam genutzten Wiki angegeben sein und im Rahmen des Kick-offs festgehalten werden (vgl. Abschnitt 4.1.1).

Egal wie das Scrum-Team verteilt zusammenarbeitet, ob über mehrere Standorte oder Länder verteilt oder komplett remote, empfehlen wir Ihnen, eine regelmäßige Videokonferenz mit allen Beteiligten zu einer bestimmten Zeit an einem bestimmten Tag stattfinden zu lassen. Nutzen Sie für einen Teamraum eine hochauflösende Weitwinkelkamera, sodass ein sehr großer Bereich des Raums abgedeckt werden kann. Jeder Remote-Arbeitsplatz sollte zudem über eine hochauflösende Webcam verfügen. Das Streaming eröffnet ein »Fenster in die andere Welt» und sorgt für Verbindung, kollaborative Zusammenarbeit und erhöhte Kommunikation.

Für Scrum Master ist es ein wesentlicher Schwerpunkt, den Fokus auf eine offene und lösungsorientierte Kommunikation zu legen. Scrum verteilt anzuwenden braucht eine Lösungssprache, wenn der nächste Fehler schon an der nächsten Ecke lauert.

Teamvereinbarungen

Hilfreich, um eine vertrauensvolle Zusammenarbeit zu etablieren, ist die Festlegung von Teamvereinbarungen, auf die sich alle einlassen. Diese sollten beim Kick-off (vgl. Abschnitt 4.1.1) durch alle erstellt und von allen committet werden. Auch im laufenden Projekt als Lösung für aktuelle Spannungen ist eine Erstellung denkbar. Die Vereinbarungen könnten folgendermaßen formuliert sein:

- *Wir übernehmen Verantwortung für die Verpflichtungen, die wir eingehen.*
- *Wir übernehmen die Verantwortung für Fehler und führen umgehend Korrekturen durch und kommunizieren diese an relevante Personen.*
- *Wir sind ehrlich in unserer Kommunikation und in unserem Verhalten.*

Sobald diese Teamvereinbarungen von allen erstellt wurden, gelten sie als Leitplanken für die gemeinsame Zusammenarbeit während des Projekts. Alle sollten sich dabei unterstützen, dass neben dem Verständnis, was hinter jeder Vereinbarung steht, auch die Einhaltung erfolgt.

Bauen Sie die Teamvereinbarungen immer mal wieder in die Retrospektiven ein und schaffen Sie ein gemeinsames Verständnis, wo diese gelebt werden und wo es eventuell Handlungsbedarf gibt. Verstehen alle noch dasselbe darunter? Wenn es nicht funktioniert, woran liegt es? Welche neue Vereinbarung sollte getroffen werden?

Es kann auch helfen, explizit die Einhaltung zu loben und hervorzuheben. Dazu bietet sich nicht nur das Daily Scrum, sondern auch jede direkte Anmerkungen an, sobald einer Vereinbarung entsprochen oder auch nicht entsprochen wurde.

Mit Teamvereinbarungen regelt ein Team, wie es zusammenarbeiten möchte. Sie dienen als Leitfaden, um Missverständnisse zu minimieren. Bitte beachten Sie dabei, dass dieses Dokument ein lebendiges Artefakt ist und zu gegebener Zeit angepasst werden sollte.

Ablauf

Versenden Sie rechtzeitig eine Einladung zum Workshop und fügen Sie eine Agenda sowie die Links zum verwendeten Kollaborationstool (z.B. Miro, Mural oder Conceptboard) und zu einer Videokonferenz hinzu. Die Einladung sollte den Inhalt und das erwartete Ergebnis beinhalten. In der Einladung können Sie dazu auffordern, die mitgeschickten Fragen im genutzten Kollaborationstool vorab zu beantworten. Dadurch erreichen Sie eine vorzeitige Beschäftigung jeder Person mit dem Thema und reduzieren die Dauer des Workshops. Dementsprechend sollten Sie im Vorfeld mithilfe des Kollaborationstools die Fragen aus Schritt 1 (siehe unten) aufbereitet haben.

Eröffnen Sie den Workshop mit der Liberating Structure »Impromptu Networking« (*link.scrum-in-der-praxis.de/impromptu*). Richten Sie entsprechend der Anzahl der Teilnehmenden Breakout-Räume ein und lassen Sie in Paaren die folgenden Impulsfragen in 3–4 Minuten andiskutieren:

- *Woran merken wir, dass wir ausreichend miteinander kommunizieren und alle informiert sind?*
- *Was sollten wir nicht tun, damit wir uns alle ausreichend informiert und involviert fühlen?*
- *Wie geben wir uns Feedback?*

Wiederholen Sie die Übung zweimal, sodass jeder Teilnehmende drei Gespräche mit anderen Personen durchgeführt hat. Lassen Sie das Ergebnis bei den Teilnehmenden und starten Sie anschließend die Ausarbeitung der Teamvereinbarung.

Schritt 1: Jeder beantwortet für sich die folgenden Fragen:

- *Was für Informationen sollte ich mit anderen teilen?*
- *Wie werden wir miteinander kommunizieren?*
- *Was werden wir über welche Kanäle kommunizieren?*
- *Welche Antwortzeit erwarte ich?*
- *Zu welchen Zeiten sollten wir synchron und zu welchen asynchron arbeiten?*
- *Was sollten wir in welcher Art und Weise dokumentieren?*

Wenn die Fragen nicht im Vorfeld beantwortet wurden, geben Sie den Teilnehmenden im Workshop 15 Minuten Zeit für die Beantwortung.

Schritt 2: Bilden Sie kleine Gruppen und lassen Sie jede Gruppe zwei Fragen zur Ausarbeitung auswählen. Geben Sie den Kleingruppen 20 Minuten Zeit, die eingereichten Antworten zu sortieren, zu diskutieren und zu ergänzen. Die Gruppen sollen zudem diejenigen Antworten markieren, denen sie nicht zustimmen. Bitten Sie die Gruppen im Anschluss die Ergebnisse und Erkenntnisse im Plenum zu teilen. Planen Sie circa 10–15 Minuten für die Vorstellung und Klärung von Fragen ein.

Schritt 3: Nun beginnen Sie die Feinarbeit und gehen gemeinsam mit allen Teilnehmenden die einzelnen Fragen durch und diskutieren die aktuellen Antworten. Die Moderation oder eine freiwillige Person aus der Gruppe der Anwesenden markiert diejenigen Themen, denen alle zustimmen, und macht dieses entsprechend durch eine Wortmarkierung oder ein Icon sichtbar. Gemeinsam entsteht dann im Anschluss eine Übersicht, die beispielsweise aus der Frage »Was für Informationen sollte ich mit anderen teilen?« eine Handlungsaufforderung macht »Wir teilen Folgendes: …«, gefolgt von der vereinbarten Liste.

Nehmen Sie sich pro Frage 5–10 Minuten Zeit. Nachdem alle restlichen Fragen im selben Format besprochen wurden, können Sie zum letzten Schritt übergeben.

Schritt 4: Die Teilnehmenden sollen nun das Gesamtbild auf sich wirken lassen und nach Unstimmigkeiten Ausschau halten. Wenn jemandem noch etwas auffällt, ist jetzt der Moment, eine Klärung herbeizuführen. Fragen Sie nach Freiwilligen, die sich um die Finalisierung, Dokumentation und das Teilen kümmern.

Machen Sie nach Fertigstellung einen formalen Akt und einen Moment der Gemeinsamkeit daraus und lassen Sie die Teammitglieder die Teamvereinbarung digital unterzeichnen.

Sie sollten nach 75–90 Minuten den Workshop beenden. Bitte entscheiden Sie, ob und wann eine Pause angebracht ist. Sinnvoll ist eine Pause nach Schritt 2, wenn Sie längere Arbeitsphasen eingeplant haben. Eine Pause ist auch dann sinnvoll für die Teilnehmenden, wenn die Beteiligten vor und nach dem Workshop weitere Termine haben und somit die Gefahr besteht, dass sie ohne Pause in den nächsten Termin verschwinden.

> Sie können im Zuge eines Kick-offs und mithilfe eines Kollaborationstools noch weitere Fragen in den Fokus stellen. Machen Sie sich früh und im Vorfeld Gedanken darüber, was Ihnen wichtig ist und dem Team im Arbeitsalltag helfen kann. Weitere relevante Fragen könnten sein:

→

- *Wie treffen wir Entscheidungen?*
- *Wie dokumentieren wir?*
- *Wann sind wir (nicht) erreichbar? Was resultiert daraus?*
- *Wie werden wir auf Fehler aufmerksam?*
- *Wie kommunizieren wir diese schnellst- oder bestmöglich?*
- *Wie schaffen wir es, möglichst eng zusammenzuarbeiten?*
- *Wie überbrücken wir die Distanz und Zeitzonen?*

6.1.1 Remote-Moderation

Eine Remote-Zusammenarbeit stellt andere Anforderungen an das Miteinander und geht weit über den Einsatz von Onlinetools hinaus. Der Austausch via Videokonferenz erfordert einen anderen Blick durch die Moderatorenbrille. Die folgenden Regeln, Hinweise und Stolperfallen geben ein grundlegendes Rüstzeug an die Hand, um erfolgreich Onlinemeetings durchzuführen.

Es hat sich gezeigt, dass es einige Aspekte gibt, auf die während einer Remote-Sitzung besonders geachtet werden sollte. Die folgenden Punkte halten wir generell als relevant:

- **Leitfaden**
  Mit der Einladung zu einem Remote-Meeting empfiehlt es sich auch, den Teilnehmenden die wesentlichen Voraussetzungen für ein Remote-Treffen an die Hand zu geben. Welche Tools werden verwendet? Welche besonderen Regeln in der Kommunikation gelten? Wie lautet der Zeitplan und welche Themen werden besprochen?
- **Vorbereitung einplanen**
  Für die Moderation ist es sinnvoll, ca. 10 Minuten vor dem eigentlichen Beginn den Raum zu öffnen und das Setup auszuprobieren. Teilnehmende, die sich früher anmelden, können diese Zeit nutzen, um für den Start einsatzbereit zu sein.
- **Netiquette**
  Alle sollten die angewendeten Regeln und Vereinbarungen für Remote-Sitzungen kennen. Bei Bedarf werden diese am Anfang kurz wiederholt, bis sie sich eingespielt haben.
- **Ton**
  Wesentlich für eine erfolgreiche Remote-Sitzung ist eine gute Tonqualität. Ein gutes technisches Equipment am Arbeitsplatz ist hier ebenso wichtig wie die Vermeidung von Lärm. Die Nutzung der Stummschaltung und ein ruhiger Ort tragen dazu bei, Hintergrundgeräusche zu minimieren und konzentriert an der Onlinesitzung teilnehmen und beitragen zu können.

- **Video**
  Kommunikation läuft im Großteil über die Körpersprache. Soweit es die Verbindung zulässt, sollten alle Teilnehmenden mit Video zugeschaltet sein. Dies sorgt für eine bessere Gesprächsatmosphäre und Energie der Teilnehmenden.
- **Kurze Einheiten**
  Längere Meetings sind in Blöcke von max. 90 Minuten einzuteilen, wodurch mit Pausen noch längere Meetings einzuplanen sind. Ein Workshop-Tag besteht bei uns aus je vier Arbeitseinheiten à 90 Minuten, unterbrochen von einer jeweils 20-minütigen Pause zwischen zwei Einheiten und einer Mittagspause von mindestens 60 Minuten.
- **Aktivierung**
  Aktivierende Einheiten zwischendurch sind ebenso wie Pausen ein wichtiges Strukturelement. Teilnehmende sollten zum Sichdehnen, Aufstehen und Herumlaufen sowie zu kleinen körperlichen Übungen animiert werden.
- **Gleichberechtigung**
  Häufig kommt es vor, dass an einem Standort mehrere Teammitglieder versammelt sind und in einem Raum sitzen. Es entsteht für die per Videokonferenzsystem zugeschalteten Teilnehmenden dann oftmals ein Ungleichgewicht in der Kommunikation, da die direkte Interaktion der Beteiligten einen Vorteil verschafft. Dies kann zu Distanzierung oder geringerer Beteiligung der zugeschalteten Personen führen. Wir empfehlen, dass alle, auch die vor Ort arbeitenden Teammitglieder, sich in die Onlinesitzung einwählen und somit alle gleichberechtigt teilnehmen.
- **Nutzungsberechtigung**
  Alle sollten gleichberechtigt über Zugriffe der eingesetzten Tools verfügen.
- **Sprache**
  Wie auch im direkten Kontakt mit Menschen, einzeln oder in der Gruppe, hat bei der Remote-Arbeit die »schwächere« Sprache Vorrang. Wenn beispielsweise ein Teammitglied ohne Kenntnis der deutschen Sprache einer Onlinesitzung beiwohnt, dann wechseln alle aus Respekt in eine Sprache, die alle verstehen, meistens Englisch. Dies gilt genauso für Meetings vor Ort wie auch für Remote-Sitzungen.
- **Aufnahmen**
  Inhaltlich kann es sinnvoll sein, einige Mitschnitte oder sogar die ganze Onlinesitzung aufzuzeichnen, wenn das Unternehmen mit Teams aus verschiedenen Zeitzonen arbeitet, um Informationen zu teilen.

> Für Remote-Meetings ist es sehr wichtig, etwas Gas vom Pedal zu nehmen und den Teilnehmenden Zeit zum Verarbeiten der Informationen zu lassen. Wenn Sie z.B. eine Übung anmoderieren, fragen Sie nach, ob alle verstanden haben, was als Nächstes passieren soll. Einige sind oftmals durch die Menge an Informationen und eingesetzten Tools überfordert.

Netiquette

Auch für Remote-Zusammenarbeit gilt der respektvolle Austausch auf Augenhöhe. Selbst wenn die Verbindung schlecht ist oder jemand technische Herausforderungen hat – jeder sollte mit einer positiven Grundeinstellung teilnehmen. Die folgenden »Grundregeln« für Remote-Sitzungen haben sich bewährt und sind nach Situation und Bedarf anzupassen:

- *Alle Teilnehmenden sind fünf Minuten vor dem Meeting angemeldet.*
- *Wählt sich eine Person später ein, unterbricht sie nicht die aktuelle Unterhaltung.*
- *Alle Teilnehmenden aktivieren die Kamera.*
- *Alle Teilnehmenden sollten sich einen ruhigen Platz mit einem ruhigen Hintergrund wählen.*
- *Jeder nennt seinen Namen, bevor er etwas zum Thema beiträgt (falls die Sitzung ohne Video stattfindet).*
- *Wer nicht spricht, schaltet sich stumm.*
- *Es redet immer nur eine Person.*
- *Unterbrechung des Sprechenden sind nur durch die Moderation möglich.*
- *Redebeiträge sind durch Handzeichen oder andere (technische) Hilfsmittel kenntlich zu machen.*
- *Wenn ein Thema nicht fokussiert besprochen wird oder nicht im Fokus steht, wird ein Handzeichen für »Elmo« (engl. »Enough-let's-move-on«) festgelegt.*
- *Redebeiträge sollten mit einem erkennbaren Ende markiert sein (z.B. »Fertig!«).*
- *Redebeiträge sollten sich auf ein Thema fokussieren und nicht mehrere Themen eröffnen.*
- *Es sollten kurze prägnante Aussagen getroffen werden, anstatt lange Monologe.*
- *Alle sollten auf eine langsame und deutliche Sprache achten.*
- *Der Fokus sollte ganz auf dem Meeting sein: Andere Ablenkungen sollten ausgeschaltet sein (Regel: Jeder verhält sich wie in einem persönlichen Gespräch).*

- *Der Chat ist nur in Ausnahmen zu verwenden und nicht für »Diskussionen nebenbei«.*
- *Alle Teilnehmenden sollten offen dafür sein, dass etwas schiefgehen kann. Von daher Ruhe bewahren: Latenz und Fehler in der Kommunikation gehören dazu.*

> Wenn Sie dauerhaft mit einem Scrum-Team verteilt zusammenarbeiten, werden sich die Verhaltensweisen während der Treffen etablieren. Sobald jedoch Dritte hinzukommen oder wenn Sie außer der Reihe Workshops durchführen, kommunizieren Sie am Anfang die »Regeln der Zusammenarbeit« und teilen Sie diese ggf. im Chat oder über das genutzte Kollaborationstool.

Moderation

Die Moderationsrolle in Remote-Sitzungen unterscheidet sich im Kern wenig von der in einer Präsenzveranstaltung. Jedoch gibt es einige Aspekte, die anders bzw. mitgedacht werden müssen. Einige haben wir nachfolgend zusammengetragen:

- **Check-in**
  Die Teilnehmer sollten sich wohlfühlen und ankommen. Ein kleines Warm-up wie beispielsweise gemeinsames Malen, eine Aktivität oder eine Frage hilft dabei.
- **Aktive Teilnahme**
  Der Moderator muss aktiv sein und insbesondere die ruhigeren Teilnehmenden einbinden bzw. auf eine ausgeglichene Gesprächsverteilung achten.
- **Timebox**
  Jedes Thema erhält eine festgelegte Zeitspanne. Die verbleibende Zeit wird über einen Timer sichtbar gemacht oder angesagt. Jedes Meeting beginnt und endet zur angegebenen Zeit.
- **Regelmäßige Pausen**
  Pausen sind für die Bewegung da und sollten nicht dafür genutzt werden, schnell ein paar E-Mails zu erledigen. Teilnehmende sollten von der Moderation aktiv darauf hingewiesen werden. Einheiten von 90 Minuten mit circa 20 Minuten Pause sind eine gute Einteilung. Für längere Meetings sollte es eine große Pause von 60 bis 120 Minuten geben.
- **Themenpool/Parkplatz**
  Ein Thema klar abzugrenzen ist nicht immer leicht. Oft gibt es zu klärende Fragen oder Abhängigkeiten zu weiteren, damit verbundenen Themen. Um den Fokus zu halten, ist es ggf. sinnvoll, einen Fragen- bzw. Themenparkplatz einzurichten.

- **Gruppenarbeit**
  Einige Anbieter von Videokonferenzsystemen ermöglichen die Arbeit in kleinen geschlossenen Gruppen. Diese Funktion ist sehr hilfreich und sollte gerne genutzt werden, um die Teilnehmenden in den direkten und gezielten Austausch zu bringen.
- **Kollaboration**
  Der Einsatz von Onlinetools, die eine gemeinsame und gleichzeitige Bearbeitung ermöglichen, erhöht die Dynamik und beschleunigt die Erarbeitung von Ergebnissen.
- **Feedback**
  Ein kurzes Feedback zur Moderation einzuholen hilft dabei, kommende Sitzungen gezielter vorzubereiten und durchzuführen.

Abb. 6–3
Auch vor Ort sollten alle dieselben Ausgangsbedingungen haben.

Wenn mehrere Teammitglieder an einem Standort sitzen, sorgen Sie dafür, dass jede Person sich über ein eigenes Endgerät einwählt. Zum Beispiel kommt es oft vor, dass ein Großteil des Teams an einem Standort sich in einem Raum zusammensetzt, über ein Gerät einwählt und während des Meetings aus dem laufenden Gespräch heraus eine Entscheidung trifft. Im Anschluss werden dann die zugeschalteten Personen durch ein »*Ist das in Ordnung für euch?*« involviert.

Auch wenn es nicht beabsichtigt wird, kann es für die zugeschalteten Personen schwierig sein, sich integriert bzw. gleichberechtigt zu fühlen. Lassen Sie daher das Prinzip gelten, dass alle in der gleichen Position sind und sich von einem Arbeitsplatz über ein Endgerät einwählen.

6.1.2 Remote-Ausstattung

Die Auswahl des richtigen Equipments ist eines der wichtigsten Dinge, die die produktive Zusammenarbeit verteilt arbeitender Teams beeinflusst. Mittlerweile haben viele Organisationen in diesem Punkt nachgerüstet und im Zuge ihrer Digitalisierungsstrategie viele Fortschritte gemacht. Von daher möchten wir in diesem Abschnitt vorrangig auf einige Feinheiten eingehen, auf die wir bei der Ausstattung von Teams achten.

Scrum Master werden nicht darum herumkommen, sich für das richtige Hardware- und Software-Setup des Scrum-Teams einzusetzen. Nach einem Prinzip haben wir über die Jahre immer besonders gehandelt: Einfachheit. Sorgen Sie einerseits für die notwendige Ausstattung, die erforderlich ist, um die Arbeiten auszuführen. Achten Sie andererseits darauf, schlank in der Auswahl der eingesetzten Systeme zu sein, und fragen Sie sich: »Geht es noch einfacher?«

Equipment für ein Scrum-Team

Woher wissen Sie, welche Auswahl Sie treffen sollen? Ein wichtiger Grundstein für diese Frage wird schon zu Beginn des Projekts (bspw. im Kick-off) gelegt. Einflussfaktoren für die richtigen Entscheidungen können die Tragweite des Projekts, Skalierbarkeit, Funktionalität, Sicherheit oder Wettbewerbsfähigkeit sein.

Wir haben im Folgenden einige wichtige Aspekte für das Setup eines verteilten Teams zusammengetragen. Wir geben bewusst keine Ratschläge für die Auswahl von Hard- und Software, da dies eine stark individuelle Entscheidung jedes Teams oder jeder Organisation ist.

Vermeiden Sie wenn möglich hybride Meetings. Hybride Zusammentreffen erfordern noch einmal ein anderes Herangehen als Präsenz- oder Onlinemeetings. Es benötigt neben anderen Werkzeugen auch die Überlegung, wie eine gleiche Teilnehmererfahrung und Beteiligung on- und offline hergestellt werden kann. Zudem ist dabei die Moderation gefordert, eine Verbindung zu den Teilnehmenden in gleicher Art und Weise herzustellen. Achten Sie auf diesen Aspekt, wenn ein Teil des Scrum-Teams an einem Standort gemeinsam aus einem Meetingraum teilnimmt. Sorgen Sie dafür, dass alle gleichberechtigt teilnehmen können.

Abb. 6–4
Eine hochwertige Ausstattung ist das A und O.

Die beste technische Ausstattung im Büro nützt nichts, wenn es keine **stabile Breitbandanbindung** und keine performante **WLAN-Abdeckung** im Gebäude gibt. Legen Sie bei der Auswahl von Software auf **Cloud-basierte** Dienste Wert, die den einfachen Zugriff von jedem beliebigen Standort ermöglichen. Für die Ausstattung von Büros erachten wir folgendes Setup für wertstiftend:

- **Weitwinkelkameras**
  Meeting- oder Projekträume sollten mit Weitwinkelkameras ausgestattet sein. Diese ermöglichen einen breiteren Einblick und erreichen mehr ein Gefühl von Zugehörigkeit.
- **Hochwertige Mikrofone**
  Räume sollten mit Mikrofonen am Tisch ausgestattet sein, die über mehrere Adapter-Mikrofone verfügen, sodass eine durchweg klare Sprachaufzeichnung möglich ist.
- **Zwei Monitore oder Projektoren**
  Egal ob Team- oder Meetingraum, die Übertragung sollte auf zwei Monitoren stattfinden. Auf einem Monitor werden die Teilnehmenden gezeigt, auf dem anderen Monitor die Inhalte, wie z.B. das Scrum-Board, das Kooperationstool oder die Präsentation.
- **Airplay-Server**
  Für einen schnellen Start sowie ein leichtes und unkompliziertes Wechseln zwischen den Teilnehmenden ist eine Multiplattform-Schnittstelle, die das Teilen von (4K) Inhalten über WLAN ermöglicht, sehr hilfreich.
- **Instant Messenger & Videokonferenztool**
  Ohne diese beiden Tools geht es nicht. Sie dienen zudem für die Anzeige, ob jemand präsent ist oder nicht.
- **Kollaborationstools**
  Es gibt unzählige kostenfreie und kostenpflichtige Onlinetools, die eine verteilte Arbeit ermöglichen. Wir erachten eine Taskboard-Lösung sowie eine Whiteboard-Lösung für die Teamarbeit als essenziell.
- **Umfragetool**
  Online-Umfragen sind eine gute Vorbereitung für Workshops oder Events, wie z.B. die Retrospektive. Mit den Ergebnissen kann sehr gut auf einem Online-Whiteboard weitergearbeitet werden.
- **Wiki**
  Das Wiki ist als Quelle für die gesamte Projektdokumentation, aber auch für alle Informationen zum Team, wie z.B. das Team Canvas, die Kontaktdaten der Teammitglieder oder Teamvereinbarungen, wichtig.
- **Teamkalender**
  E-Mail-Postfächer verfügen oftmals über die Nutzung von Kalendern. Aber auch Wikis bieten die Möglichkeit, Teamkalender und somit wichtige Termine, wie beispielsweise Sprint-Rhythmus, Feiertage, Urlaubszeiten oder Releases, anzuzeigen.
- **Mailinglisten**
  Teams sollten eine Mailingliste verwenden, die für jede E-Mail-Kommunikation in Kopie (»cc«) verwendet wird.

- **Desktop-Sharing**
  Mit Virtual Network Computing (VNC) sind Teams in der Lage, den Bildschirminhalt plattformunabhängig anzuzeigen und dessen Fernsteuerung per Tastatur- und Mausbewegungen zu übernehmen.
- **Monitoring**
  Wie auch bei nicht verteilt arbeitenden Teams, sind neben »Bug-Trackern«, die Alarm schlagen, sobald ein Fehler auftaucht, weitere Monitoring-Tools zur ständigen Überwachung inklusive eines Plans, was im Notfall zu tun ist, unabdingbar.

> Geben Sie so viel Verantwortung wie möglich in das Scrum-Team. Fragen Sie in der Organisation nach Regeln, welche Hardware und Software verwendet werden darf. Lassen Sie so viel wie möglich vom Team entscheiden unter Berücksichtigung von Kriterien wie z.B. Skalierbarkeit, Funktionalität, Sicherheit oder Wettbewerbsfähigkeit. Orientieren Sie sich als Scrum-Team an den aktuellen Standards des Marktes.

Equipment für den Arbeitsplatz

Neben der Ausstattung von Team- und Meetingräumen gibt es ergänzend noch einige Aspekte für den Arbeitsplatz zu berücksichtigen:

- **Hochauflösende Webcam**
  Jedes Teammitglied sollte mindestens über eine HD-Webcam für eine optimale Videowiedergabe verfügen, die eine ruckelfreie und klare Übertragung (auch bei schlechten Lichtverhältnissen) ermöglicht.
- **Komfortables Headset**
  Da Headsets oftmals sehr lange getragen werden, sind luft- und schweißdurchlässige Materialien sowie ein hochqualitatives Klangerlebnis und Mikrofon wichtig.

Viele Unternehmen sind mittlerweile dazu übergegangen, die Kosten für die Ausstattung im Homeoffice zu übernehmen. Neben den oben genannten Aspekten ist selbstverständlich noch weiteres Equipment wie z.B. ein *leistungsstarker Laptop, ein oder zwei externe Monitore, ein Bürostuhl, ein höhenverstellbarer Schreibtisch oder zusätzliche Lichtquellen* relevant für einen produktiven Arbeitsablauf.

> Sollten Sie externe Dienstleister, wie z.B. Entwickler, für die Arbeit am Projekt beauftragen, legen Sie Wert darauf, dass auch diese eine von Ihnen gestellte Ausrüstung erhalten. Aus unserer Erfahrung birgt das häufig angewendete Verhalten »bring your own device« (Abk. BYOD) neben Performance-Problemen auch eine erhöhte Gefahr für Sicherheitslücken.

6.1.3 Häufige Herausforderungen

Wie schon beschrieben, stellt die Arbeit in einem verteilten Scrum-Team eine Vielzahl an Herausforderungen bereit. Ein gut funktionierendes Scrum-Team entsteht nicht mal eben so, sondern entwickelt sich mit der Zeit. Leider herrscht noch oft die Auffassung, dass Produktentwicklung eine rein mechanische Tätigkeit ist. Die Performance des entfernten Teamteils wird also mindestens genauso gut sein wie die des lokalen Teils. Diese Annahme ist falsch, denn zum einen dauert der Zugang zu relevanten Informationen oftmals viel länger, da beispielsweise auf eine Antwort im Chat gewartet werden muss, wenn ein Teammitglied gerade nicht verfügbar ist. Zum anderen sind in der Realität oft viele der oben beschriebenen technischen Voraussetzungen nicht gegeben. Im Folgenden zeigen wir einige Stolperfallen auf, die Sie umgehen oder nicht aus dem Auge verlieren sollten.

Zu großes Team, zu viele Standorte oder beides

Im Vergleich zu Scrum-Teams an einem Standort sind global verteilte Teams im Schnitt immer größer. Ein Scrum-Team sollte nicht mehr als 10 Teammitglieder haben. Oft tendieren verteilte Teams dazu, zu groß zu werden. Sei es dadurch, dass ganze Teams eingekauft werden oder dass im Verlauf des Projekts das Team um weitere Teammitglieder erweitert wird. Dies macht die Zusammenarbeit kompliziert, wenn nicht teilweise komplex, wenn beispielsweise noch weitere Standorte, Zeitzonen oder Stakeholder hinzukommen. Als Scrum Master sollten Sie sich in einem solchen Szenario für die Bildung kleinerer Scrum-Teams an gebündelten Standorten einsetzen. Dies kann zwar dazu führen, dass architektonische oder produkttechnische Entscheidungen getroffen werden müssen, um die Unabhängigkeit der Teams zu gewährleisten, Sie profitieren dann jedoch von autarken Teams und dem Wegfall vieler Schwierigkeiten.

Tools, die einschränken

Finn und Casper tauschten sich in ihrem gemeinsamen wöchentlichen Kaffeegespräch aus. Dabei sagte Casper zu Finn: »Sag mal, wusstest du eigentlich, dass die Mailänder nicht auf unsere Dokumentation im Wiki zugreifen können?« Aus Finn platzte direkt ein »Wie bitte?« heraus, obwohl er Casper richtig verstanden hatte. »Wieso das denn?«, versuchte er in Erfahrung zu bringen. Casper erzählte ihm, dass Herr Hold bisher die Nutzerlizenzen einsparen wollte und daher nur wenige auf das Wiki zugreifen können. »Aber, das macht doch gar keinen Sinn!«, entgegnete Finn sichtlich schockiert. »Nein, macht es nicht ...«, fuhr Casper fort, »... selbst die Abteilungen außerhalb der IT haben nur ganz eingeschränkten Zugriff. Die benutzen noch das alte Intranet, was demnächst abgeschaltet werden soll. Was dann kommt, weiß noch keiner. Kannst du dich nicht dafür einsetzen, dass da mehr Klarheit reinkommt und alle einen Zugriff erhalten?« Finn stimmte zu und spülte diese Information vorerst mit einem großen Schluck Kaffee herunter.

Niemand würde einem Handwerker einen Werkzeugkoffer hinstellen und dann sagen, du darfst aber nur ein Drittel der Werkzeuge benutzen oder »Gib dich mit dem Gummihammer zufrieden! Alle haben nur einen Gummihammer«. Wir erleben in vielen Organisationen einen Trend zum Cloud-basierten Arbeiten. Oftmals ist jedoch der Zugang zu Software versperrt, da diese nicht den Regularien und Standards entspricht, die Datenkonformität und -sicherheit versprechen. Wenn ein Weg gefunden wurde, eine Software einzusetzen, dann wird diese gerne so eingeschränkt, dass die administrative Pflege gering und kostengünstig ist. Für die Nutzung im Team oder der Organisation ist sie dann häufig eher hinderlich als förderlich.

Mangel an persönlicher Interaktion

Authentische Beziehungen im verteilten Team aufzubauen und effektiv zu kommunizieren ist eine echte Stolperfalle. Die Verwendung von textbasierten Tools wie Chats erschweren es oftmals, die Gefühlslage zu beurteilen. Selbst die Wahrnehmung der Körpersprache fällt per Videokonferenz schwer. Jedoch sind Videokonferenzen und eine gelebte Vertrauenskultur, in der offen miteinander kommuniziert wird, der Schlüssel, um den Mangel an persönlicher Interaktion auszugleichen. »Video first« sollte also das Motto für Ihr verteiltes Team lauten. In Kombination mit teambildenden Maßnahmen und regelmäßigen Treffen in Präsenz kann ein schlagkräftiges Team entstehen, das alle Vorteile des verteilten Arbeitens nutzen kann.

> Auch die vergrößerte Distanz zu Stakeholdern, Fachabteilungen oder Kunden kann ein Aspekt sein, den Sie im Auge behalten sollten. Oftmals sind Personen dazwischengeschaltet, die Informationen bündeln und dann weiterverteilen. Die Distanz führt im Verlauf des Projekts oftmals zu sehr geringer persönlicher Interaktion und langsamen Antwortzeiten. Sorgen Sie durch das direkte Ansprechen dieser Herausforderung dafür, dass Kunden und Stakeholder nicht aus den Augen verloren werden. Sie sollten Teil jedes Sprint-Reviews oder der Planung und Ausgestaltung nächster Schritte sein.

Zeitzonen

Die Planung von Scrum-Events oder das Finden gemeinsamer produktiver Arbeitszeit kann in manchen Konstellationen sehr herausfordernd sein. Wenn jemand Tausende Kilometer und somit mehrere Zeitzonen entfernt arbeitet, erschwert es eben auch die »schnelle« Antwort auf eine Frage.

Sprechen Sie dediziert und früh über die zur Verfügung stehende geteilte Zeit und definieren Sie gemeinsam Kernarbeitszeiten. Bei stark auseinanderliegenden Zeitzonen zeichnen Sie die Events auf und stellen Sie diese zur Verfügung.

In manchen Fällen kann ein vernünftiger Austausch und die direkte Kommunikation innerhalb eines Scrum-Teams nicht gewährleistet werden, da sich die Zeitzonen nur geringfügig überschneiden. Um dieser Herausforderung zu begegnen, sind unserer Erfahrung nach zwei Szenarien hilfreich. Es wird im Sinne des agilen Prinzips (vgl. Abschnitt 2.2) »Agile Prozesse fördern nachhaltige Entwicklung. Die Auftraggeber, Entwickler und Benutzer sollten ein gleichmäßiges Tempo auf unbegrenzte Zeit halten können« Sprint-weise oder monatlich zwischen den Lokationen gewechselt, sodass keiner der Beteiligten ständig den Nachteil durch die vorherrschende Zeitzone hat. Wir haben z.B. erlebt, dass in einem Fall das Hauptquartier einer Firma in den USA lag und die Beteiligten in Deutschland sich dieser Zeitzone »unterwerfen« mussten. Konkret bedeutete dies, wenn in den USA gegen 10 Uhr morgens die Arbeit aufgenommen wurde, hatten die Teammitglieder in Deutschland um 16 Uhr fast Feierabend, mussten jedoch nun oftmals ihre Arbeitszeiten in die Abendstunden legen.

Als zweites Szenario wäre es in dieser Situation eventuell sinnvoller, das Scrum-Team in separate Teams zu unterteilen, die dann eigenständig und autonom unabhängig von der Zeitzone agieren können.

Abb. 6–5
Die Koordination gemeinsamer Zeit ist essenziell.

Nutzen Sie Onlinetools wie z.B. *everytimezone.com, worldtimebuddy.com* oder den Meeting Planer auf *timeanddate.com*, um die bestmögliche gemeinsame Zeit zu ermitteln.

Achten Sie auch darauf, dass Arbeitspakete so geschnitten sind, dass ein flüssiges Weiterarbeiten durch andere Entwickler ermöglicht wird. Zeitzonen erhöhen die Wartezeiten. Wenn eine Person an einem Standort auf ein Teammitglied an einem anderen Standort mit einer anderen Zeitzone warten muss, um den Tag zu beginnen und z.B. einen Blocker zu beseitigen, ist der Rest des Tages verloren. Diese Verzögerungen summieren sich schnell. Das Daily Scrum kann helfen, diese Probleme aufzudecken. Die Entwickler sollten sich nicht nur die heutige Arbeit ansehen, sondern auch die des nächsten Tages. Gibt es Dinge, die uns blockieren könnten?

Es gibt einige Stellschrauben, an denen Sie drehen können, um Übergaben und Wartezeiten zu reduzieren. Sorgen Sie dafür, dass potenziell alle die Aufgaben übernehmen können und dass nicht nur der Product Owner die Backlog-Pflege oder Verfeinerung von Backlog Items übernimmt. Reduzieren Sie die Abhängigkeiten innerhalb des Teams oder zu Dritten, sodass Blockaden und Übergaben minimiert werden.

Unterschätzung der Aufbauphase eines Teams

Wenn eine Firma über verteilte Teams nachdenkt, wird oft angenommen, dass man ein komplettes Team auf einmal einstellen kann und dass es sich sofort perfekt integriert. Dies funktioniert schon bei Scrum-Teams vor Ort nicht und wird mit Sicherheit für verteilte Teams erst recht nicht funktionieren.

> Beteiligen Sie die aktuellen Teammitglieder an der Auswahl und Einstellung der neuen Mitglieder. So senken Sie die Wahrscheinlichkeit, dass später fachliche oder soziale Integrationsprobleme auftreten.
>
> Stellen Sie außerdem kein komplettes Team neu ein, sondern ergänzen Sie ein bestehendes Kernteam um neue Personen.

Verweigerung der Kameranutzung

Stellen Sie sich vor, Sie treffen eine Kollegin aus Ihrem Team in der Küche an, die sich gerade einen Tee zubereitet und mit dem Rücken zu Ihnen steht. Sie grüßen Sie und fangen eine Unterhaltung zum aktuellen Sprint an. Die Kollegin antwortet Ihnen, dreht sich aber nicht um. Sie gehen auf die andere Seite, die Kollegin zieht sich die Kapuze ihres Kapuzenpullis schnell auf den Kopf und zieht ruckartig an beiden Bändern, sodass Sie ihr nicht ins Gesicht sehen können. Das wäre doch eine befremdliche Situation, oder?

Genau dieser Situation sind viele Moderierende oder Teilnehmende in Videokonferenzen ausgesetzt, wenn Teammitglieder ihre Kamera nicht einschalten. Es kann vielerlei relevante und vorgeschobene Gründe dafür geben. Wir nennen nachfolgend einige sowie passende Strategien für den Umgang damit:

- **Instabile Verbindung**
  Einer der häufigsten Gründe, die wir genannt bekommen. Wenn Sie dem Grundsatz »Ton vor Bild« folgen, ist es auch einmal zu akzeptieren, dass die Kamera ausgeschaltet bleibt. Sollte dies bei Teammitgliedern jedoch der Regelfall sein, ist an den Ursachen zu arbeiten und eventuell für eine bessere Bandbreite ein anderer Provider oder die Einwahl über einen Mobilfunk-Hotspot zu wählen.
- **Privatsphäre wahren**
  »Es ist gerade ziemlich viel los zu Hause.« Egal ob unaufgeräumt oder aus dem Schlafzimmer zugeschaltet – es gibt viele Argumente, die wir schon vernommen haben. Viele Videokonferenztools verfügen über die Funktion, den Hintergrund auszublenden oder verschwinden zu lassen. Falls dies nicht möglich ist, gibt es eine Reihe an physischen Hintergründen, die z. B. an der Stuhllehne befestigt werden können.

- **Vorgeschobene Gründe**
  Eines der schwierigeren Themen sind Teilnehmende, die sich Gründe ausdenken, deren Ursache im ersten Moment nicht zu verstehen ist. Eventuell kann es hier wichtig sein, statt einer langen Diskussion und des Versuchs, die Person davon zu überzeugen, die Kamera einzuschalten, es für das Meeting auf sich beruhen zu lassen und die Lösungsansätze aus dem nächsten Punkt *Unbehaglichkeit* anzuwenden.
- **Unbehaglichkeit**
  Einige Menschen fühlen sich »beobachtet« und zu stark im Fokus. Hier können Einzelgespräche helfen, um die Ängste zu besprechen und zum Ausprobieren einzuladen. Zudem kann es helfen, viele Übungen in privaten Gruppenräumen in Paaren oder Kleingruppen durchzuführen oder allgemein mit teamverbindenden Übungen für Offenheit und Vertrauen zu sorgen.

Kurzum, es gibt Gründe, die angeführt werden können und gegen die Kameranutzung sprechen. Wichtig ist, dass allen Beteiligten klar wird, dass das Videobild ein stark verbindendes und wichtiges Element für ein verteiltes Team ist. Das Scrum-Team sollte für alle einen geschützten Raum bieten, der durch psychologische Sicherheit, Offenheit – abgebildet durch Feedback und Kommunikation – sowie Vertrauen geprägt ist. Die Mimik ist das schnellste Reaktionsmittel einer Person, die uns dazu bringt, unsere Reaktionen oder Formulierungen anzupassen.

Sprechen Sie die Teammitglieder immer aktiv an, wenn die Kamera ausbleibt, und bringen Sie in Erfahrung, warum diese Entscheidung getroffen wurde. Akzeptieren Sie nicht einfach diesen Zustand, da es ansonsten immer schwerer wird, zum Ideal zurückzukehren. Bitten Sie die Personen je nach Situation ,die Videoübertragung einzuschalten, und halten Sie die Regel in der Teamvereinbarung frühzeitig fest.

6.2 Remote-Sprint

Negativspirale

»Wir kriegen das gemeinsam hin«, hörte Finn sich mit ruhiger Stimme sagen. Der aktuelle Sprint wie auch die beiden vorherigen waren ordentlich in die Hose gegangen. Es zeichnete sich schon während der gemeinsamen Zusammenarbeit ab, dass der Wurm drin war. Finn spürte ein Desinteresse einiger Teammitglieder, die Abstimmungen während der Dailies waren zäh und er hatte das Gefühl, einzelne kamen und gingen, wann sie wollten. Es war wie eine Negativspirale, die sich immer schneller drehte. Nun sagte er diesen Satz und meinte das so. Er hatte sich nämlich in diesem Sprint die Zeit genommen, mit jedem Teammitglied zu sprechen und nachzufragen, wie es ihnen geht, wie sie die Situation einschätzen und welche eigenen Ideen sie hatten.

→

Schon nach den ersten Gesprächen hatte Finn eine Ahnung, was dem Team Leben einhauchen könnte. Er besprach sich mit Casper und sie einigten sich darauf, die Sprint-Retrospektive anders zu gestalten. Finn schlug Casper vor, einen verlängerten Workshop mit allen durchzuführen, in dem es vor allem um die Frage ging: »Was können wir tun, damit wir ein Spitzenteam werden?« In seiner Verantwortlichkeit als Scrum Master bereitete Finn diesen Workshop mit aller Hingabe vor. Er legte Wert darauf, dass die Teammitglieder in Kontakt kamen und es einiges zu lachen gab. Sein Plan ging auf. Denn schon nach der Begrüßung durch ihn und der anschließenden flammenden Ansprache von Casper zum Produktziel und der Wichtigkeit des Projekts spürte Finn eine Art Erleichterung in sich. Und im Verlaufe der drei Stunden kamen alle Themen auf den Tisch, sodass er am Ende sagte: »Wir kriegen das gemeinsam hin.«

Scrum-Teams arbeiten an komplexen adaptiven Problemen: Jede Reibung im Kreativ- oder Kommunikationsprozess muss unermüdlich verbessert werden. Das Rahmenwerk von Scrum verändert sich beim verteilten Arbeiten nicht. Es ist jedoch hilfreich, einige Variablen anzupassen, sodass die Arbeit über mehrere Zeitzonen und Lokationen gut funktioniert. Auch im Remote-Szenario sollten Sie auf kleine Scrum-Teams bis maximal 10 Personen und kurze Iterationen setzen. Gerade wenn ein Team sich findet bzw. noch nicht lange verteilt zusammenarbeitet, ist die Wahrscheinlichkeit, dass etwas vier Wochen lang »falsch« entwickelt oder kein Feedback eingeholt wird, hoch. Davon abgesehen dauern zudem die Zyklen von Inspect & Adapt länger, was den Beteiligten kein schnelles Feedback und somit Lernen ermöglicht.

Eine große Herausforderung der standortübergreifenden Arbeit ist die Tatsache, dass mehr Zeit für den Austausch beispielsweise im Sprint Planning benötigt wird, aber eventuell weniger Zeit zur Verfügung steht, da es wenig Überschneidung in den Zeitzonen gibt.

Im Sinne der »Sustainable Pace« achten Sie darauf, ob ein Sprint-Ende am Freitag sinnvoll und machbar ist. Gerade am Ende eines Sprints fallen häufig Aufgaben an, die Zeit in Anspruch nehmen. Wenn ein Teamteil in den USA den Sprint am Freitagnachmittag beendet, kann es für die Entwickler in Deutschland Arbeit am Samstagmorgen bedeuten. Weitere Gründe, die neben dem Risiko von Wochenendarbeit gegen den Freitag sprechen, sind z.B., dass jedem eine Arbeitswoche in den Knochen steckt, lange Wochenenden nicht genommen werden können oder Personen dann häufiger nicht teilnehmen und dass auch Feiertage oft auf einen Montag oder Freitag fallen.

Unsere Empfehlung ist, Sprints Mitte der Woche starten und enden zu lassen.

6.2.1 Sprint Planning

Der Scrum Guide formuliert: »*Das Sprint Planning ist zeitlich beschränkt auf maximal acht Stunden für einen einmonatigen Sprint. Bei kürzeren Sprints ist das Event in der Regel kürzer*« (*scrumguides.org*). Bei wenig Überschneidung der Zeitzonen kann dies für manche Scrum-Teams eine echte Herausforderung werden.

Wir schlagen nachfolgend einige Ideen zur Abwandlung des Sprint Planning vor:

- **Mehrere Termine**
  Es kann sinnvoll sein, das Event in mehrere einzelne kleine Schritte zu zerlegen und auf mehrere Tage aufzuteilen. Zum Beispiel könnten die Entwickler dazu angeregt werden, bei einem zweiwöchigen Sprint am achten Sprint-Tag sich dedizierter mit den kommenden Sprint Backlog Items auseinanderzusetzen. Es sollte ein kurzer Termin während der gemeinsamen Arbeitszeit sein. Dieser Termin wird am neunten und zehnten Tag wiederholt und neue Erkenntnisse ausgetauscht, sodass ein Sprint Planning kurzgehalten werden kann.
- **Kleine Arbeitsgruppen**
  Der Product Owner stellt in einem kurzen Termin das »Was?« für den Sprint vor und nimmt Bezug auf das Produktziel. Nachdem sich dann das Team gemeinsam auf ein Sprint-Ziel geeinigt hat, übernehmen kleine Arbeitsgruppen das Herunterbrechen der Sprint Backlog Items und die Beantwortung des »Wie?«. Hier wird es den Entwicklern überlassen, wann diese Umsetzung erfolgt. Bis zum nächsten Arbeitstag sollten dann die Sprint Backlog Items geklärt sein. Achten Sie darauf, dass nicht nur lokal zusammengearbeitet wird, sondern die Teammitglieder an anderen Standorten mit einbezogen werden.
- **Backlog Refinement**
  Bringen Sie Product Owner und Entwickler dazu, regelmäßig (z.B. einmal wöchentlich) ein Backlog Refinement (vgl. Abschnitt 4.4) abzuhalten, um den Sprint gut vorzubereiten und das Sprint Planning zu verkürzen.
- **Investigative Arbeit**
  Product Owner nehmen unfertige und nächste Product Backlog Items mit in das Sprint Planning und lassen diese von den Entwicklern so vorbereiten, dass sie im darauffolgenden Sprint Planning schnell besprochen werden können. Bilden Sie Dreiergruppen aus Product Owner und zwei Entwicklern pro Product Backlog Item, wobei einer der Entwickler Story Owner (vgl. Abschnitt 4.4.2) eines Product Backlog Item wird.

Die Arbeit mit Onlinetools ermöglicht es, ein Product Backlog nach eigenen Bedürfnissen zu strukturieren. Um auftretende Wartezeiten bei Entwicklern zu minimieren, die auf Antwort warten oder an einer Stelle nicht weiterkommen, haben wir gute Erfahrungen mit einem abgegrenzten Bereich im Product Backlog gemacht. Dieser enthält beispielsweise Bugs, technische Schulden, zu erstellende Dokumentation oder anstehende Product Backlog Items für nachfolgende Sprints. Aus diesem Pool, der gemeinsam von Product Owner und Entwicklern strukturiert und damit priorisiert wird, bedienen sich Entwickler, wenn diese Leerlauf haben.

Das Ziel ist, die Wartezeit sinnvoll zu nutzen, um Aufgaben zu erledigen, die eher eine untergeordnete Rolle spielen, aber dennoch eine Relevanz haben.

Für Scrum-Teams ist generell die Kenntnis des Produktziels wichtig. Es wird eine der Hauptaufgaben des Product Owners sein, immer wieder auf das Produktziel hinzuweisen und die Entwickler darauf einzuschwören. Es kann hilfreich sein, Feedback von Kunden oder Stakeholdern, Test- oder Umfrageergebnisse sowie Nutzungszahlen unterstützend einzubeziehen.

6.2.2 Daily Scrum

Nicht nur unserer Meinung nach ist dieses Event eines der wichtigsten Zusammentreffen des Scrum-Teams. Wir halten es für wertstiftend, wenn das gesamte Scrum-Team zusammentrifft und nicht nur die Entwickler. Es kann im Remote-Setup, über mehrere Zeitzonen hinweg, schwierig sein, alle Beteiligten zusammenzubringen. Gleichzeitig ist die Arbeit über viele Zeitzonen hinweg auch ein Vorteil, da die Arbeit fließend fortgesetzt werden kann und nicht an den Rahmen eines Arbeitstages gebunden ist.

Wir stellen nachfolgend einige Möglichkeiten vor, wie Sie den Informationsaustausch untereinander variieren können, sodass der Sinn und Zweck des Events nicht verloren geht.

- **Zusätzliche Zeit**
  Wenn es möglich ist, sollten Scrum-Teams das Daily Scrum wie gewohnt durchführen, da es für den Fortschritt im Sprint und den Zusammenhalt enorm wichtig ist. Wir ergänzen die 15 Minuten oftmals um z.B. 15 Minuten vor dem Event, um privaten Gesprächen Platz zu lassen oder ein Check-in durchzuführen, oder um 15 Minuten nach dem Event, um Zeit für offene Diskussionspunkte zu haben oder Fragen aus dem Daily Scrum zu besprechen.
- **Checkpoint**
  Das Scrum-Team einigt sich neben dem Daily Scrum auf einen Termin später am Tag, bei dem sich alle kurz darüber informieren, ob es mit der Entwicklung wie geplant vorangeht.

- **Lokale Dailies**
  Die Entwickler an einem Standort führen das Daily Scrum lokal durch und übergeben die Verantwortung an den Rest des Teams per Videoaufzeichnung oder kurzer Dokumentation im Teamchat. So können die Entwickler, die verteilt sitzen, nahtlos mit ihrem Daily Scrum und der Arbeit am Sprint Backlog weitermachen.
- **Zusätzliche Termine**
  Um neben der Synchronisierung zum Sprint Zeit für wichtige Abstimmungen einzuräumen oder den Austausch untereinander zu fördern, sind kurze gemeinsame Termine ein hilfreiches Mittel für die Moral und das Vorankommen.

> Seien Sie als Scrum Master immer zuerst angemeldet und unterhalten Sie sich locker mit den nachfolgenden Teilnehmenden. Führen Sie einen Check-in ein oder einen lustigen Teil, wie z.B. einen täglichen Witz, eine wöchentliche Kleidungsfarbe oder ein Motto für den Sprint als Hintergrundbild.
>
> Jurgen Appelo schlägt statt Daily Standups ein Daily Cafe vor. Er legt damit eher den Fokus auf die Bildung von zwischenmenschlichen Beziehungen und einer guten Teamkultur [URL:Appelo].

Da das Daily Scrum häufig zu Beginn eines Tages durchgeführt wird, gilt hier vor allem, dass auf den Ausgleich der »schlechteren Zeiten« geachtet und rotierend gewechselt wird. Wichtige Aspekte, auf die ein Scrum Master im Speziellen und ein Scrum-Team im Allgemeinen achten sollten, sind:

- **Vorbereitung**
  Jeder aus dem Scrum-Team sollte das Taskboard gepflegt haben und sich auf das Update vorbereiten. Wenn Dokumentation notwendig wird, kann diese auch Teil der Vorbereitung sein und anschließend als Zusammenfassung geteilt werden.
- **Pünktlichkeit**
  Wenn Sie als Scrum Master die Moderation übernehmen, sollten Sie einige Minuten vor Beginn die Technik geprüft und den Videostream gestartet haben.
- **Checkliste**
  Der Scrum Master oder jemand aus dem Team sammelt während des Daily Scrum die Punkte, die im Nachgang in Kleingruppen geklärt werden sollten, in einer Checkliste.

- **Taskboard**
  Jeder Entwickler sollte anhand des aktuellen Taskboards seine Zusammenfassung geben. Viele Tools ermöglichen ein schnelles Filtern, um so eine gezielte Darstellung der Aufgaben abzubilden. Wir erarbeiten das Board immer von hinten und beginnen mit den guten Nachrichten, den fertigen Aufgaben. Danach widmet sich das Team den Aufgaben, die »in Bearbeitung« sind mit Fokus auf die Blocker.
- **Verantwortlichkeiten**
  Wer übernimmt die Verantwortung für die besprochenen Aufgaben? Diese Klärung ist gerade beim verteilten Arbeiten enorm wichtig und sollte im besten Falle direkt notiert werden (z.B. im Teamchat, in der Zusammenfassung oder direkt im Ticket).
- **Klarheit**
  Klare Verantwortlichkeiten zu benennen ist das eine. Klarheit in der Kommunikation, sowohl sprachlich wie auch inhaltlich, das andere. Achten Sie auf die Netiquette und unterstützen Sie sprachlich schwache Personen mit geschriebenem Wort oder mittelfristig durch Sprachtrainings.
- **Timebox**
  Nehmen wir an, Sie begleiten ein Team von acht Personen in einem Zwei-Wochen-Rhythmus. Wenn Sie im Durchschnitt fünf Minuten überziehen, dann verschwenden Sie circa 1,6 Tage monatlich. Daher ist es sehr wichtig, auf die Relevanz und Effizienz während des Daily Scrum zu achten und dies auch jedem bewusst zu machen.
- **Aktive Teilnahme**
  Hauchen Sie dem Daily Scrum Leben ein und geben Sie dem Event eine persönliche Note, die dazu führt, dass alle beteiligt sind und etwas beitragen.
- **Redefluss**
  Um den Gesprächsfluss aufrechtzuerhalten, geben alle den »Redestab« eigenständig weiter. Ist alles gesagt, wird die nächste Person genannt. Die Person, die als Letztes spricht, kann z.B. die Person sein, die das nächste Daily Scrum eröffnet, oder es wird die Reihenfolge der Liste der Teilnehmenden verwendet.

> Es passiert viel im Alltag und im Sprint eines verteilten Scrum-Teams. Zum Beispiel ändern Kunden Starttermine, Prioritäten verändern sich, das Netzwerk fällt aus, neue Tools funktionieren nicht wie erwartet oder durch einen Blocker auf der anderen Seite der Welt können die Entwickler in Deutschland nicht weiterarbeiten. Um diesen unvorhergesehenen Aspekten gerecht zu werden, ist es hilfreich, das Sprint Backlog dynamisch zu halten. Voraussetzungen dafür sind, dass sich das Scrum-Team im Daily Scrum koordiniert und der Product Owner Sprint Backlog Items laufend aktuell hält.

6.2.3 Sprint-Review

Es ist sehr wertvoll und wichtig, dass ein verteiltes Scrum-Team gemeinsam am Sprint-Review teilnimmt. Jeder sollte erleben dürfen, wie die fertigen Inkremente präsentiert werden und welches Feedback es dazu gibt. Außerdem kann jeder seine Meinung und sein Know-how in Diskussionen teilen. Im besten Fall präsentieren die einzelnen Teammitglieder die fertigen Ergebnisse des Sprints, um auch hier Motivation herauszuziehen, das Gemeinschaftsgefühl zu stärken und Anerkennung zu erhalten.

Nutzen Sie das Sprint-Review z.B. auch dazu, um auf landestypische Sachverhalte hinzuweisen und den Teilnehmenden etwas über die unterschiedlichen Kulturen mit auf den Weg zu geben. Egal ob ein Länderquiz, eine »Wahrheit oder Lüge«-Abfrage oder die Erzählung eines Teammitglieds über länderspezifische Themen, das alles kann für die Teammitglieder eine wertvolle und verbindende Bereicherung sein.

Folgende Impulse für ein wertstiftendes Sprint-Review möchten wir Ihnen mit auf den Weg geben:

- **Vorbereitung**
  Nicht nur, weil dieses Event wichtige Dritte mit einbezieht, ist eine gute Vorbereitung das A und O. Neben der Technik sollte es eine Agenda geben, die mit allen Teammitgliedern abgestimmt ist. Darauf aufbauend wird beispielsweise die Reihenfolge der Präsentierenden festgelegt, Anwendungen oder Browserfenster geöffnet, Passwörter bereitgehalten oder Equipment bereitgelegt.
- **Event-Charakter**
  Sorgen Sie dafür, dass aus dem Sprint-Review mehr wird als das reine Präsentieren und Abhaken von fertigen Inkrementen. Bringen Sie neben einer fröhlichen und aktivierenden Atmosphäre Variationen ein, sodass die verteilt sitzenden Projektbeteiligten zusammen etwas erleben, erarbeiten oder gebührend feiern können.
- **Onlinetools**
  Nutzen Sie die vielfältigen Möglichkeiten von Onlinetools, wie z.B. Online-Whiteboards, um gemeinsam mit den Anwesenden Ergebnisse zu erarbeiten, oder die direkte Möglichkeit, Stakeholder bzw. Kunden die fertigen Inkremente direkt testen zu lassen und als Team Feedback einzusammeln.
- **Vernetzung**
  Durch weite Entfernungen oder große Projektteams kann das Sprint-Review auch als Ort genutzt werden, um die Beteiligten zusammenzubringen und sich gegenseitig kennenzulernen.

- **Verteilen**
  Neben dem Mitschneiden des Events können auch andere Hilfsmittel nützlich sein, um Ergebnisse global zu verteilen. Prüfen Sie den Einsatz von beispielsweise Newslettern, Blogartikeln, Sprint- bzw. Release-Notes, um auf die Ergebnisse des Sprints aufmerksam zu machen.
- **Fokus**
  Der Grundablauf, sofern Sie ihn nicht wie hier vorgeschlagen variieren, bleibt ansonsten, wie in Abschnitt 5.3 zum Sprint-Review vorgestellt, gleich. Wichtig bleibt der Fokus auf eine klare Kommunikation der Ergebnisse und Struktur des Events.

Es ist denkbar, dass die gezeigten Ergebnisse aufgrund der nachteiligen Kommunikation und erschwerten Zusammenarbeit nicht dem Ideal entsprechen. Diesen Themen sollten Scrum-Teams innerhalb der Retrospektiven Aufmerksamkeit schenken.

> Wandeln Sie das Format des Sprint-Reviews ab und nutzen Sie z. B. Liberating Structures für einen erfrischenden und tiefergehenden Austausch [LipmanowiczMcCandless 2014]. Zum Beispiel kann das Review durch *Impromptu Networking* gestartet und eine passende Frage zum Sprint oder aktuellen Entwicklungsstand als Icebreaker bzw. zum besseren Kennenlernen untereinander gestellt werden. Im Anschluss können Scrum-Team und Stakeholder mit *Shift & Share* einen tiefergehenden Austausch zu einzelnen Inkrementen oder naheliegenden relevanten Themen durchführen. In einem nächsten Schritt kann *What, So What, Now What* dabei helfen, die Einsichten aus den vorherigen Gesprächen zu kondensieren, um daraus Ableitungen für Änderungen am Product Backlog zu generieren.

6.2.4 Sprint-Retrospektive

Die Möglichkeiten an Variationen von Sprint-Retrospektiven sind mit der Nutzung von Onlinetools noch einmal enorm gestiegen. Verteilt zu arbeiten bedeutet, viele Herausforderungen zu bewältigen. Von daher ist für uns vor allem *Einfachheit* ein wichtiger Aspekt für die Durchführung von Retrospektiven. Um die eventuell wenige gemeinsame Zeit effektiv zu nutzen, braucht es ein klar strukturiertes Vorgehen und die gezielte Hinführung zu Verbesserungsaktivitäten. Für Remote-Retrospektiven gelten die oben genannten Hinweise für die Moderation wie auch die generellen Empfehlungen zur Durchführung (vgl. Abschnitt 5.4). Wir möchten anschließend noch einige relevante Aspekte herausstellen:

- **Vorbereitung**
  Um die Zeit auf das Wesentliche zu lenken, können vorbereitende Fragen oder Umfragen hilfreich sein, die den Teammitgliedern die Möglichkeit lassen, sich im Vorfeld mit dem Sprint oder dem thematischen Schwerpunkt der Sprint-Retrospektive auseinanderzusetzen. Die Einladung zur Sprint-Retrospektive inklusive Agenda kann diese Aufforderungen enthalten.
- **Keep-it-simple**
  Diese Regel gilt nicht nur für die Auswahl der Übungen, sondern auch für die eingesetzten Tools. Teilnehmende sollten sich vollkommen auf den Inhalt fokussieren können und nicht durch das Verstehen von neuen Tools oder deren Handhabung abgelenkt werden.
- **Ergebnisorientierung**
  Sie sollten immer zuerst auf das Ergebnis schauen, das Sie erreichen möchten. Genau wie bei der Auswahl der Übungen spielt dies auch für die Tools eine Rolle, die eventuell begrenzen und dem gesteckten Ziel entgegenstehen.
- **Kollaboration**
  Bringen Sie die Beteiligten in den direkten Austausch und lassen Sie so häufig wie möglich in Kleingruppen Ergebnisse erarbeiten. Achten Sie auf gleiche Ausgangsvoraussetzungen und gleichberechtigte Teilnahme.
- **Tool-Know-how**
  Sie möchten ein neues Tool für die Sprint-Retrospektive einsetzen? Testen Sie es und setzen Sie sich vorher ausgiebig mit den Funktionen und der Handhabung auseinander, bevor Sie die Teammitglieder damit konfrontieren. Wenn Sie neue Tools verwenden, planen Sie »Warm-up«-Übungen ein, wie beispielsweise das Erstellen von Avataren, das gemeinsame Malen eines Kunstwerks oder das Ausfüllen von Post-its für die Teilnehmenden, um sich an das neue Werkzeug zu gewöhnen.
- **Rundumblick**
  Es kann viele Gründe geben, warum einige der Teilnehmenden weniger sprechen oder sich beteiligen. Vielleicht haben sie technische Probleme, sind abgehängt worden oder kommen nicht zu Wort. Wenn diese Personen Textnachrichten senden oder sich mit Handzeichen bemerkbar machen, sollte dies der Scrum Master ebenso berücksichtigen und gewichten wie das gesprochene Wort.
- **Anmoderation**
  Sie haben für die Teilnehmenden eine super Agenda mit großartigen Übungen zusammengestellt? Nehmen Sie sich Zeit bei jeder einzelnen Anmoderation und fragen Sie nach, ob wirklich alle verstanden haben, was als Nächstes passieren soll.

- **Zeitplanung**
  Es ist je nach inhaltlicher Ausrichtung und Machbarkeit (Überschneidung von Zeitzonen) sinnvoll, mehr Zeit für Retrospektiven einzuplanen. Wenn Sie bisher bei einem zweiwöchigen Sprint mit 60 Minuten ausgekommen sind, sollten Sie eventuell je nach Teamgröße 90 Minuten einplanen. Denken Sie bei der Zeitplanung auf jeden Fall an Zeit für den sozialen Austausch, die Pausen für die Wechsel zwischen den Tools, die Zeit für die Erläuterung der Übungen oder an mögliche kurze Pausen bzw. Unterbrechungen.
- **Nachbereitung**
  Wenn Sie Ergebnisse in verschiedenen Tools erarbeitet haben, dokumentieren Sie diese z.B. in einem geschützten Bereich des Wikis. Versenden Sie die Ergebnisse inklusive der zu erledigenden Aktivitäten an alle im Team.
- **Erfolge feiern**
  Der Sprint schließt mit der gemeinsamen Reflexion. Es könnte für das Scrum-Team enorm wichtig sein, im Nachgang den Misserfolg eines Sprints durch einen privaten Austausch vergessen zu lassen und sich neu auszurichten oder den erfolgreichen Abschluss zu feiern.
- **Lokale Retrospektiven**
  Es kann je nach Teamkonstellation und Grad der Verteilung auf dem Kontinent auch wertstiftend sein, wenn sich die Teammitglieder an den lokalen Standorten zu kurzen Retrospektiven treffen. Die Ergebnisse können dann in die gemeinsame Sprint-Retrospektive mit allen einfließen.

Gerade die Sprint-Retrospektiven sind prädestiniert dafür, dass entfernte Teammitglieder, die kurze Reisewege haben, zusammenkommen. Mit der Durchführung in Präsenz lässt sich der Erfolg eines Sprints gebührend gemeinsam feiern. Zudem fallen für viele Scrum-Teams Sprint-Ende und -Anfang auf einen Tag und die Personen sind dann auch im Sprint Planning direkt ansprechbar.

> Ein allgemeiner Tipp zum Abschluss, der für alle Events gleichermaßen relevant ist, ist die Einigung auf einen alternativen Kanal, falls etwas schiefgeht. Als Scrum Master ist ein Plan B für jede (Sprint-)Retrospektive ein Aspekt, der mitgedacht werden sollte. Überlegen Sie sich daher immer, wie Sie darauf reagieren, wenn Ihr gewähltes Onlinetool ausfallen sollte. Kann die Sammlung an Daten im Teamchat erfolgen? Welche alternativen Möglichkeiten können zu den gleichen Ergebnissen führen?

6.2.5 Häufige Herausforderungen

Herausforderungen, denen Sie in einem verteilten Scrum-Team während des Sprints begegnen, gibt es viele. Wir nennen nachfolgend einige entscheidende Schwachstellen, die den Arbeitsfluss beeinträchtigen und die Teammitglieder davon abhalten, zu einer Einheit zusammenzuwachsen.

Fehlendes Wir-Gefühl

Bevor Finn Scrum Master des Teams wurde, hat Antonella diese Verantwortlichkeit ausgefüllt, eine Kollegin, die das Unternehmen inzwischen verlassen hat. Antonella hatte Finn darauf hingewiesen, dass sich eine Kluft zwischen den Entwicklern in Hamburg und Mailand auftat. Leider gab es unter den deutschen Entwicklern einige, die zwar des Englischen mächtig waren, aber das Gefühl hatten, sich in der Fremdsprache nicht so ausdrücken zu können, wie sie es gern wollten. Dies führte dazu, dass die mailändischen Entwickler von Meetings ausgeschlossen wurden, in denen es um den übergreifenden Austausch zur Architektur und technischen Infrastruktur ging. Denn auf diesen wurde dann Deutsch gesprochen. Finn nahm sich vor, dieses wichtige Thema unverzüglich anzugehen.

Die Zentrale ist in Deutschland und es gibt Niederlassungen in anderen Ländern. Wie oft kommen E-Mails an, die in Deutsch verfasst wurden? Manchmal geschieht es aus Unachtsamkeit, manchmal steht ein als Entschuldigung gedachtes »Sorry, German only« zu Beginn. Das ist in der Regel nicht mal böse gemeint, trägt aber nicht zum »Wir gehören dazu«-Gefühl bei.

Leider wird oft vergessen, dass es sich bei den entfernt arbeitenden Personen nicht einfach um »Ressourcen« handelt, die wie Maschinen funktionieren, sondern um Menschen, die jeder für sich Individuen darstellen und die bestimmte Gefühle und Bedürfnisse haben. Durch den mangelnden persönlichen Kontakt mit den Teammitgliedern werden sie bald zu abstrakten Rollen, man spricht nur noch von der »Entwicklungsbutze in Mailand«. Die Menschen dort kapseln sich ab und entwickeln ein eigenes »Wir«-Gefühl.

Die Gefahr von (Personen-)Silos im Team

Die Versuchung ist groß, in verteilten Teams die Aufgabenpakete so zuzuschneiden, dass sie unabhängig bearbeitet werden können. Gerade in der verteilten Arbeit gibt es eben viele Schnittstellen zu berücksichtigen. Schnittstellen, die zu Komplikationen führen können. Scrum folgt hier den Forschungsergebnissen aus der Organisationspsychologie. Diese bestätigen, dass die gemeinsame Arbeit der Beteiligten an geteilten Aufgaben dem Team einen Schub gibt. Zudem fördert es die Identifikation mit dem Thema und dem Team.

Fördern Sie den wechselnden Austausch im Team und unterschiedliche Zusammensetzungen auch über die fachlichen Schwerpunkte hinaus. Es sollten nicht Einzelne an einzelnen Aufgaben arbeiten oder immer dieselben Pärchen, sondern Abwechslung sollte auf der Tagesordnung stehen.

Wenn Sie den Eindruck haben, dass nebeneinander und nicht miteinander gearbeitet wird, beobachten Sie das Verhalten für einen Sprint und machen Sie es plastisch, indem Sie es visuell aufbereiten. Nutzen Sie das Sprint-Ergebnis, um z.B. auf einem Online-Whiteboard aufzuzeigen, dass Aufgaben alleine bearbeitet wurden und was daraus resultieren könnte (bspw. fehlender Wissensaustausch, geringere Qualität, Abgrenzung der Aufgabenbereiche oder Nichtfertigstellung der Aufgaben bei Krankheitsausfall).

Ein weiteres Merkmal schlechter Kommunikation und fehlender gemeinsamer Abstimmung wird sichtbar, wenn Scrum-Teams an unterschiedlichen Standorten verschiedene Komponenten benutzen, um Inkremente zu erstellen. Es kann sein, dass Standards, wie und womit Ergebnisse erarbeitet werden, fehlen oder aber auch die Autonomie des Scrum-Teams eingeschränkt ist, eigenständige Entscheidungen für Werkzeuge und Praktiken zu treffen.

Kommunikationsflut und -chaos

Kommunikation ist der Schlüssel für gute Teamzusammenarbeit. Obwohl wir dazu raten, so viel wie möglich zu kommunizieren, gibt es häufig eine Kehrseite. Von dort kommt eine Chatnachricht. Hier landet die nächste E-Mail im Postfach. Zwei nicht angenommene Anrufe auf dem Telefon. Da kommt auch schon der nächste Videoanruf rein. Jedes Mal wenn Teammitglieder kommunizieren, ist es so, als würden Sie im Büro an die Tür klopfen oder die Tür aufmachen und in den Raum rufen.

Um dieses Szenario nicht ausufern zu lassen und eine konsistente Kommunikation herzustellen, halten wir zwei Dinge für hilfreich. Das eine sind die oben beschriebenen Teamvereinbarungen, die regelmäßig zu aktualisieren sind. Das andere ist die Einsicht, dass alle Beteiligten sich immer fragen sollten: »Ist diese Nachricht wirklich notwendig?« Wenn das Ergebnis der Überlegung »Ja!« lautet, dann wird nach den definierten Regeln gehandelt.

Achten Sie bei der Kommunikation innerhalb des Teams auf diese Tabus:

1. Etwas nachfragen, was durch eigene Recherche z.B. im Internet oder Wiki selbst beantwortet werden kann.
2. E-Mails für »kurze Fragen« verwenden. Sich hinterfragen, wie wahrscheinlich ist die schnelle Beantwortung durch die Empfängerin oder ob man sich in der Situation selbst dadurch ablenken lassen würde?

→

3. Das Verfassen sehr langer E-Mails. Oftmals wird in diesen E-Mails ein Umstand aus verschiedenen Blickwinkeln immer wiederholt, um auch richtig verstanden zu werden und das gesprochene Wort zu ersetzen. Das ist nicht nur frustrierend für die Empfängerin, sondern auch sehr zeitintensiv für beide Seiten.
4. Jemanden anrufen, ohne ihn darüber zu informieren, dass es um einen komplizierten Sachverhalt geht. Die Wahrscheinlichkeit ist hoch, dass es keine Antwort wegen fehlender Vorbereitung gibt. Es bleibt die Unterbrechung der Person.
5. Eine Text- oder Chatnachricht nach der anderen senden, obwohl unklar ist, ob die Empfängerin zeitnah reagieren kann. Dies führt zu einem Nachrichtenstau auf Empfängerseite und eventuell zur Frustration auf beiden Seiten, da eine Seite auf Antwort wartet und die andere Seite Druck verspürt, verstehen und antworten zu müssen.

Fehlende Klarheit bei Fehlern

Fehler treten immer dann auf, wenn sie keiner erwartet. Beim verteilten Arbeiten kann es beim Auftreten von Fehlern vorkommen, dass nicht alle Teammitglieder online bzw. verfügbar sind. Fehler passieren. Damit Fehler nicht vermehrt auftreten, sorgen neben einer klaren Formulierung und Einhaltung der Definition of Done (vgl. Abschnitt 4.1.2) eine standortübergreifende konsistente Entwicklungsumgebung, die Automatisierung von Tests, eine enge (paarweise) Zusammenarbeit sowie (Code-)Reviews für eine geringere Fehleranfälligkeit und -quote.

Legen Sie mit den Beteiligten klare Regeln fest, welche einzelnen Schritte im Falle von Fehlern unternommen und wie diese Fehler dokumentiert werden sollen. Die Dokumentation dient dazu, schnellstmöglich und ohne große Begleiterscheinungen die richtigen Schritte zu wählen und die Fehler aus der Welt zu schaffen.

6.3 Remote-Verantwortlichkeiten

Es ist schon einiges zu den Anforderungen an ein funktionierendes, verteiltes Scrum-Team gesagt worden. In diesem Unterkapitel möchten wir uns noch einmal gezielt einigen Aspekten der drei Verantwortlichkeiten Scrum Master, Product Owner und Entwickler widmen.

Für den Start mit einem Scrum-Team kann es hilfreich sein, eine Übung durchzuführen, in der es um die Verantwortlichkeiten im Team geht. »Was kann ich erwarten von …?« wird von allen beantwortet und erarbeitet. Mischen Sie die Teammitglieder durch, um die Erwartungen für die Verantwortlichkeiten auszuarbeiten, oder lassen Sie z.B. die Entwickler die Erwartungen an den Scrum Master erarbeiten, vorstellen und schriftlich vereinbaren.

6.3.1 Scrum Master

Scrum Master benötigen ein hohes Engagement und Geschick, Menschen auf Distanz zu verbinden und Brücken zu bauen, die eine kollaborative Zusammenarbeit über Zeitzonen und Kulturen hinweg ermöglichen. Bei ihrer Arbeit sollten sie sich vorrangig um das Miteinander der Beteiligten kümmern und wie oben beschrieben, gelebte Kommunikation und gegenseitiges Vertrauen im Fokus haben.

Scrum Master haben das Problem, sich nicht mehr auf den persönlichen Austausch verlassen zu können, um Hindernisse aufzuspüren. Physische Hinweise, wie z.B. trippelnde Füße, Augenverdrehen, angespannte Haltung, sind schwerer oder gar nicht wahrzunehmen und auch der emotionale Zustand einer Person ist nicht direkt erkennbar. Was vor Ort schon schwierig ist, wird remote zu einer echten Herausforderung. Scrum Master sind zudem gefordert, ihr Repertoire an Praktiken, Techniken und Übungen zum Lernen oder Teambuilding völlig neu zu überdenken und es in die digitale Welt zu transferieren.

Sorgen Sie während der Events und Zusammentreffen des Scrum-Teams für Überraschungen und Momente, die im Gedächtnis bleiben und die Teilnehmenden zum Mitmachen einladen. Nachfolgend einige Ideen:

- Versenden Sie zum Geburtstag der Teammitglieder kleine (landestypische) Aufmerksamkeiten oder sorgen Sie dafür, dass sich alle an einer kreativen Videobotschaft beteiligen.
- Erstellen Sie eine Playlist und spielen Sie diese ab, während die Teilnehmenden »ankommen«. Teilen Sie die Playlist anschließend mit einigen netten Worten.
- Beginnen Sie das Zusammentreffen mit einem lustigen oder inspirierenden Video passend zum Thema.
- Nutzen Sie lustige animierte GIFs oder Memes, um Gedanken und Inhalte zu untermauern.
- Schaffen Sie Momente der Bewegung, um sich zu dehnen oder eine kurze Yoga- oder Atemübung gemeinsam durchzuführen.

Am relevantesten ist für Scrum Master, dass Sie regelmäßigen Kontakt zu den einzelnen Teammitgliedern suchen und sich für Gespräche anbieten. Aus unserer Erfahrung wissen wir, dass Einzelcoachings und -gespräche sich via Videokonferenz erst einmal etwas gewöhnungsbedürftig anfühlen. Doch sie stehen dem direkten Gespräch häufig in nichts nach und haben einen wichtigen Wert für beide Seiten.

Es wird beim verteilten Arbeiten mehr Zeit in Anspruch nehmen, ein schlagkräftiges Scrum-Team auf die Beine zu stellen. Soweit der Rahmen für die Zusammenarbeit stimmt, kann an der Selbstorganisation und Selbstständigkeit der Entwickler und des Product Owners gearbeitet werden. Ein Scrum Master geht nun dazu über, Räume zu öffnen und die Beteiligten stärker in die Verantwortung für neue Herausforderungen, Vereinbarungen und den Prozess zu nehmen.

Scrum Master können in einem verteilten Team nicht überall sein. Hilfreich ist es, wenn sie bei den Entwicklern oder beim Großteil des Teams ansässig sind.

> Wenn die Entwickler verstreut über mehrere Standorte arbeiten, dann kann es hilfreich sein, ein Teammitglied zum direkten Ansprechpartner zu machen, um vor Ort notwendige »Scrum-Master-Tätigkeiten« zu übernehmen. In großen verteilten Scrum-Teams ist es eventuell sinnvoll, für die größten Teamteile in anderen Zeitzonen weitere Scrum Master einzusetzen, die sich dann synchronisieren.
>
> Daneben liegt der Fokus der Scrum-Master-Tätigkeiten darauf, die Teammitglieder dazu zu bringen, sich eigenständig um die Beseitigung von Herausforderungen zu kümmern und auf ein gesundes Miteinander zu achten.

Nachfolgend möchten wir einige Tätigkeitsfelder nennen, denen sich ein Scrum Master darüber hinaus widmen kann:

- **Remote first**
  Bestehendes Kommunikationsverhalten aus der »Präsenz-Welt« stetig auflösen und neue Muster etablieren. Gezielte Arbeit an einer übergreifenden Kultur in der Organisation, die Remote-Arbeit in den Fokus stellt.
- **Coaching**
  Konflikte, die auftreten, offen ansprechen und zu einer Lösung führen.
- **Einzelgespräche**
  Durchführung von Gesprächen mit dem Product Owner, den Entwicklern oder Stakeholdern mit dem Ziel, Hilfestellung zu geben und ein offenes Ohr anzubieten. Das daraus entstehende Gesamtbild nutzen, um Verbesserung zu initiieren.
- **Feedback einholen**
  Sind die Stakeholder oder Teammitglieder zufrieden mit dem Prozess und der Produktentwicklung? Fühlen sie sich beteiligt und eingebunden oder distanziert? Durch Umfragen können Beteiligte während des laufenden Projekts regelmäßig einbezogen werden. Die Ergebnisse sollten dann in die Arbeit einfließen und geteilt werden.
- **Community of Practice (CoP) bilden**
  Welche Erfahrungen gibt es mit dem verteilten Arbeiten noch in der Organisation? Was können wir von anderen Teams lernen? Welche Erfahrungen können wir weitergeben?

- **Onboarding-Prozess**
  Unterstützung und Etablierung eines Prozesses, der es den Beteiligten ermöglicht, neue Teammitglieder schnell und gezielt in das Scrum-Team zu integrieren.

> Wenn Product Owner *und* Scrum Master nicht nah bei den Entwicklern sitzen können, sollte wenigstens ein Scrum Master nah bei den Entwicklern angesiedelt sein und der Product Owner eher in der Nähe wichtiger Stakeholder. Marketing, Rechtsabteilung, Vertrieb oder das Management können wichtige Stakeholder für das Projekt sein. Egal wie das Scrum-Team geschnitten ist, Scrum Master und Product Owner sollten eine enge Beziehung und einen ständigen Austausch pflegen. Wenn beide an unterschiedlichen Standorten sitzen, wird eine solide Beziehung dafür sorgen, dass Unwägbarkeiten besser bewältigt werden können und die Entwickler sich an zwei starken Leitfiguren orientieren können.

6.3.2 Product Owner

Sofern Product Owner und Entwickler gemeinsam vor Ort zusammenarbeiten, ist der Fluss von fachlichen und informellen Informationen gewährleistet – egal ob an der Kaffeemaschine, im Chat oder im Meetingraum. Diese wichtige Komponente des direkten Austausches geht im verteilten Teamszenario komplett verloren. Aus unserer Erfahrung haben Product Owner es schon bei der gemeinsamen Arbeit an einem Standort schwer, für ihr Scrum-Team ausreichend Zeit einzuplanen. Remote Scrum durchzuführen, bringt noch eine zusätzliche Dimension ins Spiel, da jeder Tag aus einer Aneinanderreihung von Terminen besteht. Damit bleibt häufig keine Zeit für ausreichenden Austausch mit den restlichen Teammitgliedern. Sätze, die wir von Product Ownern vernehmen, lauten dann in etwa so: »Ich weiß nicht, wann ich eigentlich ›zur richtigen Arbeit‹ kommen soll!« oder: »Heute schaffe ich das leider nicht mehr.« Dies birgt potenziell die Gefahr, dass Product Owner es auf der einen Seite selbst schwer haben, an wichtige Stakeholder heranzukommen, und auf der anderen Seite, dass sich eine Frustration bei den Entwicklern aufbaut. Diese kann daraus resultieren, dass Product Owner häufig fehlen, gestresst wirken, nicht zeitnah fertige Sprint Backlog Items abnehmen, Product Backlog Items nicht ausreichend vorbereiten oder in einen Ad-hoc-Modus verfallen, der nicht zuträglich für die Ausgestaltung des Produkts ist.

> Es kann hilfreich sein, wenn Product Owner einen engen Draht oder Austausch mit Teammitgliedern oder unterstützenden Kolleginnen pflegen, die somit auskunftsfähig sind. Zum Beispiel arbeiten Product Owner oft sehr eng mit Entwicklern aus dem Team zusammen, die sich schwerpunktmäßig um die Qualitätssicherung kümmern und das Produkt am besten kennen. Oder der Product Owner arbeitet mit einer Designerin außerhalb des Scrum-Teams während des Projekts zusammen und diese sitzt vor Ort bei den Entwicklern und kann direkt einen hilfreichen Beitrag leisten, wenn es Bedarf gibt.

Die Ansprüche an einen Product Owner und seine Verantwortung sind hoch (vgl. Abschnitt 3.4.1). Beim verteilten Arbeiten können weitere Dimensionen Einfluss auf die wirkungsvolle Arbeit im Scrum-Team und am Produkt eine Rolle spielen. Wir möchten Folgendes herausstellen:

- **Begeisterungsfähigkeit**
  In einem verteilt agierenden Scrum-Team braucht es mehr denn je den Product Owner als Leitfigur. Es muss der Person förmlich anzusehen sein, dass sie für das Thema brennt und eine energetische Haltung sowie unbedingten Willen für das Gelingen des Projekts hat.
- **Gebetsmühle**
  Sind alle auf das Ziel ausgerichtet? Können alle das »Warum?« erklären? Was sind die nächsten Schritte? Egal ob Scrum-Team oder Stakeholder, es ist nicht nur von Vorteil, sondern auch essenziell, dass gebetsmühlenartig wiederholt wird, was als Nächstes aus welchem Grund passiert.
- **Erreichbarkeit**
  Diese Begeisterung spüren Teammitglieder vor allem, wenn Product Owner erreichbar und für ihr Team da sind. Mit Abwesenheit, Ausreden oder Aufschieben zu glänzen, wird die Entwickler nicht anspornen und der inhaltlichen Ausgestaltung des Produkts nicht zuträglich sein.
- **Arbeitsorganisation**
  Erreichbarkeit und ein gutes persönliches Zeitmanagement sind zwei Faktoren, die neben der fachlichen Expertise darüber entscheiden, ob der großen Verantwortung entsprochen werden kann. Product Owner sollten klar zwischen nur »beschäftigt sein« und die Zeit wertstiftend nutzen abwägen können und sich auch ein »Nein, danke« zutrauen.
- **Auf den Punkt**
  Gerade wenn unterschiedliche Sprachen und Kulturen aufeinandertreffen, ist eine klare Formulierung dessen, was kommuniziert werden soll, essenziell. Das Gesagte sollte auf das Wesentliche reduziert und Erwartung klar umrissen werden. Dabei spielt auch die Überlegung eine wichtige Rolle, wie die Inhalte aufbereitet und präsentiert werden.

- **Zuhören können**
  Eine Haltung, die nicht nur Scrum Master, sondern auch Product Owner leben sollten. Anstatt sich die nächste Antwort schon zurechtzulegen, kommt es auf das Verstehen an. Fragen stellen und Gesagtes wiederholen, um Klarheit zu schaffen, sollten gelebte Kommunikationstechniken sein. Es kommt aber nicht nur auf den Inhalt des Gesagten an, sondern auch darauf, wie es kommuniziert wird. Wird die Aussage überzeugend oder unsicher rübergebracht?
- **Verständnis zeigen**
  Ein Verständnis für auftretende Herausforderungen und eine lösungsorientierte Haltung helfen dabei, Rückschläge schnell hinter sich zu lassen.
- **Beziehungsaufbau**
  Neben dem engen Kontakt zum Scrum Master dürfen auch die Teammitglieder und Stakeholder nicht nachlässig behandelt werden. Beim Arbeiten auf Distanz ist auch der Austausch und Aufbau von Beziehungen ein wesentlicher Erfolgsfaktor.

Eben mal so in der Küche über ein Detail sprechen oder ein Gespräch von zwei Entwicklern mitverfolgen, in dem eventuell falsche Annahmen diskutiert werden, geht nicht mehr. Schnell mal in den Workshop-Modus mit den Teammitgliedern zu gehen, funktioniert auch nicht mehr. Daher sollten Product Owner in ihre Fertigkeiten investieren, digitale Werkzeuge zielführend einzusetzen. Anstatt mal eben im Teamraum an einem Flipchart Ideen zu skizzieren, kann es beispielsweise hilfreich sein, sich digitales Zeichnen anzueignen.

6.3.3 Entwickler

Unpassend

Im ersten Sprint hatte Finn mit den neuen Mailänder Teammitgliedern viel Zeit verbracht. Dabei legte er auch Wert darauf, sich mit allen einzeln zu unterhalten. Glücklicherweise konnte er dies bei schönen Spaziergängen in der Mailänder Innenstadt tun und dabei viele Sehenswürdigkeiten entdecken. Ein Teammitglied war jedoch nicht dabei. Finn erfuhr erst beim Kick-off, dass Adrian, ein selbstständiger Entwickler, seit einigen Monaten das Team unterstützte. Adrian wurde als sehr erfahrener Entwickler in das Team geholt, da er über Know-how verfügte, das es im Team noch nicht gab. In den Gesprächen mit seinen direkten Mailänder Teammitgliedern wurde Adrian nie erwähnt.

Nach einigen Wochen der gemeinsamen Zusammenarbeit fiel Finn jedoch auf, dass Adrian sich nicht so richtig integrierte. Adrian schaffte zwar viel weg und war kompetent in dem, was er tat, aber er arbeitete vorrangig alleine. Dazu kam, dass Finn Schwierigkeiten bei der Kommunikation mit ihm hatte. Er bat Adrian fast bei jedem Zusammentreffen darum, die Kamera einzuschalten. Wenn es etwas zu meckern gab, war Adrian zu hören. Wenn es etwas gemeinsam zu erarbeiten gab, war er unbeteiligt. Wenn Finn um ein gemeinsames Treffen bat, kam er nicht so richtig an den Kern dessen, was hinter Adrians Verhalten steckte. Obwohl Finn klar seine Erwartungen an ein externes Teammitglied schilderte, gelang es Adrian nicht, eine sichtbare Veränderung an den Tag zu legen.

Im Laufe der Zeit wurden die anderen Teammitglieder immer mutiger und öffneten sich auch Finn gegenüber. Finn erkannte nun zwei Dinge: Niemand hatte etwas über Adrian gesagt, da er aufgrund seines Know-hows einen Großteil der Aufgaben selbst umsetzte und gleichzeitig sich die anderen Teammitglieder eben nicht in die neuen Technologien einarbeiteten. Während Caspers und Finns regelmäßigem Austausch sprachen sie immer wieder über die Situation im Team und die Bauchschmerzen, die Finn damit hatte. Casper war anfangs, genau wie der restliche Teil des Teams, unschlüssig, was Adrian anging, da er ja das Team durch seine Fähigkeiten voranbrachte. Für Finn war jedoch klar, dass es einen Ersatz für Adrian geben musste, und er appellierte an Casper: »Casper, ich erwarte von einem erfahrenen Entwickler, dass er sein Wissen teilt, die anderen einbezieht und eng mit ihnen zusammenarbeitet. Jemanden, der vorlebt und Impulse reinbringt. Ich brauche niemanden, der sich hinter Grundsatzdiskussionen versteckt, der sich nicht integrieren möchte und sein Knowhow für sich behält. Du magst jetzt einen Vorteil darin sehen, dass die Produktentwicklung vorangeht. Jedoch bleibt der Wissenstransfer auf der Strecke, genauso wie die Entwicklung eines Wir-Gefühls.« Letztendlich konnte Casper den Argumenten von Finn folgen und stimmte zu, sich in der nächsten Woche mit Adrian zusammenzusetzen, um über die Beendigung seines Engagements zu sprechen.

Ein Scrum-Team mit fünf Entwicklern und einem gut geplanten Reisebudget wird wertschöpfender arbeiten als ein Scrum-Team mit acht Entwicklern ohne Budget für Reisen. So oder ähnlich haben wir schon oft in unseren Einsätzen argumentiert. Wir sind aus eigener Erfahrung überzeugt davon, dass eine hohe Qualität und professionelle Ergebnisse nur dadurch erreicht werden können, wenn sich die einzelnen Menschen kennen und eine Verbindung zueinander aufbauen. Argumentieren Sie mit dem (Geschäfts-)Wert, der vom Scrum-Team geschaffen wird, und machen Sie deutlich, dass die Kosten für das Reisebudget nur einen winzigen Teil des Investments ausmachen, der sich sehr schnell refinanzieren lässt.

Der unaufhaltsame Trend, verteilt zu arbeiten, wird vor allem in einem Land wie Deutschland dadurch angetrieben, dass es nicht ausreichend Fachkräfte gibt. Nicht selten wird sogar auf ganze Teams zurückgegriffen, die dann als Teil eines größeren Teams hinzugefügt werden. Ein häufig auftretender Effekt ist dann, dass wir von einem »Team im Team« sprechen oder sich die Teammitglieder an einem Standort mehr als Team verstehen als das gesamte Scrum-Team. Befeuert werden diese Situationen dann beispielsweise dadurch, dass sich der Product Owner bei einem Teil des Teams befindet und daraus ein Informationsvorsprung entsteht oder dass es zwei unterschiedliche Welten gibt, was die Architektur und Infrastruktur angeht.

Der Vielfältigkeit an Teamkonstellationen sind keine Grenzen gesetzt. Selbst wir haben über die Zeit nie ein vergleichbares Scrum-Team im verteilten Kontext erlebt. Egal wie die Zusammensetzung auch war, folgende Aspekte möchten wir Ihnen mit auf den Weg geben:

- **Co-Location**
  In der ersten Auflage dieses Buches haben wir noch von verteiltem Arbeiten abgeraten und vor allem die Arbeit an einem Standort herausgestellt. Wir raten heute dazu, so oft wie möglich die Teammitglieder zusammenzubringen, um gemeinsam, beruflich wie privat, Zeit miteinander zu verbringen.
- **Gemeinsame Basis**
  Eine reibungslose Zusammenarbeit kann nur mit einer global integrierten und abgestimmten Basis hergestellt werden, bei der u.a. auf die gleichen (Coding- oder Testing-)Standards, Werkzeuge oder Entwicklungsumgebungen zurückgegriffen wird und ein Verständnis darüber besteht, wie Architektur- oder Designentscheidungen gemeinsam getroffen und implementiert werden.
- **→Continuous Integration**
  Die kontinuierliche Integration fertiger Teile und die sofortige Möglichkeit zum Testen sorgen für einen nahtlosen Arbeitsfluss.
- **Know-how**
  Wichtige Fertigkeiten, notwendiges Wissen und erforderliche Erfahrungen sollten über die einzelnen Standorte gleich oder zumindest ähnlich verteilt sein. Ansonsten kann es zu laufenden Unterbrechungen im Arbeitsprozess kommen.
- **Prinzipien**
  Verteilte Scrum-Teams haben sich unbedingt an die eigenen Regeln und Absprachen zu halten, egal ob DoD, DoR oder Teamvereinbarungen.

- **Remote-Pairing**
  Wenn es möglich ist, bilden Sie Zweierteams über die lokalen Grenzen hinaus. Dies führt auf Dauer zu einer engen Zusammenarbeit und guten Infrastruktur. Überlegen Sie, ob es für den Start nicht auch sinnvoll ist, diese Paare über einen längeren Zeitraum bestehen zu lassen. Nicht nur, wenn Fehler auftauchen, kann so auf vorhandenes Wissen zurückgegriffen werden, sondern es entsteht auch schnell eine Bindung zwischen den Personen.
- **Shared Community**
  Ein virtueller Platz, der für alle Teammitglieder zugänglich ist, fördert den effizienten Austausch von Informationen und Ideen zwischen allen im Team und ist auch für die notwendige Dokumentation unumgänglich. Wichtig ist, dass es diesen zentralen Platz gibt, der alles enthält, was neue und bestehende Teammitglieder wissen müssen.

> Martin Fowler [URL:Fowler a] empfiehlt, in kurzen Iterationen wechselnde Botschafter (engl. Ambassadors) einzusetzen. Diese sorgen nicht nur für fachlichen Austausch, sondern tratschen auch über Aktuelles am anderen Standort. Die Rolle des Botschafters sollte im gesamten Scrum-Team rotieren und den Präferenzen jeder Person angepasst werden.

6.3.4 Häufige Herausforderungen

Proxy-Product-Owner

Ein häufig verwendeter Ansatz ist es, dass Product Owner und Entwickler an unterschiedlichen Standorten zusammenarbeiten. In diesem Fall gibt es oftmals wenig gemeinsame Zeit für die Klärung von offenen Fragen oder das Verfeinern von Anforderungen. Häufig werden dann »Proxy-Product-Owner« oder auch Product-Owner-Vertreter eingesetzt, die in Fällen der Abwesenheit des Product Owners die Kommunikation mit den Entwicklern übernehmen. Dies hat jedoch einige Implikationen und führt in vielen Fällen zu beispielsweise folgenden Herausforderungen:

- **Fehlende Leitfigur**
  Der Product Owner kann nicht seiner Verantwortlichkeit als Leitfigur gerecht werden, da sich die Teammitglieder mit wechselnden Personen auseinandersetzen müssen. Eventuell tritt die Vertretung noch stärker in den Vordergrund als der eigentliche Product Owner.
- **Fehlende Fachkenntnisse**
  Der Ersatz verfügt nicht über das notwendige Domänenwissen oder kennt das Produkt nur in Teilen.

- **Fehlende Abstimmung**
  Es wird ein Proxy-Product-Owner eingesetzt, aber beide finden nicht die Zeit, sich gut abzustimmen, sodass eventuell falsche Antworten kommuniziert werden, die nachträglich revidiert werden müssen.
- **Zeitverschwendung**
  Durch das Zurücknehmen von falschen Entscheidungen können unnötige Arbeiten anfallen, die von den Entwicklern wieder zurückgerollt oder verworfen werden müssen.
- **Unklare Verantwortung**
  Häufig werden Aufgaben- oder Themengebiete abgesteckt, um die sich die Vertreterin kümmern soll. Im Alltag verschwimmt dies jedoch schnell, da eventuell kurzfristig eine Entscheidung getroffen werden muss. Letztendlich führt dies zu Irritationen, was die gesamte Verantwortung des Product Owners angeht, und damit zum Fehlen der Leitfigur für die Teammitglieder.

»Der Product Owner ist eine Person, kein Gremium«, steht im Scrum Guide geschrieben. In unserer Laufbahn haben eher die Schwierigkeiten mit mehreren Product Ownern in einem Scrum-Team überwogen. Von daher plädieren wir stark für die Verantwortungsübernahme durch eine Person.

Anders ist es, wenn aus einem Scrum-Team kleinere Scrum-Teams gebildet werden, die an einer Produktlösung arbeiten. Sogenannte Feature- oder Komponententeams sollten auch über einen dedizierten Product Owner verfügen. Dieser bespricht, plant und priorisiert dann mit den anderen Product Ownern die nächsten Schritte.

Ablenkende Umgebungen für Remote-Mitarbeiter

Viele Teammitglieder arbeiten von zu Hause aus, in einem Café oder einem Co-Working-Space. Egal worauf die Wahl fällt, oftmals sind diese Umgebungen mit Ablenkungen verbunden. Ob Kinder, Haustiere, Postbote oder Lärm – die Aufmerksamkeit kann stark darunter leiden und dazu führen, dass die Arbeit liegen bleibt, aufgeschoben wird oder an Qualität verliert.

Wichtig ist hier vor allem die Anerkennung, dass jede Person ihr Bestes gibt und die Arbeit in bestimmten Situationen anders und sehr herausfordernd sein kann. Schon allein der Wechsel zwischen verschiedenen Arbeitsorten kann für viele eine enorme Umstellung sein, wenn beispielsweise die Personen im häuslichen Umfeld ihre Arbeit allein organisieren sollen.

Die Fragen, die Sie als Scrum Master im Blick haben sollten, lauten in diesem Fall: *Sind die Verantwortlichkeiten für Aufgaben klar verteilt? Werden die Teammitglieder ihren Aufgaben gerecht und sind sie committet? Sorgen sie selbst für eine störungsfreie Arbeitsumgebung oder benötigen sie Unterstützung dabei?*

Erhöhtes Konfliktpotenzial

Eine Nachricht im Chat falsch zu verstehen oder einen falschen Eindruck über die Arbeitsweise und -auffassung eines Teammitglieds tausend Kilometer weit weg zu erhalten, passiert während der verteilten Arbeit nicht selten. Es gibt verschiedene Aspekte, auf die alle Scrum-Teammitglieder achten können. Zum Beispiel sind es klare Kommunikationsregeln, eine offene (Konflikt-)Kultur oder die Beherrschung der verwendeten Kommunikationsmittel. Wenn Konflikte auftreten, sollten diese auch einen festen Rahmen erhalten und nicht mal eben so via Chat oder zwischen Meetings aus dem Weg geräumt werden.

> Genau wie im persönlichen Gespräch kann es auch via Textnachricht helfen, wenn Gefühle ausgedrückt werden. Zum Beispiel kann aus einem »Du meldest dich nie zurück!« ein »Es frustriert mich, dass ich mit unseren Aufgaben nicht weiterkomme, weil du dich nicht zeitnah zurückmeldest« werden.

Vergessen der entfernten Teammitglieder

Man mag es kaum glauben, aber tatsächlich laufen viele der firmeninternen Informationen an den Teammitgliedern an anderen Standorten vorbei. Dies kann daran liegen, dass es getrennte E-Mail-Verteiler gibt oder dass die Führungsperson unbedacht nur ihre Kolleginnen über einen Sachverhalt informiert, die sie täglich sieht. Innerhalb der Projekte funktioniert dies in der Regel gut, aber sobald organisatorische Strukturen ins Spiel kommen, wird es oft problematisch.

> Als Scrum Master ist es schwierig, direkt an den Ursachen zu arbeiten. Sie sollten das Problem aber immer wieder adressieren, da es sonst im Grundrauschen verschwindet. Kurzfristige Abhilfe können Sie schaffen, indem Sie jede Information, die Sie bekommen, daraufhin überprüfen, ob sie für das Team relevant ist und ob das Team sie auch bekommen hat. »Überkommunizieren« Sie anfangs lieber über die gemeinsam festgelegten Kanäle.

Architektur- und Designentscheidungen ohne die Entwickler

Oft wird angenommen, dass ein Team am anderen Ende der Welt problemlos Architekturen oder Visual Designs implementiert, die in der Zentrale erzeugt wurden, ohne die Hintergründe oder die Entstehung zu kennen. Agiles Vorgehen lebt vom gemeinsamen Miteinander, von der permanenten Kommunikation. Vorgaben zentral zu erstellen und dann »über den Zaun zu werfen« kommt einem Rückfall in traditionelle Methoden gleich.

Architektur- und Designentscheidungen sollten gemeinsam im Scrum-Team getroffen werden. Sorgen Sie dafür, dass Architekten oder Designer bei Bedarf entweder zum Scrum-Team gehören oder zumindest für eine bestimmte Zeit vor Ort mit den Entwicklern arbeiten können.

Steigende Dokumentation führt zu sinkender Kommunikation

Ein Ratschlag, den wir Scrum-Teams beim Verfassen von Product Backlog Items geben, lautet: *Halte dich kurz und lege Wert auf den direkten Austausch untereinander.* Es passiert nicht selten, dass stark ausgearbeitete Aufgaben zu der Annahme verleiten, dass diese ausreichend beschrieben und damit umfänglich klar sind. Dies kann dazu führen, dass sich die Teammitglieder weniger verbal abstimmen (neben dem zusätzlichen Effekt, dass eventuell zu viel im Vorfeld definiert wurde und die Entwickler sich nicht einbezogen fühlen könnten, sondern sich nur als »Abarbeiter« verstehen).

Bei der verteilten Arbeit ist die Dokumentation jedoch ein zentraler Schlüssel für den Erfolg des Scrum-Teams. Die Dokumentation bedeutet hier nicht, weniger zu kommunizieren, sondern mehr. Sie ermöglicht den Zugriff auf wichtige Daten und Fakten, die bei Abwesenheit von Beteiligten oder Übernahme von Aufgaben an einem anderen Standort essenziell sind.

Integration neuer Teammitglieder

Neue Teammitglieder haben oft keine oder nur sehr wenige Kontakte zur Zentrale. Damit fehlen wichtige Anknüpfungspunkte, denn erfahrungsgemäß ist es sehr viel einfacher, jemanden anzusprechen und um Hilfe zu bitten, wenn man sich persönlich kennt.

Neue Teammitglieder sollten anfangs viel Zeit in der Zentrale verbringen. Gerade für Mitglieder des entfernten Teamteils ist es wichtig, möglichst viele Kolleginnen in der Zentrale kennenzulernen.

Weiterführende Empfehlungen zum Kapitel und Thema »Remote Scrum« stellen wir unter *link.scrum-in-der-praxis.de/empfehlungen* zur Verfügung.

Anhang

A Literaturverzeichnis

[Adkins 2010] Adkins, Lyssa: Coaching Agile Teams: A Companion for Scrum Masters, Agile Coaches, and Project Managers in Transition. Addison-Wesley, 2010.

[URL:Adzic] Adzic, Gojko: Facilitating Impact Mapping sessions, Mai 2021. (*link.scrum-in-der-praxis.de/impactmapping)*

[URL:Appelo] Appelo, Jurgen: Daily Meetings with Remote Teams (Stand-ups Don't Work, But Daily Cafes Do), Juli 2017. (*link.scrum-in-der-praxis.de/remotedaily*)

[Beck 2004] Beck, Kent: Extreme Programming Explained: Embrace Change. Addison-Wesley Longman, 2004.

[Bowman 2021] Bowman, Sharon L.: Training from the Back of the Room!: 65 Wege, in Trainings Raum fürs Lernen zu schaffen. dpunkt.verlag, 2021.

[CaganJones 2020] Cagan, Marty; Jones, Chris: EMPOWERED: Ordinary People, Extraordinary Products. Wiley, 2020.

[Cohn 2004] Cohn, Mike: User Stories Applied (For Agile Software Development). Addison-Wesley, 2004.

[Cohn 2005] Cohn, Mike: Agile Estimating and Planning. Prentice Hall International, 2005.

[URL:Conway] Conway, E. Melvin: How Do Committees invent? (*link.scrum-in-der-praxis.de/conway*)

[Covey 2004] Covey, Stephen R.: The 7 Habits of Highly Effective People: Powerful Lessons in Personal Change. Free Press, 2004.

[Csikszentmihalyi 2008] Csikszentmihalyi, Mihaly: Flow: The Psychology of Optimal Experience. Harper Perennial Modern Classics, 2008.

[URL:DelegationPoker] Delegation Poker & Delegation Board (*link.scrum-in-der-praxis.de/delegationpoker*)

[DerbyLarsen 2018] Derby, Esther; Larsen, Diana: Agile Retrospektiven: Übungen und Praktiken, die die Motivation und Produktivität von Teams deutlich steigern. Vahlen, 2018.

[URL:Deutschmann] Deutschmann, Alan: Inside the Mind of Jeff Bezos. August 2004. (*link.scrum-in-der-praxis.de/insidemind*)

[URL:Digitalai] 15th Annual State Of Agile Report, 2021. (*link.scrum-in-der-praxis.de/stateofagile*)

[URL:Duan a] Duan, Shane: Team Estimation Game – By Steve Bockman, Januar 2008. (*link.scrum-in-der-praxis.de/teamestimationgame*)

[URL:Duan b] Duan, Shane: Burn-up and Burn-down Charts, Januar 2009. (*link.scrum-in-der-praxis.de/burnupchart*)

[URL:Edmondson] Edmondson, Amy: Psychological Safety and Learning Behavior in Work Teams (*link.scrum-in-der-praxis.de/psychologischesicherheit*)

[Edmondson 2020] Edmondson, Amy: Die angstfreie Organisation: Wie Sie psychologische Sicherheit am Arbeitsplatz für mehr Entwicklung, Lernen und Innovation schaffen. Vahlen, 2020.

[URL:Fowler a] Fowler, Martin: Remote versus Co-located Work, Oktober 2015. (*link.scrum-in-der-praxis.de/remotework*)

[URL:Fowler b] Fowler, Martin: Using an Agile Software Process with Offshore Development, Juli 2006. (*link.scrum-in-der-praxis.de/offshore*)

[Gansch 2006] Gansch, Christian: Vom Solo zur Sinfonie: Was Unternehmen von Orchestern lernen können. Eichborn, 2006.

[Glasl 2020] Glasl, Friedrich: Konfliktmanagement: Ein Handbuch für Führung, Beratung und Mediation. Freies Geistesleben, 2020.

[Gloger 2008] Gloger, Boris: Scrum: Produkte zuverlässig und schnell entwickeln. Carl Hanser Verlag, 2008.

[Greenleaf 2002] Greenleaf, Robert K.: Servant Leadership: A Journey Into the Nature of Legitimate Power and Greatness. Paul & Co, 2002.

[URL:Hartmann Preuss] Hartmann Preuss, Deborah: Fearless Journey – the game that gets your team UnStuck. (*link.scrum-in-der-praxis.de/fearlessjourney*)

[Holman 2007] Holman, Peggy: The Change Handbook: The Definitive Resource on Today's Best Methods for Engaging Whole Systems. McGraw-Hill Professional, 2007.

[URL:Jeffries a] Jeffries, Ron: We Tried Baseball and It Didn't Work, Mai 2006. (*link.scrum-in-der-praxis.de/baseball*)

[URL:Jeffries b] Jeffries, Ron: Essential XP: Card, Conversation, Confirmation, August 2011. (*link.scrum-in-der-praxis.de/ccc*)

[URL:Jeffries c] Jeffries, Ron: Story Points Revisited, Mai 2019. (*link.scrum-in-der-praxis.de/storypoints*)

[JungwirthMiarka 2022] Jungwirth, Veronika; Miarka, Ralph: Agile Teams lösungsfokussiert coachen. dpunkt.verlag, 2022.

[Kerth 2001] Kerth, Norman L.: Project retrospectives: A handbook for team reviews. Dorset House Publishing, 2001.

[URL:King] King, James: Estimation Toolkit, Dezember 2010. (*link.scrum-in-der-praxis.de/estimation*)

[URL:Koontz] Koontz, David A.: Exercise: Definition of Ready & Done, Oktober 2011. (*link.scrum-in-der-praxis.de/dod*)

[KoschekTrbojevic 2022] Koschek, Holger; Trbojevic, Markus: Jedes Team ist anders: Ein Praxisbuch für nachhaltige Teamentwicklung. dpunkt.verlag, 2022.

[URL:Kruse] Kruse, Ralf: Der Scrum Master als Servant Leader. Moderne Führung ohne Macht, März 2020. (*link.scrum-in-der-praxis.de/servantleader*)

[Laloux 2016] Laloux, Frederic: Reinventing Organizations visuell: Ein illustrierter Leitfaden sinnstiftender Formen der Zusammenarbeit. Vahlen, 2016.

[URL:Larman] Larman, Craig: Larman's Laws of Organizational Behavior (*link.scrum-in-der-praxis.de/organizational-behavior)*

[URL:Larsen a] Larsen, Diana: Team Agility: Exploring Self-Organizing Software Development Teams, Februar 2004. (*link.scrum-in-der-praxis.de/teamagility*)

[URL:Larsen b] Larsen, Diana: Impact and Energy, Mai 2008. (*link.scrum-in-der-praxis.de/impactenergy*)

[LarsenNies 2012] Larsen, Diana; Nies, Ainsley: Liftoff: Launching Agile Teams & Projects. Onyx Neon Press, 2012.

[URL:Lawrence] Lawrence, Richard: New Story Splitting Resource, Januar 2022. (*link.scrum-in-der-praxis.de/userstorysplitting*)

[LipmanowiczMcCandless 2014] Lipmanowicz, Henri; McCandless, Keith: The Surprising Power of Liberating Structures: Simple Rules to Unleash A Culture of Innovation. Liberating Structures Press, 1. Edition, 2014.

[URL:Overeem] Overeem, Barry: Magic Estimation, Januar 2015. (*link.scrum-in-der-praxis.de/magicestimation*)

[URL:Patton] Patton, Jeff: The new user story backlog is a map, August 2008. (*link.scrum-in-der-praxis.de/storymapping*)

[Pichler 2008] Pichler, Roman: Scrum – Agiles Projektmanagement erfolgreich einsetzen. dpunkt.verlag, 2008.

[Pichler 2014] Pichler, Roman: Agiles Produktmanagement mit Scrum: erfolgreich als Product Owner arbeiten. dpunkt.verlag, 2014.

[URL:Pichler a] Pichler, Roman: The Product Owner on one Page, November 2010. (*link.scrum-in-der-praxis.de/productowner*)

[URL:Pichler b] Pichler, Roman: The Product Vision Board, Mai 2011. (*link.scrum-in-der-praxis.de/visionboard*)

[Pink 2011] Pink, Daniel: Drive: The Surprising Truth About What Motivates Us. Canongate Books, 2011.

[PoppendieckPoppendieck 2003] Poppendieck, Mary; Poppendieck, Tom: Lean Software Development: An Agile Toolkit for Software Development Managers. Addison-Wesley Longman, 2003.

[Radatz 2018] Radatz, Sonja: Beratung ohne Ratschlag: Systemisches Coaching für Führungskräfte und BeraterInnen. Verlag Systemisches Management, 2018.

[Raitner 2019] Raitner, Marcus: Manifest für menschliche Führung. Sechs Thesen für die neue Führung im Zeitalter der Digitalisierung. 2019.

[Rasmussen 2010] Rasmussen, Jonathan: The Agile Samurai – How Agile Masters deliver great Software. The Pragmatic Bookshelf, 2010.

[URL:RockGrantGrey] Rock, David; Grant, Heidi; Grey, Jacqui: Diverse Teams Feel Less Comfortable — and That's Why They Perform Better, September 2016. (*link.scrum-in-der-praxis.de/diversity*)

[Scharmer 2011] Scharmer, Claus O.: Theorie U – Von der Zukunft her führen. Carl-Auer Verlag, 2011.

[URL:Schiffer] Schiffer, Bernd: 42 Tasks for a Scrum Master's Job, November 2011. (*link.scrum-in-der-praxis.de/scrummastertasks*)

[Semler 1993] Semler, Ricardo: Das Semco System: Management ohne Manager. Das neue revolutionäre Führungsmodell. Heyne, 1993.

[Senge 2006] Senge, Peter M.: The fifth discipline: The Art & Practice of Learning Organization. Crown Business, 2006.

[URL:Sims] Sims, Chris: Daily Scrum – The Fourth Question, November 2009. (*link.scrum-in-der-praxis.de/dailyquestion*)

[SkeltonPais 2019] Team Topologies: Organizing Business and Technology Teams for Fast Flow. IT Revolution Press, 2019.

[URL:Smith] Smith, M. K.: Bruce W. Tuckman – forming, storming, norming and performing in groups, the encyclopaedia of informal education, 2005. (*link.scrum-in-der-praxis.de/tuckman*)

[URL:Sonmez] Sonmez, John: Even Backlogs Need Grooming, September 2011. (*link.scrum-in-der-praxis.de/backlogrefinement*)

[URL:Sutherland a] Sutherland, Jeff: How The Agile Manifesto Came To Be, Februar 2021. (*link.scrum-in-der-praxis.de/manifesto*)

[URL:Sutherland b] Sutherland, Jeff: Swarming: How To Instantly Boost Your Scrum Team's Productivity, Januar 2020. (*link.scrum-in-der-praxis.de/swarming*)

[URL:TakeuchiNonaka] Takeuchi, Hirotaka; Nonaka, Ikujiro: The New New Product Development Game. Harvard Business Review, Januar 1986. (*link.scrum-in-der-praxis.de/productdevelopment*)

[Torres 2021] Torres, Teresa: Continuous Discovery Habits: Discover Products that Create Customer Value and Business Value. Product Talk LLC, 2021.

[URL:VerwijsRusso] Verwijs, Christiaan; Russo, Daniel: A Theory of Scrum Team Effectiveness, November 2021. (*link.scrum-in-der-praxis.de/scrumeffective*)

[URL:Weisbart] Weisbart, Adam: Retrospective Cookies, Februar 2022. (*link.scrum-in-der-praxis.de/cookies*)

[URL:Wiechmann a] Wiechmann, Robert: Zeit für eine Energiewende in Ihrer Organisation, November 2021. (*link.scrum-in-der-praxis.de/energiewende*)

[URL:Wiechmann b] Wiechmann, Robert: Ein Sprint Review mit mehreren Teams verbessern, Juli 2015. (*link.scrum-in-der-praxis.de/sprintreview*)

[URL:Wiechmann c] Wiechmann, Robert: Der Agile Scrum Master Projekt Manager, Dezember 2018. (*link.scrum-in-der-praxis.de/agilemaster*)

[WiechmannParadiek 2020] Wiechmann, Robert; Paradiek, Laura: Agile Werte leben: Mit Improvisationstheater zu mehr Selbstorganisation und Zusammenarbeit. dpunkt.verlag, 2020.

[URL:WiechmannRöpstorff] Wiechmann, Robert; Röpstorff, Sven: 10 Scrum-Irrglauben, denen Sie keinen Glauben schenken sollten, August 2017. (*link.scrum-in-der-praxis.de/scrumirrglauben*)

[Wille 2020] Wille, Petra: Strong Product People: A Complete Guide to Developing Great Product Managers. Petra Wille | strong product people, 2020.

[Wirdemann 2017] Wirdemann, Ralf: Scrum mit User Stories. Carl Hanser Verlag, 3., erweiterte Edition, 2017.

[WolfRoock 2021] Wolf, Henning; Roock, Stefan: Scrum – verstehen und erfolgreich einsetzen. dpunkt.verlag, 3., überarbeitete und erweiterte Auflage, 2021.

[URL:Zak] Zak, Paul J.: The Neuroscience of Trust: Management behaviors that foster employee engagement, Februar 2017. (*link.scrum-in-der-praxis.de/trust*)

B Glossar

Im Folgenden haben wir die in diesem Buch verwendeten Fachbegriffe zusammengestellt. Darüber hinaus erläutern wir weitere Begriffe und Abkürzungen und verweisen auf Synonyme. Sie können auch unter

link.scrum-in-der-praxis.de/glossar

auf das Glossar zugreifen.

Agile Coach Ein Agile Coach ist über Scrum hinaus mit weiteren agilen Praktiken vertraut und kann auf ein umfangreiches Wissen aus verschiedenen Projekten zurückgreifen. Er hilft Unternehmen während der agilen Transition, Hindernisse und Blockaden zu beseitigen und über alle hierarchischen Ebenen hinweg die Vorteile agiler Verfahren zu erläutern.

Agile Manifesto Das im Jahr 2001 verabschiedete Manifest ist die Grundlage aller agilen Vorgehensweisen und besagt:

Wir suchen nach besseren Wegen, Produkte zu entwickeln, indem wir es selbst praktizieren und anderen dabei helfen, es ebenso zu tun.

- *Individuen und Interaktionen sind wertvoller als Prozesse und Werkzeuge.*
- *Funktionsfähige Produkte sind wertvoller als umfangreiche Dokumentation.*
- *Zusammenarbeit mit dem Kunden ist wertvoller als Vertragsverhandlungen.*
- *Das Eingehen auf Änderungen ist wertvoller als strikte Planverfolgung.*

Wir erkennen dabei den Wert der Punkte auf der rechten Seite an, wertschätzen jedoch die Punkte auf der linken Seite mehr. (agilemanifesto.org)

Agile Methode Für die agile Produktentwicklung kommen verschiedene agile Praktiken zum Einsatz wie z. B. →Pair Programming, →User Stories oder →TDD.

Agile Prinzipien Das →Agile Manifesto beruht auf 12 Prinzipien, zu deren Einhaltung sich jeder Anwender →agiler Methoden verpflichtet. (*agilemanifesto.org*)

Agile Vorgehensweisen Unter agilen Vorgehensweisen können allgemein Modelle verstanden werden, die Prozesse und Abläufe kontinuierlich reflektieren und verbessern.

Agile Werte →Agile Manifesto

Akzeptanzkriterien Unter Akzeptanzkriterien werden die Kriterien verstanden, die der →Product Owner vor der Umsetzung eines →Product Backlog Item festlegt und die bei der Entwicklung berücksichtigt werden sollten. Diese sind Bestandteil der Fertigstellungskriterien (→Definition of Done) und werden durch den Product Owner bei Abnahme (→Done) der jeweiligen Story überprüft.

Anforderungsliste →Product Backlog

Artefakt Artefakte sind die Ergebnisse von Aktivitäten im Produktentwicklungsprozess. Die Artefakte sind: →Product Backlog, →Sprint Backlog, →Inkrement.

ATDD Acceptance Test Driven Development (ATDD) ist eine Entwicklungspraxis, in der die funktionalen Anforderungen eines →Product Backlog Item als konkrete und automatisierbare Beispiele (oder Tests) vor der eigentlichen Entwicklung erstellt werden (→TDD).

Backlog Grooming Backlog Grooming ist ein veralteter Begriff für das →Backlog Refinement.

Backlog Item (BI) Ein Backlog Item (→User Story) ist eine Arbeitseinheit, die klein genug ist, um von einem →Scrum-Team in einem →Sprint abgeschlossen werden zu können. Backlog Items werden in einzelne Aufgaben (→Task) während des →Sprint Planning zerlegt.

Backlog Refinement Als Backlog Refinement wird die laufende Pflege des →Product Backlog bezeichnet. Das Refinement gehört nicht offiziell zu Scrum, wird aber von vielen Scrum-Teams im laufenden Sprint als Event durchgeführt.

Benutzer →User

Benutzergeschichte →User Story

Blocker Als Blocker bezeichnet man eine Störung für das Scrum-Team, die nicht umgehend behoben werden kann (→Impediment, →Lean Management).

Brown Bag Session Eine Brown Bag Session ist ein Meeting, das aus dem →Scrum-Team heraus organisiert wird. Inhalt ist meist ein Thema, das von einem →Teammitglied erarbeitet wurde und den Anwesenden vorgestellt wird. Da es oft über die Mittagszeit stattfindet und die Teilnehmenden dabei gemeinsam essen, hat sich daraus der Name Brown Bag Session entwickelt.

Burndown-/Burnup-Chart Ein Burndown- bzw. Burnup-Chart ist eine öffentlich sichtbare Darstellung des Fortschritts. Es kann auf der Projekt-, Release- und Sprint-Ebene eingesetzt werden.

Business Value Der Geschäftswert ist der (meist finanzielle) Wert eines →Backlog Item für eine Firma. →Scrum hält den →Product Owner dazu an, das →Product Backlog immer wieder neu zu sortieren, sodass diejenigen Backlog Items als Erstes erledigt werden, die über den höchsten Geschäftswert verfügen.

Chicken Als Chicken bezeichnet man die Gäste eines →Scrum-Events, die als stille Zuhörer teilnehmen und keinen Rede- oder Frageanteil haben (im Gegensatz zu →Pigs), da diese nicht involviert (→Commitment) sind und nicht zur Realisierung beitragen.

Clean Code Clean Code ist ein Regelwerk professioneller Softwareentwicklung, das auf dem gleichnamigen Buch von Robert C. Martin basiert.

Codereview Codereviews stellen eine manuelle Prüfung der Arbeitsergebnisse durch eine Person dar.

Coding Dojo Bei einem Coding Dojo kommen mehrere Entwicklerinnen zusammen, um an einer Programmierherausforderung zu arbeiten mit dem Ziel, ihre Fähigkeiten zu verbessern.

Collective Code Ownership Jeder →Entwickler ist für den gesamten Code zuständig und kann am Code arbeiten.

Commitment Am Ende des →Sprint Planning gibt das →Scrum-Team gegenüber dem →Product Owner ein Versprechen ab. Es bedeutet so viel wie: »Wir haben verstanden, welche →*Features du von uns erwartest, und wir werden im →Sprint im Rahmen unserer Möglichkeiten alles tun, um dieses Ziel zu erreichen. Wir erwarten von dir aber tatkräftige Unterstützung bei der Erreichung dieses Ziels.*« Seit dem →Scrum Guide 2013 spricht man von einem →Forecast, einer Vorhersage.

Community of Practice (CoP) Ein selbstorganisierter Zusammenschluss von Menschen, die ähnlichen Aufgabenstellungen gegenüberstehen, mit dem Ziel, voneinander zu lernen.

Continuous Delivery Eine kontinuierliche Auslieferung in zeitlich kurzen Abständen wird ermöglicht durch einen weitgehend automatisierten Auslieferungsprozess (auch als Continuous Delivery Pipeline bezeichnet).

Continuous Integration (CI) Continuous Integration ist ein Vorgehen in der Softwareentwicklung, bei dem Änderungen an Codeteilen sofort zusammen mit einer größeren Codebasis getestet werden, sobald sie in diese integriert werden (was regelmäßig geschehen sollte). Ziel von CI ist es, ein schnelles Feedback zu generieren, sodass potenzielle Fehler sofort erkannt und behoben werden können.

Crossfunktional Unter einem crossfunktionalen Team versteht man Menschen mit verschiedenen funktionalen Fähigkeiten, die zusammen auf ein Ziel hinarbeiten.

Daily Scrum (Standup) Ein tägliches, maximal 15-minütiges Zusammenkommen des →Scrum-Teams, in dem sich das Team synchronisiert und die taktische Planung mit Hinblick auf die Erreichung des →Sprint-Ziels für den Tag durchführt. Das Daily Scrum wird häufig auch als Daily Standup bezeichnet, da alle Teilnehmenden vor dem →Scrum-Board stehen.

DEEP Ein Begriff, der von Roman Pichler geprägt wurde und die Pflege des →Product Backlog betrifft. Die →Backlog Items sollen angemessen detailliert beschrieben (Detailed appropriately), geschätzt (Estimated), lebendig (Emergent) und sortiert (Prioritized) sein (→MuSCoW).

Definition of Done (DoD) Die Definition of Done beschreibt das Qualitätsverständnis eines →Scrum-Teams. Ein →Backlog Item gilt erst dann als fertig (→Done), wenn die in der DoD beschriebenen Qualitätsmerkmale erfüllt sind. Die DoD ist eine Liste von Punkten, die diese Kriterien festlegt. Diese sollte von jedem →Scrum-Team individuell erarbeitet und verabschiedet werden.

Definition of Ready (DoR) In der Definition of Ready wird zwischen →Product Owner und →Entwicklern festgelegt, wann ein →Backlog Item bereit für die Umsetzung ist, also wann ein Backlog Item vom Team in einem →Sprint bearbeitet werden kann. Im Gegensatz zur →Definition of Done (DoD) ist der Product Owner für die Einhaltung der DoR verantwortlich.

Developer →Entwickler

Dokumentation Dokumentation ist auch in agilen Projekten notwendig und hilfreich. Es gelten jedoch vorrangig die Grundsätze des →Agilen Manifests.

Done In Scrum unterscheiden wir zwischen »nicht fertig« und »fertig«. Ein →Backlog Item gilt als »Done«, wenn alle →Tasks erledigt sind und die →Definition of Done erfüllt ist.

Dysfunktion Als Dysfunktion werden Fehler oder Störungen in einem System, wie einer Organisation, verstanden. Zum Beispiel, wenn in einem Scrum-Team nicht offen miteinander kommuniziert wird, könnte dies auf fehlendes Vertrauen zurückzuführen sein.

Elevator Pitch Unter einem Elevator Pitch wird die knappe Präsentation oder Vorstellung einer (Produkt-)Idee oder Dienstleistung mit allen positiven Merkmalen verstanden.

Empowerment Unter Empowerment werden Maßnahmen verstanden, die darauf abzielen, die Autonomie und Selbstverwaltung eines Teams zu erhöhen, um die eigenen Interessen eigenmächtig und gestärkt vertreten zu können.

Emergent Architecture (auch: »Emergent Design«) Dieser Begriff verweist auf die iterative Entwicklung der Architektur in der agilen Softwareentwicklung. In kleinen Stücken werden funktionierende →Inkremente mit Geschäftswert (→Business Value) geliefert und nicht im Vorfeld eines Softwareprojekts geplant.

Empirismus Der Empirismus geht davon aus, dass Wissen durch Erfahrungen entsteht und Entscheidungen auf der Grundlage von Fakten getroffen werden. Die empirische Steuerung funktioniert in →Scrum durch die transparenten Zyklen (→Sprint), in denen End-to-End-Ergebnisse inspiziert und daraus abgeleitet Änderungen oder Verbesserungen adaptiert werden können.

Entwickler Die Verantwortlichkeit Entwickler in einem →Scrum-Team ist für die Erstellung und Lieferung von →Produktinkrementen verantwortlich. Mit Entwickler sind alle Fachleute gemeint, die für die Lieferung des →Potentially Shippable Code am Ende eines →Sprints erforderlich sind, das Scrum-Team ist also →crossfunktional zusammengesetzt. Entwickler arbeiten selbstorganisiert, sie legen die Regeln für die Zusammenarbeit eigenständig fest und agieren autonom.

Epic Ein Epic ist ein sehr grobes →Backlog Item, das noch nicht in kleinere →Backlog Items heruntergebrochen wurde und einen Geschäftswert (→Business Value) besitzt. Es ist in der Regel so umfangreich, dass es für das →Scrum-Team nicht schätzbar ist. Der →Product Owner nutzt oftmals Epics, um Ideen festzuhalten, die möglicherweise aber gar nicht umgesetzt werden oder →Themen bilden.

Estimation Das Estimation ist Bestandteil des →Backlog Refinement. Es werden sämtliche →Backlog Items hinsichtlich ihrer Komplexität eingeschätzt und beispielsweise mit einem Wert aus der (Scrum-) →Fibonacci-Sequenz bewertet. Zu Beginn eines Projekts gibt es meist ein initiales Estimation, in dem alle zu dem Zeitpunkt bereits bekannten Backlog Items geschätzt werden. In vielen Teams finden in jedem →Sprint →Backlog Refinements statt, in denen neu hinzugekommene oder veränderte Backlog Items geschätzt werden.

Extreme Programming (XP) Extreme Programming ist eine wenig formalisierte Methode zur Softwareentwicklung, bei der das Lösen einer Aufgabe im Fokus steht. Das Vorgehen basiert auf fortlaufenden Iterationen, dem Einsatz diverser bewährter Methoden zur Softwareentwicklung und folgt fünf zentralen agilen Werten (→Agile Manifesto): Kommunikation, Einfachheit, Respekt, Feedback und Mut.

Feature Als Feature bezeichnet man die Fähigkeit eines Produkts oder einer Komponente, eine bestimmte Funktion oder Gruppe von Funktionen zu erfüllen.

Fibonacci-Sequenz Die (Scrum-)Fibonacci-Sequenz wird im →Backlog Refinement verwendet, um →Backlog Items mit Komplexitätspunkten oder →Story Points zu bewerten. Die angepasste Reihe lautet: 0, 1, 2, 3, 5, 8, 13, 20, 40, 100. Mit steigendem Wert wird der Abstand zum Vorgänger und Nachfolger größer, da mit zunehmender →Komplexität auch die Unsicherheit der Schätzung größer wird (→Planning Poker, →Team Estimation Game).

Flow Der Begriff »Flow« wird nicht nur in Bezug auf den Scrum-Prozess (→Scrum) verwendet, sondern er beschreibt vor allem die individuelle Wahrnehmung beim fließenden Bearbeiten von Aufgaben (→Sustainable Pace).

Forecast Beim Forecast handelt sich um die Vorhersage der →Entwickler, welche →Features voraussichtlich am Ende des Sprints fertiggestellt sein werden.

Funktionalität →Feature

Geschäftswert →Business Value

Größe →Size

How-to-demo Ein kurzer Workflow, um dem →Product Owner zu beweisen, dass das angeforderte →Feature entsprechend den Akzeptanzkriterien umgesetzt wurde.

Impact Map Die Impact Map ist eine strategische Planungstechnik, bei der Aktivitäten, Maßnahmen, Ergebnisse oder Anforderungen einem konkreten Geschäftsziel zugeordnet werden. Diese Zusammenhänge werden in einer Impact Map oder auch Mindmap visualisiert.

Impediment Ein Impediment ist ein Hindernis (→Blocker), das das →Scrum-Team aktuell daran hindert, so effektiv und effizient wie möglich am →Sprint-Ziel zu arbeiten. Impediments werden vom →Scrum Master im →Impediment Backlog mit dem Ziel gesammelt, diese schnellstmöglich zu beseitigen.

Impediment Backlog Das Impediment Backlog ist eine öffentlich sichtbare Arbeitsliste des →Scrum Masters, in der alle →Impediments aufgeführt sind.

Impediment Wall Oft wird das →Impediment Backlog öffentlich sichtbar an einer Wand aufgehängt, dies ist die Impediment Wall.

In Progress Arbeitsschritt auf dem →Scrum-Board, der die aktuell durch die →Entwickler bearbeiteten →Tasks visualisiert. Die Tasks wandern von links nach rechts über das Scrum-Board über die Spalten →»Open«, »In Progress« und →»Done«.

Information Radiator Information Radiators sind große, gut sichtbare, leicht verständliche und zu aktualisierende Informationen, die auf Post-its, Karten, Plakaten o. Ä. notiert sind, um das Erinnern zu erleichtern bzw. Nachfragen zu vermeiden.

Inkrement →Produktinkrement

Inspect & Adapt Das →Scrum-Team prüft (Inspect) nach jedem →Sprint, wo es steht und was erreicht wurde. Sollte es Dinge geben, die zu verbessern sind, werden Maßnahmen zur Umsetzung entsprechender Veränderungen vereinbart (Adapt). Diese empirische Prozesskontrolle (→Empirismus) ist der wesentliche Kern für den Einsatz von →Scrum.

INVEST Gute →User Stories entsprechen Qualitätskriterien, die durch das Akronym INVEST beschrieben werden. Sie sollten eigenständig existieren können (Independent), ohne starke Abhängigkeiten zu anderen →Backlog Items. Sie sollten verhandelbar (Negotiable) sein, Wert (Valuable) für den Nutzer (→User) liefern, schätzbar sein (Estimatable), möglichst nur eine Anforderung enthalten (Small) und testbar (Testable) sein.

Kaizen Kaizen ist eine Philosophie, in deren Zentrum das Streben nach andauernder Verbesserung von Prozessen oder Produkten steht.

Kanban Kanban ist eine Change-Management-Methode, die ihre Ursprünge im Toyota-Produktionssystem (TPS) hat. Ziel ist es, die Durchlaufzeiten von →Features zu erhöhen und die Anzahl paralleler Arbeit zu reduzieren.

Komfortzone Die Komfortzone wird häufig als der Bereich beschrieben, in dem sich Menschen wohlfühlen. Sie spiegelt die Gewohnheiten und Rituale, aber auch das Wissen wider, das ein Mensch sich angeeignet hat. Alles Neue und Unbekannte fordert uns demnach dazu auf, den komfortablen Bereich zu verlassen.

Komplexität →Backlog Items werden nicht nach Aufwand, sondern nach ihrer Komplexität bewertet. Dabei werden sie in Beziehung zueinander gesetzt: »Story A ist (ist nicht) komplexer als Story B.« Backlog Items gleicher Komplexität bekommen die gleiche Anzahl von →Story Points.

Kunde Der Kunde ist die Person (→Persona), die das Projektergebnis beauftragt hat und dafür bezahlt. Der Kunde ist häufig nicht der (End-)Nutzer (→User).

Lean Management Der Begriff Lean Management ist eine Managementphilosophie, die Denkprinzipien, Methoden und Verfahrensweisen zur effizienten Gestaltung der gesamten Wertschöpfungskette von Produkten umfasst. →Scrum oder →Kanban basieren auf den Prinzipien von →Lean Thinking.

Lean Thinking Unter Lean Thinking werden die Prinzipien des →Lean Management subsumiert. Lean Thinking stellt den →Kunden zentral in den Mittelpunkt durch die Betrachtung der Wertströme. Dieses Ziel soll mit zufriedenen Mitarbeitenden und geringer Verschwendung erreicht werden.

Lessons Learned Neue Erkenntnisse aus einem Projekt werden dokumentiert und öffentlich zur Verfügung gestellt. Dies können positive oder negative Aspekte sein, die Verbesserungen oder Risiken beschreiben. Lessons Learned beziehen sich immer auf praktische Erfahrungen. Sie dienen dazu, zukünftig Fehler zu vermeiden und Erfolge wahrscheinlicher zu machen.

Minimum Marketable Feature (MMF) Ein Minimum Marketable Feature ist die kleinstmögliche Menge an Funktionen, die für sich genommen vermarktbar ist und für die →User bezahlen würden.

Minimum Viable Product (MVP) Das Minimum Viable Product ist die minimale Menge von Features, die notwendig sind, um herauszufinden, was ein →Kunde möchte. Es ist eine Strategie, um schnelles und breites Feedback vom Kunden zu erhalten, ohne das Produkt bis zu seiner Marktreife auszuarbeiten.

MuSCoW Die MuSCoW-Methode ist eine Technik zur Priorisierung, um →Backlog Items grob in vier Kategorien einzuordnen: Must have, Should have, Could have, Won't have.

Non Functional Requirement (NFR) Unter Non Functional Requirements versteht man nicht funktionale Anforderungen wie beispielsweise die Aktualisierung eines zugrunde liegenden Frameworks, notwendige Skalierungsmaßnahmen oder Performance-Verbesserungen.

Nutzer →User, →Persona

Open Open ist ein Status eines →Tasks am →Scrum-Board, bevor er bearbeitet wird. In agilen Projekten unterscheidet man grundsätzlich zwischen »fertig« (→Done) und »nicht fertig«. »Open« sowie →»In Progress« zeigen an, dass die →Backlog Items noch in Bearbeitung sind.

Pair Programming Dies ist eine Vorgehensweise aus dem →Extreme Programming. Zwei Entwickler sitzen gemeinsam an einer Aufgabe und finden Lösungen zusammen. Dadurch wird implizit ein Review, also eine Überprüfung im Vieraugenprinzip, durchgeführt (→Peer Review).

PDCA-Zyklus Hinter Plan (P), Do (D), Check (C) und Act (A) verbirgt sich ein vierteiliger Problemlösungsprozess, der zur ständigen Verbesserung bei der Entwicklung von Produkten verwendet wird.

Peer Review Dies ist eine Praxis aus der Softwareentwicklung, bei der der Autor einen oder mehrere →Entwickler Inhalt und Qualität des Codes prüfen lässt (→Pair Programming).

Persona Personas repräsentieren Bedürfnisse und Ziele einer Zielgruppe und machen eine nutzerzentrierte Entwicklung möglich. Sie spiegeln spezifische Personen wider, die Muster im Nutzerverhalten deutlich machen.

Pig Als Pigs bezeichnet man die offiziellen und aktiven Teammitglieder eines →Scrum-Teams, die auch Beitragsrecht haben (im Gegensatz zu den →Chicken) und in die Lieferung des Produkts involviert sind.

Pilot Die Einführung von →Scrum gelingt häufig am besten durch die Erprobung in einem Pilotprojekt. Die Projektbeteiligten helfen später bei der Verbreitung von Scrum im Unternehmen.

Planning →Sprint Planning

Planning Poker Planning Poker ist eine Technik für die Schätzung von →Backlog Items im →Estimation oder während des →Backlog Refinement.

Potentially Shippable Potenziell auslieferbare →Produktinkremente sind das Ergebnis eines →Sprints, die der →Definition of Done entsprechen, voll funktionstüchtig sind und produktiv eingesetzt werden können.

Prime Directive Die Prime Directive gilt als Grundsatz für die Haltung und den Umgang miteinander. Es soll den Fingerzeig auf Einzelne oder Personengruppen verhindern. Es wird immer davon ausgegangen, dass jeder die beste Arbeit unter den gegebenen Voraussetzungen, seinen aktuellen Fähigkeiten, den vorhandenen Ressourcen in der jeweiligen Situation geleistet hat.

Priorität Reihenfolge, in der die →Backlog Items umgesetzt werden sollen, meist sortiert nach Geschäftswert (→Business Value).

Product Backlog Das Product Backlog ist eine Liste von Anforderungen, die alles beinhaltet, was für die Weiterentwicklung des Produkts notwendig ist. Das Product Backlog wird vom →Product Owner sortiert, bereitgestellt, verantwortet und gemeinsam mit den →Entwicklern gepflegt.

Product Backlog Grooming →Backlog Grooming

Product Backlog Item →Backlog Item

Product Backlog Refinement →Backlog Refinement

Product Discovery Eine Produktentwicklungsphase, in der eine Produktidee noch vor der Aufnahme in das →Product Backlog ergebnisoffen dahingehend untersucht wird, ob es überhaupt Bedarf für das Produkt bei echten Nutzern gibt. Die Product Discovery ist keine Explorationsphase für Lösungsideen. Es kann (und sollte) vorkommen, dass Produktideen verworfen werden.

Product Owner Der Product Owner ist verantwortlich für den Produkterfolg. Er plant und steuert die Entwicklung in →Scrum. Er ist Owner des →Product Backlog, sortiert das Product Backlog und legt damit fest, welche →Features zuerst realisiert werden (→Release).

Product Ownership Mit diesem Begriff wird die Verantwortung des →Product Owners ausgedrückt, »sein« Produkt weiterzuentwickeln und dabei die Perspektive der Benutzer (→User) einzunehmen.

Produktinkrement Funktionalität, die während eines →Sprints vom →Scrum-Team entwickelt wurde (→Potentially Shippable). Produktinkremente zeichnen sich dadurch aus, dass sie getestet, ausreichend dokumentiert und einsatzfähig sind.

Produktziel Das Produktziel beschreibt einen zukünftigen Zustand des Produkts, das dem →Scrum-Team als Ziel für die Planung zukünftiger →Sprints dient. Das Produktziel ist das langfristige Ziel für ein Scrum-Team. Das Scrum-Team muss diese Zielvorgabe erfüllen (oder aufgeben), bevor es die nächste angeht.

Projektparadoxie Beschreibt das Phänomen, dass zu Beginn eines Projekts Aussagen über die Machbarkeit oder Dauer getroffen werden und damit zusammenhängende Entscheidungen, obwohl zu diesem Zeitpunkt das geringste Wissen vorherrscht. Um dieser Widersprüchlichkeit zu begegnen, gibt es zwei Wege, die →Scrum implizit mitbringt: 1. Durch das iterative Vorgehen können kleine Schritte gewählt werden (wie z.B. der Bau von →Prototypen, um basierend auf diesen Erfahrungen Entscheidungen zu treffen). 2. Schnellere Lernzyklen und die enge kollaborative fachübergreifende Zusammenarbeit ermöglichen den Beteiligten, früher wichtige Entscheidungen zu treffen.

Prototyp Häufig wird in der agilen Produktentwicklung mit Prototypen gearbeitet, die eine erste funktionsfähige Lösung eines geplanten Produkts liefern (→MVP).

Pull-Prinzip Das →Scrum-Team bekommt keine →Backlog Items zugewiesen, sondern nimmt sie sich eigenständig aus dem sortierten →Product Backlog. In traditionellen Projekten herrscht dagegen oft das Push-Prinzip, bei dem fremdbestimmt vorgegeben wird, woran eine Person (als Nächstes) arbeiten soll.

Quality Assurance (QA) Qualitätssicherung ist ein integraler Bestandteil jedes Scrum-Projekts. Sie wird nicht wie im traditionellen Projektmanagement üblich nachgelagert, sondern durch die →Entwickler im →Sprint durchgeführt.

Refactoring Als Refactoring bezeichnet man die Restrukturierung von Quellcode, um die Lesbarkeit, Wartbarkeit und Erweiterbarkeit einer Software mittel- und langfristig zu erhalten, ohne dabei Funktionalität (→Feature) hinzuzufügen oder zu verändern.

Referenz-Item Für einige Schätzmethoden wie z.B. →Planning Poker wird zu Beginn ein →Backlog Item als Referenz-Item festgelegt, das in der Regel relativ klein ist und von allen Beteiligten komplett verstanden und gleich bewertet werden kann. Neu zu schätzende Backlog Items werden in Bezug zum Referenz-Item geschätzt.

Release Auslieferung der fertiggestellten (→Done) und vom →Product Owner abgenommenen →Produktinkremente an den →User.

Release-Burndown-Chart Ist ein →Burndown-Chart, das für jeden Zeitpunkt eines Projekts anzeigt, wie viele →Story Points bis zu einem →Release noch umzusetzen sind.

Releaseplan(ung) Sobald eine hinreichend stabile →Velocity des →Scrum-Teams vorliegt, können die →Backlog Items entsprechend der Velocity im →Product Backlog gruppiert und eine Aussage darüber getroffen werden, in welchem →Sprint welche Funktionalität (→Feature) umgesetzt werden kann. Das Resultat ist ein Releaseplan. Dieser stellt allerdings nur eine Momentaufnahme dar, da er sich mit jeder Änderung am Product Backlog ändern kann, und muss somit nach jedem Sprint aktualisiert werden.

Respekt Der Wert jedes einzelnen Menschen steht im Vordergrund. In agilen Projekten ist Respekt einer der agilen Werte (→Agile Manifesto).

Schätzen →Backlog Refinement, →Estimation

Scrum Scrum ist ein agiles Rahmenwerk zur Entwicklung komplexer Produkte, das derzeit vor allem in der Produktentwicklung angewendet wird und aus wenigen Verantwortlichkeiten (→Scrum-Verantwortlichkeiten), Regeln (→Scrum-Events) und →Artefakten besteht.

Scrum-Board Das Scrum-Board ist ein Hilfsmittel des Teams während des →Sprints. Es handelt sich in der Regel um eine Fläche im Teamraum, die in vier Spalten aufgeteilt ist. In der ersten Spalte hängen die →Sprint Backlog Items, die anderen drei Spalten stellen die Status dar, die ein →Task durchläuft: →»Open«, →»In Progress« und →»Done«. Jedes Sprint Backlog Item wird in →Tasks heruntergebrochen, die zu Beginn im Status »Open« stehen. Während des Sprints werden die Tasks von links nach rechts bis zum Status »Done« bewegt.

Scrum-Events Als Scrum-Events werden die Arbeitstreffen (→Sprint Planning, →Daily Scrum, →Sprint-Review, →Sprint-Retrospektive) bezeichnet.

Scrum Guide Im Scrum Guide werden die Scrum-Regeln dokumentiert. Die aktuelle Version ist der Scrum Guide von November 2020.

Scrum Master Der Scrum Master ist neben dem →Product Owner und den →Entwicklern eine der drei Ergebnisverantwortlichen eines →Scrum-Teams. Er sorgt für die Einhaltung der Scrum-Vorgaben, er beschützt das Scrum-Team während des →Sprints vor allen störenden Einflüssen und er beseitigt alle →Impediments, die das Scrum-Team oder einzelne Teammitglieder bei der Verfolgung des →Sprint-Ziels behindern.

Scrum of Scrums Dieses Meeting ist eine Synchronisation von Mitgliedern verschiedener →Scrum-Teams im Rahmen eines skalierten Scrum-Projekts analog zu den →Daily Scrums des Teams. Die Teilnehmenden des Meetings können variieren. Es sollte immer das Teammitglied teilnehmen, das am meisten zur aktuellen Lage beitragen kann. (Unter Scrum of Scrums versteht man nicht das Treffen der →Scrum Master verschiedener Scrum-Teams.)

Scrum-Rollen →Scrum-Verantwortlichkeiten

Scrum-Team Ein Scrum-Team setzt sich aus den Verantwortlichkeiten (→Scrum-Verantwortlichkeiten) →Product Owner, →Scrum Master und →Entwickler zusammen. Innerhalb eines Scrum-Teams gibt es keine Teilteams oder Hierarchien. Ein Scrum-Team sollte nicht größer als 10 Personen sein.

Scrum-Verantwortlichkeiten In früheren Versionen des →Scrum Guide wurden der →Product Owner, →Scrum Master und →Entwickler als Rolle beschrieben. Da dies dazu führte, dass Jobtitel daraus gemacht wurden und eine starke Abgrenzung stattfand, wurde im aktuellen Scrum Guide von November 2020 zu dem Begriff Verantwortlichkeit gewechselt.

Selbstorganisation Ein wesentliches Merkmal von →Scrum-Teams ist ihre Selbstorganisation. Jedes einzelne Teammitglied übernimmt Verantwortung für den Gesamterfolg. Entscheidungen werden im Scrum-Team getroffen, alle einigen sich auf teaminterne Regeln und Arbeitsweisen.

Selected Product Backlog Nachdem die →Entwickler im →Sprint Planning diejenigen →Backlog Items aus dem →Sprint Backlog ausgewählt haben, die in den →Sprint übernommen werden, wird die Gesamtheit dieser Sprint Backlog Items als Selected Product Backlog bezeichnet.

Servant Leadership Ist eine Philosophie und die Umsetzung der »dienenden Führung« im Gegensatz zur »beherrschenden« Führung und beschreibt die Selbstverpflichtung einer Führungsperson, sich in den Dienst seiner Mitarbeitenden zu stellen. Ein Servant Leader befähigt andere Menschen zum eigenständigen Wachstum, um damit mehr Autonomie und Selbstorganisation zu erreichen.

Silver Bullet Der Begriff wird häufig als Metapher dafür verwendet, dass etwas eine schnelle und effiziente Lösung auch für komplexe Problemstellungen herbeiführt, die extrem effektiv ist.

Single Wringable Neck Ein Ausspruch, der deutlich machen soll, dass der →Product Owner alleine verantwortlich für den Projekterfolg ist.

Size Size ist die Größe eines →Backlog Item, dokumentiert in →Story Points.

SMART-Kriterien SMART-Kriterien werden zur eindeutigen Definition von Zielen verwendet. SMART bedeutet: Spezifisch, Messbar, Akzeptiert, Realistisch und Terminierbar.

Smell »Smell« ist ein Synonym für etwas, das im Projekt nicht richtig läuft. Wenn beispielsweise jedes Teammitglied allein vor seinem Computer sitzt und nicht gesprochen wird, dann liegt förmlich in der Luft, dass ggf. zu wenig →Pair Programming oder Kommunikation stattfindet.

Software Craftsmanship Ist ein Ansatz, der die Fähigkeiten von Softwareentwicklern hervorhebt und betont, das Programmier-Handwerk in bester Art und Weise auszuüben.

Softwarearchitekt In →Scrum gibt es keine Verantwortlichkeit »Architekt«. Stattdessen sind alle Teammitglieder gemeinsam für die Softwarearchitektur verantwortlich.

Sprint Als Sprint wird in →Scrum eine Iteration bezeichnet, die typischerweise ein bis vier Wochen dauert. Innerhalb eines Sprints wird die im →Sprint Planning vereinbarte Funktionalität (→Feature) umgesetzt. Am Ende stehen →Inkremente zur Verfügung, die funktionieren sollten.

Sprint Backlog Im →Sprint Planning werden aus dem →Selected Product Backlog die einzelnen →Tasks für die →Sprint Backlog Items abgeleitet. Das Ergebnis bezeichnet man als Sprint Backlog, dessen Visualisierung auf dem →Scrum-Board erfolgt.

Sprint Backlog Item Als Sprint Backlog Item werden Anforderungen bezeichnet, die vom →Product Owner für den aktuellen →Sprint ausgewählt und von den →Entwicklern während des Sprints bearbeitet werden.

Sprint-Burndown-Chart In einem Sprint-Burndown-Chart werden auf der y-Achse die Anzahl der im →Sprint Planning festgelegten →Tasks und auf der x-Achse die Arbeitstage des →Sprints markiert. Jeden Tag werden am Ende des →Daily Scrum die offenen Taskkarten am →Scrum-Board durch die →Entwickler gezählt und die Anzahl im Chart eingetragen.

Sprint Planning Das Sprint Planning findet zu Beginn eines →Sprints statt. Es beinhaltet drei wesentliche Themenbereiche. Der →Product Owner zeigt durch seine Auswahl der →Sprint Backlog Items, warum dieser Sprint wertvoll ist und wie dieser auf die Erreichung des →Produktziels einzahlt. Im Austausch mit den →Entwicklern wird herausgefunden, was in dem aktuellen Sprint abgeschlossen (→Done, →Inkrement) werden kann. Gemeinsam einigen sich alle auf ein →Sprint-Ziel. Zuletzt wird durch die Entwickler entschieden, wie die Arbeit erledigt werden soll. Für jedes Sprint Backlog Item werden →Tasks erstellt, die die Kriterien der →Definition of Done erfüllen.

Sprint-Retrospektive Die Sprint-Retrospektive dient der Identifikation von Verbesserungsmöglichkeiten und ist sehr wichtig für die Zusammenarbeit des →Scrum-Teams. Sie wird in der Regel nach jedem →Sprint durchgeführt. Der Sprint und die Geschehnisse werden analysiert, und es werden Maßnahmen abgeleitet, um in folgenden Sprints besser zu werden (→Inspect & Adapt).

Sprint-Review Das Sprint-Review findet am Ende eines jeden →Sprints statt. Eingeladen sind alle →Stakeholder des Projekts sowie alle Personen, die sich über den aktuellen Stand informieren möchten.

Sprint Zero Sprint Zero wird der initiale →Sprint genannt. Er dient der Vorbereitung des →Product Backlog, dem Aufsetzen der Infrastruktur und der Klärung, wie das →Scrum-Team zusammenarbeiten möchte.

Sprint-Ziel Das gesamte →Scrum-Team erarbeitet ein Sprint-Ziel, das den →Stakeholdern verdeutlicht, warum der →Sprint wertvoll für sie ist. Das Sprint-Ziel muss vor dem Ende des →Sprint Planning fertiggestellt sein.

Stakeholder Als Stakeholder werden alle Personen bezeichnet, die ein Interesse am Verlauf oder Ergebnis eines Projekts haben (wie z. B. Aktionäre, interne Abteilungen, →Kunden, Lieferanten).

(Daily) Standup →Daily Scrum

Story →User Story

Story Card Eine Story Card ist eine Visualisierung einer →User Story. Sie enthält neben der eigentlichen Story auch die →Akzeptanzkriterien.

Story Map Eine Story Map ist eine zweidimensionale Visualisierung eines Produkts oder eines →Release. Die →Epics werden auf einem Zeitstrahl angeordnet und in →User Stories zerlegt. Auf diese Weise entsteht eine Karte (Map), die die Geschichte (→Story Card) eines Produkts oder eines Release erzählt (→Walking Skeleton).

Story Point Story Points sind die abstrakte Einheit, mit der die →Komplexität eines →Backlog Item bewertet wird. Sie stammen aus einer begrenzten Menge von Werten, wie beispielsweise der angepassten →Fibonacci-Sequenz, die ein Backlog Item im →Backlog Refinement durch gemeinsames Schätzen der →Entwickler zugewiesen bekommt.

Sustainable Pace Das Konzept »Sustainable Pace« stammt aus dem →Extreme Programming und sagt aus, dass Softwareentwickler nicht mehr als 40 Stunden pro Woche arbeiten sollen. Wenn es in einer Woche doch dazu kommen sollte, dann sollte die nächste Woche nicht weitere Überstunden enthalten. Dieses Konzept soll nicht nur verhindern, dass in schwierigen Projektphasen wie einem →Release laufend Überstunden gemacht werden, sondern es soll auch die Performance und Kreativität der Personen durch eine ausgewogene Arbeitswoche sicherstellen.

Task Im →Sprint Planning legt das →Scrum-Team die technischen Tasks fest, die zur Umsetzung der →Sprint Backlog Items notwendig sind. Diese Aufgaben (Tasks) werden am →Scrum-Board visualisiert.

Taskboard →Scrum-Board

TDD Bei Test Driven Development (TDD) oder der testgetriebenen Softwareentwicklung werden die Tests vor der tatsächlichen Programmierung verfasst (→ATDD).

Team →Scrum-Team

Team Estimation Game Das Team Estimation Game ist eine Technik zur Bewertung von →Backlog Items mit →Story Points im →Backlog Refinement und stellt eine Alternative zum weitverbreiteten →Planning Poker dar.

Team Member Ein Mitglied des →Scrum-Teams.

Technical Debt Technische Schulden sind die Konsequenz, die aus einer zu schnellen Entwicklung, unzureichenden Qualität und Softwarearchitektur resultieren (→Software Craftsmanship).

Themen Themen werden zur Strukturierung des →Product Backlog verwendet und gruppieren eine Menge zusammengehöriger →Backlog Items zu einem bestimmten funktionalen →Feature. »Themes« werden manchmal auch Cluster oder Feature Group genannt (→Product Backlog, →User Story).

Timebox Die Timebox ist eine festgelegte Zeit für eine bestimmte Aktivität, wie z.B. ein →Scrum-Event. Eine Aktivität wird nach einer bestimmten Zeit beendet, auch wenn diese noch nicht inhaltlich abgeschlossen ist. Zur Timebox gehört neben dem festgelegten Ende auch der pünktliche Beginn (→Respekt).

T-Shaped »T-Shaped« ist ein Ausdruck, der beschreibt, dass ein Wissensarbeiter über verschiedene Fähigkeiten neben seiner eigentlichen Professionalisierung verfügt. Der vertikale Strich eines »T« deutet auf die Tiefe des Wissens in einem Fachgebiet hin, während der horizontale Strich weitere Wissensgebiete kennzeichnet.

T-Shirt Size Genau wie →Story Points die →Komplexität eines →Backlog Item angeben, können auch T-Shirt-Größen für die Bestimmung der Komplexität genutzt werden.

Unit Tests Von →Entwicklern geschriebene, meist automatisierte Tests, die die interne Codequalität sicherstellen.

User Als (End-)Nutzer oder User bezeichnet man den Personenkreis (→Persona), der das Projektergebnis nutzt. →Scrum stellt das Liefern von Funktionalität (→Feature) für einen User in den Vordergrund, nicht die Erfüllung von Aufgaben. Es ist eine bewährte Vorgehensweise, die →Backlog Items aus Sicht des Nutzers zu beschreiben (→User Story).

User Story Die in den →Sprints umzusetzenden Anforderungen oder Funktionalitäten (→Features) werden meist in Form sogenannter User Stories geschrieben. Dazu wird die Sicht eines →Users eingenommen und dessen Nutzung des Systems (Produkts) beschrieben. Ein Vorteil von User Stories ist, dass sie sowohl von den Fachbereichen als auch von den Technikern verstanden werden, da sie in Alltagssprache formuliert sind.

Velocity Die Summe von →Story Points, die ein →Scrum-Team in einem →Sprint umgesetzt hat, bezeichnet man als die Velocity (für diesen Sprint). Über die Zeit pendelt sich die Velocity auf einen relativ stabilen Wert ein, der als »Team-Velocity« bezeichnet wird. Anhand der Velocity ist es möglich, das →Product Backlog in Blöcke zu unterteilen und somit einen →Releaseplan zu erstellen.

Verteilte Entwicklung Unter verteilter Entwicklung versteht man die Zusammenarbeit von Menschen oder Teams über Standorte oder Ländergrenzen hinweg.

Vision →Produktziel

Vorhersage →Forecast

Walking Skeleton Bezeichnet eine minimale Implementierung eines Systems, das eine Funktion durch alle Systemschichten hindurch ausführen kann. Es muss nicht die finale Architektur beinhalten, aber sollte bereits die wichtigsten Architekturkomponenten verbinden. Architektur und Funktionalität (→Feature) können sich später parallel weiterentwickeln (→Story Map).

WAP Widely Adopted Practices – Praktiken, die nicht zu →Scrum gehören, sich aber in sehr vielen Scrum-Implementierungen durchgesetzt haben. Dazu zählen z. B. →User Stories, →Story Points und das →Backlog Refinement.

Wasserfallmethode Unter der Wasserfallmethode wird oftmals ein lineares Abarbeiten von Arbeitspaketen verstanden. Die einzelnen Phasen werden dabei als Kaskade dargestellt, die deutlich machen soll, dass nach Beendigung einer Phase die Arbeit in die nachgelagerte Phase überläuft.

Waste Als Waste wird im →Lean Management alles bezeichnet, was keinen Wert für den →Kunden liefert.

Wissensarbeiter Der Begriff wurde von Peter F. Drucker geprägt und bezeichnet einen selbstständig arbeitenden Spezialisten eines Fachgebiets innerhalb einer Organisation.

XP →Extreme Programming

Zwei-Pizza-Team Jeff Bezos, der Gründer von Amazon, prägte diesen Begriff. Seiner Meinung nach ist ein Team zu groß, wenn man es nicht mehr mit zwei Pizzas satt bekommt.

Index

M

N

O

P

Q

R

S

T

U

V